시민은 누구인가

시민교육 연구총서 1

시민은 누구인가

이동수 편

인간사랑

서문

민주주의의 발전은 시민의 성숙과 비례한다. 구성원 모두가 사회의 주인인 민주주의가 제대로 작동하기 위해서는, 그 구성원이 일반적인 대중이나 국민의 단계를 넘어 보다 능동적이며 주체적인 시민이 되어 사회를 고민하고 책임질 줄 알아야 한다는 것이다. 따라서 민주사회는 시민으로 이루어진 사회이다. 이때 시민은 고대에서처럼 단순히 신분만을 의미하지 않으며, 초기 근대에서처럼 지위나 자격만을 지칭하는 것도 아니다. 오늘날 민주사회를 구성하는 시민은 이에 덧붙여 자질까지를 포함하는 개념이다. 요컨대 시민(citizen)이란 시민권(citizenship)을 갖고 있으면서 동시에 시민성(civility)을 발휘할 수 있는 사람인 것이다.

민주화 이후 한국사회는 본격적인 민주주의 사회로 접어들었다. 혹자는 한국 민주주의가 미흡하다고 비판하기도 하지만, 다수는 민주주의의 틀과 제도를 대체로 잘 갖추고 있다고 평가한다. 그런 점에서, 오히려 한국사회에 부족한 것은 민주주의의 제도적인 측면이 아니라 문화적인 측면일지도 모른다.

서구에서는 민주주의가 사회제도로 안착하기까지 오랜 세월이 소요되었고 수많은 갈등과 투쟁을 겪었다. 이 과정 속에서 그들은 민주주의적 문화를 먼저 체득하였고, 이를 바탕으로 민주주의 제도를 정착시켰다. 이에 비해 한국에서는 민주주의라는 이념이 먼저 소개되고 제도가 외부로부터 주어졌으며, 따라서 그것이 왜 만들어졌고 현재의 제도로 정립되기까지 어떤 과정과 어떤 시행착오들이 있었는지에 대해서는 미처 알지 못했다. 마치 몸에 맞지 않는 민주주의라는 옷을 겉으로만 걸치고 있는 것처럼 느껴지기도 하였다. 그런데 이러한 상황이 전개된 것은 우리사회에 민주주의를 움직이는 실제 구동체인 시민이 아직 형성되지 않았기 때문이다.

민주주의 문화의 형성과 정착은 민주사회를 구성하는 시민들의 의식과 행동에서 비롯된다. 사회에 성숙한 시민들이 충분히 존재하지 않는다면, 아무리 민주주의 제도가 주어졌다손 치더라도 그것을 민주적으로 운영할 수 없다. 즉 시민없는 민주주의는 허울만 남게 되는 것이다. 따라서 민주주의를 제대로 실현하기 위해서는 시민의 형성과 성숙이 절대적으로 필요하다. 그리고 이는 교육을 통해 시민의식을 진작시키고 사회문제에 실제 참여하는 행위를 통해 시민으로 성장시킬 때 이루어진다.

이 책은 2011년도 한국연구재단 토대기초 연구지원사업인 〈한국대학교육에서 '시민교육' 연구 및 자료 총서〉(NRF-2011-322-B00003) 프로젝트의 일환으로 출판하게 되었다. 각 장들은 이 프로젝트에 참여하는 분들이 각각의 전공에 맞추어 집필하였으며, 특히 매달 진행된 세미나와 워크샵 그리고 여러 차례의 중간발표회를 통해 전체적인 통일성을 기하였다. 항상 모임에 참석하여 장시간에 걸친 열띤 토론과 진지한 고민을 함께 해준 연구자들에게 진심으로 사의를 표한다. 그리고 이 책의 출판을 지원해준 한국연구재단과 사명의식을 갖고 출판을 기꺼이 수락해준 인간사랑 출판사 관계자들에게 깊은 감사의 말씀을 전한다.

2013년 8월

경희대학교 공공대학원장 겸 NGO국제연구소장 이동수

차례

서론

시민사회와 시민[1]

이동수

1. 시민사회

1) 국가와 시장의 한계

전체 사회영역은 정부(혹은 국가), 시장 및 시민사회라는 세 개의 하위영역으로 구분된다. 이 중 오늘날 시민사회가 점차 부각되면서 막중한 임무를 지닌 영역으로 간주되기 시작한 것은 소위 말하는 '국가

1 이 장은 필자가 수행한 특임장관실 용역보고서 『민관협력과 시민사회발전을 위한 청사진연구(2012)』의 1장을 수정·보완하여 작성하였다.

(혹은 정부)의 실패' 및 '시장의 실패'에 따른 후기산업사회의 각종 사회 문제를 해결하기 위한 문제의식에서 비롯된다. 복지국가의 위기, 발전의 위기, 환경의 위기, 사회주의의 위기 등 4대 위기가 복합적으로 작용한 '국가의 실패'는 시민사회의 발흥을 불러왔으며 시민사회에 영향력을 부여하는 계기로 작용하였다. 또한 국가실패의 대안으로 제시되고 있는 신자유주의적 의미에서의 시장도 그 자체 한계를 노정하면서 시민사회의 필요성을 부각시켰다. 시장 자체의 모순뿐만 아니라, 공정한 시장의 존재를 가능케 하는 국가와 사회에 대한 인식 부족은 '20대 80의 사회' 혹은 '두 개의 국민국가(two nation states)'로 표출되는 심각한 국가·사회적 병리현상을 유발시켰다. 이에 따라 시민사회는 국가권력을 견제하고 시장을 감시하는 역할을 통해, 국가중심주의적, 시장중심주의적 문제해결 방식에 대처하는 방안으로 인식된 것이다.

또한 시민사회 발흥에 있어서 보다 중요한 요인은 이미 틀 지워진 기성 국가의 명령을 넘어 시민적 삶 자체를 자발적으로 복원하기 위한 새로운 행위에 대한 요구이다. 그동안 국가와 사회가 보다 많은 부(富), 보다 효율적인 생산체계, 보다 많은 소비를 지향하며 자국 또는 자국민의 생존과 번영을 지향해왔다면, 오늘날 시민사회의 움직임은 비물질적 재화와 시민의 자발적인 가치형성, 이를테면 인권, 환경, 자원봉사 등을 통해 시민 자신의 주인의식을 형성하고 그들 사이의 공동세계를 가꾸어 나가려는 양상을 띠고 있다. 즉 전통적 의미의 거대한 정치조직과 결별하고 자발적으로 타인들과 연대해 보다 적극적으로 삶을 탐색하려는 시민들의 행위가 시민운동을 통해 부상하게 된 것이다.

국가와 시장을 중시했던 근대세계에서는 사회의 역할을 "서로 상충하는 이해관계를 합리적이고 권위적으로 조정"[2]하는 것으로 간주하고, 사회에서 발생하는 갈등간의 충돌을 그대로 승인한 채 이것의 관리에만 집중했다. 즉 인간은 이기적 존재이며 그 이기심의 발로란 인간의 본능이어서 제거할 수 없으며 또 경제발전에 도움이 되기 때문에 모두 제거할 필요도 없다고 보고, 승인된 이기심에 바탕하여 권력과 이익을 어떻게 분립시키고 어떻게 분배할 것인가에만 주목한다. 사회의 역할이란 인간과 인간 사이에 자연적으로 발생하는 갈등을 조정하는데 있다는 것이다.

이때 국가는 '강제적 조정'의 역할을 맡는다. 국가는 시민들로부터 위임받아 통치할 수 있는 권한과 권력을 갖고 이를 통해 사회적 갈등을 강제적이고 권위적으로 조정하려 한다. 즉 사회의 안녕과 질서를 유지하기 위해 어느 정도의 강제성 사용을 허락하면서, 법이나 제도, 공권력 등을 통해 서로 다른 이해관계와 의견을 가진 사람들에게 국가의 결정을 수용하게 만든다. 반면 시장은 또 다른 조정의 기제로 작동한다. 강제성을 내세우는 국가와 달리 시장은 합리적 경쟁을 통한 '자발적 조정'을 목표로 한다. 즉 시장에서는 합리적인 개인들이 자신의 이익을 극대화하는 한편, 자기이익추구가 극대화되어 궁극적으로

---

2 이런 입장의 대표적 예로는, David Easton, *The Political System: An Inquiry into the State of Political Science*(New York : Alfred Knopf, 1953) ; Harold D. Lasswell, *Politics: Who Gets What, When, How?*(New York : The World Publishing Co., 1958) 등이 있다.

사회의 파괴를 초래할 정도의 충돌이 일어나기 전에 가장 효율적인 지점에서 갈등과 경쟁을 자율적으로 멈출 것이라고 상정한다. 그리하여 각자가 자기이익의 최적점에서 자연스럽게 타협할 것이라고 예상한다. 국가가 사용하는 법, 제도에 내포된 합리성은 목표를 달성하기 위한 '도구적 합리성(instrumental reason)'인 반면 시장에서 통용되는 합리성의 기준은 '효율성(utility)'이다.

그러나 이기적 인간은 본능적으로 그 조정이 자신에게 유리하게 이루어지도록 하기 위해 여러 압력수단을 동원하고 폭력을 사용하면서까지 권력투쟁을 더욱 강화하기에 이른다. 즉 이익의 조정은 권력의 투쟁을 종식시키는 것이 아니라 오히려 그것을 증가시킬 뿐이다. 바로 이 점이 근대사회를 자가당착에 빠지게 한 원인이다. 근대의 수많은 이론들이 이익간의 조정과 협상, 타협을 주장하지만, 그리고 이러한 조정을 위한 기제로서 국가 또는 정부의 기능을 강조하지만, 결국 갈등 충돌이 멈추지 않는 것은 "합리적인 너무나 합리적인" 인간들이 자기에게 유리하게 조정하기 위해 마지막 순간까지 권력투쟁을 극대화해야 한다고 생각하기 때문이다. 예컨대 국회의원들이 선거구를 조정할 때 얼마나 극열하게 싸우는지를 보라. 또 한국전쟁 당시 가장 치열했던 전투는 바로 휴전을 앞둔 시점에 발생했었다는 사실을 상기해 보라.

또한 시장의 문제점은 그것이 설사 최종적 파국은 막을 수 있을지언정, 이익들 간의 자유경쟁이 허용되는 한 그 경쟁과정에서 승리한 자와 패배한 자, 즉 우열이 확연히 가려진다는 데 있다. 국가의 강제적 조정이 인간의 자유를 제한하는 문제를 발생시키는 반면, 시장은 자유를 극대화시켜주지만 거기서 승리자와 패배자, 우열자, 강자와 약자, 중심과 주변을 만들어냄으로써 결국 개인들 간의 협력과 조화를 이끌어내는데 실패한다. 요컨대 근대사회의 목표인 이익조정은 국가라는 강제적 조정 기제와 시장이라는 자율적 조정기제의 양날을 사용하여 이루어져 왔으나 결국 자유 및 평등의 침해, 그리고 유리한 조정을 위한 권력투쟁의 극대화라는 부정적 결과를 빚고 말았다. 이것이 바로 오늘날 현대사회가 그토록 여러 측면에서 괄목할만한 성장을 이루어 왔음에도 불구하고, 현실을 더욱 더 '만인의 만인에 대한 투쟁'이 만연된 각축장으로 만들어 온 이유이다. 즉 사회의 목표를 승인된 이기심을 국가를 통해 강제적으로 혹은 시장을 통해 자율적으로 조정하려 할 때, 결국 국가의 강제적 조정은 인간의 자유를 억압하고 시장의 자율적 조정은 불평등을 심화시켜 투쟁을 확대재생산할 뿐이다.[3]

이런 상황 속에서 현대 시민사회론이 등장한다. 국가와 시장이 담당했던 조정의 실패에 대한 감시와 비판의 기제, 그리고 이러한 조정의 기제가 아닌 시민들이 서로 자치하고 공동세계를 구축할 수 있는 협력의 공간으로서의 시민사회의 중요성이 대두된 것이다. 이점 때문에 시민사회가 국가나 시장과 다른 제3의 영역으로 간주되는 것이며, 또한 그 두 영역을 지배하는 지도원리와는 다른 원리가 요청되는 것이다.

---

3 이동수, 「정치와 정쟁 : 근대적 정치관을 넘어서」, 『철학과 현실』 제61호 (2004).

2) 시민사회의 역할

고대에도 시민이란 용어는 있었지만 시민사회란 개념이 등장하기 시작한 것은 근대에서이다. 고대의 시민은 신분적 의미가 강한 것으로서 고대 그리스와 로마에서 시민은 노예와 반대되는 개념인 자유민을 의미했으며, 그 신분도 세습되었다. 반면 근대적 의미의 시민 개념은 한 국가나 공동체 내의 구성원을 의미하는 용어로, 경계선 밖에 존재하는 외국인과 반대되는 개념으로 쓰였다. 특히 근대 초기 시민은 부르조아적 시민을 의미했으며, 시민사회관도 자유주의와 자본주의적 전통에서 이해하였다.

먼저 이 전통은 국가와 시민사회를 분리시키고 시민사회를 친시장적인 것으로 이해한다. 즉 시민사회는 자본주의가 발달함에 따라 생산, 이익, 소유가 증가하게 되는데, 이에 따라 부르조아들이 국가로부터 자신의 이익과 경제소유권을 확보하기 위해 태동시켰다는 것이다. 이렇게 형성된 부르조아 시민사회는 부르조아 시민들의 권리와 이익을 제도화시키고, 집회, 결사, 종교의 자유를 강조하면서 국가로부터의 간섭을 배제한 채 시민사회의 독립성을 추구하였다. 이것이 근대 자유민주주의의 발달을 가져왔으며, 오늘날 이를 일반시민들에게 확대시켜 현대적 시민사회 형성에 크게 이바지했다는 것이다. 여기서는 시민사회의 자율성을 특히 강조한다.

그러나 이런 시민사회관은 시민사회와 시장의 경계를 불분명하게 만들기 때문에 시민사회의 자율성 추구가 경제적 불균형 초래를 내포하게 됨으로써, 종국적으로는 시민사회가 경제체계에 종속되는 방향으로 흐를 위험이 있다. 특히 빈부의 격차 발생과 프롤레타리아 계급에 대한 착취는 복지국가의 필요성을 증대시켰는데, 복지국가의 등장으로 인해 국가통제가 강화되고 국가의 시장개입이 빈번해짐에 따라 시민사회가 약화되고 경제가 침체되는 악순환을 겪게 된다. 그런 점에서 자유주의적 관점의 시민사회론은 결국 시민사회 자체를 유지하지 못하는 결과를 초래하기도 한다.

반면 수정마르크스주의적 전통에서는 부르조아적 시민사회관을 비판한다. 기존의 시민사회는 부르조아 계급이 헤게모니를 통해 프롤레타리아 계급을 교묘하게 지배하는 장소라는 것이다. 이때 헤게모니란 지배계급이 지적·도덕적 지도력의 행사를 통해 창출하는 피지배집단들의 자발적 동의를 말하는데, 따라서 시민사회란 헤게모니를 둘러싸고 계급지배 및 투쟁이 이루어지는 정치적 영역이자, 시민들의 문화적이고 사적인 활동공간을 의미한다. 요컨대 시민사회를 상부구조의 한 영역으로 이해하고, 마르크스의 토대—상부구조의 단순한 이분법을 수정하여 토대—시민사회-국가의 삼분법으로 수정하고 있는 것이다.

여기서 상부구조의 일부인 시민사회는 어느 정도 상대적 자율성을 갖고 있기는 하지만 경제적이고 계급적인 면을 반영한다. 따라서 시민사회는 지배계급의 헤게모니가 이루어지는 영역인 동시에 노동자 계급의 대항 헤게모니가 조직될 수 있는 장소이기도 하다. 달리 말하면, 시민사회는 생산현장에서의 노동자 계급 투쟁이 전체사회의 다양한 계급관련 투쟁 및 사회운동들과 역동적으로 접합되는 지점이자, 지배계급에 대항하는 진지전이 전개되는 거점이라는 것이다.

이러한 진지전적 사회변혁에 있어서는 지식인의 역할이 중요해진다. 프롤레타리아는 공산혁명의 주체적 계급이기는 하지만, 도덕성과 역사이성을 지닌 지식인들의 헤게모니 투쟁이 선행되어야 한다. 부르조아 국가를 무너뜨리는 혁명에는 군인정신이 필요하지만, 정교하고 복잡하게 짜여진 사회문화적인 헤게모니 구조의 전복에는 지식인의 예리한 분석과 전략이 요구된다. 따라서 시민사회의 활동은 지식인 중심으로 정부와 국가에 대한 끊임없는 비판과 감시를 통해 지배적인 사회문화에 저항하면서 부르조아적 헤게모니를 종식시키는 데 모아져야 한다는 것이다.

그러나 이런 시민사회관은 여전히 마르크스주의적 전제를 바탕으로 지배자와 피지배자, 부르조아와 프롤레타리아, 혹은 적과 동지라는 이분법에 근거함으로써 시민들 모두의 공동세계로서의 시민사회관을 약화시킨다. 근대적 부르조아 시민사회관을 비판하고 국가와 시장의 문제점을 파헤치고 감시하는 데에는 도움이 되지만, 부르조아 시민사회가 아닌 일반시민들의 시민사회라는 현대적 개념 속에서 이 입장은 시민들 자신의 자치적 활동과 상호간의 협력을 증진시키는 데에는 전혀 도움이 되지 않는다.

이에 비해 68혁명 이후 제기된 새로운 시민사회관과 신사회운동은 시민사회 영역을 국가나 시장의 문제점을 제시하고 그 대안을 모색하는 공론장의 성격과 시민들 상호 간의 자치적 활동을 수행하는 공동세계의 영역으로 간주한다. 따라서 이 영역에서는 국가의 자유제한 및 시장의 불평등초래에 대한 문제제기와 공동세계 속에서의 다양성 인정 및 이들 간의 조화를 위한 활동을 중요시 한다. 특히 후자의 경우는 민주주의의 발원지였던 고대 아테네의 폴리스(polis) 개념과도 상통한다. 폴리스란 시민들이 그 공동세계에 참여할 때에만 형성되고 그들이 흩어지면 사라지는 공간이다. 오늘날 민주주의론에서 참여가 중요한 것은 단순히 시민들의 숫자를 늘려 세를 불리기 위해서가 아니라 참여하지 않으면 공동세계 자체가 사라져버리기 때문이다. 이런 폴리스는 사적인 이해관계에만 매몰된 개인이나, 사적 이해관계들의 충돌을 사회적으로 관리하고 조정하는 정부와 달리, 진정한 의미의 공동적(common) 혹은 공적(public) 영역으로서의 자격을 갖는다.

역사적으로 볼 때, 시민사회관은 초기엔 자유주의적 시민사회관에서 출발하여 수정 마르크스주의적 시민사회관이 이를 비판한 후, 지금은 신사회운동적 입장의 시민사회관이 대세를 이루고 있다. 우리나라의 경우도 마찬가지이다. 그런데 한국시민사회가 주의해야 할 점은 국가의 억압, 시장의 불평등에 대한 감시와 비판의 역할을 하는 것은 당연하지만 이것이 일종의 대항권력을 형성하거나 지나치게 정치지향적인 나머지 지식인이나 소수 활동가 중심의 '시민없는 시민운동'이 되는 것은 경계해야 한다는 것이다. 시민사회에는 적과 동지가 따로 없다. 모든 시민들은 시민사회의 구성원이며, 함께 공동세계를 구축해야 하는 주체인 것이다. 국가나 시장 영역과 달리, 시민사회의 중요한 역할은 무엇보다도 시민들이 함께 협력할 수 있는 공동세계를 만드는 데 있다.

2. 시민

1) 시민의 의미

시민사회 구성원인 '시민(citizen)'은 단순히 자신의 권리와 이해관계의 주체를 의미하는 '개인'을 의미하지 않는다. 또한 국가의 구성원으로서 권리와 의무를 갖고 애국심으로 충만하여 국가를 위해 자신을 희생할 각오가 되어 있는 '국민'을 의미하는 것도 아니다. '시민'은 이기적인 개인을 뛰어넘어 타인을 지향하며 자신의 충성심의 대상이 개개인을 초월해 존재하는 추상체인 국가가 아니라 이 사회를 함께 살고 있는 타인들인 사람을 일컫는다. 이런 시민은 시민으로서 필요한 덕목인 '시민성(civility)'을 갖고 있어야 하며, 이때 비로소 시민사회 구성원으로서의 자격인 '시민권(citizenship)'을 온전히 획득했다고 볼 수 있다.

먼저 '시민'에 대해 살펴보자. 오늘날 '시민'은 고대의 신분으로서의 시민과 다르며, 근대적 의미의 국적(nationality) 소유자로서의 시민이라는 개념과도 구별될 필요가 있다. 고대 그리스와 로마에서도 시민이란 용어는 존재했으나, 이때 시민은 자유인을 의미했으며 노예와 반대되는 개념으로 쓰였다. 한편 근대적 의미의 시민 개념은 한 국가나 공동체 내의 구성원을 의미하는 용어로, 경계선 밖에 존재하는 외국인과 반대되는 개념으로 쓰인다. 특히 1789년 프랑스 혁명 이후, 양도할 수 없는 천부의 권리와 공동체에 대한 의무를 갖는 시민과 이들의 동의에 기초한 공화국 개념이 유럽에 널리 퍼지면서 20세기에 이르러 일반적인 시민에 대한 정의로 받아들여졌다.

고대의 시민 개념은 기본적으로 신분의 차이와 세습을 당연하게 여기고, 노예의 노동력과 여성의 희생에 기반한 성인남자만을 대상으로 했다는 점에서 배타적이고 제한적이었다. 고대 그리스에서 시민은 법을 제정하고 지배와 피지배의 권리를 갖는다는 점에서 정치적인 의미가 강하게 내포되었던 반면, 고대 로마의 시민은 이미 존재하는 로마법 체계의 보호를 받을 수 있는 권리를 갖는다는 점에서 법적인 의미가 강했다.

한편 고대 시민과는 달리 근대적 시민은 일정한 자격요건(예컨대, 국적획득과 성실한 국가의무 수행)을 갖추어 '시민권'을 획득하기만 하면 누구나 시민이 될 수 있기 때문에 일반시민이라는 말로 표현되기도 한다. 그런 점에서 근대적 시민은 계급, 성, 인종, 지역, 학력, 사회적 지위 등과 관계가 없으며, 아니 그런 것들을 기준으로 할 때에는 오히려 다양한 계급, 다양한 성, 다양한 인종, 다양한 지역, 다양한 학력, 다양한 지위를 포함하는 사람들로 구성된다.

하지만 오늘날 시민사회 구성원으로서의 '시민'이라는 용어를 사용할 때 주의해야 할 점은 이를 단순히 근대적 의미의 시민권자라는 의미로만 해석해서는 안 된다는 것이다. 왜냐하면 근대적 의미의 시민권자는 국민국가를 단위로 할 때의 국가의 구성원을 염두에 둔 것이며, 오늘날 시민사회의 시민은 국가 외에 다른 공적 영역을 만드는 시민으로서 '시민성'의 발현을 필요로 하고 또 때로는 국경을 초월하기도 하면서 세계시민으로서의 의미를 갖기 때문이다. 따라서 시민사회의 '시민'은 '시민권자'나 국적을 가진 자로서의 '국민'이란 개념이나 '대중'

이나 '민중'이라는 용어와 구별된다.

먼저 '시민'은 '국민'과 다른데, 그 이유는 '국민'이란 수동적인 국가구성원 즉 국적을 가진 일반인을 가리키며 능동적 존재인 시민에 비해 권리와 의무를 갖고 있지만 비교적 수동적인 존재로서의 의미를 갖는다. 즉 '국민'은 국가의 통치를 받는 피통치자나 혹은 국가가 제공하는 수혜를 수동적으로 받기만 하는 수혜자로서의 성격이 강하며, 자기 자신을 능동적인 주체로 의식하지는 않는다. 또한 '민중'은 피지배자의 성격을 갖는 존재로서 저항과 비판의 행위를 하기는 하지만 능동적인 주체로서의 성격이 부족할 때 사용하는 용어이다. 따라서 수동적인 '국민'이나 저항적인 '민중'을 능동적이고 창의적인 '시민'으로 전환시키기 위해서는 그들의 역량강화(empowerment)가 필요하며, 이를 위한 가장 좋은 방법은 바로 그들을 시민적 활동에 참여시켜 능동적인 주체로 거듭나게 하는 것이다. 한편 '대중' 역시 수동적이고 획일적인 대상으로서의 집단을 일컫는다. 즉 자신의 이익에만 관심이 있고, 사회적인 의식이 불투명한 익명의 다수 집단이나 생산자들이 물품을 팔기 위해 대상으로 삼아야 하는 소비자 집단을 '대중'이라 부르며, 이 경우 역시 능동적인 사회적 주체로서의 '시민'으로 보기에는 부족하다.

2) 시민권과 시민성

'시민'이 주체적이고 능동적인 사람을 일컫는다고 할 때, 이는 자신이 주인으로서 지배자의 위치에 도달해 있다는 것을 의미하는 것이 아니라, '시민권(citizenship)'을 갖고 있으면서 '시민성(civility)'을 발휘하여 시민으로서의 역할을 다한다는 것을 의미한다. 여기서 '시민권'이란 시민됨의 자격과 소속 및 권리-의무관계를 규정하는 출처인 법적 지위(status)와 제도적 장치를 가리키며, '시민성'은 시민의 자질과 덕성 그리고 시민행동과 시민의식에 관한 것을 일컫는다. 근대 이후 세속적인 '시민권'의 확대와 규범적인 '시민성'의 발현 사이의 적절한 균형을 통해 시민에 대한 논의가 확대되어 왔다. 우리사회의 경우도, 민주화 이후 시민들의 기본권과 자유권을 중심으로 시민권 확대를 추구해 왔으며, 요즘은 시민권 권리와 더불어 타인과의 관계에 있어서 필요한 시민성의 함양을 점차 강조하고 있는 추세이다.

'시민권'이 확대된 데에는 자유주의적 시민사회관의 공헌이 크다. 자유주의적 시민사회관은 모든 개인이 자유롭고 평등하게 태어난 존재라는 기본 전제 아래 보편적인 '시민권' 개념을 공식화하는데 일조했다. 하지만 '시민권'을 법적 지위에 관한 것에 국한시킴으로써, 그것이 법을 위반하거나 타인의 권리를 침해하지 않는 한 개인에게 맡겨지며 서로 간의 '시민권'이 충돌하게 될 때 국가는 이를 미리 사전에 방지하거나 사후 조정하기 어려웠다. 따라서 지나치게 '시민권'만 강조될 경우, 시민들은 공적인 것보다 사적인 것에 더 관심을 가지며 시민으로서의 어떤 공공 행위나 공동체에 대한 참여는 기대하기 어려워진다.

따라서 시민은 타인과의 관계를 고려하고 사회적 정의와 선을 추구하는 덕목인 '시민성'을 가져야 한다. 즉 공동선(common good)을 위해 다른 사람들과 함께 행동할 수 있다는 생각을 가져야 한다. 이것이 시민사회에서 공동선이 중요한 이유이다. 하지만 이때 주의해야 할 것은 사회적 공동선을 개인의 자유와 병립시켜야 한다는 점이다. 시민 모두에게 동일한 공동선을 강요하여 그들 각자가 갖고 있는 개인적 권리와 자유를 침해하는 것을 피해야하기 때문이다. 그런 점에서 근대 민주주의에 대해 재성찰해 볼 필요가 있다. 사실 근대 민주주의의 출발은 고대나 중세에서 강조하던 공동선을 내세우기는 하지만 그 공동선의 내용과 실체를 먼저 전제하지 않음으로써 개인들이 자신의 자유를 행사할 여지를 남겨두었으며, 이것이 근대 민주주의 발전의 비결이었다. 다만 자유주의에 대한 지나친 강조가 공동선 자체를 불필요한 것으로 간주하게 만들고, 시민을 개인의 관점에서만 생각하고 행동하게 만든 것이 문제의 발단이다.

개인의 자유는 공동선과 서로 양립해야 한다. 공동선 또한 개인의 자유를 십분 고려해야 한다. 즉 공동선의 중요성을 강조하기는 하되 그 공동선의 내용과 실체를 비워둠으로써, 개인들이 공통의 선을 함께 추구해야한다는 짐을 벗게 하고 자신의 자유를 향유할 수 있도록 해야 한다. 이럴 경우에만 개인의 자유에 대한 침해없이 진정한 의미의 공동선 추구가 가능해진다. 그리고 이럴 경우에만 타인과의 소통과 대화의 필요성이 제기된다. '시민권'을 가진 개인들이 '시민성'을 발휘하여 소통을 통해 타인과의 공동의 선을 논의하고 실천할 때 그 때 비로소 '시민'이 되는 것이다.[4]

따라서 민주사회에서 시민이 되기 위해 공유해야 하는 것은 선에 대한 실체적(substantive) 개념이 아니라, 이런 전통을 따르는 자유와

---

4 이동수, 「지구화시대 시민과 시민권 : 무페의 논의를 중심으로」, 『한국정치학회보』 제42집 21호 (2008).

평등이라는 정치적 가치와 원칙이다. 시민이 된다는 것은 이와 같은 가치 및 원칙과 그것이 체현된 규칙들의 권위를 인정하는 것이다. 그런 점에서 '시민'은 단순히 법적 지위로서의 '시민권'을 가진 자가 아니라, 자유와 평등을 정치적 가치와 원칙으로 삼는 사회의 일원이 되는 것을 수락한 자를 지칭한다. 또한 '시민성'이란 타인들도 이런 자유와 평등의 가치를 지니고 있으며, 그 원칙에 따르고 있다는 믿음을 갖는 태도를 일컫는다. 즉 타인의 정당성을 인정하고 그와 함께 공동세계로서의 시민사회를 일구어야 한다는 것을 직시하는 태도를 의미한다.

이와 같이 공동세계로서의 시민사회가 성립되기 위해서는 먼저 자신의 이익이나 의견에 대한 주의주장의 한계를 인식하고, 공동체를 하나의 전체로 간주하여 그곳에서 객관적이고 보편적인 진리가 실현되어야 한다는 전체주의적 주장에 현혹되지 말고, 최소한 타인들의 의견이 무엇인지 귀 기울이고 그들의 이야기를 들어보는 일이 중요하다. 그리고 다른 사람의 개인적 의견이 나의 것과 다르다고 할지라도 적어도 그가 자신의 이익달성과 권력획득을 위해 그것을 말하고 있다고 의심하지 말고, 그도 자신의 입장에서 진심을 말하고 표현하는 것이라고 간주해야 한다.

그리고 시민권만 내세우는 대신 이러한 시민성에 주목한 시민들로 이루어진 시민사회는 '책무성(accountability)'을 갖게 된다. 일반적으로 책무성은 정부나 시장에게 요구되는 것이었는데, 시민사회의 공적 활동이 증가함에 따라 정부수준까지는 아니더라도 시민사회의 '책무성'에 대한 요구가 증대되고 있다. 이는 시민사회가 성장하고 시민들의 활동이 사회적 영향력을 발휘하면서, 이에 비례하여 시민사회의 사회적 책임과 책무성이 중요한 문제로 대두되었기 때문이다. 그런데 시민성을 지녀야지만, 이러한 요구와 기대에 부응할 수 있게 되는 것이다.

참고문헌

이동수. 2004. 「정치와 정쟁 : 근대적 정치관을 넘어서」. 『철학과 현실』 제61호.

______. 2008. 「지구화시대 시민과 시민권 : 무페의 논의를 중심으로」. 『한국정치학회보』 제42집 21호.

______. 2012. 『민관협력과 시민사회발전을 위한 청사진연구』. 특임장관실.

Easton, David. 1953. *The Political System: An Inquiry into the State of Political Science*. New York : Alfred Knopf.

Lasswell, Harold D. 1958. *Politics: Who Gets What, When, How?* New York : The World Publishing Co.

I부 시민의 탄생

민주주의를 제대로 실현하기 위해서는 시민의 형성과 성숙이 절대적으로 필요하다. 이는 교육을 통해 시민의식을 진작시키고 사회문제에 실제 참여하는 행위를 통해 시민으로 성장시킬 때 이루어진다.

1장

고대 중세 시민의 역사적 전개:

'호모 폴리티쿠스'에서 '호모 에코노미쿠스'로[1]

이현휘

한국에서 서양 고대 및 중세 시민의 특성에 특별히 주목하는 까닭은 무엇인가? 서양 고대 및 중세 시민의 역사를 연대기적으로 파악하기 위해서일까? 그래서 서양 시민의 역사 전체를 통시적으로 파악하는데 도움을 주기 위해서일까? 그렇게 볼 수 없다. 서양 고대 및 중세 시민의 역사를 연대기적으로 파악한 연구는 이미 많이 나와 있기 때문이다. 그렇다면 서양 근대 민주주의의 원천으로 간주되는 고대 그

---

1 이 글을 완성하는데 독일 훔볼트 대학교의 빌프리트 니펠(Wilfried Nippel) 교수님의 도움이 컸다. 필자의 질문에 친절하게 답변해 주시고, 필자가 요구한 여러 편의 논문을 흔쾌히 보내주신 니펠 교수님에게 감사의 말씀을 드린다. 또한 원고를 읽으시고 좋은 논평을 해주신 서울대학교 언론정보학과 박승관 교수님과 제주대학교 정치외교학과 장원석 교수님에게도 감사의 말씀을 드린다.

리스의 민주주의를 다시 검토해 볼 필요가 있기 때문일까? 그렇게 볼 수 없다. 고대 그리스의 민주주의를 고찰한 연구도 이미 많이 나와 있기 때문이다. 또한 서양 근대 민주주의의 원천을 고대 그리스 민주주의에서 찾는 통념도 다시 검토할 필요가 있다. 서양 근대 민주주의 및 자본주의는 서양 고대의 시민이었던 '호모 폴리티쿠스'(Homo Politicus, 정치적 인간) 대신, 중세의 시민이었던 '호모 에코노미쿠스'(Homo Oeconomicus, 경제적 인간)가 주역이 되어서 만들어냈기 때문이다. 그리고 호모 폴리티쿠스와 호모 에코노미쿠스는 한국을 포함한 비서구 지역에서는 찾아볼 수 없는 서양 고대 및 중세의 독특한 토양에서 출현했다. 따라서 우리가 서양 고대 및 중세 시민의 특성에 주목하는 까닭은 일차적으로 서양 근대 민주주의 및 자본주의를 탄생시킨 토양의 특성을 이해하기 위한 것이었다. 그리고 그렇게 이해한 토양의 특성을 현대 한국의 민주주의 및 자본주의가 뿌리를 둔 토양의 성격과 비교함으로써 양자의 차이를 선명하게 파악하기 위한 것이었다. 그랬을 때, 현대 한국 민주주의 및 자본주의가 직면한 문제를 심층적으로 이해하고, 그것을 해소할 수 있는 현실적 방안까지 모색해 볼 수 있을 것이기 때문이다.

그러면 서양 고대 및 중세 시민의 특성은 어떻게 파악할 수 있는가? 먼저 정치사상 시각에서 접근한 연구를 생각해 볼 수 있다. 이런 연구는 대체로 플라톤의 『국가』, 아리스토텔레스의 『정치학』, 토마스 아퀴나스의 『신학대전』, 파두아의 마르실리우스의 『평화의 수호자』 등과 같은 고전을 활용해서 각 시대에서 추구한 '시민의 이상'(the ideal of citizenship)을 추적하는 형식을 취한다.[2] 하지만 시민의 이상에 초점을 두다보니 각 시대의 특수한 환경에서 독특한 방식으로 삶을 영위한 시민의 모습을 구체적으로 파악하는 데는 약점을 보인다. 이런 약점을 보완하기 위해 역사학의 시각에서 이뤄진 연구에 시선을 돌려 볼 수 있다.[3] 이런 연구는 대체로 각 시대 시민의 특성을 세밀하게 기술하는 형식을 취한다. 하지만 역사적 특수성에 초점을 두다 보니 고대 및 중세 시민의 공통점과 차이점을 입체적으로 파악하고, 그렇게 파악한 특성을 비서구 세계의 시민과 비교하면서 양자의 구조적 차이점을 파악할 수 있는 종합적 안목을 제공하는 데는 한계를 보인다. 이런 한계를 극복할 수 있는 최선의 연구로 막스 베버의 사회학적 연구를 꼽을 수 있다. 그는 "시민권,"[4] "도시 : 비정통적 지배"[5] 등과 같은 연구를

---

2 예컨대 J. G. A. Pocock, "The Ideal of Citizenship since Classical Times," in *The Citizenship Debates : A Reader*, ed. Gershon Shafir(Minneapolis : University of Minnesota Press, 1998), 31–41; Derek Heater, *Citizenship : The Civic Ideal in World History, Politics and Education*, 3 edition(Manchester : Manchester University Press, 2004); Walter Ullmann, *Medieval Political Thought*(Baltimore : Penguin Books, 1965).

3 예컨대 Derek Heater, *A Brief History of Citizenship*(New York : New York University Press, 2004); 클로드 모세, 김덕희 역, 『고대 그리스의 시민』(서울 : 동문선, 2002); 크누트 슐츠, 박흥식 역, 『중세 유럽의 코뮌 운동과 시민의 형성』(서울 : 도서출판 길, 2013).

4 Max Weber, "Citizenship," *General Economic History*(New York : Cosimo, Inc., 2007), 315–337. 우리말 번역본이 있다. 막스 베버, 조기준 역, 「시민계급」, 『사회경제사』(서울 : 삼성출판사, 1976), 328–348. 하지만 오역이 더러 있으니 읽을 때 주의를 요한다.

5 Max Weber, "The City : Non–Legitimate Domination," in *Economy and Soci-*

통해서 서양 고대 및 중세 시민의 특성을 종합적으로 파악할 수 있는 안목을 제공했기 때문이다. 따라서 이 글은 베버가 제시한 서양 고대 및 중세 시민의 모습을 최대한 정확하게 포착하는 것을 목표로 둔다.

그런데 우리가 베버의 시민 연구에 접근하고자 할 때 그것의 온전한 이해를 방해하는 심각한 걸림돌과 마주치게 된다. 크게 두 가지 유형의 걸림돌이 있는데, 하나는 주로 역사학자들이 제기한 비판이며, 다른 하나는 주로 동아시아권 학자나 동아시아 지역을 연구하는 서구 학자들이 제기한 비판이다. 전자에서는 베버가 제시한 각종 개념 및 주장을 역사학적으로 세밀하게 검증한 다음, 베버의 연구가 역사적 사실의 지지를 받지 못하기 때문에 더 이상 받아들일 수 없다는 결론을 도출하곤 한다. 반면 후자에서는 베버가 서구 중심주의 시각에서 동아시아 문명을 열등한 문명으로 폄하했다고 '규탄'하면서, 베버를 오리엔탈리즘의 화신으로 낙인찍어버리는 패턴을 보인다. 현재 이런 두 가지 유형의 비판은 국내외 학계에서 광범위하게 유통되는 지적 '상품'이라고 할 수 있다. 그러면 이런 상품의 '품질'은 어떻게 평가해야 할까? 일찍이 프리드리히 텐부룩(Friedrich H. Tenbruck)은 '세계 학계에서 진행된 베버 연구의 역사를 오해의 역사라고 평가한 바 있다. 그리고 그런 오해가 초래된 근본적 까닭은 베버 사회학의 철학적 기초가 집성된 『과학론』[6]을 철저하게 이해하지 못한 상태에서 베버의 사회학적

---

ety : An Outline of Interpretive Sociology, eds. Guenther Roth and Claus Wittich (New York : Bedminster Press, 1968), 1212–1372.

6 Max Weber, *Gesamelte Aufsätze zur Wissenschaftslehre*(Tübingen : Mohr, 1988). 이

저작을 단편적으로 섭렵했기 때문이라고 진단했다.[7] 베버의 『과학론』은 사회과학의 근본전제를 철학적으로 검토한 일련의 논문으로 구성되었는데, 베버의 어떤 저작보다 어려운 내용을 담고 있다. 따라서 『과학론』은 전문적 철학적 식견을 별도로 준비하지 않은 역사학자나 사회과학자의 이해 범위를 사실상 넘어선다. 국내외 학계에서 베버와 무관한 비판이 끊임없이 양산되는 배경이 여기에 있었다.

이 글에서는 먼저 베버의 『과학론』에 입각해서 베버에 전가된 상기 두 가지 유형의 비판을 다시 비판하면서 베버의 시민 연구를 곡해하는 편견을 걷어내고자 한다. 이어서 베버의 시민 연구에서 가장 중요한 개념인 '게마인데'(Gemeind), 즉 코뮌(commune)의 특성을 비서구 세계와 비교하면서 서술할 것이다. 게마인데의 특성을 이해할 경우 한국 시민사회의 문제점을 선명하게 파악할 수 있는 안목 또한 마련할 수 있을 것이다. 아울러 게마인데 개념에 입각해서 고대 시민의 특성과 중세 시민의 특성을 차례로 서술하겠다. 베버는 서양 중세의 시민을 전형적 시민으로 파악했다. 그래서 중세 시민을 먼저 고찰하고, 그

저작은 그동안 단편적으로 영역되었다가 최근 종합적으로 영역되었다. *Max Weber : Collected Methodological Writings*, eds. Hans Henrik Bruun and Sam Whimster, trans. Hans Henrik Bruum(London : Routledge, 2012). 한국에서는 아직 완역되지 않았고, 전성우, 염동훈 등을 통해 단편적으로 번역되었다. 막스 베버, 전성우 역, 『막스 베버 사회과학 방법론 선집』(파주 : 나남, 2011); 막스 베버, 염동훈 역, 『문화과학과 사회과학의 방법론 1』(서울 : 일신사, 2003).

7 프리드리히 텐부룩, 「막스 베버의 저작 : 방법론과 사회과학」, 차성환 편역, 『막스 베버의 사회과학 방법론』(서울 : 문학과 지성사, 1990), 117–155.

것과 비교하면서 고대 시민을 서술하는 순서를 취했다. 하지만 이 글에서는 서양 고대 및 중세 시민의 역사적 전개에 초점을 두어서 고대 시민을 먼저 서술하는 순서를 취하기로 한다. 끝으로 서양 고대 및 중세 시민 연구가 한국 시민사회에 던지는 함의도 간략하게 검토해 볼 것이다.

1. 역사학과 오리엔탈리즘 : 베버의 사회학에 대한 두 가지 편견

베버를 비판하는 학자 중에는 베버의 『과학론』에 대한 철저한 이해를 결여한 경우가 많다. 베버의 시민 연구를 비판하는 역사학자와 베버를 오리엔탈리즘의 화신으로 몰아세우는 인문사회과학자 역시 크게 다르지 않다. 이 문제를 나눠서 살펴보기로 한다.

1) 역사학과 사회학

베버의 "시민권"이나 "도시 : 비정통적 지배"를 연구한 역사학자의 논문을 읽어보면 베버의 연구가 매우 낡은 연구라는 인상을 받게 된다. 예컨대 모지스 핀리는 베버의 고대 그리스 도시국가 연구가 역사적 사실로 입증될 수 없다고 주장한다. "베버는 당혹스럽게도 그리스 역사와 정치에 관해서 간략한 힌트나 잘못된 설명 이상을 제시하지 않았다. 어쩌다 정당한 통찰을 제시하는 경우도 있지만 … 그것을 역사적으로 충분히 설명하지 못했다. 왜 그랬는지 분명하게 이해하기 어렵다 ….”[8] 또한 베버의 연구 수단인 이념형(ideal types)은 구체적인 역사를 서술하기에 부적합한 수단이라고 비판한다. “… 베버가 이념형을 수단으로 역사를 설명한 내용은 지극히 형식적이고 ‘비역사적’(unhistorical) 성격을 띤다. … 그러나 베버가 이념형을 활용해서 ‘폴리스’를 정치 조직으로 설명한 내용은 역사적 현실과 너무도 동떨어져 있기 때문에 어떤 종류의 학문적 논의에서도 받아들일 수 없지 않은가라는 질문을 제기해야만 할 것이다.”[9] 요컨대 “현재 우리가 그리스 역사에 대해서 이해한 바에 따르면 베버의 도식은 치명적인 약점이 있다.”[10] 또한 핀리는 베버가 이념형을 활용해서 로마 제국의 쇠망을 설명한 내용도[11] 혹평한다. “이념형에 알레르기를 느끼는 우리 역사학자의 입장에서 보면 베버의 설명에서 논의할 만한 내용은 아무것도 없다. 역사적으로 검토하거나 검증할 가치가 있는 명제도 전혀 없다.”[12]

---

8 M. I. Finley, “Max Weber and the Greek City-State,” *Ancient History : Evidence and Models* (New York : Elisabeth Sifton Books · Viking, 1985), 90.

9 Finley, “Max Weber,” 94.

10 Finley, “Max Weber,” 103.

11 Max Weber, “The Social Causes of the Decline of Ancient Civilization,” *The Agrarian Sociology of Ancient Civilizations*, trans. R. I. Frank(London : NLB, 1976), 387-411.

12 M. I. Finley, “The Ancient City : From Fustel de Coulanges to Max Weber and beyond,” *Comparative Studies in Society and History* 19(3) (1977), 321.

역사학적 시각에서 베버의 저작을 본격적으로 검토하려는 시도도 눈에 띈다. 예컨대 피터 고쉬는 『한 역사학자가 프로테스탄트 윤리에 관한 베버의 논문을 읽는다』라는 저서를 통해 베버의 저작이 경험적 타당성을 결여했다고 주장한다. "베버는 『프로테스탄트 윤리와 자본주의 정신』이 '순수한 역사적 설명'을 제공하는 '순수한 역사적 저작'이라고 주장했다. 그러나 이 저작은 과거 그 자체에 충실한 역사적 설명을 분명하게 제시하지 않았다."[13] 요컨대 "영미권의 한 분과학문인 역사학의 시각에서 볼 때, 『프로테스탄트 윤리와 자본주의 정신』에서 제시한 '퓨리턴이즘' 개념은 경험적으로 취약하거나 '틀렸다'고 판정할 수 있다."[14]

그러나 핀리와 고쉬 등이 제기한 비판은 역사학과 사회학을 근본적으로 다르게 파악한 베버의 관점을 몰각한 상태에서 제기된 공허한 질문(pseudo-questions)에 지나지 않았다. 베버는 역사학과 사회학을 이렇게 구분한다.

> 우리는 경험적 현실에서 진행되는 과정을 유형 개념(type concepts)과 일반적 규칙성(generalized uniformities)으로 명확하게 표현하는 것이 사회학이 추구하는 목표라고 간주한다. 따라서 사

13 Peter Ghosh, *A Historian Reads Max Weber : Essays on the Protestant Ethic*(Wiesbaden : Harrassowitz Verlag, 2008), 5.

14 Ghosh, *A Historian Reads Max Weber*, 48.

회학은 역사학과 구분된다. 역사학에서 추구하는 목표는 문화적으로 중요한 의미(cultural significance)를 지닌 개별적 행동, 개별적 구조, 개별적 개성 등을 인과적으로 분석하고 설명하는 쪽에 있기 때문이다. 사회학에서 구성하는 개념의 이면에 깔린 경험적 소재는 항시 그런 것은 아니지만 상당 부분 역사학자가 다루는 구체적 행동 과정과 동일하다. 사회학적 유형 개념과 일반적 규칙성을 명확하게 표현하는 과정에서 중요하게 고려해야 할 사항은 사회학이 역사적으로나 문화적으로 중요한 어떤 현상을 인과적으로 설명할 수 있게끔 도와주어야 한다는 것이다. 사회학적 개념은 추상적 성격을 지녔기 때문에 일반화를 추구하는 모든 학문이 그런 것처럼 구체적인 역사의 현실과 비교했을 때 상대적으로 구체적 내용을 풍부하게 표현하지 못하는 문제를 피할 수 없다. 하지만 사회학적 분석은 대단히 명료한 개념을 제공함으로써 그런 약점을 보완할 수 있다.[15]

요컨대 역사학과 사회학에서 추구하는 목표와 연구 수단은 근본적으로 다르다. 역사학은 개별적 사실을 통해 역사의 구체적 특성을 설명하고자 한다. 반면 사회학은 추상의 수준이 높은 유형 개념을 통해 일반적 규칙성을 최대한 명료하게 파악하고자 한다. 따라서 역사학과 사회학은 양립이 불가능하다. 그런데도 많은 학자들이 베버의 사회

15 Weber, "Basic Sociological Terms," in *Economy and Society*, eds. Roth and Wittich, 19–20.

학을 '역사사회학'이란 용어로 표현한 것은 모순어법(oxymoron)에 지나지 않았다. 텐부룩 역시 베버의 사회학을 '역사사회학으로 성격 짓는 것은 낡은 방책에 빠진 것'이라고 비판한 바 있다.[16]

또한 역사학자가 비판하는 이념형은 현실에서 존재하지 않는 유토피아의 성격을 지녔기 때문에 역사적 사실을 통해 검증하는 것이 처음부터 불가능한 개념이었다. 베버는 이렇게 말한다.

> 이념형은 **하나의** 관점 또는 **몇 가지** 관점을 일면적으로 **강조하고**, 이렇게 일면적으로 강조된 관점들에 부응하는 일련의 **개별**현상들, 즉 곳에 따라 더 많이 또는 더 적게 분산되어 불명료하게 존재하거나 또 어떤 곳에는 전혀 존재하지 않는 **개별**현상들을 하나의 일관된 **사유상**(思惟象, Gedankenbild)으로 종합함으로써 얻어진다. 이 사유상은 그 개념적 순수성에서는 현실의 어느 곳에도 경험적으로 존재하지 않으며, 그것은 하나의 **유토피아**이다. 그리고 **역사적** 연구의 과제는 개개의 경우에 현실이 얼마나 이

16 텐부룩, 「막스 베버의 저작」, 132-133. 한편, 김덕영은 각주 15번의 내용을 다음과 같이 해설한다. "사회학적 인식과 역사적 인식은 개별적인 문화과학의 영역으로 분화되면서 직접적으로 결합되지 않는다. 그러나 서로가 상대적인 자율성을 가진 인식 체계로 정립되어서 실제적인 연구에서 다시 결합된다. 즉 간접적인 결합이 이루어진다. 이러한 의미에서 사회학자 베버는 언제나 동시에 역사학자였다고 말할 수 있을 것이다. 베버가 추구한 것은 사회학적 역사학이면서 동시에 역사적 사회학이었다." 김덕영, 『막스 베버 : 통합과학적 인식의 패러다임을 찾아서』(서울 : 도서출판 길, 2012), 799. 그러나 이런 해설은 역사학과 사회학의 목표와 수단이 근본적으로 다르다는 사실을 흐리게 할 여지가 있다.

이념상(理念象)에 가까운지 또는 먼지를 확인하는 것이다. 가령 '도시경제'라는 이념형의 경우 한 특정한 도시의 상황이 가진 경제적 성격이 개념상으로 얼마만큼 "도시 경제적"이라고 규정될 수 있는지를 확인하는 것이다. (이런 유토피아적 성격 또는 비현실성에도 불구하고) 이념형적 개념은 연구와 예시의 목적을 수행하는 데는—조심스럽게만 사용한다면—독특한 기여를 할 수 있다.[17]

베버가 이념형을 구성한 목적은 실제 현실을 적절하게 서술하기 위한 것이 아니었다. 그것은 현실에서 존재하는 각양각색의 사실이 이념형과 어느 정도 가깝거나 먼지를 따져서 그 사실에 내포된 특성을 명료하게 색출하기(heuristic) 위한 것이었다.

베버가 구상한 역사학과 사회학의 근본적 차이, 이념형의 유토피아적 성격 등을 정확하게 이해했을 때, 핀리나 고쉬 등이 제기한 비판은 모두 공허한 비판이라는 사실을 확인할 수 있다. 빌프리트 니펠은 핀리가 베버에 크게 의존해서 학문적 성과를 이뤘음에도 불구하고 베버의 사회학적 방법을 근거 없이 비판한 점을 문제시했다.[18] 니펠은 핀리가 베버의 사회학적 구상을 제대로 이해하지 못한 상태에서 비판했

---

17 막스 베버, 「사회과학적 그리고 사회정책적 인식의 '객관성'」, 전성우 역, 『막스 베버의 사회과학 방법론 ①』(서울 : 사회비평사, 1997), 91–92.

18 Wilfried Nippel, "Finley and Weber. Some Comments and Theses," *Opus : International Journal for Social & Economic History of Antiquity*, 6–8 (1987–1989) [published 1991], 43.

다는 사실을 조목조목 지적한 후,[19] 다음과 같은 결론을 제시했다. "베버의 사회학적 연구를 '고급수준'으로 진전시키려면 베버가 착수했던 횡문화적 비교연구(cross-cultural comparisons)를 충실하게 계승할 필요가 있다. 베버가 제시한 '고대 도시'의 이념형은 서양 도시를 종합적으로 연구하기 위한 모델의 한 구성요소일 뿐이다. 그리고 그것은 동양의 도시 유형을 끊임없이 참조하지 않는다면 결코 이해될 수 없는 것이었다."[20] 또한 잭 바벌렛은 고쉬가 베버의 텍스트를 경험적으로 검증하려는 시도에 경도된 나머지 텍스트 자체를 구성하는 사회학적 논리를 파악하는 데 실패했다고 지적했다.[21] 한국에서도 핀리나 고쉬 등이 범한 오류를 동일하게 반복한 오류를 찾아볼 수 있다. 예컨대 안상준과 김응종은 서양 중세의 특정 지역에 국한된 역사적 지식을 동원에서 베버가 제시한 중세 도시의 이념형을 비판적으로 검증하고 있다.[22] 하지만 그런 검증은 앞에서 검토한 것처럼 학문적으로 무용한 것이었으며,[23] 중세 도시의 이념형 역시 고대 도시의 이념형 및 동양 도시의 이

19 Nippel, "Finley and Weber," 44–48.

20 Nippel, "Finley and Weber," 48.

21 Jack Barbalet, "Book Review : Peter Ghosh, *A Historian Reads Max Weber : Essays on the Protestant Ethic*," *Canadian Journal of Sociology* 35(1) (2010), 149–151.

22 안상준, 「막스 베버의 '도시' 개념과 수용 : '서양 중세 도시를 중심으로'」, 『서양 중세사연구』 제22호 (2008): 191–221; 김응종, 「서양 중세도시의 자유와 자치–역사인가 신화인가」, 『백제연구』 제46집 (2007): 17–35.

23 중세 유럽사를 전공한 크누트 슐츠 역시 몇 가지 역사적 사실을 들어 베버의 중세 도시 연구를 비판하는 역사학자를 비판하면서 베버를 옹호한다. 슐츠, 『중세 유럽의 코뮌 운동』, 21–22, 380.

념형을 아우르는 비교사회학적 시각에서만 제대로 이해할 수 있는 것이었다. 니펠은 베버의 "도시 : 비정통적 지배"를 이렇게 평가한다. '베버의 "도시 : 비정통적 지배"는 서양 고대 및 중세의 도시에 관한 연구 중 가장 유명한 연구일 뿐만 아니라 유일한 연구다. 약 70여 년 동안 상당수의 고대사 및 중세사 연구자들이 베버의 선구적인 저작을 언급했지만, 그들의 인용을 통해 베버의 "도시 : 비정통적 지배"에 대한 이해가 깊어졌다거나 학문적 진보가 이뤄졌다는 확신을 할 수 없다. 물론 이런 상황에 변화가 전혀 없는 것은 아니지만 사정이 근본적으로 개선된 것은 아니다. 베버의 "도시 : 비정통적 지배"는 여전히 연구가 미진한 분야이기 때문이다.'[24]

2) 오리엔탈리즘, 그리고 가치판단과 가치자유

『오리엔탈리즘』의 저자로 널리 알려진 에드워드 사이드는 베버의 연구에 오리엔탈리즘이 녹아 있다고 비판한다. "나는 베버가 프로테스탄티즘, 유태교, 불교를 연구한 결과 (필경 무의식적으로) 본래 오리엔탈리스트에 의해 개척되고 영유가 주장되어 온 영역의 한 가운데로 흡수되었다고 하는 사실은 지금까지 지적된 적이 없다고 생각한다. …

---

24 Wilfried Nippel, "Introductory Remarks : Max Weber's 'The City' Revisited," in *City Sates in Classical Antiquity and Medieval Italy : Athens and Rome, Florence and Venice*, eds. Anthony Molho, Kurt Raaflaub and Julia Emlen(Stuttgart : Franz Steiner Verlag, 1991), 19-20.

(베버의) 유형(type) 개념은 오리엔탈리스트에 의해 주장된 규범적 테제의 다수를, 단지 '외부로부터' 확인하는 것에 불과했기 때문이다. 그리고 오리엔탈리스트들의 경제학적 관념은, 동양인에게는 본질적으로 무역, 통상, 경제적 합리성의 능력이 결여되어 있다고 하는 주장으로부터 한 발자국도 나아간 것이 아니었다."[25] 사이드가 주조한 베버의 이미지는 해외 학계에서 광범위하게 유통된다. "이미 1997년 빈 웅(Bin Wong)이 지적한 것처럼 (이념형을 활용한 베버의 동서양 시민의 비교연구는) 유럽 우월주의의 결론에 도달하는 것이 불가피하다. 베버는 유럽의 특수한 경험이 투영된 문화적 개념을 비서구 사회에도 보편적으로 적용할 수 있는 개념으로 간주했기 때문이다."[26] "터너가 주장한 것처럼 베버가 이슬람, 인도, 중국, 그리고 고대 유대를 대상으로 수행한 연구는 독립적, 독창적, 혁신적 연구가 아니라, 20세기 초반의 오리엔탈리즘의 시각에서 수행한 연구에 지나지 않았다."[27]

한국에서도 베버를 오리엔탈리즘의 시각에서 비판하는 사례를 쉽게 찾아볼 수 있다. 예컨대 강정인은 사이드의 논지를 그대로 수용하면서 '유럽 예외주의 사고의 정수를 베버한테서 발견할 수 있다'고

---

25 Edward W. Said, 박홍규 역, 『오리엔탈리즘』(서울 : 교보문고, 1991), 417.

26 Maarten Prak, *Citizenship in Pre–modern Europe : A Comparison between China, the Near East and Europe*, Modern and Comparative Economic History Seminar, 24th November 2011, London School of Economics and Political Science. (Unpublished), 5. http://eprints.lse.ac.uk/39751/

27 Engin F. Isin, "Citizenship after Orientalism," in *Handbook of Citizenship Studies*, eds. Engin F. Isin and Bryan S. Turner(London : Sage, 2002), 122.

비판한다. "베버는 (『프로테스탄티즘의 윤리와 자본주의 정신』)의 서문을 다음과 같이 의미심장한 질문으로 시작한다. 보편적인 의의와 가치를 지닌 발전선상에 놓여 있는 듯한 문화적 현상이 서구문명에서 그리고 오직 서구문명에서만 나타난 사실은 어떤 일련의 환경들에 귀속될 수 있을 것인가?"[28] 김상준은 한층 더 강력하게 비판한다. "보편사적 의미를 갖는 근대성은 '서구, 오직 서구에서만(in the West, in the West only)' 형성되었다고 했던, 막스 베버의 추상같은 권위가 서린 『종교사회학논총』 「저자서문」의 구절들은 오늘날에도 여전히 그 묵중한 울림을 유지할 수 있을까? 한편으로는 윤리적 도전, 다른 한편으로는 역사적 사실의 도전을 직시하지 않을 수 없을 것이다. 인류학자 패비언이 날카롭게 정리했던 것처럼, 근대성 담론은 한편으로는 '야만인(savage)'의 이미지를, 다른 한편으로는 '시간의 등급'을 창조했다. … 이러한 '시간의 등급'의 뒤편에 서 있다는 것은 물질적, 경제적으로 후진적일 뿐 아니라 정신적, 문화적으로 열등함을 뜻한다. 이 주어진 시간 서열의 뒷줄을 달리게 된 자(문명, 사회, 국가)란 … 피로 얼룩진 정복사의 희생자들이기도 했다. 근대성 담론은 이 희생자들에게 정신적 열등함의 원죄까지 씌운다. 이는 또 다른 폭력, 아니 물리적 폭력보다 더욱 깊고 거대한 윤리적 폭력이 아닐 수 없다."[29]

그러나 베버의 동서 비교 연구를 오리엔탈리즘의 시각에서 비판

---

28 강정인, 『서구 중심주의를 넘어서』(서울 : 아카넷, 2004), 69-73.

29 김상준, 『맹자의 땀 성왕의 피 : 중층 근대와 동아시아 유교문명』(서울 : 아카넷, 2011), 33-34.

하는 학자는 베버가 추구한 '비교사회학'(comparative sociology)의 논리를 치열하게 파악하는 노력을 선행시키지 않았다. 그런 노력을 선행시킨 학자, 그래서 비교사회학의 의미를 정확하게 파악한 학자 중에서 베버를 오리엔탈리즘의 시각에서 비판하는 학자는 아무도 없기 때문이다. 베버의 비교사회학을 정확하게 이해하려면 물론 그의 『과학론』을 정확하게 이해해야 한다. 베버가 비교사회학의 전모를 대단히 간결하고 명료하게 제시한 "사회학의 기본 개념"[30]도 정확하게 이해할 필요가 있다. 여기서는 베버의 구상을 빠르게 파악할 수 있는 자료 한 편을 검토해 보기로 한다. 베버는 1914년 6월 21일 게오르크 폰 벨로브(Georg von Below)에게 보낸 편지에서 자신의 비교사회학 구상을 비교적 상세히 제시했다.

> 올 겨울 나는 『사회경제학 개요』(*Outline of Social Economics*) 시리즈를 통해 정치조직의 형태에 관한 상당히 긴 글을 출간할 예정이라네. 그 글에서 다룰 주제는 체계적으로 비교하는 방식을 취할 걸세. 누군가가 나를 "딜레탕트 콩파레"(dilettante compare, 비교를 탐닉하는 자)라고 비웃을지도 모르는 위험을 감수하면서 말일세. 그런데도 내가 비교 연구를 시도하려는 까닭은 예컨대 중세 도시의 특수한 성격을 파악하고자 할 때,—바로 이것이 역사학자가 추구해야 할 과제이니까 (그 점에 대해서 우리는 완전히

30 Weber, "Basic Sociological Terms," 3–62.

동의했지 않은가!) - 중세 도시의 특성 중에서 어떤 특성이 다른 도시(예컨대 고대 중국 도시, 이슬람 도시)에서 결여되어 있는지를 확인한 연후에만 중세 도시의 특수한 성격을 파악할 수 있다고 생각하기 때문이라네. 바로 이것이 일반적 규칙일세. 그런 다음 역사학자가 해결해야 할 과제는 그렇게 파악한 특수한 성격을 인과적으로 설명하는 것이라고 할 수 있겠네. … 이제 내가 이해하는 사회학을 통해 (그처럼 도시와 같은 집단의 공통된 특성을 파악하는) 예비적이고 온건한 과제를 수행할 수 있다고 본다네. 물론 그런 식의 연구를 수행하는 사회학자는 어쩔 수 없이 어느 한 분야에 정통한 학자를 화나게 할 수 있을 걸세. 세상에서 모든 분야에 정통한 전문가는 있을 수 없으니까 말일세. 나는 그렇더라도 그와 같은 (비교) 연구가 학문적 가치가 없다고 생각하지 않는다네. 예컨대 『국가학사전』(*Handwörterbuch der Staatswissenschaften*)에 수록된 나의 고대 농업사에 관한 논문이 상당히 유용하다는 사실이 입증되었기 때문일세. 그 논문에서 도달한 몇몇 결론이 나중에 수정되었다는 사실까지 포함해서 말일세.[31]

베버가 서양과 비서구 세계를 비교해서 오직 서양에만 존재하는 요인에 특별히 주목한 까닭은 '모종의 부재의 사회학'(a sociology of

31 R. I. Frank, "Translator's Introduction," in Weber, *The Agrarian Sociology of Ancient Civilizations*, 21–22.

absence)을 획책해서 비서구 세계를 폄하하려고 했던 것이 아니라,[32] 서양의 특수성을 인과적으로 설명하기 위한 학문적 관심 때문이었다. 베버의 용어로 전자를 '가치판단'(value judgement)이라 부르고, 후자를 '가치자유'(value free)라고 부른다. 가치자유는 가치중립을 뜻하지 않는다. 베버는 연구자 개인의 정치적 신념 내지 종교적 도그마에 입각해서 연구 대상을 재단하는 행위를 가치판단으로 불렀고, 학문을 그런 신념 내지 도그마로부터 해방시키는 행위를 가치자유라고 불렀다. 우리는 창녀를 도덕적으로 비난할 수도 있고, 그런 도덕적 비난을 뒤로 하고 철저히 논리적으로 분석할 수도 있는데, 전자가 가치판단에 해당하고, 후자가 가치자유에 해당한다. 베버는 학문 세계에서 가치자유와 가치판단을 철저하게 준별할 것을 요구했다. 학문은 오직 가치자유의 영역에서만 생명력을 유지할 수 있으며, 가치판단을 범하는 순간 사이비 종교 내지 정치적 선전으로 전락한다고 판단했기 때문이다. 그래서 베버는 가치자유와 가치판단을 구분하지 못하는 학자는 학자의 자격을 이미 상실한 자라고 혹평했다.[33] 하지만 베버를 비판하는 학자들이

---

32 Cf. Sami Zuaida, "Max Weber's *The City* and the Islamic City," *Max Weber Studies* 6(1) (2006): 111–118.

33 막스 베버, 「사회학 및 경제학에서 가치자유의 의미」, 전성우 역, 『막스 베버의 사회과학 방법론 ①』, 125–195. 전성우는 베버의 'Wertfreiheit'(value free)를 '가치중립'으로 번역했는데 '가치자유'로 번역하는 것이 옳다. 가치중립이란 용어는 '사실로부터 가치의 분리'를 요구하는 뉴턴 패러다임의 산물인 반면, 종교사회학, 문화사회학 등과 같은 베버의 학문 세계에서 가치를 배제하는 것은 불가능하기 때문이다.

사용하는 오리엔탈리즘이란 용어는 그 자체가 이미 가치판단의 산물이었다. '사이드는 마니교적 세계관을 견지한 상태에서 서양을 악으로 간주하고, 서양 이외의 세계를 도덕적으로 우위에 두거나 선한 것으로 간주했기 때문이다.'[34] 베버는 가치자유의 원칙을 준수하면서 서양과 비서구 세계의 역사적 차이를 비교했다. 많은 학자들이 베버의 서구 중심주의적 편견의 근거로 제시한 "『종교사회학논총』 서문"은[35] 철저히 각주 31번에서 인용한 베버의 비교사회학적 구상에 입각해서 작성된 것이었다. 하지만 베버의 비교사회학을 제대로 이해하지 못한 수많은 학자는 베버의 연구를 서구 중심주의 내지 오리엔탈리즘 등과 같은 가치판단 용어로 재단해 버렸다.[36] 정작 베버 자신은 특정 문화의 우열을 학문적으로 입증하는 것이 불가능하다고 강조했는데도 말이다. "… 가령 어떻게 프랑스 문화의 가치를 독일 문화의 가치와 비교해서 '학문적으로' 그 우열을 결정할 수 있을지 나는 모릅니다."[37] 니펠은 '베버의 동서 비교 연구가 오리엔탈리즘의 산물이 아니라, 동서의 근원적 차이를 대단히 뛰어나게 포착한 성과라고 평가했다. 따라서 이 분야의 연구를 수행하려는 어떤 연구자도 베버의 도전을 받아들여야만

---

34 Ibn Warraq, *Defending the West : A Critique of Edward* Said's *Orientalism*(New York : Prometheus, 2007), 13.

35 막스 베버, 「『종교사회학논총』 서문」, 김덕영 역, 『프로테스탄티즘의 윤리와 자본주의 정신』(서울 : 도서출판 길, 2010), 11-38.

36 Cf. 차성환, 「독일 사회과학의 오리엔탈리즘 : 막스 베버를 중심으로」, 『담론 201』 제7권 제1호 (2004): 273-302.

37 막스 베버, 전성우 역, 『직업으로서의 학문』(파주 : 나남, 2006), 68.

한다고 강조했다.'[38]

2. '게마인데' : 서양 시민을 육성한 토양

베버는 서양 고대 및 중세 시민의 독특한 성격을 서양 특유의 도시를 배경으로 파악했다. 따라서 베버가 파악한 서양 시민의 성격을 이해하기 위해서는 먼저 그의 도시 연구를 검토할 필요가 있다. 그러나 앞 절에서 얘기한 것처럼 베버의 도시 연구는 이해하기가 쉽지 않다. 무엇보다도 그의 도시 연구의 대표적 텍스트인 "도시 : 비정통적 지배"가 미완성 작품이고, 현재까지 국내외 학계에서 그 텍스트에 대한 연구도 충분히 진척시키지 못했기 때문이다. 그러다보니 "도시 : 비정통적 지배"를 연구한 국내외 학계의 몇몇 논문이나 저작을 통해서 우리의 이해를 증진시키기가 쉽지 않다. 그런 와중에 니펠이 제시한 여러 논문은 베버의 도시 연구를 종합적으로 이해하는데 많은 도움을 준다.[39] 니펠에 따르면 "도시 : 비정통적 지배"의 핵심 내용은 도시 그 자

38 Wilfried Nippel, "*Homo Politicus* and *Homo Oeconomicus* : The European Citizen According to Max Weber," in *The Idea of Europe : From Antiquity to the European Union*, ed. Anthony Pagden(Cambridge : Cambridge University Press, 2002), 138.

39 예컨대 Nippel, "*Homo Politicus* and *Homo Oeconomicus*," 129–138; Nippel, "Introductory Remarks : Max Weber's 'The City' Revisited," 19–30; Wilfried Nippel, "From Agrarian History to Cross–Cultural Comparisons : Weber on

체가 아니라 서양의 도시를 독특한 방식으로 구성한 '게마인데'이다.[40] 게마인데는 오직 서양 도시에서만 확인할 수 있는 독특한 성격의 공동체인데, 오직 서양에서만 다양한 유형의 시민이 존재했고, 비서구 지역에서는 시민 개념이 존재하지 않았던 까닭을 설명해주는 키워드라고 할 수 있다.[41] 베버는 게마인데의 이념형을 다음과 같이 제시한다.

> 도시의 게마인데가 형성되기 위해서는 비농업 및 상업 활동이 주를 이루는 정주지이면서 적어도 다음과 같은 특징을 갖추어야 한다. 1. 방어 시설, 2. 시장, 3. 게마인데 자체의 법정과 부분적이나마 게마인데에서 자율적으로 운용할 수 있는 법률, 4. 연합의 구조(an associational structure, Verbandscharakter), 그리고 그것과 연관된 5. 게마인데의 부분적 자율성과 자치독립교회(autocephaly), 그리고 여기에 시민이 어떤 형태로 참여해서 임명한 관

Greco-Roman Antiquity," in *The Cambridge Companion to Weber*, ed. Stephen Turner(Cambridge : Cambridge University Press, 2000), 240-255; Wilfred Nippel, "New Paths of Antiquarianism in the Nineteenth and Early Twentieth Centuries : Theodor Mommsen and Max Weber," in Peter N. Miller, *Momigliano and Antiquarianism : Foundations of the Modern Cultural Sciences*(Toronto : University of Toronto Press, 2007), 207-228.

40 Nippel, "*Homo Politicus* and *Homo Oeconomicus*," 130; Nippel, "Introductory Remarks : Max Weber's 'The City' Revisited," 25. 게마인데의 성격을 체계적으로 정리한 논문으로는 고성환, 「도시 게마인데의 성립기반 : 베버의 도시론을 중심으로」, 『인문과학』 제55호 (1986): 187-222.

41 Nippel, "*Homo Politicus* and *Homo Oeconomicus*," 129.

리가 행정을 수행하는 것도 포함된다.[42]

이어서 베버는 이렇게 말한다. '그러나 위 개념은 이념형으로 제시되었기 때문에 현실에 엄격하게 적용할 경우 서양 중세 도시조차도 오직 부분적으로만 진정한 "도시 게마인데"의 자격을 지닐 것이며, 18세기 도시의 경우는 극소수의 부분만이 그런 자격을 지닐 것이라는 점에 유의할 필요가 있다. 하지만 아시아의 도시에서는 아주 극소수의 예외를 제외하면 적어도 우리가 알고 있는 한 위에서 제시한 개념에 들어맞는 경우는 전혀 없다.'[43]

그러면 게마인데가 오직 서양에서만 출현할 수 있었던 까닭은 무엇인가? 베버는 정치와 종교 두 가지 차원에서 설명한다. 먼저 베버는 자본주의 사회에서 생산수단의 소유 여부가 자본가와 노동자를 구분하는 중요한 지표가 되는 것처럼, 정치의 결정적 수단인 군대 조직이 전쟁 수단을 소유하고서 스스로 무장할 수 있느냐(self-equipment for war), 아니면 전쟁 수단을 자체적으로 소유하지 못하고 군벌(military overlord)로부터 전쟁 수단을 공급 받아서 무장하느냐에 따라 사회사의 전개 방향이 확연하게 달라진다고 말한다. 서양의 고대 도시는 자체 무장 방식으로 출발했으며, 군인과 전쟁 수단의 분리는(the separation

---

42 Weber, "The City," 1226.

43 Weber, "The City," 1226-1227. 이제 베버의 이런 식의 얘기가 오리엔탈리즘의 시각이 아니라, 비교사회학의 시각에서 제시된 것이라는 점을 쉽게 이해할 수 있을 것이다.

of soldier from the paraphernalia of war) 근대에 들어와서야 겨우 가능할 수 있었다. 그러나 비서구 지역에서는 고대부터 군인과 전쟁 수단의 분리 현상이 발생했다. 서양 고대 도시는 지중해 연안 지역의 작은 공동체로 출발했다. 그리고 그곳에서는 자체 무장 능력을 가진 자가 시민이었으며, 그런 패턴은 로마 제국 이전까지 계속되었다. 시민이 자체 무장 능력을 가졌다는 사실은 시민들 각자의 자율성과 시민들 상호 간의 평등성이 상당 수준 보장될 수 있었다는 것을 의미한다. 따라서 공동체 지도자의 정치권력은 많은 부분 그에게 복종을 약속한 시민의 동의에 의존했다. 이런 정치 구조에서 공동체의 지도자는 시민의 복종을 강제하는 관료조직을 발전시킬 수 없었다. 그러나 이집트, 서아시아, 인도, 중국 등의 고대 사회에서는 거대한 하천의 치수 문제를 해결하는 과정에서 대규모 관료조직을 보유한 제국을 탄생시켰다. 그리고 제국의 황제는 관료조직을 활용해서 군사력을 자기 수중으로 독점시켰다. 즉 군인과 전쟁 수단의 분리가 매우 이른 시기에 확립되었다. 이런 정치 구조에서 자체 무장 능력을 가진 시민은 탄생할 수 없었고, 오직 황제에게 복종하는 신민(subject)만이 존재할 수 있었다. 또한 지방의 도시는 제국의 행정단위로 편입되면서 도시 그 자체의 자율성을 확보할 수 없었다.[44]

서양에서 게마인데가 출현할 수 있었던 두 번째 이유는 종교적 측면에서 찾아볼 수 있다. 게마인데는 인간 사회의 강고한 씨족(clan)

---

44 Weber, "Citizenship," 320-321; Weber; "City," 1260-1262; 고성환, 「도시 게마인데의 성립기반」, 201-203.

내지 혈연적 유대(consanguinity)에서 해방된 자율적 인간을 인위적으로 다시조직한 비혈연적 유대(confraternity)를 의미한다.[45] 따라서 게마인데가 성립하기 위해서는 반드시 씨족의 해체가 선결되어야 한다.[46] "서양에서 씨족은 예언의 종교적 힘(the religious force of prophesy)에 의해서 완전히 해체되었다. 예언자는 씨족의 멤버십을 전혀 고려하지 않은 채 자신의 공동체를 구성하고자 했다. 예수의 다음과 같은 말씀, 즉 '나는 세상에 평화가 아니라 칼을 주러 왔다. 나는 아들이 그의 아버지와 맞서게 하고, 딸이 그의 어머니와 맞서게 하기 위해서 왔기 때문이다' (마태복음, 10:34-35), '누구든지 나한테 와서 자신의 아버지와 어머니와 아내와 자식과 형제와 자매를 버리지 못하면 내 제자가 될 수 없다'(누가복음, 14:26) 등은 씨족 제도를 부정하는 예언의 강령을 표현한 것이었다."[47] 씨족으로부터 해방된 게마인데의 구성원은 각자 동등한 권리를 보유하고, 구성원 상호 간의 결혼을 허용하고(connubium), 종교적 상징을 함께 신봉하는 특성 등을 지닌다. 실제 역사에서는 고대 그리스나 로마의 '시노이키스모스'(synoikismos), 중세 이태리나 독일의 '코뉴라치오'(conjuratio) 등이 게마인데의 이념형에 근접한 것이었다. 하지만 중국의 경우 조상숭배를 중시하는 유교 등을 통해 씨족은 오히

45 Nippel, "*Homo Politicus* and *Homo Oeconomicus*," 132; Nippel, "From Agrarian History to Cross-cultural Comparisons," 248.

46 Weber, "The City," 1243-1244.

47 Weber, "Property Systems and Social Group," *General Economic History*, 44-46; Weber, "Citizenship," 322.

려 강화되었고, 인도의 경우도 힌두교는 카스트제도를 지지하고 있었다. 따라서 그곳에서는 시민을 구성원으로 갖는 게마인데를 탄생시킬 수 없었다.[48]

한국에서도 게마인데가 탄생할 수 없었으며, 따라서 그것의 구성원인 시민도 탄생할 수 없었다.[49] 한국 역사에서 씨족의 강고한 유대를 해체한 계기가 없었고, 한국 사회의 지배이념인 유교는 씨족의 유대를 더욱 강화시켰기 때문이다. 제임스 그레이슨은 이렇게 말한다. "한국사회는 확대 씨족체계에 기반을 둔 매우 분절된 부족사회이다. 한국사회에서 씨족의 중요성을 강조하고 사회를 분절화 시킨 것은 유교가 아니다. 한국사회는 유교와 상관없이 그런 성격을 지니고 있다. 유교는 다만 한국문화의 그러한 성격을 강화시켰을 뿐이다. 조선조 중기 이후 급진적인 사림파와 그들의 계승자들에 의해 한국문화의 사회적 성격은 엄격한 신유학의 영향을 받았다. … 한국인의 세계관은 효, 충, 그리고 예라는 유교적인 개념에 의해 여전히 영향 받고 있기 때문에 한국사회는 아직도 유교사회라고 말할 수 있다."[50]

한국에서 게마인데를 탄생시키지 못했다는 사실은 현대 한국사회의 성격을 이해하고자 할 때 대단히 중요한 통찰을 제공한다. 씨

---

48 Nippel, "*Homo Politicus* and *Homo Oeconomicus*," 132–133; Nippel, "From Agrarian History to Cross-cultural Comparisons," 248–249.

49 박승관, 「근대화 과정과 사회적 커뮤니케이션 세계」, 『언론정보연구』 제41호 (2004): 137–186 참조.

50 제임스 헌틀리 그레이슨, 강돈구 역, 『한국종교사』(서울: 민족사, 1995), 275–276.

족을 해체하지 못한 사회는 씨족 내부의 윤리와 씨족 외부의 윤리를 확연하게 구분한다(the ethics of internal and external relations are categorically distinct). 씨족 내부 구성원끼리는 조건 없이 서로서로 도와주면서 강고한 유대를 유지한다. 이와 달리 씨족 외부에서 존재하는 모든 인간은 처음부터 어떠한 윤리적 고려도 필요 없는 적대세력으로 간주한다. 따라서 그들은 이해관계가 상충할 경우 무자비하게 맞서 싸워야할 대상으로 간주된다.[51] 이처럼 '내집단과 외집단을 구분'(in-group/ out-group distinctions)하는 습성은 현대 한국사회에서도 학연, 지연 등과 같은 사적 유대를 경계로 다양하게 실천된다.[52] 일제의 식민통치, 그리고 이승만, 박정희, 전두환, 노태우 정부의 강권이 한국의 사회질서를 더 이상 강제하지 못했을 때, 즉 해방 정국, 장면 정부, 80년 서울의 봄, 87년 민주화 이후 전개된 민주주의의 시기에 한국사회의 민주적 질서가 자연스럽게 출현하는 대신, 한국사회가 '사회 구성원들을 묶어내는 개인 외적·개인 초월적·개인 상위적 집합적 규율 능력을 상실하면서 아노미 상태로 전락했던'[53] 배경이 여기에 있었다. 세계 최고 수준을 자랑하는 한국 사이버 공간에서 '사회적 커뮤니케이션'이 끊임없이 실패

51 Max Weber, *The Religion of China : Confucianism and Taoism*, trans. and ed. Hans H. Gerth(New York : The Free Press, 1951), 88-89; Weber, "The Evolution of the Capitalistic Spirit," *General Economic History*, 356.

52 한국의 가족 윤리가 한국 사회의 공적 세계를 지배하는 문제를 선구적으로 검토한 연구로는 최재석, 『한국인의 사회적 성격』(서울 : 민조사, 1965) 참조.

53 박승관, 「한국사회의 소통의 위기 : 소통의 역설과 공동체의 위기」, 한국언론학회 엮음, 『한국사회의 소통의 위기』(서울 : 커뮤니케이션북스, 2011), 135.

하는[54] 배경도 여기에 있었다. "누구나 자유롭게 '입'을 여는데, 들어주는 '귀'는 닫혀있는 사회에서는 그 어떤 명목상의 공론장(public sphere)도 사실상의 사론장(private sphere)으로 전락된다. 이러한 유사공론장(pseudo-public sphere)에서는 열린 토론은 없고 닫힌 토론만 범람하기 때문이다. 토론은 없고 입씨름만 있기 때문에 참된 토론은 언제나 실패하게 된다. … 유사공론장 안에서 의견대립은 언제나 폭력적 평정의 대상으로 인식될 뿐이다."[55] 문제는 여기에서 그치지 않는다. 씨족이 건재한 한국사회는 한국 민주주의의 '가치의 권위적 배분' 능력과 한국 자본주의의 합리성 또한 끊임없이 와해시키는 원천이 되고 있기 때문이다.[56] 이 문제와 관련해서 스테펜 캘버그의 다음과 같은 얘기에 주목해 볼 필요가 있다.

---

54 박승관, 「한국사회의 사회적 커뮤니케이션 세계의 붕괴」, 『신문연구소학보』, 서울대학교 신문연구소 (1993) : 85-122; 박승관, 「한국사회와 커뮤니케이션 엔도가미」, (사)한국정치평론학회 편, 『한국 민주주의와 언론자유 그리고 그 위기』(고양 : 인간사랑, 2013), 22-91 참조.

55 박승관, 「여론, 군론, 정론」, 윤석민 외, 『디지털 시대의 사회적 소통, 매체 그리고 문화적 실천』(서울대학교 언론정보연구소, 2005), 77-78.

56 이현휘, 「한국정치와 가치의 권위적 파탄」, 『정치와 평론』 제9호 (2011) : 189-196; 이현휘, 「프로테스탄트 종파와 미국의 민주적 토론정신」, (사)한국정치평론학회 편, 『한국 민주주의와 언론자유 그리고 그 위기』, 395-398; 차성환, 「베버의 개신교 윤리와 한국자본주의의 신유교적 가치」, 『한국 종교사상의 사회학적 이해』(서울 : 문학과 지성사, 1995), 267-351.

… 공적 영역(public sphere)이 경제적 거래와 종교적 보편주의 등을 통해 확대된다고 해도 가족, 씨족, 인종, 종파 등과 같은 그룹이 만들어낸 내집단/ 외집단 구분(the insider/ outsider division)을 돌파하지는 못할 것이다. 그와 같은 그룹에서 '인격적' 충성의 의무(the personal ties of allegiance)가 여전히 건재할 경우 정치적 권리와 시민적 권리에 관해서 법적 구속력을 가진 비인격적(impersonal) 개념을 공식화할 수도 없을 것이다. 가족과 씨족에 기초를 둔 경제 개발 사례로는 아시아 국가와 이슬람 국가가 쉽게 떠오를 것으로 생각한다. … 아시아 국가, 특히 유교와 이슬람교는 가족의 유대와 가부장의 권위를 강화시키기고, 자율적인 도시의 발전을 방해하기 때문에 사업 조직은 거의 대부분 가족이나 씨족이 경영하는 회사로 되어있다. 가족(권위, 내집단의 유대, 동정심, 형제애)에서 추구하는 사적인 가치, 그리고 신뢰하는 가족 구성원과 신뢰하지 않는 타자를 엄격하게 구분하는 태도가 함께 어우러져 비즈니스 거래에서조차 커다란 힘을 발휘한다. 따라서 경제 규모가 서서히 확대되더라도 서양의 숙련공, 기업가, 기독교 신앙인 등이 개발한 보편적 정치 및 시민 개념을 구체화시키지 못한다. 아시아 자본주의는 최근 수십 년 사이 씨족에 기초한 모델로부터 탈피하기 시작했다. 하지만 일본, 대만, 싱가포르, 한국 등의 다국적 기업은 정치적 권리와 시민적 권리의 사회적 담지자(social carriers)로 봉사하는 대신, 가족과 씨족의 가치를 사업 조직에 확대시키는 방식을 취하고 있다. 따라서 '비인격적' 권리가

보장되어야 할 공적 영역이 억제된 채로 남아있다.[57]

하지만 씨족을 해체시키면서 게마인데를 탄생시킨 서양은 한국, 중국, 인도 등과 전혀 다른 역사적 노선을 걸었다. 서양 고대 시민과 중세 시민의 특성을 나눠서 검토해 보기로 한다.

3. '호모 폴리티쿠스' : 서양 고대 시민의 이념형

베버에 따르면 게마인데에 기초한 도시는 오직 서양에서만 출현했지만 고대 도시(스파르타, 아테네, 로마 공화정 등)와 중세 도시(이태리, 독일, 영국 등) 사이에는 큰 차이가 있었으며, 중세 도시 내부에서도 유럽 남부 유형과 북부 유형 간에 큰 차이가 있었다.[58] 먼저 베버가 고대 도시의 시민과 중세 도시의 시민 간의 차이를 결론적으로 정리한 내용을 살펴보기로 하자.

특히 중세 도시의 유형은 내륙에 위치한 도시로서 장인들이 주

57 Stephen Kalberg, "The Cultural Foundations of Modern Citizenship," *Max Weber's Comparative–Historical Sociology Today : Major Themes, Mode of Causal Analysis, and Application*(Burlington : Ashgate, 2012), 208.

58 Weber, "Citizenship," 323.

로 경제적 활동을 하는 공간이었다. … 고대 도시에서는 장갑보병 군대(the hoplite army)와 그들의 훈련을 중시하는 군사적 관심이 점차 모든 도시 조직을 지배하는 정신이 되었다. 그러나 중세 시민의 특권은 요새를 수비하는 시민의 군사적 의무가 축소된 데서 마련되기 시작했다. 중세 시민의 경제적 관심은 상업과 무역을 통해 평화적으로 이득을 취하는 데 있었다. … 중세 시민이 처한 정치적 상황이 그가 걸어갈 길을 결정했는데, 그것은 '호모 에코노미쿠스'의 길이었다. 반면 고대 폴리스는 전성기 때 기술적으로 가장 진보된 군사 조직의 성격을 유지하고 있었다. 따라서 고대 시민은 '호모 폴리티쿠스'였다.[59]

베버는 고대 시민의 전형을 호모 폴리티쿠스로, 중세 시민의 전형을 호모 에코노미쿠스로 파악했다. 이런 차이는 어디에서 온 것일까? 앞 절에서 얘기한 것처럼 고대 도시에서는 자체 무장 능력을 가진 자가 시민이었다. 그런데 전쟁 기술의 변화로 시민이 점차 증가하면서 민주주의가 확대되는 패턴을 보였다. 예컨대 그리스 폴리스는 처음에 도시 귀족(patriciate)이 장악했다. 하지만 장갑보병 전술이 도입되면서 이런 상황에 변화가 생겼다. 베버는 이렇게 말한다. "전쟁 기술의 변화로 귀족이 몰락하고 민주주의로 이행하는 것이 가능하게 되었다. 스스로 무장하고서 제대로 훈련을 받은 장갑보병이 귀족과 싸워서 그들

59 Weber, "The City," 1353–1354.

을 군사 영역에서, 그리고 종국에는 정치 영역에서 쫓아냈다."[60] 이처럼 변화된 상황에서 부유한 농민은 스스로 무장한 장갑보병이 될 수 있었고, 그래서 정치적 권리까지 획득할 수 있었다. 요컨대 '장갑보병 민주주의'가 등장하면서 부유한 농민이 폴리스를 지배하게 되었다.

이후 해군력이 중시되면서 장갑보병 민주주의는 다시 사라졌다. 페르시아 전쟁, 특히 제3차 페르시아 전쟁을 계기로 군사전략 및 전술이 장갑보병에서 해군으로 결정적으로 이동했다. 그런데 해군은 노 젓는 인력을 필요로 했는데, 이들은 재산이 없어도 싸울 수 있는 사람이었다. "그 때부터 기존의 엄격한 군사훈련이 불필요하게 되었다. 과거의 권위주의적 제도의 유산도 모두 제거되었다. 이제 도시에서 거주하는 '데모스'(demos)가 도시의 정책과 제도를 완전히 장악하게 되었다."[61]

고대 도시의 민주주의가 자체 무장 능력을 가진 데모스로 구성되었다는 사실을 감안할 때, 그곳의 민주주의의 성격을 다시 생각해 볼 필요가 있다. 우리는 보통 고대 그리스의 민주주의나 로마 공화정을 지극히 이상적인 모습으로 파악하는 경향이 있다. 그래서 서양 근대 시민의 지성사적 기원을 그리스의 시민에서 찾는 경우가 많다. 예컨대 포칵은 "아테네의 '폴리스'와 로마 '공화국'의 멤버로 정의되는 '시민'은 지중해 지역에서 출현한 독특한 결사체라고 할 수 있는데, 이는

60 Weber, "The City," 1352.

61 Weber, "The City," 1353; Yuko Takahashi, "A Study on Max Weber's *Ancient Judaism*: Theoretical Framework and Methodology," *Max Weber Studies*, 7(2) (2008), 220–221.

이후 '유럽'과 '서양' 전역에 전파되었다"[62]고 말했다. 미국의 한 정치학 교과서 역시 "우리가 의미하는 시민권(citizenship)은 계몽된 시민의 정치적 참여를 의미하는 그리스의 이상(the Greek ideal)에서 연유했다"[63]고 소개했다. 하지만 베버는 이들과 다르게 판단했다. 베버의 얘기를 직접 들어보자.

> 고대의 폴리스는 … 훈련된 장갑보병의 대형이 창출되었을 때부터 '일종의 전사의 길드'(a guild of warrior)였다. … 군사조직이었던 폴리스는 내적으로 절대적인 주권을 지녔다. … 부적절한 경제적 행위, 특히 상속받은 전사의 부지(inherited warrior lot)를 탕진하는 행위, 간통 행위, 자식을 잘못 교육시키는 행위, 부모를 학대하는 행위, 신에게 불경을 저지르는 행위, 방자한 폭력 행위, 요컨대 군사 및 정치 영역의 도덕 및 규율을 위태롭게 할 가능성이 있거나, 신의 화를 불러 일으켜서 폴리스에 불이익을 초래할 수 있는 모든 종류의 행위에 대해서 가혹한 형벌을 내렸다. 비록 (투키디데스가 기록한) 페리클레스의 장례연설에서는 아테네의 모든 사람이 자기가 원하는 삶을 살 수 있었다고 말해주었지만 말이다. 로마에서도 유사한 범죄에 대해서는 '감찰관'(censor)

---

62 Pocock, "The Ideal of Citizenship," 31-32.

63 Benjamin Ginsberg, Theodore J. Lowi and Margaret Weir, *We the People : An Introduction to American Politics, Seventh Texas Edition*(New York : W. W. Norton &Co., 2009), 11.

이 개입했다. 따라서 원칙상 그곳에는 개인의 행동의 자유가 없었던 게 분명하다. 그것이 '사실상' 존재한 곳은 어디에서나 아테네 경우처럼 시민 민병대의 효율성을 희생시키면서 매입한 것이었다. … 법률교육을 제대로 받지 않은 수백 명의 배심원 앞에서 이뤄지는 민사재판 등의 법정에서는 전적으로 자의적인 정의가 지배함으로써 공식적 법률의 안전장치를 위태롭게 할 수 있고 … 전쟁이 … 만성적으로 발생했다. 귀족정치 시기에는 기사도 정신에 입각해서 전쟁이 수행되었지만, 민주주의 시기에는 대단히 무자비한 방식으로 전쟁을 수행하고자 했다. 전쟁에서 승리하면 거의 언제나 죄수들을 대량으로 살육했으며, 도시를 정복하면 거의 모든 경우에 그곳의 전체 인구를 죽이거나 노예로 삼았다. 따라서 전쟁에서 승리할 때마다 노예가 갑작스럽게 증가했다. 이런 유형의 '데모스'는 합리적이고 지속적인 경제 활동에 기초해서 평화적으로 경제적 이득을 취할 가능성이 적었다.[64]

핀리는 베버가 고대 그리스의 민주주의를 너무 부정적으로 파악했다고 비판했다. 그는 '아테네가 2세기 동안 정치적, 상업적 안정을 유지할 수 있었던 것은 논란의 여지가 없는 사실이며, 그런 사실은 베버가 묘사한 무책임하고, 비합리적인 아테네의 법정 시스템과 양립할 수 없다고 주장했다. 또한 최근의 연구에 따르면 "폴리스"의 진정한 특

64 Weber, "The City," 1360–1362. 밑줄 추가.

징은 사람의 지배가 아니라, 법의 지배(rule by law, not by men)라는 사실에 광범위한 동의가 이뤄졌다'고 주장했다.[65] 하지만 니펠은 '권리의 주장이 종교나 자연법 등의 측면에서 지지되지 않는다고 반박하고, 고대 공화국의 정당성은 그것의 실질적 성공에 기초를 두었는데, 구체적으로 그것은 다수 시민의 기본적인 물질적 욕구를 충족시켜 주는 것이었다'고 주장했다.[66] 니펠이 지적한 물질적 욕구는 주로 전쟁의 전리품으로 충당되었다. "그리스 시민에게 만성적인 전쟁은 정상적인 조건이었다. … 전쟁은 도시를 부유하게 만들었지만, 장기간의 평화는 시민권의 파멸을 의미했기 때문이다."[67] 요컨대 고대 그리스의 폴리스가 장기간 존속할 수 있었던 까닭은 법치가 아니라 전쟁에서 지속적인 승리를 거둠으로써 가능했다.

각주 64번에서 길게 인용한 내용이 바로 '호모 폴리티쿠스'의 모습이다. 그리고 그곳의 밑줄 친 부분에 따라 행동하는 인간이 '호모 에코노미쿠스'이다. 베버는 서양 근대 자본주의가 호모 폴리티쿠스가 아니라 호모 에코노미쿠스를 기반으로 탄생했다고 판단했다. 그래서 베버는 "오늘날 우리가 우리들 자신의 사회적 문제를 해결하기 위해 고대사로부터 배울 수 있는 것은 거의 없거나 전무하다. … 우리의 문제와 고대의 문제는 완전히 다르기 때문이다"[68]고 주장했다. 퍼스 역

65 Finley, "Max Weber," 102.

66 Nippel, "Finley and Weber," 47–48.

67 Weber, "Citizenship," 331.

68 Weber, *The Agrarian Sociology of Ancient Civilizations*, 391.

시 "현대 민주주의가 고대 민주주의로부터 빚진 바는 대단히 적다"[69] 고 말했다. 그러면 호모 에코노미쿠스는 어떤 상황에서 탄생했고, 그것의 행동양식은 어떤 성격을 지닌 것일까?

4. '호모 에코노미쿠스' : 서양 중세 시민의 이념형

2절에서 검토했던 것처럼 베버는 게마인데의 이념형과 그것의 멤버인 시민의 이념형을 각각 구성할 때 특히 정치와 종교 두 가지 차원을 중요하게 고려했다. 정치적 측면에서는 '자체 무장 능력'을, 종교적 측면에서는 '씨족을 해체할 수 있는 기독교의 힘' 등을 각각 강조했다. 서양 중세 도시의 이념형과 그것의 멤버인 호모 에코노미쿠스의 이념형 역시 정치와 종교 두 가지 차원을 고려하면서 구성해 볼 수 있다.[70] 먼저 정치적 차원부터 검토해 보기로 한다.

중세 봉건사회의 가장 중요한 특징은 정치권력의 소재지가 도시가 아니라 '농촌'이었다는 사실에 있다. 봉건사회의 지배층으로 등장한

---

69 C. H. Firth, "Preface," in Charles Borgeaud, *The Rise of Modern Democracy in Old and New England*(New York : Charles Scribner's Sons, 1894), vii.

70 베버는 서양 중세 도시 및 시민을 '전형'으로 간주했으며, 고대 도시 및 시민은 중세 도시 및 시민과 비교하는 '레퍼런스'로서 처리했다. 그래서 그런지 고대 도시 및 시민을 종교적 시각에서 검토한 내용은 거의 없다. 이 분야는 앞으로 연구해야 할 과제로 남아있다. Nippel, "Finley and Weber," 48–49 참조.

게르만 무사집단은 전략적 요충지를 도시가 아니라 시골에서 마련했다. 전쟁이 상존하는 상황에서 도시의 평지보다 시골의 고지가 전략적으로 유리하다고 판단했기 때문이다. 이렇게 마련된 전략적 요충지를 중심으로 이른바 중세의 장원이 형성되었고, 그 장원을 기반으로 정치 조직체가 형성되었다.[71]

중세 봉건사회에서 정치권력의 중심이 도시가 아니라 시골에 터를 두었기 때문에 중세 도시는 상대적으로 자율적인 공간을 확보할 수 있었다. 중세 도시는 그처럼 정치의 중심지에서 벗어나 있었기 때문에 정치인이나 군인 대신 상공인들이 활동하기에 적합한 공간이 되었다. 다시 말해서 중세 도시는 정치인이나 행정인의 도시가 아니라 경제인의 도시로 출발했다. 하지만 도시의 명목적, 법적 주인인 '도시 상전'(Stadtherr)은 도시에서 활동하는 상공인이 아니라 봉건 영주였다. 본래 도시 상전은 시골에 있는 자신의 요새에 앉아 있거나 전쟁터에 나가 말안장에 앉아 있는 사람이었다. 하지만 유럽 대륙에 평화의 무드가 조성되면서 전쟁의 빈도가 줄어들자 도시 상전은 자신의 요새에 정착하는 시간이 늘어나는 반면, 도시의 경제력이 신장되어 부가 축적되는 상황의 변화가 일어났다. 그러자 그때까지 명목적으로 존재했던 도시 상전이 도시를 적극적으로 수탈하기 시작했다. 그들은 도시에 과

71 전성우, 『막스 베버의 역사사회학 연구: 서양의 도시시민계층 발전사를 중심으로』(서울: 사회비평사, 1996), 206. 전성우는 이 책에서 베버의 복잡한 중세 도시 및 시민 연구를 명료하게 소개하고 있다. 따라서 여기서는 전성우의 연구를 주로 참고하면서 논의를 전개하기로 한다.

다한 세금을 부과하고, 그동안 도시에게 허용했던 자율성을 취소하면서 도시를 장악하고자 했다.[72]

바로 이런 상황에서 이른바 '코뮌 혁명'이라는 중세 도시의 정치적 혁명이 발생했다. 중세 도시의 시민은 자체 무장 능력을 바탕으로 도시 상전과 싸워서 정치적 자율성을 획득했다. 이제 도시 시민은 단순히 경제적 이익집단이 아니라 정치적 자율성과 법적 기반을 획득한 '신분' 집단이 되었다. 그래서 중세 도시는 농촌 공동체와 정치적, 법적, 구조적 차원에서 완전히 구별되는 자율적 공동체로 정착할 수 있게 되었다. 당시 통용된 '도시의 공기는 자유롭게 한다'(City air is liberating)는 격언은 그런 상황을 잘 표현해주고 있다. 이처럼 중세 도시는 봉건 영주의 정치적 권한을 혁명적 과정을 통해 '찬탈'함으로써 확립된 '국가 내부에 존재하는 또 다른 국가'(state within a state)와 같은 것이었다. 베버가 도시의 지배를 '비정통적 지배'(non-legitimate domination)라고 부른 이유가 거기에 있었다.[73]

중세 시민의 삶의 양식(Conduct of Life)을 형성하는 데는 기독교가 결정적인 역할을 했다. 서구의 도시는 친족이나 이웃 모임이 아니며, 피의 나눔이나 과거의 신분적 경력에 관계없이 '시민서약'이라는 추상적, 객관적 의례를 수행하면서 도시의 존재 목적에 동의하는 개개인의 모임이다. 따라서 시민서약의 주체는 친족집단에 긴박된 인간이 아

72 전성우, 『막스 베버의 역사사회학 연구』, 208-209.

73 전성우, 『막스 베버의 역사사회학 연구』, 210-212; Guenther Roth, "Introduction," in *Economy and Society*, eds. Roth and Wittich, xci-xcii.

니라, 그로부터 해방된 '개인'이어야만 했다. 그리고 그런 개인이 탄생하는 과정에서 기독교가 결정적인 역할을 했다. 기독교 유일신에 대한 신앙고백 내지 선서를 수행하는 개개인의 '종교적 형제동맹체'가 곧 중세의 도시였기 때문이다.[74]

중세 시민은 코뮌 혁명을 통해 정치적 자율성을 획득했기 때문에 고대 시민에게 부과되었던 막중한 군사적 의무로부터 상당히 자유로울 수 있었다. 중세 시민은 그렇게 확보된 자유를 경제활동의 자유로 활용했다. "특히 유럽 내륙에 위치한 수공업자 도시는 모두 경제적 목적을 추구했다. … 중세 시민은 고대 도시의 귀족과 달리 도시에서 제공한 독특한 전쟁 수단을 사용하는데 별다른 관심이 없었다. 함대를 소유한 해양도시를 제외하면 중세 도시 그 자체가 특별한 군사력을 보유한 경우는 없었기 때문이다."[75] 또한 중세 시민은 기독교 신앙을 통해 씨족 등과 같은 혈연적 유대로부터 해방된 인간, 그래서 그들이 약속한 추상적 규칙 앞에서 평등한 인간이 될 수 있었다. 따라서 그들은 내집단과 외집단을 차별하는 대신, 양자 모두에게 공평한 합리적 경제행위를 영위할 수 있었다. 이처럼 전쟁의 의무로부터 해방되어 합리적 경제활동에 매진하는 자가 바로 중세 도시의 '호모 에코노미쿠스'였다.[76]

중세 도시는 알프스 산맥 이북에서 존재는 도시 유형과 남쪽에

---

74 전성우, 『막스 베버의 역사사회학 연구』, 217–218.

75 Weber, "The City," 1353.

76 Nippel, "*Homo Politicus* and *Homo Oeconomicus*," 136.

서 존재하는 도시 유형 사이에 큰 차이를 보였다. 북쪽의 도시 유형은 독자적인 군사 활동을 할 수 없는 정치적 환경에 처해 있었다. 따라서 그 도시는 고대 도시처럼 전쟁의 전리품을 시민들에게 나눠줄 수도 없었고, 시민들에게 최소한의 군사적 의무 이상의 의무를 부과할 수 없었다. 유럽 남쪽의 이태리 도시 국가는 고대 도시 국가와 유럽 북부 도시 국가 사이의 중간에 위치한다. 따라서 그곳의 시민은 호모 폴리티쿠스와 호모 에코노미쿠스의 중간 유형에 해당했다.[77]

지금까지 베버의 시각에서 서양 고대 및 중세 시민의 특성을 검토했다. 검토 결과로부터 21세기 한국사회의 과제 두 가지를 도출할 수 있다고 본다. 첫째, 서양의 시민은 씨족 등에 기반을 둔 인간의 강고한 사적 유대를 해체하면서 출현한 존재였다. 하지만 한국사회에서 혈연, 학연, 지연 등과 같은 사적 유대는 여전히 강력한 힘을 발휘한다. 그래서 가장 큰 문제가 되는 것은 그처럼 강력한 사적 유대가 한국사회의 정치, 언론, 법률 등과 같은 공적 영역에도 큰 영향을 미친다는 사실이었다. 또한 한국사회의 공적 영역에서 사적 유대가 힘을 발휘한다는 사실은 내집단과 외집단을 준별하는 사적 윤리가 내집단과 외집단 양자를 아우르는 공적 가치의 창출을 끊임없이 왜곡하고 파괴한다는 것을 의미한다. 따라서 한국사회의 공적 영역에 사적 윤리가 개입되는 것을 여하히 차단할 것인가가 중요한 사회적 과제로 떠오른다.

---

77 Nippel, "*Homo Politicus* and *Homo Oeconomicus*," 135; Weber, "Citizenship," 332–334.

둘째, 서양에서는 기독교가 사적 유대를 해체하는 데 결정적인 역할을 했다. 하지만 한국사회의 지배이념인 유교는 오히려 사적 유대를 강화시키는 역할을 한다. 바로 여기에 우리 사회에서 해결해야 할 또 하나의 과제가 있다. 이 문제를 해결하기 위해서는 유교를 혁신해야만 할 것이다.[78] "당대에 통용되는 추상의 체계를 돌파할 수 없는 문명은 매우 제한된 기간의 진보만을 이룩한 이후 장기간에 걸쳐 점진적으로 시들어질 운명에 처하기 때문이다."[79]

---

78 로버트 N. 벨라, 박영신 역, 『도쿠가와 종교: 일본 근대화와 종교 윤리』(서울: 현상과 인식, 1994), 20-21 참조.

79 Alfred N. Whitehead, *Science and the Modern World*(New York: The Macmillan Co., 1950), 86.

참고문헌

강정인. 2004. 『서구 중심주의를 넘어서』. 서울 : 아카넷.

고성환. 1986. 「도시 게마인데의 성립기반 : 베버의 도시론을 중심으로」. 『인문과학』 제55호.

그레이슨, 제임스 헌틀리. 강돈구 역. 1995. 『한국종교사』. 서울 : 민족사.

김덕영. 2012. 『막스 베버 : 통합과학적 인식의 패러다임을 찾아서』. 서울 : 도서출판 길.

김상준. 2011. 『맹자의 땀 성왕의 피 : 중층 근대와 동아시아 유교문명』. 서울 : 아카넷.

김응종. 2007. 「서양 중세도시의 자유와 자치-역사인가 신화인가」. 『백제연구』 제46집.

모세, 클로드. 김덕희 역. 2002. 『고대 그리스의 시민』. 서울 : 동문선.

박승관. 1993. 「한국사회의 사회적 커뮤니케이션 세계의 붕괴」. 『신문연구소학보』. 서울대학교 신문연구소.

______. 2004. 「근대화 과정과 사회적 커뮤니케이션 세계」. 『언론정보연구』 제41호.

______. 2005. 「여론, 군론, 정론」. 윤석민 외. 『디지털 시대의 사회적 소통, 매체 그리고 문화적 실천』. 서울 : 서울대학교 언론정보연구소.

______. 2011. 「한국사회의 소통의 위기 : 소통의 역설과 공동체의 위기」. 한국언론학회 엮음. 『한국사회의 소통의 위기』. 서울 : 커뮤니케이션북스.

______. 2013. 「한국사회와 커뮤니케이션 엔도가미」. (사)한국정치평론학회

편, 『한국 민주주의와 언론자유 그리고 그 위기』. 고양: 인간사랑.
베버, 막스. 조기준 역. 1976. 『사회경제사』. 서울: 삼성출판사.
________. 전성우 역. 1997. 『막스 베버의 사회과학 방법론 ①』. 서울: 사회비평사.
________. 염동훈 역. 2003. 『문화과학과 사회과학의 방법론 1』. 서울: 일신사.
________. 전성우 역. 2006. 『직업으로서의 학문』. 파주: 나남.
________. 김덕영 역. 2010. 『프로테스탄티즘의 윤리와 자본주의 정신』. 서울: 도서출판 길.
________. 전성우 역. 2011. 『막스 베버 사회과학 방법론 선집』. 파주: 나남.
벨라, 로버트 N. 박영신 역. 1994. 『도쿠가와 종교: 일본 근대화와 종교 윤리』. 서울: 현상과 인식.
슐츠, 크누트. 박흥식 역. 2013. 『중세 유럽의 코뮌 운동과 시민의 형성』. 서울: 도서출판 길.
안상준. 2008. 「막스 베버의 '도시' 개념과 수용: '서양 중세 도시를 중심으로'」. 『서양 중세사연구』 제22호.
이현휘. 2011. 「한국정치와 가치의 권위적 파탄」. 『정치와 평론』 제9호.
_____. 2013. 「프로테스탄트 종파와 미국의 민주적 토론정신」. (사)한국정치평론학회 편. 『한국 민주주의와 언론자유 그리고 그 위기』. 고양: 인간사랑.
전성우. 1996. 『막스 베버의 역사사회학 연구: 서양의 도시시민계층 발전사를 중심으로』. 서울: 사회비평사.
차성환. 1995. 『한국 종교사상의 사회학적 이해』. 서울: 문학과 지성사.
_____. 2004. 「독일 사회과학의 오리엔탈리즘: 막스 베버를 중심으로」. 『담론 201』 제7권 제1호.
최재석. 1965. 『한국인의 사회적 성격』. 서울: 민조사.

텐부룩, 프리드리히. 차성환 편역. 1990. 『막스 베버의 사회과학 방법론』. 서울 : 문학과 지성사.

Barbalet, Jack. 2010. "Book Review : Peter Ghosh, *A Historian Reads Max Weber : Essays on the Protestant Ethic*." *Canadian Journal of Sociology* 35(1).

Finley, M. I. 1977. "The Ancient City : From Fustel de Coulanges to Max Weber and beyond." *Comparative Studies in Society and History* 19(3).

__________. 1985. *Ancient History : Evidence and Models*. New York : Elisabeth Sifton Books · Viking.

Firth, C. H. 1894. "Preface." In Charles Borgeaud. *The Rise of Modern Democracy in Old and New England*. New York : Charles Scribner's Sons.

Frank, R. I. 1976. "Translator's Introduction." In Weber, *The Agrarian Sociology of Ancient Civilizations*. Trans. R. I. Frank. London : NLB.

Ghosh, Peter. 2008. *A Historian Reads Max Weber : Essays on the Protestant Ethic*. Wiesbaden : Harrassowitz Verlag.

Ginsberg, Benjamin, Theodore J. Lowi, Margaret Weir, 2009. *We the People : An Introduction to American Politics, Seventh Texas Edition*. New York : W. W. Norton & Co.

Heater, Derek Heater. 2004. *Citizenship : The Civic Ideal in World History, Politics and Education*. 3 edition. Manchester : Manchester University Press.

Heater, Derek. 2004. *A Brief History of Citizenship*. New York : New

York University Press.

Isin, Engin F. 2002. "Citizenship after Orientalism." In *Handbook of Citizenship Studies*. Eds. Engin F. Isin and Bryan S. Turner. London : Sage.

Kalberg, Stephen Kalberg. 2012. *Max Weber's Comparative - Historical Sociology Today : Major Themes, Mode of Causal Analysis, and Application*. Burlington : Ashgate.

Nippel, Wilfried. 1987-1989 (published 1991). "Finley and Weber. Some Comments and Theses." *Opus : International Journal for Social & Economic History of Antiquity* 6-8.

______________. 1991. "Introductory Remarks : Max Weber's 'The City' Revisited." In *City Sates in Classical Antiquity and Medieval Italy : Athens and Rome, Florence and Venice*, Eds. Anthony Molho, Kurt Raaflaub and Julia Emlen. Stuttgart : Franz Steiner Verlag.

______________. 2000. "From Agrarian History to Cross-Cultural Comparisons : Weber on Greco-Roman Antiquity." In *The Cambridge Companion to Weber*, Ed. Stephen Turner. Cambridge : Cambridge University Press.

______________. 2002. "*Homo Politicus* and *Homo Oeconomicus* : The European Citizen According to Max Weber." In *The Idea of Europe : From Antiquity to the European Union*, Ed. Anthony Pagden. Cambridge : Cambridge University Press.

______________. 2007. "New Paths of Antiquarianism in the Nineteenth and Early Twentieth Centuries : Theodor Mommsen and

Max Weber." In *Momigliano and Antiquarianism : Foundations of the Modern Cultural Sciences*. Ed. Peter N. Miller. Toronto : University of Toronto Press.

Pocock, J. G. A. 1998. "The Ideal of Citizenship since Classical Times." In *The Citizenship Debates : A Reader*. Ed. Gershon Shafir. Minneapolis : University of Minnesota Press.

Prack, Maarten. 2011. *Citizenship in Pre-modern Europe : A Comparison between China, the Near East and Europe*. Modern and Comparative Economic History Seminar. London School of Economics and Political Science. (Unpublished). http://eprints.lse.ac.uk/39751/

Said, Edward W. 박홍규 역. 1991. 『오리엔탈리즘』. 서울 : 교보문고.

Takahashi, Yuko. 2008. "A Study on Max Weber's *Ancient Judaism* : Theoretical Framework and Methodology." *Max Weber Studies* 7(2).

Ullmann, Walter. 1965. *Medieval Political Thought*. Baltimore : Penguin Books.

Warraq, Ibn. 2007. *Defending the West : A Critique of Edward Said's Orientalism*. New York : Prometheus.

Weber, Max. 1951. *The Religion of China : Confucianism and Taoism*. Trans. and Ed. Hans H. Gerth. New York : The Free Press.

__________. 1968. *Economy and Society : An Outline of Interpretive Sociology*, eds. Guenther Roth and Claus Wittich. New York : Bedminster Press.

__________. 1976. *The Agrarian Sociology of Ancient Civilizations*, Trans. R. I. Frank. London : NLB.

__________. 1988. *Gesamelte Aufsätze zur Wissenschaftslehre*. Tübingen : Mohr.

__________. 2007. *General Economic History*. New York : Cosimo, Inc.

__________. 2012. *Max Weber : Collected Methodological Writings*, ed. Hans Henrik Bruun and Sam Whimster, Trans. Hans Henrik Bruum. London : Routledge.

Whitehead, Alfred N. 1950. *Science and the Modern World*. New York : The Macmillan Co.

Zuaida, Sami. 2006. "Max Weber's *The City* and the Islamic City." *Max Weber Studies* 6(1).

2장
근대시민의 형성

장명학

1. 근대사회와 시민

근대사회와 그 주체인 근대적 시민의 등장은 중세 말기에 점증하기 시작한 정치, 경제, 사회 그리고 종교적 차원 등 여러 방면에서의 각종 모순들에 기인하는 바가 컸다. 우선 유럽의 중세 시기는 여러 다양한 특성들을 지니고 있었다. 먼저 정치적인 측면에서 볼 때, 세속권력을 대표하는 왕권과 종교적 권위를 대변하는 교권이 대체적으로 굳게 결합된 양상을 보여왔다. 백성들에 대한 군주의 지배권력인 왕권을 신이 부여했다는 왕권신수설은 세속권력의 정당성을 교권이 입증해주는 중요한 이론적 토대였다. 경제적인 측면에서는 중세를 지탱했던 농업경제에 토대를 둔 봉건제적 생산양식에서 한 발도 더 나아가지 못했다. 사회적인 측면 또한 이러한 중세의 정치 및 경제적 현황과 밀접한 연관이 있었다. 즉 장원을 중심으로 한 봉건제적 경제활동 양식과 왕권신수설에 연계된 정치제도와 신분질서는 귀족, 승려 그리고 평민이라는 사회구성원들의 계급적 차별에 의거하고 있었다. 무려 1천년 이상을 지탱해 온 이러한 유럽의 중세사회는 대체로 16-17세기를 전후하여 새로운 변화의 계기를 맞이하게 된다.

우선 이러한 변화의 바람은 지중해 지역에서 불어오기 시작했다. 유럽의 내해(內海)였던 지중해에 자리잡은 북부 이탈리아의 도시국가들, 특히 피렌체, 베네치아 등지에서 시작된 르네상스(renaissance)운동은 문화적인 측면에서 중세의 잔재를 털어내는 획기적인 계기로 작용하게 된다. 고대 그리스의 인문정신을 되살리고자 하는 문예부흥 운동인 르네상스는 인간의 원죄설(原罪說)과 '유일신' 사상을 견지했던 중세의 기독교적 세계관을 회의하면서 인간을 다시금 이성적 사유의 중심에 위치시키는 데 결정적인 기여를 하게 된다. 자아인식 능력을 갖춘 인간을 재발견하고 또 이를 전제하는 르네상스 정신은 이제 중세를 지배했던 신중심적인 세계관에서 해방되어 자유롭고 이성적인 인간이 중심이 되는 근대사회를 구축하는 데 핵심적인 역할을 담당하게 된다. 요컨대 근대세계는 이제 정치, 경제, 사회 그리고 문화적인 측면 등 각 영역에서 인간이 주체로서 스스로 자신들의 사안을 결정할 수 있는 계기를 마련했다.

둘째, 중세 말기를 즈음하여 급속도로 발전한 과학기술 또한 근대세계를 여는 데 지대한 역할을 하게 된다. 자연현상에 대한 '관찰'과

'분석'에 기초한 과학기술의 발전은 특히 코페르니쿠스(Nicolaus Copernicus), 갈릴레이(Galileo Galilei), 케플러(Johannes Kepler), 뉴튼(Isaac Newton) 등에 힘입은 바 크다. 이들 과학자에 의한 자연과학의 비약적 발전은 중세시대를 풍미했던 천동설이나 탁상형 대지 등의 관점을 지동설과 지구 구체설 등으로 수정하는 데 획기적인 기여를 했다. 특히 지구가 둥글다는 믿음의 확산은 이전에는 불가능했던 신대륙 발견과 신항로 등의 개척을 가능케 했다. 이와 동시에 근대적 인간은 자연변화의 규칙내지 법칙을 탐구함으로써 자연의 힘을 더 이상 인간의 존재를 위협하는 '공포'의 대상으로서가 아니라, 우리 인간이 가공해서 이용할 수 있는 '지배'의 대상으로 인지하기 시작했다. 따라서 근대 과학기술의 지속적인 발전은 인간의 삶을 편리하게 하는 물질문명 또한 발전시켜나갔고, 동시에 근대인의 자연에 대한 이용능력의 확대는 달리 말하면 인간의 자연지배 능력을 급속히 신장시켰다.[1]

셋째, 근대세계를 여는 데 기여한 또 다른 중요한 계기는 루터(Martin Luther)와 캘빈(Jean Calbin) 등에 의한 종교개혁(reformation) 운동이다. 특히 루터는 종교개혁운동의 와중에서도 성경을 구어체 독일어로 번역했다. 이를 통해 그는 누구나 어디에서든 신의 복음을 들을 수 있게 했다. 로마 가톨릭에 저항한 루터의 이러한 노력은 나아가 신 앞에서는 모든 인간이 평등하다는 인간평등사상을 싹틔우는 데 결정적인 기여를 하게 된다. 루터의 종교개혁운동은 나아가 스위스의 캘빈에

1 Alexander Schwan, "Politische Theorien des Rationalismus und der Aufklaerung," in *Politische Theorien von der Antike bis zur Gegenwart*(Bonn, 1993), 160.

의한 종교개혁운동과 영국의 종교개혁운동을 더욱 발전시키는 계기가 된다. 특히 영국에서 청교도주의(Puritanism)로 발전하게 되는 영국 프로테스탄티즘의 핵심 내용은 무엇보다도 근대사회의 모든 인간이 평등한 도덕적 가치를 지니고 있으며, 동시에 인간의 직업활동, 즉 '노동' 활동을 신성시하는 데 있었다. 청교도주의는 특히 영국 산업혁명의 밑거름이 되는데, 그것은 신이 인정하는 노동의 신성함을 강조함으로써 근대인의 근면, 절약에 의한 부의 축적을 정당화시켜주는 종교적 이념으로 작용하게 되었다는 점이다[2]. 이를 바탕으로 영국에서 시작된 산업혁명의 전개는 자본주의 시장경제체제의 본격적인 발전을 가능케 해주는 중요한 계기로 작용하게 되었다.

이처럼 중세와 구별되는 근대사회의 발전과 근대적 인간의 형성 과정은 크게 보아 앞서 말한 세 가지 계기들에 의해 점차 구체화되어 나갔다. 여기서 근대적 인간의 특성은 르네상스와 종교개혁에 의거해서 견지된 개별적 인간의 존재를 지상가치로 여기며, 아울러 이러한 인간들의 평등사상을 그 바탕에 깔고 있다. 나아가 중세 당시까지만 해도 하찮게 여겨졌던, 따라서 하층신분의 활동으로 인식되었던 노동 활동은 이제 인간 활동의 중심에 위치하면서 신성시되었고, 그 결과인 부, 즉 사유재산권은 근대적 개인의 불가침한 권리로 자리매김하게 되었다. 영국에서 시작된 산업혁명은 이러한 요소들을 내재한 근대적 개인들의 활동이 과학기술적 발전과 접맥되어 획기적으로 발전한 사례

---

2 막스 베버, 박성수 역, 『프로테스탄티즘의 윤리와 자본주의 정신』(서울 : 문예출판사, 2006), 60 - 62.

이지 않을 수 없다.

먼저 영국에서 시작된 산업혁명은 근대적 개인들을 가내수공업적 생산양식에서 벗어나게 했다. 과학기술 발전에 힘입어 영국의 산업혁명은 시민 개인들에게 보다 복잡한 도구인 기계를 이용한 대량생산 활동에 종사하게끔 했다. 이러한 기계화에 의한 대량생산은 다시금 영국의 시민들에게 제공되어 대량소비를 촉진시켰고, 이에 상응해서 상업 또한 비약적으로 발전하게 된다. 상공업의 발전으로 부를 축적한 초기의 중소상공인들은 점차적으로 이를 다시금 투자해서 막대한 부를 축적한 상공인으로 발전하게 된다. 요컨대 경제적인 측면에서 볼 때, 중세 봉건제하의 개별적인 백성들이 이제 근대의 '부르주아'(bourgeois) 시민으로 거듭나게 된 것이다. 유럽대륙에서는 영국을 필두로 프랑스가 뒤이어 산업혁명에 동참했고 멀리 미국에서도 영국과 유사한 산업화 과정을 겪게 됨으로써 대체적으로 유사한 부르주아 시민계급의 등장과정을 답습하게 되었다.

그리고 이러한 산업화 과정은 농촌인구의 점차적인 도시집중을 불러왔으며, 이에 따라 도시의 성장은 근대 산업사회의 발전정도와 그 맥을 함께 한다. 유럽에서는 대체로 18세기까지도 농촌인구가 여전히 압도적이었지만, 18세기 중반 이후 도시의 성장은 인구증가와 시장자본주의체제의 확대, 그리고 국가의 역할 증대와 함께 나타난 중대한 변화이다. 이에 따라 18세기말에는 유럽 최대의 도시 런던의 인구가 1백만명에 육박했다. 런던은 항구, 은행, 금융, 보험, 제조업 그리고 수출입 등 교역의 중심지였다. 유럽 제2의 도시 파리의 경우 약 70만 명에 이르렀고, 그 뒤를 나폴리, 리스본, 모스크바 등 각국의 수도들이 뒤

따랐다. 이들 대도시 외에도 이 당시에는 산업도시들이 점차 증가하게 되었는데, 유럽 전체에서 1만명이 넘는 인구를 가진 도시들은 약 100여개 정도였고, 5천-1만명 정도의 도시들은 200여개에 달했다. 이러한 도시들은 신흥 시민계급이 형성되는 중요한 공간이었다. 산업화와 함께 도시로 몰려든 백성들은 점차 부르주아 시민계급으로 성장해나갔다. 시민의 범주에는 부유한 사업가뿐만 아니라 중소상인, 금리생활자, 귀금속 세공업자, 장식장 제조공, 재단사 등 여러 장인들이 이에 속했고, 나아가 행정관리나 의사, 법률가 등 전문직 종사자들도 이에 포함되었다. 특히 서유럽의 항구도시나 상업 중심 도시들에서는 상업 및 전문직업 엘리트들이 자신들의 부를 확대해나갔다. 이들은 전통 귀족들과는 달리 토지가 아닌 '움직이는 돈', 즉 자본에 관심을 기울였고, 이를 바탕으로 이윤을 극대화시키는 데 열중함으로써 막대한 부를 축적해나갔다.[3]

도시의 발전은 시민들에게 봉건적인 속박에서 벗어나는 계기를 마련해주었다. 봉건 제후들은 초기에는 경제적 이익을 위해 도시의 형성 및 발전을 용인했으나, 인구증가와 부의 축적에 의해 역량이 강화된 각 도시들은 점차적으로 이러한 봉건 제후의 속박에서 벗어나 독립적인 자치도시로 거듭나기 시작했다. 즉 도시의 확대 발전은 자연스레 도시민들의 자유, 또는 자치권에 대한 요구로 이어지게 되었다. 이러한 요구는 봉건제후나 왕권에 대한 무력저항을 통해서거나 또는 돈

3 이영림·주경철·최갑수, 『근대유럽의 형성 : 16-18세기』(서울 : 까치, 2011), 312, 324-325.

으로 자치권을 매수하는 방법으로 나타났다. 이를 통해 자유를 획득한 도시의 시민들은 봉건영주나 국왕 등에 대한 봉건적인 의무에서 해방되기 시작했다. 이로써 대부분의 18세기 자유도시들은 시민들의 자유로운 권리가 보장되는 공간이었다. '도시의 공기는 자유를 준다'(Stadtluft macht frei)는 중세의 속담처럼 자유도시의 존재는 봉건농노제의 존립을 어렵게 했다. 왜냐하면 도시는 귀족에게 착취당하던 농노들의 피난처이자 보다 나은 경제적 기회를 제공했기 때문이다.[4] 이처럼 도시는 농노가 자유를 찾아 도망칠 수 있는 유일한 곳이었다. 이러한 도시들의 발달 초기에는 재정력이 있는 대상인들과 같은 상층 시민이 도시자치에서 주도권을 행사했다. 그러나 점차적으로 다수의 도시민들이 이들 자치도시의 행정이나 정치적인 현안에 간여함으로써 공적인 정치활동에 본격적으로 참여하기 시작했다.

뿐만 아니라 산업혁명은 도시의 발달만을 촉진시켜온 것은 아니었다. 과학기술의 발전과 함께 진행된 산업화는 전통적인 농업영역에도 새로운 생산기술의 개발을 촉진시킴으로써 식량증산을 통한 인구증가에 크게 이바지하게 된다. 그리고 화학비료의 개발, 유전학의 발전에 따른 품종개량 등과 같은 과학적 영농기술의 발전에 의거한 식량의 비약적인 증산은 근대 이후 등장하기 시작한 국민국가의 다수 시민내지 국민들에게 안정적인 식량공급을 가능케 했다.

이제까지 산업혁명과 도시화에 대해 언급했지만, 영국과 프랑

4 F. 후쿠야마, 함규진 역, 『정치질서의 기원』(서울 : 웅진지식하우스, 2012), 414.

스 등지에서의 산업화에 비해, 독일의 산업화는 전혀 다른 경로를 걷게 된다. 왜냐하면 당시 독일의 자본을 대변하던 지주들이 아직도 근대적인 상공업에는 무관심했고, 소수에 지나지 않았던 가내수공업자들은 그럴 여력조차 없었기 때문이다. 따라서 19세기 전반기까지 산업화를 향한 자본주의적 동력이 부족했던 독일의 산업화는 영국과 프랑스에 비해 훨씬 뒤늦게 시작되었다. 이 때문에 영국과 프랑스를 따라잡기 위해 독일은 국가의 행정이 근대적인 산업화를 주도하는 독특한 형식을 취하게 되었다. 대체로 개별적 신흥 부르주아 자본가들이 주도하는 산업화가 이루어졌던 영국의 산업혁명 시기와는 달리, 독일의 산업화는 국가가 관료제를 동원하여 '위로부터' 경제개혁을 단행하고 이를 추진하는 전형적인 '관' 주도의 산업화가 이루어지게 된 것이다. 다만 여기에다가 민간에서, 즉 '아래로부터'의 경제활동이 일정정도 가미된 것이 독일 산업화의 특징이다.[5]

어쨌든 국가가 이끌어가는, 위로부터의 관주도 산업화를 통해 독일은 기업가, 수공업자, 상인, 공장노동자 등으로 이루어진 새로운 시민계급의 형성을 촉진시켰다. 이와 동시에 전통적인 경제활동 양식인 농업경제에 의존하는 계급제도의 효용성도 서서히 쇠퇴해갔다. 독일에서 시민개념은 대체로 경제적으로 부유한, 즉 부를 소유한 경제적 시민인 '부르주아지'(bourgeois)와 교육을 받은 관료와 지식인을 의미하는 '교양시민'(Bildungsbürger)이 근대 시민사회의 형성의 주요한 두 가지 축

5 이민호, 『새독일사』(서울 : 까치, 2003), 156.

을 이루고 있었다.

이러한 맥락에서 점차 산업화의 길에 들어선 독일이 본격적인 산업화에 박차를 가한 것은 1870년대 프로이센 재상 비스마르크(Otto von Bismarck)에 의한 독일통일 이후였다. 1871년 1월 프랑스와의 전쟁에서 승리한 대가로 프로이센 주도하의 독일제국은 50억 프랑에 달하는 당시로서는 막대한 전쟁배상금을 받았다. 아울러 독일은 당시 유럽 대륙의 철강산업 중심지였던 프랑스의 알사스-로렌 지방을 병합했다. 이를 바탕으로 독일제국의 경제력은 산업생산력이 급속히 확대됨으로써 산업혁명의 본거지였던 영국의 경제력과 대등할 정도로 팽창했다. 산업혁명의 진행과정은 다양한 요소들의 혁신과 개혁을 통해 이루어지곤 했다. 산업생산에의 새로운 과학기술의 적용, 투자자본의 장기적인 축적, 공장노동력의 합리적인 조직화, 교통 및 통신수단의 획기적인 발전에 따른 시장 및 교역규모의 확대 등을 불러왔고, 이에 상응하게 도시의 발전과 농촌인구의 도시 집중 등을 초래했다.[6]

이처럼 독일의 산업화는 산업혁명의 종주국인 영국이 걸어온 방식과는 전혀 다른 경로를 거쳤다. 하지만 경제적인 측면에서의 근대화를 지칭하는 산업화는 이들 국가에서 공히 근대적 시민, 즉 신흥 시민계급을 형성시켜 나갔다. 즉 이들은 산업화 과정 속에서 근대적인 시민으로서의 권리의식과 책임의식 등을 보다 구체적으로 체험해나갔고, 또 이를 강조하기 시작했다. 여기서 근대시민의 특성은 무엇보다도

6 김장수, 『주제별로 접근한 독일근대사』(서울 : 푸른사상, 2010), 196-197.

사유재산권을 옹호하는 근대적 개인으로서 개인의 가치를 지상으로 여기는 개인주의(individualism)와 그 개인의 자유로운 권리를 강조하는 자유주의(liberalism)를 그 핵심적 속성으로 하고 있다. 물론 이러한 자유주의와 개인주의는 동시에 개인들의 이기심을 극단적으로 강조하는 이기주의(egoism) 또한 공히 지니고 있었다. 그리고 산업혁명의 진행과정 속에서 보다 많은 부를 축적하기 위해 근대적 개인들은 18-19세기의 시장경제체제에 편승해서 치열한 경쟁을 펼쳐나갔다. 산업화와 함께 경제적으로 부를 축적한 부르주아 시민들은 자신들의 자유와 권리를 보장받기 위해 이제 경제 영역뿐만 아니라 정치적인 영역에서도 자신들의 목소리를 내기 시작했다. 하지만 전통적인 지배체제는 이를 용납하지 않았고, 따라서 구체제의 지배세력들인 군주와 귀족 그리고 성직자 등 특권계급과 신흥 시민계급 사이의 갈등은 심화되어갔다. 그리고 부르주아 시민계급에 의한 정치혁명은 바로 이러한 배경에서 발발했다.

2. 정치혁명과 시민

산업화 과정에서 형성된 부르주아 시민계급에 의한 근대의 시민사회는 자본주의적 시장경제 체제의 발전과 함께 성장했다. 그리고 근대 시민사회는 철저하게 사적인 이해관계에 의거한 시민, 즉 부르주아 시민들에 의해 운영되는 사회로서 개인의 자유를 강조하는 자유주의적 관점이 관철되는 사회이다. 시민사회 내의 모든 개인들은 이기적인 행위자들로서 일차적으로는 자신의 이익만을 위해 노동활동을 펼쳐 나간다. 다만 근대 시민이자 동시에 이러한 이기적인 개인들은 산업화 과정의 분업체계 속에 편입됨으로써, 일차적으로는 자신만의 영리를 목적으로 노동하지만, 역설적이게도 그 결과물은 교환을 통해 타인들과 공유함으로써 타인의 삶까지 편리하게 해준다. 이처럼 근대 자본주의의 등장과 함께 형성된 경제적인 측면의 시민사회를 헤겔은 자신의 『법철학』에서 '욕구의 체계'(System der Bedürfnisse) 또는 '총체적인 상호의존의 체계'라고 규정[7]함으로써 근대 이후 등장한 근대적 개인이자 시민에 의해 형성된 시민사회의 경제적인 측면을 면밀히 분석해냈다.

이처럼 경제적인 측면이 강조된 시민사회 내 각 개인들은 자신의 자유와 권리에 대해 철저하게 의식하고 있는 존재들이다. 그리고 시민의식의 성장과 시민세력의 확대는 비단 경제적인 측면에서뿐만 아니라 정치적인 측면에서도 점차 확산되었다. 근대 시민의 이러한 권리의식 성장은 전통적인 권위체계와 관습 등 기존의 위계질서와 갈등관계에 놓이게 되고, 궁극적으로는 기존의 권위와 관습에 대한 도전으로 나타나지 않을 수 없게 된다. 다시 말해서 구체제의 억압과 구속이 지속되는 한, 시민들의 자유로운 활동은 제약받지 않을 수 없었고, 이에 따른 시민계급의 불만은 왕족 및 귀족들처럼 기존 체제를 고수하

---

7 G. W. F. Hegel, *Grundlinien der Philosophie des Geistes oder Naturrechts und Staatswissenschaft im Grundrisse*(1820/21) (Werk 7 in 20 Bänden), (Frankfurt/M., 1978), 183.

려는 세력들과 갈등관계에 놓이지 않을 수 없었다. 왜냐하면 기존의 사회체제는 왕족이나 귀족의 특권 등이 지배하는 봉건적 농업경제에 바탕을 둔 전통사회의 위계질서로서, 산업화시기의 주역으로 등장하는 부르주아 시민계급에게는 이미 그 효력이 다한 낡은 제도들에 지나지 않기 때문이다. 따라서 자신의 권리를 공고히 하고 이를 보장받기 위해 시민들은 이미 낡은 체제로 평가되던 전통적인 권위에 도전하지 않을 수 없게 되었다. 이러한 갈등이 첨예하게 대치하다가 폭발하게 된 것이 바로 시민혁명이다.

하지만 기존의 권위에 대해 신흥 시민계급의 도전은 어떻게 가능했을까? 근대 이후 등장한 부르주아 시민들이 자신들의 역량을 강화하고 힘을 키워나가는 과정은 단순히 그들이 축적했던 경제력, 즉 재력에만 의존하지 않았다. 이들은 자신이 속한 공동체의 현안에 대해 적극적으로 참여하길 바랐고, 또한 점차적으로 정치적인 영역에까지 자유로운 참여를 지향했다. 이러한 참여가 이루어지는 영역은 바로 근대의 시민들이 주도하는 정치적 공론장이다. 근대의 정치적 공론장은 중세를 지배했던 전통이나 신적인 권위가 아니라, 새로이 등장한 부르주아 시민들이 이성적이며 합리적인 대화와 토론을 거쳐 공공의 현안을 함께 결정하는 민주적인 정치활동이 벌어지는 영역이다. 18-19세기 유럽사회에서 등장한 정치적 공론장은 특히 신문과 잡지 등 당시로서는 최신 언론매체를 통해 현안에 대한 신속한 정보전달과 의사소통이 이루어지는 영역이었다.[8] 시민들은 바로 이 근대적 공론장에서 정보를 얻고 의사소통하며 현안을 둘러싼 논의를 거쳐 보다 합리적인 결정에 도달할 수 있었다. 이처럼 문자 매체에 바탕을 둔 대화와 토론의 장이었던 근대적 공론장을 통해 시민들은 자신들의 역량을 결집함으로써 영향력과 힘을 행사할 수 있었다. 그리고 근대유럽에서 전개된 시민혁명들은 바로 이러한 과정을 거치면서 발생했다. 근대적 공론장은 전통적인 전제군주의 권력에 대항하는 부르주아 시민의 정치적 영향력 확대에 기여했고, 부르주아 시민의 권력이 혁명을 통해 마침내 전제군주를 몰아내게 되었다.

영국의 시민혁명인 명예혁명(1689)과 미국의 독립혁명(1776), 그리고 프랑스의 시민대혁명(1789)은 이러한 맥락에서 구체제에 저항하는 신흥 시민세력의 정치적인 승리에 다름 아니다. 시민혁명의 성공은 정치공동체의 구성원들인 다수의 시민들이 함께 힘을 합쳐 스스로의 운명을 개척하고 변화시킬 수 있게 된 것을 의미한다. 즉 시민혁명은 더 이상 군주의 절대권력이 국가와 그 구성원인 백성들을 지배하는 것이 아니라, 이제는 시민들 자신의 의지에 따라 국가공동체가 운영되는, 즉 민주적인 정치를 실현 가능케 했다. 그리고 인류역사상 보기 드문 이러한 혁명의 성공은 모든 인간의 평등과 자유를 공고히 하였다.

먼저 영국에서의 시민혁명은 근대 시민의 등장을 가시화시켜주었던 최초의 정치적 혁명이었다. 영국시민들은 그때까지 절대적인 권력을 행사했던 왕권내지 군주에 저항하여 점차적으로 영국의 정치를 민주화의 길로 개혁해나갔다. 영국은 대헌장(Magna Carta)을 통해 1215년에 이미 한번 왕권을 제한한 경험이 있었으나, 이때 존(John) 왕의

---

8 Jürgen Habermas, *Strukturwandel der Öfentlichkeit*(Frankfurt am Main: Suhrkamp, 1990), 86.

왕권에 대항했던 주체는 시민계급이 아닌 귀족들이었다. 근대의 시민들이 주체가 되어 왕권에 대항한 것은 권리청원(1628)과 명예혁명(1689)을 거친 권리장전 선포 때의 일이다. 시민들은 이를 통해 점차 왕권을 축소하고 시민의 자유와 권리를 정치적으로 대변하는 의회를 구성했다. 그리고 국정 현안들이 의회를 중심으로 논의되고 결정되었으며 또한 집행되었다. 이로써 영국의 의회제, 즉 대의민주주의의 기틀을 마련했던 것이다. 영국혁명에 뒤이은 미국의 독립혁명과 1789년 프랑스에서 일어난 시민혁명 또한 시민계급이 전통적인 권위를 제압하고 정치의 주체로 거듭남을 의미한다. 이제 프랑스 혁명에 대해 살펴보자.

영국의 시민혁명이 비교적 온건한 방식으로 왕권을 점차적으로 축소한 사례를 보여주고 있지만, 프랑스의 시민혁명은 왕족 및 귀족의 지배체제였던 구체제를 시민계급이 한꺼번에 해체했던 대표적인 사례이다. 영국에 뒤이어 산업화가 진행되던 프랑스에서도 점차 신흥 시민계급이 자유와 평등의 권리와 정치적인 참여의 권리를 확보하기 위해 투쟁하기 시작했다. 그러나 국왕 루이16세 치하의 프랑스 절대왕정은 봉건적 특권 등 구체제의 폐단들을 개혁하고 자유와 평등의 권리를 확보하고자 하는 시민들의 요청을 철저하게 탄압했다. 그러던 중 국왕은 악화된 재정난을 해결하기 위해 평민대표들을 포함한 삼부회를 소집하게 되었다. 그리고 1789년 5월 5일 절대왕정체제의 재정파탄 상태를 회복하기 위해 소집된 삼부회와 함께 프랑스 시민혁명은 시작되었다. 이 혁명은 나폴레옹이 권력을 장악한 1799년까지 약 10년간 지속되었다고 할 수 있다. 혁명의 기간이 길었던 만큼 그 진행과정과 결과에 대한 평가는 다양하다. 그러나 분명한 점은 이 혁명을 통해서 평민이자 신흥 부르주아 시민계급인 제3신분이 역사상 처음으로 프랑스정치의 전면에 등장하였다는 사실이다.[9] 귀족, 승려, 그리고 평민 등의 대표자로 구성된 삼부회는 소집된 지 얼마 안돼 특권계급인 귀족과 성직자들을 제치고 제3신분인 평민이 주도권을 장악하게 되었다. 이들은 자유와 평등, 박애를 기치로 내건 '인간 및 시민의 권리에 관한 선언'(1789)을 채택했다. 그리고 초기에는 입헌군주제를 지향했으나, 혁명의 진행과정 속에서 루이16세를 처형하고 시민이 국가의 주체가 되는 공화정을 추구하게 된다. 다만 혁명주도세력 내에서의 분열은 급진과격 자코뱅파와 온건노선 지롱드파의 갈등을 심화시켰다. 이에 자코뱅파의 영수 로베스피에르(M. L. Robespiere)는 권력을 장악한 후 무자비한 유혈숙청을 단행함으로써 공포정치를 펴게 된다. 이 시기 단두대의 이슬로 사라진 사람만 무려 4만 명에 달했다.[10] 프랑스 시민혁명이 과격화된 데는 왕정복고를 추구했던 이웃나라들의 노골적인 정치개입이 한몫 했다. 구체제를 복원시키려는 외국군들이 프랑스에 침입함으로써 혁명 프랑스는 국가적 위기에 봉착하지만, 다수의 도시노동자와 농민들이 함께 한 시민혁명세력들은 애국심을 바탕으로 한 국민적 단결에 의해 강력한 국민군을 창설함으로써 프랑스로 밀려오는 외국군을

---

9 Gerhard Goehler and Ansgar Klein, "Politische Theorien des 19. Jahrhunderts," in *Politische Theorien von der Antike bis zur Gegenwart*(Bonn, 1993), 259–279.

10 이영림·주경철·최갑수, 『근대유럽의 형성』, 475.

성공적으로 몰아낼 수 있었다.[11]

요약컨대 프랑스 시민혁명은, 먼저 인권선언에서도 천명된 바와 같이 자유권을 보장하지만, 평등권도 함께 강조함으로써 진정한 인간 해방의 계기를 마련했다. 왜냐하면 평등 없는 자유란 궁극적으로는 소수의 특권을 지칭할 뿐이기 때문이다. 둘째, 이처럼 부르주아 시민들과 노동자, 농민을 포함하는 다수의 국민들이 민주주의의 이름으로 정치공동체의 주인이자 국가의 운영방안을 결정짓는 주체로 등장하게 된 것이다. 이제 근대의 시민은 나아가 단지 근대시민 자신들만의 이익을 대변하는 것을 넘어서서 사회 전체의 의지를 정치적으로 대변하는 '일반의지'(general will)를 표방하기에 이르렀다. 동시에 정치적으로도 자유주의에 입각한 대의민주주의 체제를 채택해 이를 공고히 하는데 성공했다. 즉 근대 이후 등장한 정치공동체인 국민국가의 내적인 질서 확보와 정치적인 통합은 바로 이러한 근대의 시민이 주체가 되고 그들의 참여에 의해 운영되는 정부가 구성되었을 때 비로소 달성될 수 있었다. 셋째, 프랑스 시민혁명은 부르주아 시민들과 도시노동자, 농민들 등 국민 모두가 합심하여 국민군을 형성했고, 구체제 복구를 위한 외

---

11 특히 프랑스 시민혁명의 불길이 자신들의 영토에까지 확산될까봐 전전긍긍하던 대부분의 독일 내 연방국가들은 오스트리아와 프로이센, 그리고 나중에는 영국과 스페인, 포르투갈 등이 합세한 제1차 대불(對佛)동맹에 합세해서 프랑스에서의 왕정복고, 즉 구체제의 회복을 기도했다. 이에 대해서는 R. Vierhaus, "Patriotismus—Begriff Realitaet einer moralisch—politischen Haltung," in *Deutschland im 18. Jahrhundert*(Goettingen: Vandenhoeck & Ruprecht, 1987), 96-102를 참조.

세의 침략 또한 성공적으로 막아냈다. 세계 최초로 형성된 프랑스 국민군은 애국심을 바탕으로 한 국민적 통합을 성공적으로 이루어낸 초유의 사건이었다. 국민군의 등장은 정치와 군사적 측면에서 프랑스가 유럽의 강대국으로 부상한 것을 의미했다.

이처럼 18세기 말에 이르러서 산업혁명을 단행하고 정치혁명까지 완수해서 이미 근대적인 국민국가의 체제를 구축한 영국 및 프랑스와는 달리, 유럽의 중원에 위치한 독일은 아직도 농업중심의 전근대적 봉건체제에 머물러 있었다. 독일은 비단 경제적인 측면뿐만 아니라 정치 및 사회제도 또한 전근대적인 단계인 봉건체제에 안주하고 있었다. 따라서 당시의 많은 독일 지식인들은 낙후된 경제뿐만 아니라 각종 정치 및 사회제도의 폐단들을 하루 빨리 개혁해야 할 필요성을 절감했다. 이러한 배경에서 독일의 지식인들은 프랑스 시민혁명을 열렬히 환영했다.

그러나 프랑스 시민혁명의 경과를 지켜보던 독일의 다수 지식인들은 무려 4만여 명을 처형한 끔찍한 유혈혁명에 대한 거부감을 느끼기 시작했다. 프랑스 시민혁명은 루이16세를 비롯한 구체제 인사들뿐만 아니라, 혁명을 함께 주도했지만 나중에 정치적 의견을 달리하게 된 인사들에 대한 처형도 서슴지 않는 공포정치를 단행하게 되었다. 1792년 2월 자코뱅당에 의한 온건 지롱드파 혁명동지들에 대한 단두대처형은 혁명의 잔혹함을 단적으로 드러내주었다. 이에 헤겔 등 당대의 대표적인 독일 지식인들은 프랑스혁명으로부터 거리를 두기 시작했고, 또 이를 비판하기 시작했다.[12] 뿐만 아니라 유럽의 대다수 왕정국가들은 앞서 언급했듯이 프랑스 시민혁명의 열기를 차단하기 위해 동맹을 맺어 프랑스를 위협하게 된다.

그러나 프랑스 시민혁명의 정신과 이를 담지한 시민들이 주축이 된 국민군의 위세를 꺾기에는 부족했다. 나폴레옹이 지휘하는 프랑스 국민군은 1796년 이탈리아 원정에 성공했다. 나폴레옹에게 패배한 오스트리아는 자신이 통치하던 네덜란드와 북부이탈리아를 프랑스에 할양했다. 여세를 몰아 나폴레옹은 혁명정신으로 무장된 국민군을 이끌어 유럽대륙에 공세를 취하게 된다. 1799년 11월 쿠데타로 프랑스의 정치적 실권까지 장악한 나폴레옹은 다시금 독일의 라인강 서안을 장악했다. 프랑스혁명 이념으로 무장된 나폴레옹의 국민군은 이처럼 시민혁명 정신을 유럽대륙 전체에 전파하는 데 기여했다. 이제는 더 이상 왕권신수설에 바탕을 둔 전제군주가 아니라, 새로이 부상한 부르주아 시민계급이 경제와 정치를 비롯한 모든 영역에서 주도권을 장악하기 시작했고, 정치공동체인 국가의 운명을 결정하는 주체적인 국가구성원인 국민으로 거듭나게 된 것이다. 그리고 프랑스혁명의 정신은 아직 근대 시민이 등장하기에는 일렀고, 따라서 정치, 경제, 사회, 문화 등에서 전반적인 변화가 아직은 요원했던 동유럽 국가들에서도 점차 변화의 바람을 불러일으키고 있었다.

특히 프랑스혁명 정신으로 무장된 나폴레옹의 국민군은 독일 최강의 프로이센 군대를 잇달아 격파하면서 '신성로마제국'이라 불리던 8

---

12 G. W. F. Hegel, *The Philosophy of History*, trans. J. Sibree(New York : Dover, 1956), 447–451.

백여 년을 지탱해온 독일 제1제국[13]의 해체를 가속화시켰다. 독일은 특히 지방호족이라고 할 수 있는 영방제후들에 의한 수많은 군소 영방국가들이 난립했다. 따라서 나폴레옹 국민군의 독일 점령은 역설적이게도 뒤늦게나마 독일이 근대적 국민국가로 나아가지 않으면 안되는 발판을 마련해준 셈이 되었다. 즉 나폴레옹은 14세기 이후 독일 땅 위에 3백여 개가 넘게 존재하던 수많은 영방국가들을 도합 40여 개로 축소, 재편시켜주었던 것이다.[14] 나아가 나폴레옹의 국민군은 한편으로는 프랑스 시민혁명의 핵심 가치였던 근대적 개인의 평등한 권리와 자유를 강조하는 자유주의 사상이 독일에서 확산되는 데 기여했다. 그리고 개인의 자유와 평등의 권리에 바탕을 둔 근대적인 법체계와 제도 등이 독일 땅에 이식되는 데도 일조했다. 다른 한편으로는 역설적이게도 나폴레옹 국민군의 독일침략과 지배에 대항하는 독일인들의 민족의식의 확산, 즉 독일민족주의를 일깨우는 결과를 불러왔다. 독일에서의 민족주의에 대한 강조는 자유와 평등 그리고 민족적 동질성을 지켜줄 수 있는 정치적으로 통합된 강력한 근대 국민국가 건설의 필

---

13 신성로마제국은 독일의 제1제국을 말한다. 제2제국은 비스마르크에 의해 통일된 프로이센 주도의 독일제국이며, 제3제국은 주지하다시피 히틀러의 나치정권 당시의 국가를 칭한다. 이때 제국은 왕국과 통치 단위의 규모에 따라 구분되곤 한다. 그러나 무엇보다도 제국(imperium)은 영역을 초월한 인간들에 대한 지배를 의미하는 반면에, 왕국(regnum)은 영토에 대한 지배를 보다 더 강조하는 것이기도 하다. 이에 대해서는 W. 슈말레, 박용희 역, 『유럽의 재발견』(을유문화사, 2006), 46을 참조.

14 Peter H. Wilson, *From Reich to Revolution, German History, 1558–1806*(Basingstoke : Palgrave, 2004), 43.

요성을 일깨워주었다.

3. 국민국가와 시민

앞서 살펴보았듯이 영국과 미국, 그리고 프랑스에서의 시민혁명은 공히 전근대적 지배체제인 절대왕정을 종식시키고 시민 또는 국민이 정치공동체인 국가의 주인이자 주체가 되는 근대 국민국가를 탄생시켰다. 한마디로 말하자면, 국민국가는 국왕 1인이 통치하는 군주국가나 소수의 귀족들이 통치하는 귀족정과는 달리 국민 모두가 주권자로서 국가 운영의 주체가 되는 주권적 정치단위를 지칭한다. 국민국가는 근대의 부르주아 시민들이 주도한 정치혁명에 의해 탄생했다. 절대왕정 체제하에서는 주권이 없었던 백성 또는 신민들이 시민혁명을 성공시킴으로써, 자신들에 의해 형성된 국민국가라는 정치공동체의 주체이자 권리와 의무를 공히 인지하는 국민의 모습으로 거듭났다.

영국과 프랑스는 근대사회의 등장과 함께 상호 경쟁하면서 국민국가를 탄생시켰다. 즉 영국이 점차적인 왕권축소와 온건한 정치개혁의 과정에서 군주와 시민계급의 정치적인 타협을 통해 입헌군주제의 형식을 빌린 국민국가를 형성했다면, 프랑스는 세계사에서 그 유례가 드문 급진적인 유혈혁명을 통해 왕정을 타도하고 프랑스 시민들이 정치공동체의 주체가 된 국민국가로 거듭났다. 그러나 양국은 공히 시민 내지 국민들의 자유와 평등을 공고히 함으로써 정치공동체인 국가에 대한 충성심내지 애국심을 이끌어낼 수 있었고, 이를 통해 효과적으로 국민적 통합을 이룩할 수 있었다.

특히 프랑스 시민혁명은 혁명을 주도했던 부르주아 시민들과 함께 노동자, 농민 등이 모두 함께 '밑으로부터의' 혁명을 성공시켜 국민국가를 탄생시킨 대표적인 사례이다.[15] 혁명을 성공시킨 프랑스의 시민, 노동자, 농민들은 혁명정신을 기치로 하는 강력한 국민군을 창설했고 왕정복고를 위해 프랑스에 침범해온 외세를 퇴치했던 것이다. 요컨대 영국과 프랑스 그리고 미국 등은 시민혁명을 통해서 전통적인 지배체제의 고리를 끊고, 민주적인 방식에 의해 구성된 국민국가라는 새로운 형식의 지배체제를 구축했다.[16] 국민국가의 일반적 특성을 보다 구체적으로 정리해보면 다음과 같다.

우선 정치적으로는 국민국가의 주체는 이미 말한 바와 같이 시민혁명을 통해 정치의 주체로 자리매김한 국가구성원인 국민들이다. 이러한 국민국가는 정치적 주체인 시민들의 의지가 충분히 반영되는, 즉 민주적인 정치참여가 보장되는 대의제 민주주의제도를 채택하고 있다. 뿐만 아니라 입법권과 사법권 그리고 행정권이 분리된 권력분립제도가 정착되어 있으며, 국가의 행정을 담당하는 관료제가 구비되어

---

15 이민호, 『새독일사』(서울 : 까치, 2003), 156.

16 반면에 독일을 위시한 유럽의 다른 많은 나라들은 산업화와 시민사회의 형성과 성장이 뒤늦었기에 '위로부터의' 개혁, 즉 국가가 주도하는 개혁을 통해 비교적 늦게나마 시민내지 국민이 정치의 주체로 거듭나는 국민국가를 형성하는 길을 걷게 된다.

있다. 그리고 인권사상에 의거한 근대시민의 자유와 평등의 권리를 보장하는 근대법 체계에 의해 통치되는, 즉 명실공히 법치가 이루어지는 국가이다. 경제적으로는 시장경제 원리에 바탕을 둔 자본주의 체제가 본격적으로 가동되기 시작했다. 사회적으로는 군주제하의 신분제도 타파와 함께 모든 시민들이 법 앞에서 자유롭고 평등한 대우를 받게 되었다. 이러한 자유롭고 평등한 시민들에 의한 국민국가는 베스트팔렌조약(1648) 이후 영토와 주권에 대한 불가침성, 즉 주권행사의 배타성을 지닌 주권국가로 공고화되었다. 물론 이러한 국민국가의 특성들이 일거에 완성된 것은 아니다. 역사적인 시간의 경과에 따라 점차 개선되거나 나라마다 정치발전의 정도에 따라 차이가 있다. 돌이켜 보면 이처럼 시민내지 국민이 주체가 된 국민국가의 형성과 발전은 근대시민사회의 등장과 결코 무관하지 않은데, 이에 대해 좀더 깊이 살펴보면 다음과 같다.

우선 근대 이후 시민사회의 발전은 산업혁명을 거치면서 자본주의의 발전과 그 보조를 함께 했다. 시민사회의 구성원인 근대적 시민은 경제적인 측면에서는 사적인 개인들로서 자본주의적 시장경제 체제와 관계하고 있었다. 여기서 각 개인들은 오로지 자신들의 이익내지 이윤 극대화에 열중하는 부르주아 시민의 근성을 지닌다. 다만 이러한 사적 개인들의 노동과 교환을 통한 이윤 추구가 치열하게 벌어지는 시장경제 활동은 정치공동체인 국가의 법적·제도적 보장이 없이는 발전할 수가 없다. 따라서 근대 국민국가는 사적 개인들인 시민들 사이의 평등한 권리관계를 규정하는 근대적인 법체계의 구축과 이를 다시금 공적으로 보장해주는 행정 체계의 정비라는 두 가지 조건을 만족시켜야만 했다. 그래야만 비로소 국민국가의 경제성장과 사회발전을 기대할 수 있기 때문이다. 유럽의 선구적인 국민국가를 구축하는 데 성공한 영국과 프랑스 등은 바로 이러한 근대적인 법체계와 행정 시스템을 구축하였기에 경제적인 측면에서도 다른 유럽 국가들을 앞서 나갈 수 있었다.

이러한 맥락에서 한 사회의 발전 수준에 대한 평가는 바로 이러한 근대적인 법체계와 합리적인 행정체계 구축의 정도에 달려 있고, 이에 기초해서 그 사회의 경제적인 발전 정도 또한 가늠할 수 있었던 것이다. 다시 말해서 자본주의적 근대화에 따른 물질적 재생산과정의 비약적인 발전은 동시에 전통적인 국가행정 체계의 정비를 반드시 필요로 했고, 이에 상응하게 국민국가의 경제 영역과 행정 영역의 합리화를 통한 기능적인 전문화과정은 궁극적으로는 사적 개인들의 일상적인 생활이 영위되고 있는 영역과의 분리를 의미했다. 이러한 맥락에서 국민국가의 사회발전 수준은, 하버마스의 표현을 빌리자면, 시민들의 일상적 삶의 영역인 "생활세계가 경제나 국가행정의 영역과 분리"[17] 되는 정도에 달려있다는 데 주목해야 할 것이다. 여기서 한 사회의 근대화, 즉 사회의 기능적 전문화과정은 특히 국민국가의 경제와 행정이라는 두 가지 영역이 독자적인 원리와 규칙에 의해 지배되는 '체계'(system)의 영역이라는 점을 확인시켜 주는 데 그 핵심이 있다. 즉 경제체계의 경우 근대화는 화폐에 의해, 그리고 행정체계의 합리화는 관료

---

17 Juergen Habermas, *Theorie des kommunikativen Handelns*. Bd.2(Frankfurt am Main, 1981), 452.

화된 권력을 통해 각기 독자적인 영역으로 분화되었다. 화폐와 권력은 경제와 국가행정이라는 양대 체계를 운영하는 핵심적인 매개체로서, 최소의 비용으로 최대의 효과를 추구하는 도구적 합리성 원리의 지배를 받는다. 이러한 맥락에서 도구적 합리성은 정치, 경제, 사회 등의 각 영역에서의 합리화를 지칭하며, 따라서 근대성을 특징짓는 용어이기도 하다.

그리고 근대 시민사회의 발전과 국민국가 체제의 공고화는 무엇보다도 근대성을 특징짓는 도구적 합리성의 논리가 고도로 발전한 결과라고 할 수 있다. 먼저 정치문화적인 차원에서 볼 때 국민국가는 민족 또는 국민통합을 위해 그 사회의 지배적인 민족 집단의 문화 또는 중심문화에 의한 소수민족 집단의 정치적·문화적 '동화'(assimilation)를 끊임없이 추구함으로써, 국민적인 '동질성'의 확보를 기했다. 다만 여기서 동화라는 개념이 의미하는 바는 지배적인 하나의 중심문화에 귀속됨으로써, 소수집단의 문화적 정체성은 소멸되는 것을 의미한다. 요컨대 근대의 국민국가는 자신의 영토 내의 구성원들을 최대한 동화시켜 구성원 전체의 '동질성'을 확보하고, 이에 대립되는 '이질성', 즉 이질적인 요소들은 가급적이면 배제하는 배타성을 그 특징으로 하고 있다. 이렇게 함으로써 근대 국민국가는 영토 안의 시민내지 국민들의 동질성 확보와 국민통합의 극대화를 기했다.[18]

둘째, 동일한 맥락에서 효과적인 국민통합을 위해서는 국민국가

18 Will Kymlicka, *Multikulturalismus und Demokratie*(Hamburg, 1999), 28.

의 구성원들이 공유하는 통일된 공동의 언어가 반드시 요구되었다. 동일한 언어를 통한 국민들의 동질성을 확보하는 작업, 즉 국민들의 공동의 정체성 및 공동의 소속감을 확보함으로써 국민통합을 기하는 일은 근대 국민국가의 성패를 좌우하는 핵심 관건이었다. 여기서 국민내지 민족 개념의 형성은 인쇄술과 자본주의의 결합에 힘입은 바 크다. 민족내지 국민 개념의 형성은 무엇보다도 산업혁명과 자본주의의 발전에 힘입은 바 크다. 특히 인쇄자본주의의 발전은 중세의 공공 언어였던 라틴어가 쇠퇴하고, 각 지역별 고유 언어의 확산에 크게 기여했다.[19] 왜냐하면 자본주의와 인쇄술이 결합한 출판업은 기본적으로 소수의 라틴어를 읽는 자들보다는 다수 지역 국가들의 지방어, 즉 자국어를 독해하는 다수의 독자들을 겨냥하기 때문이다.

셋째, 국가구성원의 동질성을 바탕으로 하는 국민통합 노력은 자본주의적 근대화와 밀접한 연관이 있다. 이미 언급되었듯이 근대 자본주의의 발전은 국민국가를 그 기반으로 하고 있었다. 이러한 맥락에서 국민국가의 자본주의적 경제발전과 국부 증진을 위해서는, 최소한의 교육을 받은 따라서 문자해독 능력이 있는 노동력이 절실히 필요했다. 그리고 이러한 노동력의 확보는 단일한 언어에 기초한 통일된 교육제도를 통해서만 가능했다. 이처럼 근대 국민국가는 공용어의 선택과 통합된 역사교육 등을 시행함으로써 국민적 동질성의 강화와 효과

19 B. 앤더슨, 윤형숙 역, 『상상의 공동체. 민족주의의 기원과 전파에 대한 성찰』(파주 : 나남, 2004), 75.

적인 국민통합을 기했다.[20] 뿐만 아니라 국부 증진을 위한 국민국가들 사이의 치열한 경쟁은 국내적으로는 생산성 및 효율성의 극대화에 모든 역량을 집중시키게 했고, 이를 뒷받침하기 위해서 비단 산업현장뿐만 아니라 사회전반에 걸쳐 합리화와 규격화, 그리고 표준화와 획일화로 치달았다. 국민국가의 이러한 모든 기획들은 최소비용으로 최대효과를 추구하는 도구적인 합리성의 논리가 경제와 정치 등 사회 전반을 지배하는 근본 원리로 자리매김한 것을 의미했다. 요컨대 국민국가와 자본주의의 발전은 근대적 개인들 사이에서는 치열한 경쟁을 불러왔고, 근대국가의 행정체계의 확대는 전반적으로 보아 중앙정부에의 권력집중으로 나타났다.

4. 대중사회와 시민

근대사회의 정치적 향방을 좌우했고, 나아가 국민국가의 수립에 결정적인 영향력을 행사했던 근대시민들의 정치적 역량은 20세기에

---

20 독일의 역사가 드로이젠(Johann G. Droysen)에 의하면, 원래 국가형성과정에서는 서로 다른 부족들 사이의 투쟁에 의해 통합이 시작되었으나, 국민국가는 사후적으로 건국신화 등을 통해 민족적 내지 국민적 동질성을 구축하고자 했다. 이에 대한 보다 자세한 논의는 Johann G. Droysen, *Historik. Rekonstruktion der ersten vollstaendigen Fassung der Vorlesungen*(Stuttgart-Bad Cannstatt, 1977), 299-302 참조.

들어오면서 점차 축소되지 않을 수 없게 된다. 산업사회의 비약적 발전에 따른 시장기능의 확대와 국가권력의 지속적인 확장은 국민국가의 주체인 시민들의 정치적 영향력을 축소하는 데 일조했다. 대량생산과 대량소비를 지향하는 산업현장에서의 기계화와 자동화 그리고 전문화 등에 의한 생산성과 효율성의 제고 노력은 그야말로 도구적 합리성의 원리가 사회 구석구석에 적용되는 것을 적나라하게 보여주었다. 이점 국가의 행정조직 또한 예외가 될 수는 없었다. 왜냐하면 근대 후기의 국가권력은 경제영역의 자율성을 보장했던 근대 초기의 자유방임주의적 국가 기능에서 벗어나, 보다 적극적으로 경제체계에까지 개입하게 되었기 때문이다. 이러한 경제 영역에 대한 국가의 개입은 보다 많은 기술관료제, 즉 행정권력의 비대화를 초래하는 결과를 낳았다.

더구나 복지정책의 확대로 시민들의 경제적인 삶의 영역에 대한 관리와 통제까지 담당하게 된 행정체계의 확대에 따라, 근대 후기의 시민들은 점차 물질적 충족내지 풍요에 안주하고 나아가 사생활중심주의에 빠져들게 됨으로써 결과적으로는 정치적 무관심의 확산이라는 병리적인 현상을 드러내게 되었다. 요컨대 국가의 행정권력을 집행하는 관료제의 개입과 통제가 심화될수록, 근대시민은 이제 정치적 현안에 대해 무관심할 뿐만 아니라 무비판적이고도 수동적인 '대중'(mass)의 모습으로 변모해 갔다. 대중들의 정치적 무관심과 실업 등 노동의 소외현상에 대해 서유럽의 사회보장국가는 경제영역에 대한 국가개입주의, 즉 복지국가 정책으로 대처했다. 복지국가의 행정체계는 한편으로는 시민의 기본권 확대를 보장하지만, 다른 한편으로는 복지혜택 등 공공서비스를 증대시킴으로써 개인들을 복지서비스의 수혜를 받는 고객으로, 그리고 시장에서의 소비자의 지위로 자리매김시킴으로써 이른바 대중사회를 고착화시켜 나갔다.

근대 후기에 와서 대중사회가 등장하게 된 것은 이처럼 행정관료제의 확대와 결코 무관하지 않았다. 주지하다시피 관료제는 공무원들의 능력에 따라 권한과 책임을 구분하고 상하급자 사이의 위계질서가 확립되어 있는 조직체로서, 모든 행위와 결정은 형식적으로는 공식적이고 합리적인 의사결정 경로를 경유한다. 그러나 실제로는 관료조직 내에서의 중요한 정책결정은 언제나 효율성 제고를 위해 소수의 전문화된 고위관료들에 의해 이루어진다. 이러한 행정조직의 전문화와 비대화에 의해 자신의 삶이 타율적으로 결정되는 시민사회 또는 대중사회의 개인들은 단지 수동적이며 비인격적 존재이자 복지정책의 수혜 대상으로서만 간주될 따름이다. 즉 근대의 시민들은 이제 창의적 개성을 지닌 인격체가 아니라, 사회적 정치적 현안에 대한 결정에서 철저하게 배제되는 소외된 존재인 대중으로서 인식될 따름이다.

근대 후기 산업사회의 기술혁신을 통한 경제적 풍요와 복지정책을 수행하는 행정체계의 비대화에 따라 정부는 이제 대중사회의 구성원들인 시민내지 대중들의 일상생활의 보다 많은 영역에 대해 책임지는 것을 자처하고 나섰다. 예를 들면 정부의 관료들은 학교정책에 간여하고, 산업현장에서의 임금과 노동조건을 규정하며, 모든 종류의 생산품에 대한 기준을 설정하고, 노인과 병자 그리고 실업자를 위한 재정보조 업무를 관장함으로써 정부의 기능과 역할이 엄청나게 확대됐다. 따라서 대중사회에서는 시민들의 자치역량을 축소하는 대신, 행정관료들의 손에 권력이 집중되었다. 예를 들면, 국가공무원이 지역의 학교들에게 교육의 표준목표를 달성토록 지시하고, 각 지역의 생산물은 국가의 인증을 받게 했으며, 세금부담을 공고히 함으로써 모든 시민들을 규제했다. 그리고 이러한 규제들이 사회적 평등을 보장해주는 대신, 관료제의 통제와 규제의 확대는 필히 가정에서나 지역공동체에서의 시민내지 대중들의 자율성을 침해하지 않을 수 없었다.[21]

다만 대중사회의 시민내지 대중들은 이미 자신만의 관심거리에 매몰되어 있었고, 정치적 무관심 또한 일상화되었기에 공적인 현안을 둘러싼 비판적 합리적인 논의의 장인 민주적 공론장에는 관심을 두지 않았다. 바로 이점에서 공공의 현안을 둘러싼 논의와 참여의 장이었던 정치적 공론장이 쇠퇴하게 된 직접적인 원인을 찾을 수 있다. 근대 후기에 와서 공론장은 이제 그 정치적 중요성을 상실함으로써 탈정치화되었고, 동시에 국민국가의 주권자인 국민내지 시민들의 위상 또한 축소되었다. 근대적 공론장의 몰락은 따라서 근대 후기 국민국가 체제의 정치적 정당성의 토대가 위기에 봉착했음을 의미한다.[22] 이처럼 근대 후기에 와서 시민들의 정치적 위상축소와 국가의 행정권력의 비대화는 시민사회에서 대중사회로의 전환을 가속화시켰다.

이러한 점은 20세기에 와서 시민사회의 정치적 정당성의 발원지였던 민주적 공론장이 조작된 공론장이나 동원된 공론장 등과 같은

---

21 John Macionis, *Culture, Society : The basics*(New Jersey : Prentice Hall Publishers, 2009), 498.

22 Juergen Habermas, *Strukturwandel der Öffentlichkeit*(Frankfurt am Main, 1990), 170 – 173.

대중조작이나 대중동원 그리고 대중소비문화의 선전장으로 퇴락했다는 점에서 보다 구체적으로 드러났다. 근대 후기 산업사회에서의 공론장의 쇠퇴는 민주정치의 공개성을 위기에 몰아넣었다. 즉 근대 시민혁명 이후 정착된 대의민주주의 정치 또한 대중사회에 와서는 공개성에 바탕을 둔 것이 아니라 점점 더 밀실정치에 의존하는 폐쇄성을 지향하는 정치로 변모하게 된 것이다.

이처럼 20세기 초기부터 중반기까지 대중사회를 특징짓는 정치적인 요인 외에도 또다른 중요한 요소로서는 문화산업의 성장에 의한 대중문화의 확산을 들 수 있다. 근대 후기에 등장한 대중사회의 대중은 욕구충족을 위해 대량 생산된 상품을 다시금 대량 소비하는 소비사회의 주체이다. 동시에 대중사회의 대중은 대중매체에 의해 대량으로 전달되는 대중문화(mass culture)의 향유자이기도 하다.

여기서 19세기말에 시작되어 20세기 초에 본격화된 문화산업은 복제기술의 발전과 거대한 자본을 바탕으로 급속히 성장했다. 대중화된 문화산업은 복제기술의 발전에 힘입어 다양한 문화정보와 예술작품을 표준화하고 규격화시킨 후, 이를 대량으로 복제, 상품으로 둔갑시켜 대중들에게 제공했다. 이처럼 기술복제 시대의 문화산업과 예술의 상품화는 자본주의에 새로운 경제적 수단을 제공해주었다. 그러나 후기 산업사회의 대중들은 이처럼 문화산업이라는 산업자본주의가 대량으로 복제하는 상품화된 예술작품을 소비하는 단순한 그리고 수동적인 소비자들로 자리매김했다. 이들 문화상품의 소비대중은 공동체에서 격리된 파편화된 고독한 군중으로 고립된 원자화된 개인들로서, 복지의 수혜자이기도 한 무기력한 개인들에 지나지 않는다. 동료집단이나 가족들 그리고 학연이나 지연 등에 의한 집단마저 사라진 20세기의 대중은 사회적 연결고리의 부재로 인한 소외감과 불안감에 휩싸인 원자화된 고독한 개인이다. 이로 인해 대중 개개인의 인간소외와 비인간화를 더욱 심화시켰다. 특히 대중문화와 대중예술은 기계적으로 대량 생산되고 대량 복제되어 인간의 삶을 정화시켜주는 문화와 예술의 원래적 기능을 포기함으로써, 질적으로 저하되고 양적으로 증가한 오락문화예술, 요컨대 향락과 퇴폐적인 욕망을 충족시키는 유흥산업으로 둔갑하여 대중들의 입맛에 영합하곤 한다.[23] 이처럼 문화산업의 발전은 그 이전에는 소수 엘리트에게 유보되었던 예술과 문화의 대중화에 힘입은 바 크다.

그러나 기계적으로 대량 복제, 생산되어 다수 대중에게 제공된 대중문화와 예술은 20세기 초반에 등장한 나치즘과 파시즘 등 전체주의 체제의 정치적 선전수단에 이용되기도 했다. 즉 문화산업과 상품화된 예술로 형성된 대중문화는 전체주의 체제의 새로운 정치적 수단이 되었던 것이다. 전체주의는 문화산업에서의 대량복제기술을 국민들에게 직접 적용했다. 즉 전체주의는 정치적 조작과 선전 및 선동 등을 용이하게 하기 위해, 표준화되고 획일화된 광기어린 대중들의 대량복제를 기도했다.[24] 이를 위해 차이와 다양성의 문화를 배제하거나 억제

---

23 막스 호르크하이머·테오도어 아도르노, 김유동 외 공역, 『계몽의 변증법』(서울 : 문예출판사, 1996), 190-191.

24 발터 벤야민, 최성만 역, 『기술복제시대의 예술작품』(서울 : 도서출판 길, 2007), 92-93.

함으로써 획일화된 전체주의의 권위주의 정치문화를 구축할 수 있었다.

여기서 개인들은 자신의 개성이나 주장을 펼치기를 주저함으로써 스스로의 정체성을 쉽게 포기한다. 그 대신에 강력한 전체주의적 정당이나 정치세력에 쉽게 동조하거나 지배엘리트들이 만들어낸 조작된 권위에 기꺼이 복종함으로써 고립되고 소외된 개인에서 벗어나고자 한다. 여기서 대중문화와 대중매체는 상징적 조작의 수단이며 가상적인 세계의 생산자이기도 하다. 히틀러의 나치체제를 위시한 오늘날의 모든 전체주의적 권위주의 체제는 지금도 자신들의 부족한 정치적 정당성을 보충하기 위해 빈번히 대중동원을 일삼곤 했다. 이러한 맥락에서 대중사회는 종종 대중조작과 대중동원에 의해 다수 시민들의 삶을 통제하는 소수의 권력엘리트에 의해 지배되는 사회로 이해될 수 있다.[25]

근대의 대중사회는 앞서 언급했듯이 구성원들이 공동체의 현안에 대해 무관심해 질수록, 그리고 수동적이며 무비판적이 되면 될수록 시민들의 대중화는 가속화되었다. 공공의 현안에 대해 책임있는 시민의식이 사라지고, 대중화하는 추세는 민주주의와 대의정치 자체의 위기를 불러올 수밖에 없다. 시민들의 정치적 무관심의 확산과 정치적 현안에 대한 의사소통의 장인 민주적 공론장의 쇠퇴는 시민혁명을 통해 민주적인 국민국가를 건설했던 자신들에 대한 부정을 의미함에 다름 아니다.

---

25 D. McQuail, *McQuail's Mass Communication Theory.* (5th edition). (London : Sage 2005), 449.

참고문헌

김장수. 2010. 『주제별로 접근한 독일근대사』. 서울 : 푸른사상.

이민호. 2003. 『새독일사』. 서울 : 까치.

이영림·주경철·최갑수. 2011. 『근대유럽의 형성 : 16-18세기』. 서울 : 까치.

베버, M. 박성수 역. 2006. 『프로테스탄티즘의 윤리와 자본주의 정신』. 서울 : 문예출판사.

벤야민, 발터. 최성만 역. 2007. 『기술복제시대의 예술작품』. 서울 : 도서출판 길.

슈말레, W. 박용희 역. 2006. 『유럽의 재발견』. 서울 : 을유문화사.

앤더슨, 베네딕트. 윤형숙 역. 2004. 『상상의 공동체. 민족주의의 기원과 전파에 대한 성찰』. 파주 : 나남.

호르크하이머, 막스·아도르노, 테어도어. 김유동 외 공역. 1996. 『계몽의 변증법』. 서울 : 문예출판사.

후쿠야마, 프란시스. 함규진 역. 2012. 『정치질서의 기원』. 서울 : 웅진 지식하우스.

Droysen, Johann G. 1977. *Historik. Rekonstruktion der ersten vollstaendigen Fassung der Vorlesungen*. Stuttgart-Bad Cannstatt.

Goehler, Gerhard and Klein, Ansgar. 1993. "Politische Theorien des 19. Jahrhunderts," in *Politische Theorien von der Antike bis zur Gegenwart*. Ed. Hans-Joachim Lieber. Bonn.

Habermas, Jürgen. 1981. *Theorie des kommunikativen Handelns*. Bd.2.

Frankfurt am Main: Suhrkamp.

________________. 1990. *Strukturwandel der Öffentlichkeit.* Frankfurt am Main: Suhrkamp.

Hegel, G. W. F. 1956. *The Philosophy of History.* Trans. J. Sibree. New York : Dover.

______________. 1978. *Grundlinien der Philosophie des Geistes oder Naturrechts und Staatswissenschaft im Grundrisse*(1820/21)(Werk 7 in 20 Bänden). Frankfurt/M.

Kymlicka, Will. 1999. *Multikulturalismus und Demokratie.* Hamburg.

Macionis, John. 2009. *Culture, Society: The basics,* 10th edition. Upper Saddle River. New Jersey : Prentice Hall Publishers.

McQuail, D. 2005. *McQuail's Mass Communication Theory.* 5th edition. London: Sage.

Schwan, Alexander. 1993. "Politische Theorien des Rationalismus und der Aufklaerung," in *Politische Theorien von der Antike bis zur Gegenwart.* Ed. Hans-Joachim Lieber. Bonn.

Vierhaus, R. 1987. "Patriotismus—Begriff Realitaet einer moralisch-politischen Haltung," *Deutschland im 18. Jahrhundert.* Goettingen: Vandenhoeck & Ruprecht.

Wilson, Peter H. 2004. *From Reich to Revolution, German History, 1558-1806.* Basingstoke : Palgrave.

3장
현대시민의 확산

장명학

1. 68혁명과 신사회운동

앞서 말했듯이 근대적 시민이 중세의 서유럽 사회에서 근대사회로 이행하는 과정 속에서 등장했다면, 현대시민은 국민국가의 행정 및 경제체계의 운영논리인 도구적 합리성의 과도한 팽창과 이에 기인한 근대시민의 대중화 과정 속에서 찾아온 위기감 속에서 등장했다.

근대시민과 구별되는 현대시민 개념은 20세기 후반, 서유럽 사회를 뒤흔든 1968년의 시민혁명, 즉 '68혁명'에 의해 본격적으로 그 모습을 드러내게 되었다. 68혁명은 기존의 권위주의적 국가내지 정치체제의 운영방식과 사람들의 행위를 규제하는 기존의 가치체계에 대한 팽배한 불만을 바탕으로 1968년 5월 프랑스의 학생시위와 함께 촉발되었다. 프랑스의 학생 시위는 삽시간에 국경을 넘어서 인접한 독일과 영국 그리고 이탈리아 등 유럽사회 전역에 엄청난 파장을 몰고 왔다. 이들은 반권위주의, 반제국주의, 반자본주의, 반전 및 반핵운동 등을 기치로 내걸고 기존의 제도화된 정치권력과 권위주의적 전통에 반기를 들었다.

그러나 68시민혁명 세력은 기존의 국가와 정치체제를 혁신할 수 있는 책임있는 정치세력으로서의 역할을 하는 데는 부족했다. 그 대신에 68혁명은 혁명운동 이후 지속적으로 정치와 사회, 문화와 예술 등 여러 방면에서 유럽사회에 지대한 영향을 끼쳤다. 동시에 68혁명 운동의 진행과정에서 표출된 국가와 사회에 대한 다양한 대안적 문제제기들은 사장되지 않고, 그후 점진적으로 제도화과정을 거치면서 유럽의 사회시스템을 지속적으로 변화시켜 나갔다. 뿐만 아니라 현재 유럽의 정치, 경제, 사회, 문화 등 각 영역에서의 지도적인 인물들은 거의 대부분이 68혁명의 운동과정에서 주도적인 역할을 했던 이른바 68세대들이다. 이러한 맥락에서 본다면 68혁명은 당시의 국가체제나 정치적인 상황을 일거에 혁신하지는 못했지만, 그 대신에 유럽인들의 사고방식, 즉 의식과 사고에 지속적으로 영향력을 미침으로써 유럽의 정치와 사회 그리고 문화 전반의 지형도 자체를 근본적으로 변화시켜나갔다는 데 큰 의의가 있다고 할 수 있다.

우선 68혁명 이후 등장한 각종 이슈들을 보다 구체적으로 열거해보면 다음과 같다. 정치적으로는 진보적 좌파세력인 녹색당과 극좌세력인 적군파 등 새로운 정치세력이 등장했다. 사회적으로는 현대적 시민들이 주체가 되는 다양한 대안 운동들이 표출되었다. 여성주의와 성개방 및 성평등 운동, 그리고 문화와 예술에서의 탈중심적 해체주의 운동 등이 이 운동에서 제기된 주요 이슈들이다. 이러한 이슈들은 앞서 말했듯이 유럽의 현대시민들의 의식 속에 내면화되고 익숙해지면서 점차 현실화되어 오늘날에 이르렀다고 할 수 있다. 68혁명의 의의를 보다 자세히 살펴보면 다음과 같다.

먼저 68운동은 현실정치의 시각에서 보면 실패한 혁명이다. 왜냐하면 혁명은 기존의 정치세력을 몰아내고 국가권력을 장악한 후 제도적 혁신을 통해 국가공동체를 주도적으로 이끌어갈 수 있게 되었을 때 비로소 성공한 혁명이라고 할 수 있기 때문이다. 이러한 맥락에서 볼 때 68혁명은 성공하지 못한 혁명이다. 하지만 여타의 실패한 혁명들과는 달리 기존의 권위와 거대질서를 대변하는 기성 사회체계에 대한 저항정신은 1970년대 이후 오늘날에 이르기까지 사회변혁의 견인차 역할을 해왔음이 분명하다.[1] 그리고 사회변혁을 지향했던 68세대들은 그 후 언론계와 교육계를 비롯하여 공공서비스 부문이나 정계 등 다양한 방면으로 진출했고 당면한 사회문제들을 이슈화하면서 사회전

---

1 68운동이 막을 내린 후 프랑스에서는 1970년대에 보수적인 우파 정치세력을 대변하는 퐁피두 대통령의 우파정권이 집권함으로써 68혁명운동의 개혁적 이슈들이 수용될 여지는 적었다. 반면에 독일에서는 1969년 빌리 브란트를 수상으로 하는 중도좌파 사민당정권이 창출되었다. 그러나 정치적 좌파인 사민당정권 역시 68운동과정에서 제기된 비제도권 좌파들의 혁신적 요구를 기대만큼 수용하지는 못했다. 그만큼 아직도 강력히 버티고 있는 권위주의적 국가기구에 때문에 비판세력의 정치적 참여는 제한받지 않을 수 없었다.

반에 걸친 민주적 개혁을 끊임없이 추구해나갔다.

둘째 사회보장 혜택이 완비된 서유럽 선진국 시민들이었지만 68혁명과 함께 거듭난 이들 현대시민들은 보다 나은 삶을 영위하길 바랐다. 즉 삶의 질을 향상시키고 일상적인 생활세계에서 민주주의를 구체적으로 실천하고자 한 68세대의 다양한 노력은 사회전반에 걸쳐 개혁의 필요성을 인식한 많은 시민들의 호응을 얻었다. 나아가 이들은 68운동의 여파로 새로이 생성된, 시민들이 주도하는 다양한 영역에서의 대안운동을 펼쳐나갔다. 바로 이러한 대안운동들이 새로운 사회운동, 즉 신사회운동(New Social Movement)의 기반을 형성하였다. 지난 1970－80년대에 등장한 시민 주도의 저항운동은 '새로운'이란 수식어가 붙은 사회운동으로 불렸다. 왜냐하면 근대 산업사회의 발전과 함께 등장한 대표적인 사회운동인 노동운동과 비교해 볼 때 그 지향하는 목표나 조직화의 정도 그리고 행동수단의 측면에서 완전히 구별되는 새로운 사회운동의 양식을 보여주고 있었기 때문이다. 전통적인 사회운동인 노동운동은, 첫째 정치적 자유와 경제적 평등을 투쟁운동의 주요 목표로 내걸었고, 둘째 노동조합이라는 강력한 위계질서가 구축된 조직을 바탕으로 조합원들의 정치적 동원을 주요 행동수단으로 삼았던 것이다. 반면에 새로운 사회운동은 첫째, 가치관과 일상생활 양식의 변화 및 문화혁신을 운동의 주된 목표로 삼았다. 둘째, 신사회운동은 풀뿌리 민주주의에 기초한 조직들의 상호 수평적 네트워크를 통한 시민들의 직접 행동을 주된 행동수단으로 삼았다.

이러한 맥락에서 68운동의 반권위주위적 시민운동의 맥을 잇고 있는 신사회운동은 기성 사회체계에 대한 대안으로서 탈집중화와 자율성에 근거한 민주적 시민사회를 지향하면서, 다방면에 걸쳐 억압과 소외가 없는 시민사회를 추구하였다. 68세대 시민들의 활동은 다양한 영역을 포괄하고 있는데, 우선 지역사회의 환경개선 운동에서 출발하여 생태운동으로까지 발전했고, 나아가 전국적으로 확대된 환경운동을 출발시켰다. 이러한 환경운동은 동시에 기존 핵발전소 유지와 새 발전소 설치를 반대했을 뿐만 아니라 핵무기 자체를 금지하고 기존 핵무기를 폐기처분하는 것을 목표로 하는 반핵운동을 주도해나갔다. 더 나아가 비제도권 혁신운동 세력이 기존 정당의 대안으로서 제도권 정치영역으로 진입한 녹색당운동과 가부장제도가 구축해 놓은 권위주의 제도와 관습의 억압으로부터 여성의 해방을 추구하는 여성운동이 새로운 사회운동의 대표적인 예들이다.

요컨대 68혁명을 전후해서 등장한 새로운 형태의 사회운동들, 즉 환경, 여성, 반핵 및 반전 그리고 평화, 교육 등 여러 분야에서 자생한 새로운 차원의 시민운동인 신사회운동은 노동운동이나, 정치운동에 치중되었던 전통적인 사회운동인 구사회운동과는 전혀 다른 특성을 나타냈다. 우선 신사회운동의 관심은 정치권력의 쟁취에 있는 것이 아니었다. 이 운동의 핵심적인 관심은 효율성과 생산성을 지향하는, 즉 도구적 합리성의 논리가 지배하는 경제와 행정 등의 체계에 의한 생활세계의 식민지화에 저항하는 데 있었다. 다시 말해서 신사회운동은 시민들의 일상적인 삶의 세계에 침투하면서 이를 통제 및 관리하려는 국가의 행정 체계나 경제체계와 이러한 체계의 억압에 저항하는 생활세계의 비판적·해방적 잠재력 사이의 대립 및 갈등의 현장에서 등장했다.[2] 이러한 맥락에서 하버마스(Jürgen Habermas)는 신사회운동에 공동체 구성원인 시민들의 의사소통적 잠재력을 활성화시켜주는 새로운 의미에서의 '시민사회'(Zivilgesellschaft)라는 개념을 부여하고 있다. 여기서 하버마스가 말하는 시민사회는, 헤겔(Hegel)이 말한 '욕망의 체계'로 대변되던 시민사회, 즉 노동분업과 상품거래에 바탕을 둔 경제적 특성이 지배하던 전통적인 시민사회 개념과는 구별되고 있다. 뿐만 아니라 마르크스주의자들이 강조하는 노동과 자본 그리고 상품시장에 의해 조정되는 부르주아적 경제사회나, 또는 시민사회를 자본주의적 생산양식에 기초한 상부구조의 사회문화적인 영역이라고 규정하는 그람시(A. Gramsci)의 입장과도 구별된다.[3]

68혁명 운동이 제기한 또 다른 중요한 점은 무엇보다도 서유럽 지식인들의 사유방식에 획기적인 변화를 초래한 데 있다. 68혁명 이후 독일에서는 비판이론이, 프랑스에서는 해체론이 새로운 학문적 담론으로 자리매김했다. 원래 1930년대 당시 독일에서 시작된 비판이론은 근대정신의 핵심을 이루는 이성중심주의가 결국은 히틀러의 파시즘으로 귀결되어 파국을 맞이하였고, 그것은 바로 이러한 근대 이성의 도구적 속성 때문이라고 진단했다. 비판이론은 나아가 근대를 특징짓는 목적합리적인 사유방식이 경제적인 측면에서는 자본주의를 태동시켰고,

---

2 Jürgen Habermas, *Theorie des kommunikativen Handelns*, Bd.2(Frankfurt/M., 1981), 452 참조. 구체적인 사례로서는 핵발전소를 확대내지 유지하려는 경제(자본) 및 행정(국가) 체계에 반해 핵발전소를 전면 폐지하고자 하는 독일 환경단체(신사회운동)의 저항운동이 좋은 예가 될 것이다.

3 장은주, 「시민사회의 비판적 잠재력」, 『철학』 제64호 (2000): 251.

정치적인 차원에서는 이러한 사유방식이 극단화된 파시즘과 나치즘이라는 전체주의를 불러왔다고 주장한다. 따라서 비판이론은 진정한 인간해방을 위해서는 이성의 도구화에 뿌리박고 있는 파쇼적 전체주의와 이에 근거한 권위주의를 무너뜨려야만 한다고 강조하였다. 이처럼 탈권위주위와 인간해방이라는 논거는 비판이론의 핵심을 이루는 두 가지 중요한 요소들이다. 이러한 측면에서 비판이론은 68혁명 운동의 이념적 지평과 긴밀히 연관되어 있었다.[4]

독일의 비판이론과는 달리 프랑스에서는 장 폴 사르트르(Jean-Paul Sartre)를 중심으로 한 실존주의적 사유와, 미셸 푸코(Michel Foucault), 자크 데리다(Jacques Derrida) 등을 중심으로 한 해체론자들이 프랑스 학계를 중심으로 본격적인 활동에 돌입했다. 이들은 각론에서는 다소 차이가 있었지만 근대의 이성중심주의가 지닌 문제점과 폐단을 지적하는 데 있어서는 일치된 견해를 보여주었다. 푸코의 경우, 근대의 핵심 담론을 구성하는 이성과 합리성 그리고 정상성 등과 같은 주요 개념들이 비이성과 비합리성 그리고 비정상성 등과 같은 개념들을 철저히 배제함으로써 권력의 중심에 자리잡게 되었다는 점을 방대한 문헌자료의 분석을 통해 실증적으로 보여준다. 비판이론과 해체론이 공유하는 이성중심주의에 대한 비판은 68혁명 이후 서구 학계에 확고히 자리매김한 탈근대적 사유의 핵심 논거이다. 앞서 말했듯이 이성중심주의는 경제적인 차원에서는 '최소비용으로 최대효과'라는 도구적 합

4 오제명 외, 『68 세계를 바꾼 문화혁명 -프랑스 독일을 중심으로』(서울: 도서출판 길, 2006), 65, 113.

리성을 지상 가치로 삼는 자본주의의 등장을 초래했다. 반면에 정치적인 측면에서는 근대의 주체로 등장한 개인 및 시민으로 구성된 국민국가의 형성을 가능케 했고, 문화적인 차원에서는 주체중심주의적 시각이 지배하는 경향을 불러왔던 것이다.

이처럼 비판이론과 해체론이 공동으로 근대를 풍미했던 이성중심주의를 비판하지만 두 이론체계가 동일한 것은 결코 아니다. 비판이론과 해체론은 1990년대 이후 하버마스와 데리다의 논쟁에서 그 차이점이 분명하게 드러났다. 먼저 비판이론은 근대 이성의 도구화를 비판할 뿐, 바로 이러한 이성의 조정자적 역할에 대해서는 인정하고 있다. 반면에 해체론에서는 비판이론이 긍정하는 근대 이성의 조정자적 역할까지도 철저히 부정한다. 이처럼 독일과 프랑스 학계의 사유방식의 미세한 차이는 이론적 차원에만 머물지 않고, 양국의 68혁명 운동의 특성 차이를 반영하는 것이기도 하다.

하버마스에 따르면, 시장경제가 고도로 발전한 후기 자본주의 사회에서 등장하는 새로운 갈등 및 대립 양상은 현대사회를 이해하는 데 있어서도 과거와는 다른 새로운 이해방식을 필요로 하게 된다. 먼저 근대국가의 형성 이후 20세기 전반까지의 정치 및 사회운동은 대체적으로 생산과 분배를 둘러싼 사회경제적인 모순구조를 해결하기 위해 촉발되었다. 그러나 공정한 분배를 둘러싼 노사간의 계급 갈등은 서구 사회의 경우, 높은 경제성장과 부의 급속한 확대에 힘입어 1950년대 후반에 이미 사회복지정책의 확대로 조절 가능하게 되었다. 즉 분배문제를 둘러싼 투쟁과 갈등은 이제 정치적인 영역으로 이전되어 국민복지를 향상시키는 각종의 사회보장정책으로 제도화됨으로써 그

갈등이 순화되었다.

이에 반해 하버마스는 후기 자본주의 사회에 접어든 1970년대를 전후하여 서구에서 자발적으로 그리고 자생적으로 등장하는 새로운 사회운동들, 즉 환경, 여성, 반핵, 반전 및 평화, 교육 등 여러 분야에서 형성되는 시민운동인 신사회운동에 주목하고 있다. 생산과 분배의 문제를 둘러싼 노동운동이나 정치운동에 치중되었던 구사회운동과는 달리, 서구에서 시작된 신사회운동은 생활세계 주변의 새롭고 다양한 문제들의 해결을 위한 운동이다. 이 운동의 주된 관심은 정치권력의 획득이 아니라, 새로운 가치관과 생활양식의 정착이라는 포괄적인 의미에서의 문화운동의 형태를 띠고 있었다.

이러한 신사회운동의 특징은 서구 사회보장국가의 경우, 앞서 언급했듯이 경제 및 국가행정이라는 양대 체계에 의한 생활세계의 식민지화에 저항하여 나타나고 있다는 데 있다. 고도로 발전된 후기 산업사회에서 신사회운동이 등장하는 이유는, 성장위주의 자본주의적 경제정책들이 비록 개인들의 부를 증진시켰을지언정 그 개인들이 정작 인간답게 살아가는 문제, 즉 인간의 삶의 질을 높여주지는 못했다는 인식에서 출발하기 때문이다.

이러한 맥락에서 볼 때 신사회운동은 자본주의 경제체계를 견지하는 도구적 합리성의 논리가 비록 인간의 생활세계 전반을 위협하지만, 그럼에도 불구하고 생활세계 속의 현대인들이 스스로 자신과 환경을 보호하고 나아가 인간성을 회복시키는 각종 시민운동들을 탄생시킨 것을 의미한다. 즉 신사회운동은 현대 시민들의 이러한 비판적이고 규범적인 자기실현의 잠재력이 새로운 사회운동의 여러 양상으로 드러난 것에 다름 아니다. 그리고 바로 이러한 새로운 형태를 띤 사회운동들, 즉 신사회운동은 비판적이고 해방적이며 따라서 민주적인 잠재력을 지닌 현대시민들의 등장을 가시화시켜주는 중요한 계기가 되었다.

2. 동구공산권 붕괴와 현대 시민사회의 발전

68혁명이 근대시민과 구별되는 현대시민의 등장을 가시화시켰다면, 1989년의 베를린장벽의 붕괴로 가시화된 냉전체제의 해체와 독일의 평화적인 통일은 근대와 현대시민을 구별짓는 일을 얼핏보면 어렵게 하는 대사건이었다고 할 수 있다. 다시 말해서 70여 년간 지탱해왔던 동구 공산주의국가들에서 자발적으로 일어난 시민혁명과 연이은 정치변혁은 공산정권이 옹호했던 인민이 시민의 모습으로 거듭나 체제를 변혁하는 새로운 주체로 등장하게 된 것이다. 이에 대해서는 좀더 심층적인 분석이 필요하겠지만, 어쨌든 동구 시민혁명의 전개와 후속되는 정치, 경제, 사회, 그리고 문화 등 각 영역에서의 신속하고도 평화적으로 전개된 체제변혁은 세계사적으로 그 유례를 찾아볼 수 없는 일련의 혁명적인 변화라고 하지 않을 수 없다. 이를 다시금 역사적으로 고찰해보면 다음과 같다.

우선 지난 1980년대 중반부터 시작된 동구공산권국가들에서 불어온 개혁의 바람은 1989년 11월 9일 베를린 장벽의 붕괴로 드라마틱한 전환점을 맞이하게 된다. 그리고 냉전체제의 붕괴는 분단된 독일에게는 채 1년도 지나지 않은 기간내에 통일의 기쁨을 맞이할 기회를 갖게 했다. 베를린 장벽의 붕괴는 전후 국제질서를 지탱했던 미국과 소련의 양대 진영 사이에 첨예화됐던 동서냉전의 한 축이 무너졌음을 의미했다. 동시에 이는 러시아 혁명의 성공 이후 70여 년간을 지탱했던 공산주의내지 사회주의 이념이 그 수명을 다했다는 것을 의미하는 것이기도 하다. 따라서 사회주의 이데올로기에 바탕을 두었던 독일민주공화국(DDR ; 동독) 체제의 붕괴와 독일연방공화국(BRD ; 서독)에의 흡수통합은 이러한 세계사적인 변혁기에 적절하고도 발 빠르게 대응했던 독일의 정치지도자들과 국민들의 역량에 기인한 바가 크다고 할 수 있다.

전반적으로 보아 독일통일은 우선 당시의 국제적인 변혁의 회오리, 즉 동구권 사회주의 국가들의 정치, 경제, 사회 등 전반에 걸친 개혁 및 개방운동에 힘입은 바 크다고 할 수 있다. 동구공산권에서 민주화바람을 불러일으킨 폴란드와 헝가리 그리고 소련 등지에서 불어닥친 개혁 및 개방 그리고 민주화운동은 제2차 세계대전 이후 견고하게 버텨왔던 동구권사회주의 국가들 내부에서 그리고 아래로부터의 자발적인 시민개혁운동에 그 토대를 두고 있다는 점이 그 특징이다. 이는 과거 헝가리나 체코 등지에서의 민주화운동이 소련을 정점으로 한 바르샤바 동맹군의 무력에 의해 철저하게 유린되었던 1960년대의 상황과는 판이하게 다른 결과, 즉 동구사회주의 체제의 총체적인 붕괴로 귀결되었다.

세계사적인 전환기에 독일, 특히 동독의 시민들은 어떻게 체제개혁을 위한 노력을 펼쳐나갔을까? 당시 독일, 즉 동독의 상황을 좀더 자세히 살펴보자. 우선 동독의 주요 도시인 라이프찌히, 드레스던 등에서 시작된 교회의 일요일 집회는 사회주의통일당(SED ; 동독공산당)의 일당지배 체제에 반기를 든 동독시민들의 결집된 의지가 없었다면 결코 가능하지 않았다. 이를 시발점으로 전 동독지역으로 확산된 민주화운동은 동독의 정치중심지인 동베를린으로 확산되었다. 아울러 노도와 같은 시민들의 결집된 힘은 1961년 8월에 축조되었던 베를린장벽을 4반세기만인 1989년 11월 9일 개방하지 않을 수 없게 했다. 장벽의 개방, 즉 동독과 서독의 국경개방은 동독주민들의 자유로운 서독행을 의미했다. 동시에 이는 동독국민들이 1년 내에 서독과의 통합내지 통일을 촉진하는 발판이 되었다. 그리고 동독과 서독은 이듬해인 1990년 여름, 좀더 정확히 말하자면, 1990년 7월 1일의 동서독간 화폐통합을 통해 동독이 서독의 화폐를 받아들임으로써 완전한 통일의 길로 바짝 다가서게 되었다. 그후 석 달만인 10월에는 통일의 과업을 완수했다.[5]

독일의 통일에서 보듯이 1989년을 전후로 한 동구 공산권의 구체제 혁신을 향한 시민들의 평화적이고도 민주적인 시위 확대는 동유럽 각국의 공산주의 정치체제 붕괴와 함께 서구 민주주의 체제로의 급격한 변화를 초래했다. 이로써 동유럽사회의 체제변혁은 새로이 형성된 시민사회의 압력과 힘에 의해 추동된 것으로서 동유럽이 점차적

5 베를린 장벽의 붕괴와 함께 진행된 사실상의 독일통일과정에 대한 전반적인 조망은 박성조·양성철, 『독일통일과 분단한국』(서울 : 경남대 극동문제연구소, 1991) 제1부 참조.

으로 서구 시민사회에 접근하는 양상을 보여주었다. 아울러 냉전체제의 붕괴는 그동안 동서 양진영의 체제 차이 때문에 서서히 진행되던 지구화 과정을 가속화시키는 계기가 되었다. 다음에서는 이러한 점을 보다 자세히 살펴볼 것이다.

3. 지구화와 세계시민

오늘날 지구촌 사회의 최대 화두의 하나였던 것이 바로 지구화(globalization)이다. 지구화는 20세기 후반, 특히 냉전체제의 붕괴와 함께 급속히 진전되기 시작한 현상이다. 지구화라는 용어가 등장하기 시작한 것은 1960-70년대이지만, 지구화의 개념에 대해 본격적으로 논의되기 시작한 것은 동구 공산권의 붕괴 이후부터이다. 따라서 오늘날의 세계화의 문제를 보다 정확히 인식하기 위해서는 이 현상의 경제적인 측면과 이와 연관된 환경적 및 정치적인 측면 등으로 구분해서 분석하는 것이 필요하다. 왜냐하면 지구화란 정치적, 경제적 그리고 환경적 측면에서 그 특징이 가장 두드러지게 나타나고 있기 때문이다.[6]

---

6 여기서 '지구화'라는 용어는 기존의 국제화라는 말과 구별된다. 전통적인 의미에서 '국제화'(internationalization)는 정치, 경제 등 다양한 측면에서 국가들간의 국경을 인정하며, 자국을 토대로 타 국가들과 일정한 관계 속에서 교류활동을 펼쳐나가는 것을 의미한다. 반면에 지구화 또는 '세계화'란 주권적 국민국가의 국경 장벽을 뛰어넘어 지구촌 전체를 하나의 경제활동 단위로 재편하는 것을 의

이러한 지구화는 국제적인 차원에서의 변혁으로 나타났다. 1989년 베를린장벽의 붕괴와 동서 냉전체제의 와해는 무엇보다도 시장경제의 전지구적인 확산 또는 시장으로 묶어진 '하나'의 세계를 의미하는 지구화 또는 세계화 추세에 박차를 가하게 했다. 시장경제의 세계화내지 '신자유주의적 세계화'로 불리는 이러한 추동력은 무엇보다도 상품, 노동력 그리고 자본 및 금융 등에서의 국경을 초월하는 교류, 즉 경제적인 측면에서의 교류 확대와 이를 용이하게 하기 위한 세계시장 체제의 단일화에 있다. 그러나 이러한 시장 단일화 경향은 지구촌의 다양한 주권국가들의 전통적인 위상을 뒤흔들어 놓기에 충분했다.

이처럼 오늘날 빠른 속도로 진행되고 있는 지구화는 현대 과학기술의 발전에 힘입은 바 크다. 한편으로는 기술문명의 발전에 의거해 인력과 물자가 국경을 자유로이 넘나들 수 있게 했고, 다른 한편으로는 통신기술의 발전에 의해 지구촌 주민들인 각국 시민들이 실시간으로 지구 반대편의 다른 시민들과 최신 정보를 상호 교류할 수 있게 되었다. 국민국가의 주권적 영역을 의미했던 이제까지의 모든 제도적인 규칙들은 점차적으로 글로벌화되는 지구화시대에 와서는 상당 부분 변화내지 해체되지 않으면 안되게 되었다.

미한다.(한스 페터 마르틴/하랄트 슈만 2006, 112). 세계화 현상을 개념적으로 정리한 헬드와 맥그루에 의하면 세계화는, 첫째 먼 곳의 행동이 영향을 미치는 것, 둘째 시간과 공간의 축약, 셋째 상호의존의 심화, 넷째 세계의 축소, 다섯째 전지구적 통합과 지역간 권력구조의 재편 등으로 개념 규정이 가능하다. 이에 대한 보다 자세한 논의는 David Held and Anthony Mcgrew, *Governing Globalization : Power, Authority and Global Governance*(Cambridge : Polity, 2002) 참조.

지구화는 우리 한국 또한 비켜갈 수 없는 대세이기도 하다. 1980년대 초부터 우리 사회에 들이닥치기 시작한 지구화의 압력은 우선 시장개방을 둘러싼 압박으로 나타났다. 특히 1997년의 IMF금융 위기관리 체제는 이러한 전방위적인 시장개방 압력을 극단적으로 보여준 사례였다. IMF관리체제하의 한국은 무엇보다도 기존의 경제체제 개편을 위해 정책적, 법제도적 조건 등을 최단시간 내에 변화시켜 나갔다. 농산물 시장을 위시하여 무역, 금융 및 산업 전반에 걸친 개방과 구조조정을 단행하지 않을 수 없었다. 재벌의존적인 불투명한 경제체제와 분식회계 그리고 그룹내 상호출자를 통해 재벌들이 그때까지 누려왔던 방만한 자금운용을 어렵게 함으로써 재벌의 사회적 영향력을 축소시키는 데 일조했다. 그러나 이러한 IMF관리체제는 다른 한편 고용안정을 보장하는 노동시장 보호정책을 폐지함으로써 한국사회에서 노동시장의 불안정과 노동조건의 취약화를 가져왔다.

날로 확산되는 지구화 추세에 우리 한국사회가 과연 어떻게 대응해야 하는가는 중차대한 문제가 아닐 수 없다. 전지구적인 차원에서 전개되는 지구화에 적절히 대응하기 위해서는 먼저 지구화 추세에 대해 일방적인 찬성이나 반대의 입장을 견지하는 것에서 벗어나는 것이 필요하다. 왜냐하면 전지구적 차원으로 확대되는 지구화는 이미 돌이킬 수 없는 대세이기 때문이다. 따라서 지구화의 의미에 대한 성찰과 그 장단점 등을 종합적으로 그리고 보다 자세히 분석하는 것이 필요하다.

가장 먼저 살펴보아야 할 대상은 경제적인 측면에서의 지구화이다. 경제의 세계화내지 지구화는 지구촌에 존재하는 각국의 다각적인 교류를 확산 및 추동시키는 가장 중요한 요인으로서 이는 흔히 국가간의 자유무역 관계로 대변되고 있다. 특히 1970년대 후반부터 점차 가속화된 유럽과 미국의 경제 자유화 추세는 영국의 대처주의(Datcher-ism)와 미국의 레이거노믹스(Reagonomics)로 지칭되는 국가간의 무역자유화를 촉진시키는 계기로 작용했다. 그후 동구권의 붕괴와 냉전체제의 종식은 신자유주의적 시장메커니즘의 전지구적인 확산을 가속화시켰다. 국가경제의 대외적 개방을 의미하는 시장 세계화의 추동 요인으로서는 무엇보다도 시장경제의 효율성에 대한 강조를 들 수 있다. 동시에 세계은행(World Bank), 국제통화기금(IMF), 국제무역기구(WTO) 등 국제기구는 전통적으로 국민국가에 한정되어 있던 경제활동을 이제 전지구적인 차원에서 관리내지 조율하는 기능을 담당함으로써 신자유주의적 세계화를 용이하게 했다.[7] 이에 따라 오늘날의 세계경제는 자본과 경영, 노동과 생산이 국경을 초월하여 조직화되고 있는 시장메커니즘에 의해 급속하게 재편성되고 있다.

고도로 발전된 현대의 과학기술은 한편으로는 교통수단의 비약적인 발전을 가능케 했고, 인적 및 물적 자원의 이동을 용이하게 함으로써 지구촌을 하나의 동네로 연결하는 데 일조했다. 다른 한편 정보통신기술과 컴퓨터 연결망 등 전자통신기술의 획기적인 발전은 전 세계적인 통신망의 구성을 가능케 했다.[8] 이러한 통신망의 구축과 직결

7 정기웅, 「세계화와 민족주의」, 『국제질서의 패러독스』(고양: 인간사랑, 2005), 380.

8 Roland Robertson, *Globalization : Social Theory and Global Culture*(London : Sage, 1993), 58–59.

된 중요한 용어 중 하나가 바로 '정보화'다. 정보화란 특히 1980년대 중반 이후 정보통신기술의 비약적인 발전에 기인하는데, 개인과 사회 그리고 국가의 고유한 정보들이 시공간의 제약을 넘어 전 세계적으로 자유롭게 교류되는 것을 의미한다. 고성능 개인용 컴퓨터의 대중화와 인터넷 사용의 급증, 통신수단의 다양화 등은 현대인의 일상적인 삶의 양식을 송두리째 뒤바꾸어 놓았다고 해도 결코 과언이 아닐 것이다.[9]

정보통신기술의 혁신은 무엇보다도 금융세계화, 즉 글로벌 금융시장의 출현을 가능케 했다. 인터넷에 의해 실시간 접속이 가능한 글로벌 금융시장은 런던, 뉴욕, 홍콩 그리고 도쿄 등 금융거래 중심지간의 지리적 거리를 '소멸'시켰다. 매일 거래되는 금융규모 또한 세계무역거래의 약 40배에 해당하는 6,500억 달러에 이른다. 이 액수는 미국, 영국, 일본 등 3개국 중앙은행의 한 달간 외환보유고를 모두 합한 총액의 두 배에 해당한다.[10] 이처럼 엄청난 규모의 금융거래는 이들 경제대국들조차 이제는 더 이상 관리하거나 통제할 수 없을 정도로 확대됐다.

그러나 이러한 급속한 지구화 과정은 부정적인 결과 또한 불러왔다. 먼저 전지구적인 차원에서 인류를 위협하고 있는 환경오염이 그

---

9 예를 들면 라디오의 경우, 5천만 명에 달하는 인구에 보급되기까지 약 38년이 걸렸지만, 개인용 컴퓨터의 경우에는 16년 밖에 걸리지 않았다. 그런데 인터넷의 확산은 불과 4년도 채 안됐다. 인터넷을 비롯한 오늘날의 정보통신기술 혁명은 전통적인 인간의 삶의 양식을 획기적으로 변화시켰다. 이에 대해서는 배영자, 「정보화와 국제정치경제 변화」, 『세계화와 한국』(서울 : 을유문화사, 2003), 404 참조.

10 임혁백, 『세계화시대의 민주주의』(파주 : 나남, 2003), 27-28.

것이다. 산업혁명 이후 지속적으로 성장·발전해온 산업사회는 오존층 파괴와 대기오염 그리고 해양오염 등을 유발했다. 오늘날의 환경문제는 이미 개별 국민국가의 역량을 넘어서는 초국가적인 행위자들의 협력, 즉 개별국가의 정부간 협력뿐만 아니라 비정부기구(NGO)인 그린피스 등과 같은 초국가적인 환경단체의 국제적인 연대를 그 어느 때보다도 절실하게 요구하고 있다. 환경문제는 심화되고 있는 국제적인 상호의존성, 즉 지구화과정 속의 국제사회의 모습을 극단적으로 보여주는 사례의 하나이다.

다른 한편 지구화는 선후진국 사이의 빈부격차 확대뿐만 아니라, 서구 선진국들조차 지금까지 누려왔던 사회보장국가의 위상을 상당한 정도로 손상했다. 헤지펀드 등 투기자본이 활개치는 금융시장의 세계화로 인해 서구 선진 사회보장국가들조차 이미 복지수당과 사회적 비용의 대폭적인 축소를 단행하지 않을 수 없었다. 이 때문에 선진국 또한 부익부빈익빈의 현상을 초래해 궁극적으로는 자국 시민들 사이의 정치적 갈등을 심화시키고 있다. 즉 지구화는 사회적, 정치적 그리고 경제적 측면에서 소수인 20%의 부자들과 상대적 다수를 점하고 있는 80%에 달하는 대다수의 빈곤층을 갈라놓고 있다.[11] 뿐만 아니라 선후진국간의 경제력 차이는 국경을 넘나드는 자본이동과 함께 노동력의 국제이동, 즉 노동인력의 이민 또한 급속히 늘어나게 했다. 이러한 맥락에서 볼 때 세계화란 부자를 더욱 부하게 하고 빈자를 점점

11 한스 페터 마르틴·하랄트 슈만, 강수돌 역, 『세계화의 덫』(서울: 영림카디널, 2006), 112.

더 빈곤의 나락으로 내몰고 있는 무한 경쟁의 장이라고 할 수 있고, 제3세계 국가들은 지구화되고 있는 자유경쟁시장에서 살아남기 어려울 것이라고 진단되곤 한다.[12]

이처럼 환경문제, 빈부 문제 그리고 이민 문제 등과 같은 새로운 차원에서의 다양한 문제들에 직면하고 있는 지구화는 정치적인 차원에서 국제적인 연대 또한 불가피하게 만들었다. 20세기 초에는 불과 37개였던 국제정부기구(IGO)들은 1996년에는 8천여 개로 증가했다. 국제적인 비정부기구의 경우 처음에는 176개였지만 현재는 3만8천여 개로 증가했다. G8회담이나 G20회담 등과 같은 국가원수회담 또한 현재 전세계적으로 4천여 개가 넘는 것으로 보고되고 있다[13] 이러한 국제교류의 활성화를 보더라도 국제사회로부터 고립된 개별국가가 이제는 더 이상 존재하기 힘들 정도로 '정치적인 측면에서의 지구화' 또한 급속히 진행되고 있다. 특히 신자유주의적 세계화는 타국의 간섭을 원천적으로 배제하는 특성을 지닌 근대 국민국가의 정치적 자율성을 의미하는 주권적 위상을 축소시키는 결과를 초래했다는 데 있다. 즉 근대 국민국가의 주권적 절대성은 과학 발전에 힘입은 산업의 발전과 교통 및 통신기술의 급속한 발전으로 인한 지구화과정 속에서 점차 위축되고 있는 것 또한 사실이다. 지구화는 궁극적으로 전 세계가 특히 경제적인 측면에서는 하나의 시장으로 통합되는 것을 의미하고

---

12 로버트 A. 아이작, 강정민 역, 『세계화의 두 얼굴』(서울 : 이른 아침, 2006), 5-9.

13 David Held and Anthony Mcgrew, *Governing Globalization : Power, Authority and Global Governance*(Cambridge : Polity, 2002), 2-7.

있다. 시장의 전지구적인 단일화를 의미하는 지구화는 불가피하게 국민국가의 주권의 절대성조차도 뒤흔드는 결과로 나타나게 된다.

이처럼 현대사회의 지구화는 생산성과 효율성 등을 기치로 내건 시장중심주의가 주도하고 있고, 이러한 논리의 문제점은 공공의 영역인 국가 행정이나 정치 분야뿐만 아니라 의식적이든 무의식적이든 시민들의 일상적인 삶의 영역에까지 침투하고 있다는 데 그 핵심이 있다. 즉 하버마스가 주장했듯이 경제뿐만 아니라 행정이라는 효율성과 생산성을 추구하는 두 가지 '체계'를 운영하는 논리인 도구적 합리성의 원리가 시민들의 일상생활의 영역에까지 깊숙이 침투함으로써 "생활세계의 식민지화"[14]를 가속화시켰다. 그는 이러한 생활세계의 식민화 과정에서 현대사회가 처한 위기의 근원을 발견해낸다. 왜냐하면 체계에 의한 생활세계의 식민화내지 종속화는 생활세계의 자율적인 의사소통적 행위의 가능성을 위축시키는 결과를 초래했기 때문이다. 생활세계의 식민화는 시민들의 비판적·해방적 잠재력을 여지없이 위축시켰고, 이는 다시금 의사소통적 행위의 영역인 민주적인 정치적 공론장의 위축으로 나타났다. 그 구체적인 예가 바로 현대시민들의 정치적 무관심의 확산과 이로 인한 소극적인 정치참여의 문제 등이다.

그럼에도 불구하고 현재 우리의 현실을 지배하는 세계화는 개인·지방·지역·국가·세계 수준에서 기회와 위험의 요소를 동시에 안고 있으며, 인류가 공동으로 해결하지 않으면 안 되는 여러 가지 지구

---

14 Jürgen Habermas, *Theorie des kommunikativen Handelns* Bd.2(Frankfurt am Main: Suhrkamp, 1981), 452.

촌 문제들을 수반하고 있다. 이제 그러한 변화와 문제들에 어떻게 대처하며, 혹은 그것을 어떻게 주도할 것인지에 관한 과제는 비단 특정한 일부에게 국한된 문제가 아니라, 세계시민 전체에게 부여되는 보편적 과제이기도 하다. 특히 그러한 과업을 수행하는 데 있어서 시민교육의 가치와 역할은 그 어느 때보다도 시급하다.

따라서 세계시민의 관점에서 해결해야 할 문제들을 보면 첫째, 글로벌 사회의 복합적인 문제들, 즉 문화, 환경, 교육 등과 관련된 우리 사회의 문제는 단순히 특정한 지역, 국가 또는 대륙만의 문제가 아니라, 글로벌 세계시민사회 전체와 긴밀히 연관되어 있다. 글로벌 사회의 위협과 문제는 특정 국가나 대륙방식만으로 해결될 수 없다. 세계적인 과제나 문제에는 세계적인 해결방식이 필요하다. 따라서 이러한 복합적 사회 문제 해결을 위한 세계시민의식의 함양이 요청되며, 세계시민 정신 교육을 위한 노력 또한 절실하게 필요한 실정이다.

둘째, 전지구적인 현안의 해결만이 아니라 미래 인류문화의 보편적 가치를 실현하기 위해서도 세계시민의 자세란 어떠한 것이며, 세계평화와 상호 존중 및 공존의 삶은 어떻게 보장될 수 있을까 하는 문제에 대해 깊은 노력을 기울여야 할 것이다. 그리고 이러한 노력들은 특히 학제간 연구를 통해 다양한 각도에서 시도되어야 할 것이며, 특히 철학, 문학, 사학 등 인문학과 사회학, 법학, 정치학 그리고 경제영역의 전문가들의 도움을 받아서 세계시민들이 나아가야 할 방향과 비전을 제시하는 작업이 필요할 것이다.

4. 민주화 이후 한국시민

그러면 이제 지구화의 추세에 비추어볼 때 우리 한국시민의 현황은 어떠하며, 세계화 속의 한국 시민사회가 나아가야 할 보다 바람직한 방향은 과연 어떠한 것인지를 살펴보자. 그동안 한국사회는 건국 이후 불과 몇년이 채 안돼서 6·25전쟁의 잿더미를 경험했다. 하지만 한국사회와 한국시민은 눈 깜빡할 사이에 산업화와 민주화에 성공했고, 이제는 민주주의의 공고화 단계에 접어들었다고 평가되고 있다. 특히 우리 한국사회는 지난 87년 6월항쟁을 기점으로 군사독재에 의거한 권위주의체제를 붕괴시키고 민주화의 궤도에 진입했고 이제 민주주의의 성숙화 단계에 들어섰다. 정부수립 이후 우리 사회는 그동안 산업화에 성공했고 민주주의의 공고화에 주력해왔다. 무엇보다도 문민정부와 국민의 정부 그리고 참여정부와 실용정부를 거쳐 현재의 박근혜정부에 이르기까지 한국사회는 국민주권의 실현이라는 민주주의의 근간을 형성함과 아울러 민주주의의 공고화에 주력해 왔다. 이러한 노력에도 불구하고 '민주주의의 민주화'[15]나 또는 이에 대응되는 '민주주의의 과잉'[16]이라는 주장들이 최근까지 우리 사회의 주요 담론으로 부상했을 정도로 민주주의를 둘러싼 다양한 논의들이 아직도 진행 중인 것은 무엇 때문일까? 우선 이 논쟁들의 핵심은 4·19 이후 1980년대에 이르기까지 한국사회가 그토록 갈망했던 민주화를 달성해놓고 보니 바로 이러한 민주주의만으로는 아직도 무언가가 부족하다는 데 있다.[15 16]

바로 이러한 한국사회의 민주주의에서 부족한 점을 충족시키기 위해서는 이미 우리 헌법 속에 명시된 '공화'의 의미를 새로이 되새기는 작업이 필요하다. 왜냐하면 우리는 그동안 헌법 속에 명시된 민주공화국의 '공화'라는 용어에 담긴 정치적인 의미를 되새기는 데는 상대적으로 소홀히 해왔기 때문이다.[17]

주지하다시피 민주주의의 이념은 국민주권의 원리에 따른 정치참여가 강조되는 '국민의 직접적인 지배'에 그 핵심이 있다. 이때 민주주의는 국민주권의 권리와 참여를 강조하며 직접민주주의이든 대의민주주의이든 국민주권을 제도적으로 실현할 수 있는 정치적 참정권의 확보를 중요시한다. 반면에 공화주의는 왕권에 따른 전제정치나 소수집단에 의한 지배가 아닌 입법, 사법, 행정의 '권력분립'과 견제와 균형의 원리를 구현하는 '법치' 그리고 '국민통합'을 위한 정치체제를 지향한다. 이때 공화주의는 무엇보다도 사적 이해관계의 실현보다는 '공동선'(common good)의 실현에 주력하며, 이를 위해 '시민적 덕성'(civic virtue), 즉 공공선에 봉사하겠다는 시민들의 의지와 능력 함양을 특히 강

15 최장집, 『민주주의의 민주화』(서울 : 후마니타스, 2006).

16 송호근, 『한국, 어떤 미래를 선택할 것인가』(파주 : 21세기북스, 2005).

17 현재 우리 학계에서 공화주의 개념과 연관된 논의들로서는 정원규, 「민주주의의 기본원리 : 절차주의적 공화민주주의 모델을 제안하며」, 『철학』 제71집(2002); 김비환, 「아렌트의 정치사상에서 정치와 법의 관계 : 민주공화주의 체제에서의 법의 본질을 중심으로」, 『법철학연구』 제6권 제2호 (2003); 김경희, 「민주화와 공화주의」, 『동양정치사상사』 제6권 제2호(2007).

조한다.[18]

이러한 시민적 덕성의 확산과 우리 사회 민주주의의 공고화를 이룩하기 위해서는 아직도 풀어야 할 일들이 산적해 있다고 생각된다. 왜냐하면 우리 한국의 시민사회는 대화와 토론에 의한 공론장의 활성화와 의사소통적 합리성에 기초한 공적 의견의 형성과 실천이 순조롭게 진행된다고 평가하기에는 이른 감이 없지 않기 때문이다. 그동안 우리 사회는 빈부, 세대, 이념 그리고 지역 갈등으로 대변되는 수많은 갈등과 분쟁이 있어왔고, 현재도 이러한 갈등의 골은 여전히 해소되지 않고 있다. 이 때문에 한국사회의 통합이나 사회적 합의가 좀처럼 이루어지지 않고 있다. 그 이유는 아직도 우리 사회가 공적 현안에 대한 합리적인 대화와 토론에 의거한 소통(communication)이 부재하기 때문이다. 우리 사회에는 민주화에 성공했듯이 정치참여에의 열정은 강하다고 할 수 있다. 그러나 정치적 의견과 견해를 달리하는 집단들 사이에서는 아직도 소통보다는 갈등과 분열을 조장하는 경향이 지배적이다. 더 나아가 헌법적 질서에 바탕을 둔 법치에 대한 인식 또한 갈등 당사자간에 상이하게 나타난다. 사정이 이러하니, 준법의식 또한 희박하지 않을 수 없다. 이러한 맥락에서 정치참여의 활성화와 합리적인 의사소통 그리고 법에 의한 지배 등과 같은 요건들은 민주화 이후의 우리 한국사회가 주목해야할 중요한 덕목이지 않을 수 없다.

이처럼 의사소통의 회복과 시민적 덕성의 함양 그리고 민주주

---

18 Maurizio Viroli, *Republicanism*, trans. Antony Shugaar(New York : Hill and Wang, 2002), 69.

의의 공고화 등의 가치들은 한국 시민사회의 발전을 위해서는 반드시 필요한 것들이라고 할 수 있다. 이러한 점에서 한나 아렌트의 민주주의적 관점이 적지 않은 도움이 될 것으로 보인다. 즉 첫째, 한국의 시민사회는 각 개인들이 사적인 이해관계를 유보하고 공동선이나 공공의 현안을 둘러싼 소통, 즉 정치적 안건에 대한 시민들의 충분한 대화와 토론의 과정을 거치고 있는지를 검토해 보아야 할 것이다. 그리고 둘째 정치공동체 내부에서가 아닌 외부에서 끌어온 절대적인 진리성에 입각한 정치적 주장을 공적인 현안을 다루는 자리에서 논의하는 것은 아닌지 진지하게 검토해볼 필요가 있다.[19]

우선 지구화시대에 접어든 한국사회의 현 상황은 민주화 이후 첨예화된 제반 갈등에서 보듯이 그동안 억압되거나 소외되었던 개인이나 집단 차원의 여러 이해관계들이 한꺼번에 해결되기 위해 봇물처럼 쏟아져 나와 혼란을 부추기는 상황에 처해 있다. 뿐만 아니라 세계화의 도전에 직면한 한국사회는 새로운 다양한 갈등들이 도래할 것이다. 그럼에도 불구하고 이러한 갈등이 아직도 해결책을 찾지 못하고 있는 사정은 바로 우리 사회가 민주화 이후에도 합리적인 소통의 과정에 진입하지 못했다는 점을 여실히 드러내주고 있다.[20] 동일한 맥락에서 공공의 이익을 대변해야 할 우리 사회의 지식인들 또한 합리적 의사소통보다는 보수와 진보 간의 이념논쟁에 갇혀서 오로지 자신의

---

19 Hannah Arendt, *Vita Activa oder vom taetigen Leben* (München, 1958). 194-197.

20 이동수, 「민주화 이후 공화민주주의의 재발견」, 『동양정치사상사』 제6권 제2호 (2007): 17.

입장이 모든 사람들이 추종해야 할 진리임을 강변해왔다. 더 나아가 국가 운영과 국민통합의 책임을 떠맡은 정부도 합리적인 의사소통보다는 정부의 정책을 일방적으로 제시하고 이를 무리하게 추진해왔다는 점을 부인하기는 어렵다.

그뿐이 아니다. 아렌트가 말한 공론정치의 또 다른 핵심관건은 다수의 한국시민들이 공공의 현안을 해결하기 위해 의사소통의 과정에 참여함으로써 각자 스스로 민주공화국인 한국사회의 주인으로 체험하고 또한 거듭나는 데 있다. 그동안 한국사회는 민주화와 함께 정치참여의 폭이 확대되었지만, 개인이나 집단을 막론하고 공적인 현안을 둘러싼 소통의 장, 즉 공론장에서도 여전히 사적인 이해관계를 관철시키고자 하는 경향이 지배해왔다. 정치공동체의 공동선이 아닌 사적 이익을 지나치게 추구하는 이러한 경향은 한국사회의 공론장을 무기력하게 만드는 주된 요인이기도 하다. 따라서 아렌트의 관점에서 보면 우리사회의 정치참여란 여전히 민주화의 기치 아래 다수의 시민들을 형식적으로 참여시키는 경향이 적지 않다. 그런 만큼 정치참여의 실질적 내용인 합리적인 의사소통의 과정에 참여하는 단계에는 이르지 못했다고 할 수 있다. 이러한 관점에서 볼 때, 민주화 이후 한국사회의 보다 바람직한 정치발전을 위해서는 공동선을 향한 시민적 덕성의 함양과 시민들의 자발적인 정치참여, 특히 사적인 이해관계를 유보하면서 공적 이익을 향한 의사소통의 과정에 자발적으로 참여하는 것이 핵심 관건이라고 할 수 있다. 왜냐하면 정치공동체의 현안에 대한 시민들의 적극적인 참여는 다시금 이 공동체에 대한 자발적인 복종과 귀속감을 강화시킴으로써 국민통합의 원동력이 되기 때문이다.

이때 국민통합의 핵심 관건인 공동체에의 귀속감과 복종심은 그냥 주어지지는 않는다. 민주화된 현대사회에서 공동체에의 시민들의 귀속감과 복종심은 공공의 현안에 대한 자발적인 정치참여의 과정 속에서 배태된다. 시민들의 자발적인 정치참여의 결과물은 공론장에서의 의사소통 과정 속에서 형성되고 제도화된 법규범이다. 아렌트가 강조하듯이 시민들이 참여해서 스스로 제정한 법은 그 자체로 정당성과 권위를 보유하게 된다. 이로써 법치, 즉 법에 의한 지배가 가능해진다. 시민들의 의사소통의 과정 속에서 탄생한 법에 시민들이 다시금 복종하게 될 것임은 자명하다. 그리고 민주적 법치국가의 이념 또한 바로 여기에 근거하고 있다. 이러한 맥락에서 볼 때 우리 한국사회에는 아직도 법치, 즉 시민들이 자발적으로 복종하는 법에 의한 지배가 완전하게 정착되었다고는 할 수 없다. 왜냐하면 시민들이 자발적으로 복종하는 법질서가 아직 확립되지 않았고, 또한 법보다 정치가 여전히 우위에 있는 것이 우리 사회의 현실을 대변해주고 있기 때문이다.

다른 한편 아렌트는 대의민주주의의 폐단을 지적한다. 즉 고대 그리스의 민주적 공론장과 직접민주정치를 가능케 했던 인간의 활동양식인 '행위'의 역량은 고사되기 시작했다. 따라서 근대국가의 등장은 다수 시민들의 대화와 토론을 거쳐서 국정 현안이 해결되던 공화제적 민주주의가 설 자리를 잃어버렸다는 것을 의미한다. 그 대신 등장한 것이 바로 근대 국민국가의 핵심적인 정치제도인 '대의제민주주의' 체제였다. 대의민주주의 체제하의 국민국가는 대내적 질서유지와 대외적 방어라는 전통적인 국가의 역할 외에도 국민들의 복리를 위한 경제활동의 큰 틀을 전담하게 된다. 이제 전문화된 대표들이 국정 현안을 전담하게 되면서 전문가가 아닌 다수의 시민내지 국민들이 정치영역에 직접 참여할 기회는 점차 희박해졌다.[21]

바로 이것이 아렌트가 우려하는 대의민주주의 체제의 폐단이다. 아렌트는 국민국가의 등장과 대의제민주주의의 도입으로 말미암아 시민들의 정치참여와 소통에 의거한 공론장과 공화민주주의의 전통이 소멸되었다고 진단한다. 아렌트가 지적하는 대의제민주주의의 핵심 문제는 다음과 같다. 우선 대의민주주의 체제의 대표자들은 형식적으로는 국민에 의해 선출되지만, 궁극적으로는 전문화된 대표자들, 즉 '전문가'들에게 정치와 국정의 운영을 위임하는 것에 지나지 않는다. 다수의 시민들은 각기 자신의 생업에만 몰두하게 되고 따라서 공공의 현안에는 무관심하게 되었다는 것이다. 시민들의 이러한 정치적 무관심의 증가와 엘리트주의의 확산 등의 문제는 현대정치의 위기, 즉 대의민주주의의 문제점을 드러내주고 있다. 이를 보더라도 아렌트의 정치에 대한 인식은 철저하게 시민참여와 소통에 의거한 고전적 공화민주주의의 경험에 바탕을 두고 있다.

그러면 이제 한국 민주주의의 전망을 검토해보고자 한다. 먼저 근대 산업사회의 운영논리인 도구적 합리성은 한국사회의 경제영역뿐만 아니라 정치 및 사회의 다양한 분야에서도 대체적으로 지배적인 경향을 나타내주고 있다는 점은 별 무리없이 받아들일 수 있을 것

---

21 Hannah Arendt, *Vita Activa oder vom taetigen Leben*. 31-36.

이다. 특히 산업화 시기에는 국가 주도의 단계별 경제개발계획에 따라 국가의 행정 및 정치체계가 경제건설이란 당면 목표의 달성을 위해 매진했다. 그후 민주화시기에는 이러한 경제성장에 치중된 국가발전 전략을 일정정도 수정하게 되었다. 그럼에도 불구하고 신자유주의적 세계화의 진행과정 속에서 다시금 사회전반에 걸쳐 경제체계의 운영논리인 도구적 합리성이 상당한 정도로 영향력을 행사해왔다는 점을 부인하기 어렵다.

동일한 맥락에서 한국사회의 시민들이 공공의 현안을 둘러싼 의사소통의 과정에서 사적 이해관계를 유보했는가에 대해서는 앞서 말한 아렌트의 경우와 마찬가지로 부정적인 평가를 내릴 수밖에 없다. 한국사회가 민주화의 길로 접어든 이후에도 사회의 각 영역에서 불거져나온 각종 갈등 양상은 현재까지도 우리 사회의 혼란상을 대변해 주고 있다. 국민통합의 과제를 떠맡은 정부 또한 여전히 공론장에서의 의사소통보다는 일방적인 정부정책의 제시와 함께 이를 무리하게 추진해온 점을 부인하기 어렵다. 특히 세계화의 진행과정 속에서 한국사회는 다방면에서 경쟁이 강화되는 경향을 나타냈고, 정부 또한 신자유주의적 세계화 정책을 일관되게 견지해왔다. 세계화 과정은 한·미간의 쇠고기 협상을 둘러싼 갈등에서 보듯이 정부와 시민사회간의 심각한 충돌을 야기했다. 문제는 이러한 과정이 반복되곤 하지만 정부와 시민들이 함께 하는 공론장과 의사소통의 노력은 여전히 취약하다고 평가하지 않을 수 없다.

이러한 배경에서 아렌트의 관점을 더욱 세련되게 발전시킨 하버마스의 공화민주주의적 논점은 시사하는 바가 적지 않다. 하버마스는 근대 이후 개인들로 파편화된 자유주의나 전체를 지나치게 강조하는 전통적인 공화주의의 입장을 모두 비판한다. 그 대신에 하버마스는 시민들의 자발적이고도 적극적인 공론장에의 참여와 의사소통 과정을 통해 제정된 법에 의한 지배, 즉 법치를 강조하는 새로운 형식의 공화민주주의를 대안으로 제시한 것이다. 왜냐하면 시민들의 자발적인 정치참여와 공론장에서의 의사소통 과정을 거친 의견 및 의지형성은 현대사회의 시민들이 공동체 구성원으로서의 귀속감을 확보할 수 있게 할 뿐만 아니라, 국민통합과 공동체의 지속성을 담보해주기 때문이다. 나아가 시민참여에 의한 자발적인 의사소통과 공론화과정을 거쳐 제정된 법은 사회통합의 매개체로서의 핵심적 역할을 담당한다. 하버마스가 말하는 의사소통적 권력에 의거해 제정된 법은 현대의 시민들 모두가 공론장에서 대화와 토의를 거쳐 합의한 내용을 법으로 제정한 것을 일컫는다. 이때 법을 제정하는 힘은 시민들의 의사소통 과정을 거치면서 형성되는 권력에서 나오는데, 이를 통해 제정된 법은 시민들의 동의가 내재되어 있기 때문에 그 자체로 이미 정당한 법이 되지 않을 수 없다. 이렇게 제정된 법은 군주나 독재자의 권력에 어쩔 수 없이 복종함으로써 유지되는 질서와는 달리, 시민들의 자발적인 참여를 통해 제정되었고 따라서 스스로의 복종을 통해 원만한 국민통합을 달성할 수 있다는 데 그 핵심이 있다.[22] 요컨대 아렌트와 하버마스가 제기한 공론장 이론과 공화민주주의는 현대 한국의 시민사회의 통합과 보

22 Jürgen Habermas, *Faktizität und Geltung: Beiträge zur Diskurstheorie des Rechts und des demokratischen Rechtsstaats*(Frankfurt/M. 1992) 198, 450 참조.

다 바람직한 정치발전에 중요한 시사점을 던져주고 있다.

건국 이후 우리 사회는 세계시민들이 부러워할 만큼 빠른 시간 안에 산업화와 민주화에 성공했고, 지금은 민주주의의 성숙화와 공고화에 매진하고 있다. 그러나 앞서 말했듯이 한국사회는 민주화 이후에도 사회적 합의나 통합이 잘 이루어지지 않고 있다. 그동안 우리 사회는 빈부, 세대, 이념 그리고 지역 갈등 등에 의한 분열상을 겪어왔고 이러한 갈등의 골은 아직도 해소되지 않고 있다. 게다가 한국사회는 현재 안팎으로 심각한 난관에 처해 있다. 국내적으로는 글로벌 금융위기의 여파로 저성장과 청년실업으로 대변되는 경제적인 어려움에 처해있고, 대외적으로는 북핵 문제로 인해 남북관계가 긴장 속에 빠져 있고, 한반도를 둘러싼 국제관계도 숨가쁘게 변화하고 있어서 이에 대한 적극적이고도 지혜로운 대처가 필요하다.

이러한 여러 가지 어려움에도 불구하고 한국의 시민사회가 나아가야 할 방향은 분명하다고 하겠다. 즉 시민들의 자발적인 정치참여와 공공의 현안에 대한 의사소통을 거쳐 이를 공론화시키며 사적인 이해관계보다는 공동선을 실현하는 데 보다 적극 참여하는 것이 필요하다. 한국사회의 현안을 논의하는 토의의 장인 공론장에의 참여는 개인과 시민단체뿐만 아니라 정부 또한 열려있어야 할 것이다. 그래야만 우리 사회가 당면한 다양한 문제들에 대한 바람직한 해결책을 의사소통의 과정 속에서 발견해낼 수 있을 것이다. 그리고 시민들의 의사소통적 권력에 의한 정당한 법의 제정은 시민들의 참여에 의한 법의 제정, 즉 입법이기 때문에 다시금 시민들의 자발적인 복종을 이끌어낼 수 있을 것이다. 또 그렇게 함으로써 한국사회의 구성원들인 시민들의 효과적인 통합을 기대할 수 있을 것이다. 그리고 바로 이러한 시민들의 정치참여와 의사소통 그리고 법치를 근간으로 하는 공화민주주의에서 현대 한국의 시민사회의 발전을 기대해볼 수 있을 것이다.

참고문헌

김경희. 2007.「민주화와 공화주의」.『동양정치사상사』 한국동양정치사상사학회. 제6권 제2호.

김비환. 2003.「아렌트의 정치사상에서 정치와 법의 관계 : 민주공화주의 체제에서의 법의 본질을 중심으로」.『법철학연구』 제6권 제2호.

마르틴, 한스 페터·슈만, 하랄트. 강수돌 역. 2006.『세계화의 덫』. 서울 : 영림카디널.

민경국. 2003.『자유주의와 시장경제』. 고양 : 위즈비즈.

박성조·양성철. 1991.『독일통일과 분단한국』. 서울 : 경남대 극동문제연구소.

배영자. 2003.「정보화와 국제정치경제 변화」. 국제관계연구회 편.『세계화와 한국』. 서울 : 을유문화사.

송호근. 2005.『한국, 어떤 미래를 선택할 것인가』. 파주 : 21세기북스.

아이작, 로버트 A. 강정민 역. 2006.『세계화의 두 얼굴』. 서울 : 이른 아침.

오제명 외. 2006.『68 세계를 바꾼 문화혁명 : 프랑스 독일을 중심으로』. 서울 : 도서출판 길.

이동수. 2007.「민주화 이후 공화민주주의의 재발견」.『동양정치사상사』 한국동양정치사상사학회. 제6권 제2호.

임혁백. 2003.『세계화시대의 민주주의』. 파주 : 나남.

장은주. 2000.「시민사회의 비판적 잠재력」.『철학』 제64호.

정기웅. 2005.「세계화와 민족주의」. 미네르바정치연구회 편.『국제질서의 패러독스』. 고양 : 인간사랑.

정원규. 2002.「민주주의의 기본원리 : 절차주의적 공화민주주의 모델을 제안하며」.『철학』 제71집.

최장집. 2006.『민주주의의 민주화』. 서울 : 후마니타스.

Arendt, Hannah. 1958. *Vita Activa oder vom taetigen Leben*. München.

Cohen, J. and Arato, A. 1992. *Civil Society and Political Theory*. Cambridge : MIT Press.

Habermas, Jürgen. 1981. *Theorie des kommunikativen Handelns*. Bd.2. Frankfurt/M.

________________. 1992. *Faktizität und Geltung : Beiträge zur Diskurstheorie des Rechts und des demokratischen Rechtsstaats*. Frankfurt/M.

Held, David and Mcgrew, Anthony. 2002. *Governing Globalization : Power, Authority and Global Governance*. Cambridge : Polity.

Kymlicka, Will. 1999. *Multikulturalismus und Demokratie*. Hamburg.

Robertson, Roland. 1993. *Globalization : Social Theory and Global Culture*. London : Sage.

Viroli, Maurizio. 2002. *Republicanism*. Trans. Antony Shugaar. New York : Hill and Wang.

II부 시민의 덕목과 가치

민주주의를 제대로 실현하기 위해서는 시민의 형성과 성숙이 절대적으로 필요하다. 이는 교육을 통해 시민의식을 진작시키고 사회문제에 실제 참여하는 행위를 통해 시민으로 성장시킬 때 이루어진다.

4장
근대적 덕목과 가치

김윤철

1. 보편적 가치로서의 자유와 평등

자유와 평등은 시민이—혹은 시민이 되기 위해—추구하고 지향해야 할 보편적 가치이다. 자유와 평등이 보편적 가치라 함은 인종, 국적과 지역, 성별, 용모 등의 차이는 물론, 재산의 많고 적음에 상관없이 모든 인간이 자유롭고 평등한 존재여야 한다는 것을 의미한다.

1) 자유란 무엇인가[1]

자유는 일반적으로 무엇을 하는데에 있어 강제와 구속 등의 외적 장애가 없는 상태를 가리킨다. 그런데 자유는 평등과 함께 통상적으로 근대에 들어와 생겨난 개념으로 이해되곤 한다. 노예와 농노 등 신분예속적 사회가 붕괴되고 모든 인간이—법형식적 수준에서나마—자유롭고 평등하다는 선언이 나온 것이 근대이기 때문이다. 하지만 자유라는 개념은 근대 이전에도 있었다. 물론 그 의미가 근대와는 달랐다. 고대 그리스와 로마에서 자유는 단지 '노예가 아닌 상태'를 의미했다.

리베르투스libertus는 '자유민'이라는 뜻을 갖는 라틴어이다. 그런데 이 말은 '자유로운 사람free man'을 의미한 것이 아니라, '해방된 노예'라는 의미의 '자유롭게 된 사람freed man'을 가리켰다. 더욱 더 중요한 것은 그들이 시민과는 구별되는 다른 계층이었다는 점이다. 즉 자유는 도덕적 가치가 아니라, 단지 지위 혹은 신분을 가리키는 말이었던 것이다. 따라서 이미 태어날 때부터 시민인 사람들에게는 별다른 의미가 없는 말이었다.

중세 유럽 봉건 시대에도 자유라는 말이 있기는 했다. 하지만 이때 자유는 그저 '면제'라는 뜻을 지녔다. 자유롭다는 것은 세금이나 통행료, 의무, 영주의 사법권 등에서 면제되었다는 것을 가리켰다. 이와 같은 면제의 특권을 지닌 사람들은 '고상한 자들'과 '명예로운 자들'로 불리우는 귀족이었다. 이는 15세기 이후에 자유가 '정식허가'나 '특권'이라는 의미를 가졌던 것에서도 확인할 수 있다. 상륙허가를 받은

---

1 이에 대해선 문지영, 『자유』(서울 : 책세상, 2009) ; 레이먼드 윌리엄스, 김성기·유리 공역, 『키워드』(서울 : 민음사, 2010)를 주로 참조.

선원을 태우는 배를 liberty boat라고 불렀던 해양 관련 용어가 그 예이다. 이때의 자유 역시 인간의 본성과 보편적 가치를 뜻하는 근대적 의미가 아니라 특정 주권(국)에 대한 전면적인 복종 범위 내에서 부여되는 일정한 권리라는 의미를 가졌다. 즉 이때의 자유는 정식 허가를 표현하는 '면허license'라는 의미를 갖는 것이었다. 결국 근대 이행이 일어나기 직전인 16세기말에 이르기까지 자유는 귀족적 태생이나 양육, 고상함, 관대함, 대범함 등과 동의어였다. 자유가 이와 같은 뜻을 지녔다는 것은 고대와 중세 시대에는 근대와 달리 자유를 인간의 본성으로 간주하지 않았음을 의미한다. 또 노예와 같은 특권에서 배제된 자의 존재와 그들에 대한 차별을 부당한 것으로 보지 않았다는 것을 의미한다.

하지만 근대에 들어 변화가 일어났다. 자유는 인간의 본성—보편적 속성—으로 간주되었고, 침해받을 수 없는 권리라는 자각이 이루어진 것이다. 이는 자유주의 사상이 등장하면서였다. 자유주의란 "개인의 자유를 최고의 정치적 가치로 내세우며, 어떤 제도나 정치적 실천의 평가 기준이 개인의 자유를 촉진·조장하는데 성공적인가 아닌가에 있다고 믿는 신념 체계"이다.[2]

근대 자유주의 이전 고대와 중세 시기에도 자유에 관한 사색이 존재하기는 했다. 플라톤이 『국가Politeia』를 통해 제시한 이상국가의 자유와 민주정의 자유에 관한 사색이나 중세의 대표적 철학자 아우

---

2 Alan Ryan, "Liberalism," in *A Companion To Contemporary Political Philosophy*, eds. Robert E. Gooodin and Philip Pettit(Blackwell Publisher, 1999), 292.

구스티누스의 자유 의지와 자유와 (현세)법의 관계에 관한 논의가 그것이다.[3] 또 마키아벨리의 공화국의 자유에 관한 논의도 근대 자유주의 사상이 (이후 공화주의 사상이) 주도한 자유를 바라보는 관점의 형성에 중요한 영향을 끼쳤다. 하지만 자유를 보편적 가치로 선언하고 그것을 법과 제도로 현실화시켜낸 근대 시민혁명에 직접적 영향을 끼친 사상은 근대 자유주의였다. 지금의 자유에 대한 지배적인 관념은 바로 그 지평 안에 놓여 있다.

자유를 인간의 본성으로 간주한 자유주의의 기원은 절대왕정과 봉건적 사회질서를 옹호하고 지탱하던 왕권신수설을 비판하고 새로운 질서의 창출을 갈망하던 로크에게서 찾아볼 수 있다. 로크는 인간이 신이 만들어 놓은 자연법적[4] 질서와 가치를 준수하는 이성적 존재로 창조되었다는 점에서, (자연법적 질서에 반하는 자의적 권력으로부터의) 자유

3 문지영, 『자유』(서울 : 책세상, 2009), 28-40.

4 자연법이란 실정법에 대비되는 법개념이다. 자연적 성질에 바탕을 둔 보편적이고 항구적인 법률 및 규범을 일컫는다. 자연법 사상은 고대 그리스의 소포클레스의 비극 『안티고네』에서 출발하여, 아리스토텔레스를 거쳐 BC 3세기경 스토아 학파에 의해 명시적이고 체계적인 것으로 발전하였다. 이후 BC 2세기 고대 로마의 키케로에 의해 실정법에 적용되었다. 만민법이 바로 그것이다. 중세에 들어서는 기독교의 영향 아래 신법(神法)과 동일시 되었으나, 종교개혁 이후 교회의 권위가 약화되는 중세적 가치관이 흔들리고 고대 자연법과 만민법 사상에 대한 재조명이 이루어진 르네상스를 거치며 '이성적 인간'이라는 인간관이 형성되어, 자연법은 인간의 이성이 만들어내는 것 혹은 이성에 의해 발견되는 것으로 이해되었다. 그 과정에서 자연법은 자연권 개념으로 전환되었다. 이후 자연법 사상은 홉스, 로크, 루소 등을 거치며 근대 주권론과 인권론과 자유주의 사상의 발전에 영향을 끼쳤다. 이에 대해서는 최현, 『인권』(서울 : 책세상, 2008) 참조.

를 (추구하는 것을) 인간의 본성이라 여겼다.

로크[5]에게서 자유의 핵심은 권력(자)와 타인의 의지에 구속되지 않고 자연법을 준칙 삼아 자율과 자결을 원리로 해 살아가는 것이다. 하지만 인간은 사회적 존재인만큼 자기 하고 싶은대로, 자기 마음대로 살아가는 것이 아니라, 자유를 지키기 위한 이성의 작동에 바탕해 있는 공동체의 동의를 통해 제정한 공통의 법에 의거해 살아가는 것이다. 이와 같은 로크의 자유관은 자유의 일반적 정의를 포함하고 있지만, 무엇보다도 권력으로부터의 자유를 중시했기에 '정치적 자유'라고 부를 수 있다. 로크의 자유관은 자유를 보편적 가치로 선언하고 지향했던 근대 시민혁명에 큰 영향을 끼쳤고, 오늘날에도 자유에 대한 지배적인 사고로 작용하고 있다.

로크에 이어 지금 시대의 자유관에 크게 영향을 끼치고 있는 것이 바로 아담 스미스[6]가 고안한 경제적 자유이다. 아담 스미스는 자유의 초점을 정치적인 것에서 경제적인 것으로 옮겨 놓았다. 이것은 17세기말 이후 전개된 정치·경제적 환경의 변화를 배경으로 한 것이었다.

1688년 명예혁명의 성공 이후 영국은 이미 입헌군주제 국가로 발전했고, (정치적) 자유주의는 지배적인 통치이념이 되었다. 왕을 대신해 의회가 주권을 장악했고 정치적 권위는 개인의 신앙이나 양심

---

5 존 로크, 강정인·문지영 공역, 『통치론:시민정부의 참된 기원, 범위 및 그 목적에 관한 시론』(서울:까치, 1996).

6 아담 스미스, 김수행 역, 『국부론』(서울:동아출판사, 1992).

과 관련된 영역에 간섭하지 않아야 한다는 신념이 공유되었던 것이다. 그런 가운데 영국은 산업혁명을 앞둔 초기 자본주의의 활발한 성장을 경험하고 있었다. 특히 이 시기는 중상주의를 추종하는 거대 상공업 자본가들이 정부와 결탁해 경제질서를 지배하고 있었다. 그들은 독점을 통한 이윤획득을 보장받기 위해 상공업 활동에 대해 국가의 규제정책을 필요로 했고, 이를 위해 의회(정부)에 꾸준히 영향력을 행사했다. 이때문에 당시의 경제질서를 '의회 중상주의 체제'라고 부르기도 한다. 하지만 그러한 질서는 중소산업 자본가들이 자유롭게 경제활동을 하는데에는 커다란 제약을 가하는 것이었다.

아담 스미스가 주목한 것은 바로 그와 같은 경제질서였다. 아담 스미스는 개인 생산자들과 독립적인 소규모 산업자본가들이 자유롭게 사적 이익을 추구하는 경쟁 속에서 국가의 부가 증진된다고 보았다. 그런데 거대 상공업 자본과 의회정부의 유착에 의해 작동하는 의회 중상주의 체제는 그것을 가로막는 것이었다. 따라서 그는 거대 상공업 자본에게 편파적인 혜택을 주면서 경제질서를 왜곡하는 중상주의 국가권력의 개입을 제거해야 한다고 보았다. 이때 아담 스미스가 주장한 것이 바로 그 유명한 '보이지 않는 손'이다. 보이지 않는 손은 개인들의 사적 이익을 추구하려는 동기와 그 실천 행위가 사회 전체의 부를 증가시키게 되는 메커니즘이자, 사물의 자연적 본성에 따른 사회의 경제질서를 뜻한다. 국가가 중상주의 거대 상공업 자본들을 위해 개입하지 않고 놔두면, 자연적 본성에 따라 사적 이익을 추구하는 자유 경쟁을 통해 오히려 더 큰 국부가 증진된다는 것이었다. 국가는 구성원 개개인의 생명과 명예, 재산을 보호하는일, 외적의 침입으로부터 국토를 방위하거나 법질서를 공정하게 유지하는 일, 계약 위반을 감시하고 재산권을 보호하는 일 등에만 주력해야 한다고 주장했다. 이와 같은 입장, 즉 개인을 자유로운 경제행위자라는 관점에서 파악하고 경제질서와 활동에 대한 국가 개입의 불필요성을 강조하는 것이 경제적 자유주의이다.

2) 평등이란 무엇인가[7]

평등이란 신분, 인종, 국적 등과 같은 각자의 귀속적 요인에 상관없이 인간은 권리나 자유 등에 있어서 차별을 받아서는 안되며 동등하게 대우를 받아야 한다는 것을 의미한다. 이는 평등의 어원을 통해서도 확인할 수 있다.

레이몬드 윌리엄즈에 따르면,[8] 평등을 뜻하는 영어 equality는 15세기 초부터 통상 사용되었다. 전형은 고대 프랑스어 équalitè와 라틴어 aequalitatem이고, 어원은 라틴어 aequalis[9] 인데, 이는 '수평한', '평평한', '공정한'을 뜻하는 aequus에서 왔다. equality의 초기 용법은 물질적인 양을 지칭하였고 그것의 사회적인 의미, 특히 신분의 동등이라는 의미는 15세기부터 존재하여 16세기에 널리 보급되었다. 이로부터 '보

7 이에 대해선 선우현, 『평등』(서울: 책세상, 2012)과 레이먼드 윌리엄스. 김성기·유리 공역. 『키워드』(서울: 민음사, 2010)을 주로 참조.

8 레이먼드 윌리엄스, 『키워드』, 169.

9 라틴어에서 동일, 공평, 정의 등을 뜻하는 단어로는 aequitas도 있다.

다 일반적인 조건'이라는 의미가 발달하긴 했지만 이는 결정적인 변천을 나타낸다. '보다 일반적인 조건'이 함축하는 바는 단순히 신분의 비교가 아니라 아주 일반적으로 표준적이고 규범적인 조건을 강력하게 주장하는 것이다. 그런데 이 단어는 17세기 중반부터 이 같은 의미로 사용되지 않다가 18세기말 미국혁명과 프랑스 혁명에서 각별히 강조되며 복귀하기에 이르렀다.

그러나 그때 이후 지금에 이르기까지 평등은 자유보다도 더 논쟁적 개념이다. 어떤 평등이냐를 둘러싸고 지금도 논쟁이 전개되고 있다. 이런 문제 때문에 평등이 도대체 무엇인지를 정의함에 있어 평등을 본체론적 평등, 기회의 평등, 조건의 평등, 결과의 평등이라는 네 가지 유형으로 나누어 살펴 본 터너의 논의를 참조할 수 있다.[10] 터너의 유형론은 평등을 둘러싼 상이한 시각들을 입체적으로 잘 드러내주면서도 사실상 연관되어 있음을 확인해준다는 장점이 있다.

본체론적 평등이란 인간은 본성상 동등한 존재로 태어났기에 모든 인간은 '예외 없이' 평등하다고 보는 입장이다. 앞서 언급한 바 있는 절대적 평등인 것이다. 이는 그 실현 여부를 떠나 지금도 평등에 대한 규범적 관점으로 자리하고 있다. 특히 근대 시민혁명과 근대 민주주의 국가는 이와 같은 평등관에 입각해 절대군주와 절대주의 국가에 저항하고 그것을 대체하는데 필요한 도덕적, 규범적 정당성을 확보하였다.

10 선우현, 『평등』, 32-40.

근대 민주주의 국가와 자본주의 체제 하에서 평등을 이해하는 전형적인 관점은 기회의 평등과 조건의 평등이다. 기회의 평등은 누구나 자신의 능력을 발휘할 수 있는 기회를 평등하게 제공받는 것을 말한다. 이러한 평등관은 개인의 삶은 그 자신의 능력에 달려 있다는 생각을 가져왔다. 현대 자본주의 사회의 일상적 삶에서 우리가 가장 쉽게 접할 수 있는 생각이다. 이러한 생각은 상대적 평등관이라 할 수 있는데, 기회가 평등하게 주어졌기에 각자의 능력에 따라 얻어진 결과의 불평등은 부당한 것이 아니라는 생각으로 이어졌다. 자본주의 사회의 가장 대표적인 평등관이라고 할 수 있다. 하지만 기회 자체의 불평등이 존재한다는 경험적 사실, 즉 봉건적 신분제 질서에서는 벗어났음에도 불구하고, 이전 체제의 역사적 소여에 의해 부와 교육 수준 등에 따른 격차가 엄연히 존재하고 있음으로 빈곤층은 동등한 기회를 제공받지 못했던 것이다. 이때문에 나온 것이 바로 조건의 평등이다.

조건의 평등은 누구나가 기회를 제공받거나 활용할 수 있는 능력을 갖출 수 있도록 해줘야 공정한 경쟁이 이루어지고, 따라서 그 결과의 불평등을 수용할 수 있다는 것이다. 즉 능력의 차이가 조건의 차이에서 비롯된 것이어서는 안된다는 것이다. 사회민주주의적 평등관이라고 할 수 있는데, 최근 한국 사회에서 가장 주요한 정치사회적 담론이 된 '경제민주화론'이 바로 그러한 평등관의 한 예라고 할 수 있을 것이다. 하지만 조건의 평등에 대해 제기되는 문제가 있다. 자연적 우연 요인은 어떻게 해야 하냐는 것이다. 아무리 조건을 같게 해주고자 해도 신체상의 장애와 같은 것은 어쩔 수 없지 않냐는 것이다. 하지만 최근 장애인 고용과 이동권 보장 등과 같은 정책을 통해 조건의 평등의 범위를 확장하는 시도가 이루어지고 있는 상황이다.

마지막으로 결과의 평등이 있다. 결과의 조건과 기회의 평등이 이루어진다 해도 결국은 능력에 따라 초래되는 불평등을 인위적 조정을 통해 평등하게 만들어야 한다는 것이다. 이때 결과의 평등은 본체론적 평등에 가까운 것이라고 할 수 있다. 인위적 노력을 통해서라도 인간의 본성에 맞도록 모두를 평등하게 만들어야 한다는 생각이기 때문이다. 결과의 평등은 반자본주의적인, 즉 사회주의적 평등관으로 알려져 있다. 따라서 현대 자본주의 사회에서, 그리고 자본주의 진영과 사회주의 진영으로 갈려졌던 20세기 냉전기에 가장 논쟁적인 평등관이었다.

2. 자유와 평등의 시민권적 차원

자유와 평등은 우선 시민권의 차원에서 조망할 수 있다. 자유와 평등이 시민권이 된 과정은 시민권의 역사 그 자체라고 해도 과언이 아니다. 시민권이란 말 그대로 시민의 권리(civil right, right of citizen, citizen's right)라는 의미이다. 그런데 권리는 영어로 right이다.[11] 즉 권리는 도덕

11 정확히 말하자면 권리는 right의 번역어이다. 권리는 사전적 정의로 권세와 이익이라는 뜻이다. 이를 right의 뜻, 즉 도덕적으로 올바름과 결합시키면 시민권은 도덕적으로 올바른 것으로서, 시민이 힘을 갖는 것이며, 그것을 가지는 것이 시

적으로 올바른 것, 합당한 것이라는 뜻이다. 따라서 시민권은 시민이면 마땅히 갖추고 누려야 할 올바름이라는 뜻이다. 자유와 평등이 시민권이라면 시민은 자유롭고 평등해야 옳다는 것을 의미하는 것이다. 그런데 시민권은 단지 옳은 것이라는 생각과 언명에서 그치는 것이 아니라, 자유와 평등 같은 보편적 가치를 법과 제도의 차원에서 개인의 권리로서 실현하고 보호한다는 것을 의미한다.

1) 자유와 평등의 시민권적 조망

자유와 평등이 시민권 차원에서 조망된 것은 미국의 독립혁명과 프랑스 혁명을 거치면서이다. 전자는 버지니아 권리 선언과 미국 독립선언으로, 후자는 프랑스 인권 선언, 즉 인간과 시민의 권리 선언으로 나타났다. 이 선언들은 시민권으로서의 자유와 평등의 성격과 내용을 담고 있다는 점에서 중요한 의미를 갖는다. 지금까지도 시민권으로서의 자유와 평등을 이해하는 준거로 작용하고 있기 때문이다.

1776년 6월 12일 나온 버지니아 권리 선언은 총 16개 항으로 되어 있다. 이 선언은 조지 메이슨이 기초하여 버지니아 의회가 채택함으로써 이루어졌다. 이 선언은 약 한 달 후인 1776년 7월 4일의 미국 독립선언에 영향을 끼쳤다. 버지니아 선언은 미국 뿐만 아니라 프랑스에서도 큰 인기를 누렸는데, 이후 1789년 8월 26일 프랑스 국민의회가

민에게 이익이 된다는 것이라 할 수 있다. 혹은 시민이 자신의 이익—자유와 평등—을 위해 갖추고 있어야 할 힘과 능력이라고 할 수 있다.

발표한 프랑스 인권 선언, 즉 인간과 시민의 기본권 선언에도 큰 영향을 끼쳤다.

미국 독립선언은 3대 대통령이 되는 토마스 제퍼슨이 초안을 작성하였는데, "우리들은 다음과 같은 것들을 자명한 진리라고 생각한다. 모든 사람은 평등하게 태어났으며, 조물주로부터 양도할 수 없는 권리를 부여받았다. 그 권리 중에는 생명, 자유, 행복의 추구가 있다"라는 문구는 인권의 절대 명제로 받아들여졌다. 이것을—생명, 행복의 추구도 있지만—자유와 평등의 '자명성의 원리'라고 한다.[12] 자유와 평등이 자연법적 권리, 즉 자연권 혹은 천부인권[13]인 것은 너무나 자명한 것으로서, 마땅히 자유와 평등을 시민권으로 법제화하는 것이 옳다는 것이었다. 권리, 즉 right라는 말 자체가 이미 도덕적으로 올바른 것이고 따라서 그것을 법과 제도로 보장하는 것이 맞다고 본 것이다. 이런 의미에서 자유와 평등을 시민권으로 규정한 것은 자연법 사상에 기댄 것이었음을 알 수 있다. 프랑스 인권 선언 역시 마찬가지였다. 이 들 선언이 모두 절대 군주에 대항하는 과정에서 나온 것임을 감안할 때, 그 대항의 가장 강력한 논거를 왕을 뛰어넘을 수 있는 보다 근원적이고 강력한 절대자가 필요했고, 그것을 바로 자연 혹은 신과 하늘

---

12 이에 대해선 린 헌트, 전진성 역, 『인권의 발명』(파주: 돌베개, 2009) 참조.

13 천부인권은 자연권의 동양적 명칭이다. 자연이 절대자 혹은 신과 유사한 개념임을 고려할 때, 천부인권이라는 표현은 매우 적절할 뿐만 아니라, 인간의 권리를 자연 혹은 하늘과 신에게서 부여받은 것으로 파악했다는 점에서 동서양간 유사성이 존재했음을 알 수 있다.

에서 찾아야 했던 것이다. 이는 버지니아 선언과 프랑스 인권 선언의 첫번째 조항을 통해 확인할 수 있다.

버지니아 선언의 제1항은 "모든 인간은 날 때부터 동등하게 자유롭고 독립적이며 생득적인 여러 권리를 가진다. 이 중에서 재산을 획득하고 소유하며 행복과 안전을 추구하고 확보하는 여러 수단을 누리면서 생활과 자유를 향유할 여러 권리는 비록 인간이 사회 조직 속에서 놓인다해도 어떤 계약으로도 빼앗기거나 박탈당하지 아니한다"고 밝히고 있다. 프랑스 인권 선언 역시 "인간은 자유롭고 평등하게 태어나 존재할 권리를 가진다. 따라서 사회적 차별은 공공 이익을 근거로 할 때만 허용된다"로 시작한다. 자유와 평등을 인간이 태어날 때부터 갖는 '본성'으로 규정하고 있다. 다만 버지니아 선언과 프랑스 인권 선언은 다소 차이가 있다. 버지니아 선언이 독립선언과 마찬가지로 "인간이 사회 조직 속에서 놓인다해도 어떤 계약으로도 박탈당하지 아니한다"고 했던 것과 달리, 또 "양도할 수 없는 권리"라고 했던 것과 달리, 프랑스 인권선언은 공공 이익을 근거로 할 때는 차별이 허용될 수 있다는 여지를 두고 있는 것이다. 이는 버지니아 선언과 독립 선언은 개인의 권리를 중시하는 자유주의적 성향이 강하지만, 프랑스 인권 선언은 공적 가치를 중시하는 '공화주의적' 성향이 비교적 강하기 때문이다.[14]

---

14 영국과 미국의 시민혁명과 그에 따라 형성되고 수립된 민주주의 이념과 헌정체제는 자유주의의 주도 하에 만들어졌다. 반면에 프랑스는 공화주의가 그 역할을 하였다. 이에 대해선 최유, 「현대 공화주의 정치사상과 헌법」, 『法政論叢』 제39권

한편 미국 독립선언의 경우 "우리들은 다음과 같은 것들을 자명한 진리라고 생각한다…"라는 문장에 앞서 "인류의 역사에서 한 민족이 다른 민족과의 정치적 결합을 해체하고 세계의 여러 나라 사이에서 자연법과 자연의 신의 법이 부여한 독립, 평등의 지위를 차지하는 것이 필요하게 되었을 때, 인류의 신념에 대한 온당한 고려 속에서 독립을 촉구하는 여러 이유들을 선언하지 않을 수 없다"로 시작되고 있다. 식민지 모국인 영국로부터의 독립을 위한 선언으로서 국가들 간의 관계에도 자연법을 적용했다는 것이 흥미롭다. 영국과의 관계 설정에서 왕을 부정할 것이냐 말 것이냐가 큰 쟁점이었고, 결국 왕을 극복해야 했음을 고려할 때, 독립의 논거 역시 자연법에서 찾을 수 밖에 없었던 것이다.

선언들을 통해 자유와 평등의 시민권적 차원을 검토함에 있어 눈여겨 볼 것은 선언들에 '정부의 위상과 역할'이 분명하게 명시되어 있다는 것이다. 시민권이 새로운 국가의 형성과 맞물려 있다는 역사적 사실과 시민권의 구현에 국가(정부)가 필요하다는 것을 알려주고 있는 것이다.

미국 독립선언은 "권리 중에는 생명, 자유, 행복의 추구가 있다. 이 권리를 확보하기 위해 인류는 정부를 조직했"다고 밝힌다. 더 나아가 "어떠한 형태의 정부이든 이러한 목적을 파괴하게 될 때는 언제든지 정부를 변혁 내지 폐지하여 새로운 정부를 세우되 국민의 안정과

제53집 (2004): 23-50 참조.

행복을 가장 효과적으로 가져올 수 있는 원칙에 기초를 두고 또 그러한 형태의 조직을 갖춘 새로운 정부를 세우는 것이 인민의 권리"임을 밝히고 있다. "오랫 동안에 걸친 학대와 착취가 변함없이 동일한 목적을 추구하고 인민을 절대적인 전제정치 밑에 예속시키려는 의도가 분명할 때에는, (…) 정부를 타도하고 미래의 안전을 위해서 새로운 보호자를 마련하는 일이 그들의 권리이며 또한 직무"라는 것이다. 이는 프랑스 선언에서도 확인할 수 있다. 제2조에서 "모든 정치 결사의 목적은 인간의 소멸될 수 없는 자연적 권리를 보전하는데 있다. 이 권리란 자유, 재산, 안전, 압제에 대한 저항이다"라고 명시한 것이다.

또한 시민권은 '법적 권리'로 규정되어 있음을 알 수 있다. 버지니아 선언은 제8항에서 "사형 또는 모든 형사소송의 경우 당사자는 그 고발의 이유와 성격에 관한 설명을 요구할 권리, 고발자와 증인을 대면할 권리, 자신에게 유리한 증거를 제시할 권리, 공평무사한 배심원에 의한 신속한 재판을 요구할 권리를 가지며, 이 배심원들의 만장일치의 결의 없이는 유죄로 판정될 수 없다. 또 자신에게 불리한 증거제시를 강요당하지 아니하며, 어떤 개인도 국법 또는 동료들의 판단에 의하지 않고는 그의 자유가 박탈되지 아니한다"고 천명하고 있다.

한편 프랑스 인권선언은 자유에 대한 자연권적 개념 규정과 함께 '자유와 법과의 관계' 혹은 '법의 지위'를 설정해놓고 있다는 것에 주목할 수 있다. 즉 제4조를 통해 "자유는 타인을 해치지 않는 모든 것을 할 수 있는 권리다. 그러므로 모든 사람의 자연권 행사는 사회의 다른 구성원이 동일한 권리를 자유롭게 행사할 수 있도록 보장하는데 필요한 제한 외에는 어떤 제한도 받지 않는다. 이러한 제한은 오로지

법에 의해서만 규정될 수 있다"고 되어 있다. 또 제5조에서는 "법은 사회에 유해한 행위만을 금지해야 한다. 법에 의해 금지되지 않은 것은 어떠한 것이라도 방해할 수 없다. 또한 법이 명하지 않는 일은 누구에게도 강요할 수 없다"고 명시하고 있는 것이다. 제7조는 "법이 정한 경우를 제외하고는, 또한 법이 규정한 절차에 따르지 않고는 어느 누구도 소추, 체포, 구금될 수 없다. 자의적 명령을 요청, 발령, 집행하거나 집행시키는 자는 처벌되어야 한다. 그러나 법에 따라 소환되거나 체포된 시민은 누구나 이에 즉각 복종해야 한다. 이에 저항하는 것은 범죄가 된다"고 강조하고 있다.

이 선언들은 이후 전 세계로 확산되어 근대 (민주주의) 국가의 형성 과정에서 자유와 평등을 헌법적 이념과 가치로 만드는데 지대한 영향을 끼쳤다. 당장 미국의 1791년에 각각 제정된 연방헌법과 프랑스 제1공화국 헌법에 반영되었다. 뿐만 아니라 자유와 평등의 시민권적 내용을 정하는데에도 큰 영향을 끼쳤다. 가령 표현의 자유와 법 앞의 평등이라는 식의 자유와 평등에 대한 이해 방식에 심대한 영향을 끼친 것이다. 그럼 아래에서는 시민권으로서의 자유와 평등을 자유권과 평등권으로 나누어 그 구체적 내용을 살펴보도록 하자. 이때 대한민국 헌법도 검토하면서, 위의 선언들이 표방한 바를 계승하고 있음을 확인토록 할 것이다.

(2) 자유와 평등의 시민권적 내용

① 자유권

버지니아 선언은 제6항에서 자유권을 선거권과 재산권으로 규정하고 있다. 특기할만한 사항은 선거권을 공동체의 공동이익과 충성심을 가진 자로 한정하고 있다는 것이다. "인민의 대표자로서 의회에 나갈 의원들의 선거는 자유로워야 한다. 선거권은 공동체의 항구적 공동이익과 공동체에 대한 충성심이 충분히 증명된 자들에게 주어지며, 이들 자신이나 이들이 뽑은 대의원들의 동의 없이는 공공 이익을 위하여 이들의 재산이 과세되거나 박탈당하지 아니하며, 마찬가지로 이들의 동의 없이는 공공의 선을 위하여 어떤 법률의 구속도 받지 않는다." 또 제12항에서는 언론과 출판의 자유와 집회의 자유를 제시하고 있다. "언론과 출판의 자유는 전체 자유를 지켜주는 거대한 방파제의 하나이며, 독재 정부가 아니라면 아무도 이를 제지할 수 없다. (…) 의회는 언론 및 출판의 자유나 평화로운 집회의 권리, 그리고 인민의 고충을 바로잡기 위해 정부에 청원할 권리를 침해할 어떤 법도 제정할 수 없다"고 해놓은 것이다.

제16항에서는 종교의 자유를 보장하고 있다. 여기서 눈여겨 볼 것은 기독교적 관용과 사랑, 자선을 상호적 의무로 규정하고 있다는 점이다. "종교, 달리 말해서 창조주에 대한 우리의 의무와 그 의무를 이행하는 방식은 오직 이성과 신념이 지시하는 대로 따를 것이며, 결코 강제나 폭력으로 해서는 안된다. 따라서 모든 인간에게는 양심의 지시에 따라 자유로운 종교 생활을 누릴 평등한 권리가 있으며, 서로에 대하여 기독교적 관용과 사랑, 자선을 베푸는 것이 우리 모두의 상호적 의무이다."

프랑스 선언은 제10조와 제11조 그리고 제14조를 통해 의견표명의 자유와 소통의 자유, 사상의 자유, 그리고 언론과 출판의 자유를 권리로 규정하고 있다. 다만 그 자유들은 공공질서를 지키고 법적 책임을 지는 한에서 보장받는 것으로 되어 있다. 즉 "어느 누구도 자신의 의견을 표명할 때 그것이 종교와 관련된 것일지라도 법으로 설정된 공공질서를 문란하게 하지 한 방해를 받지 않(제10조)"으며, "사상과 의견의 자유로운 소통은 인간의 가장 귀중한 권리의 하나이다. 따라서 모든 시민은 자유롭게 말하고 쓰고 출판할 수 있다. 다만 법에 규정된 경우대로 이 자유의 남용에 대해서는 책임을 져야(제11조)"한다는 것이다. 그리고 "모든 시민은 스스로 또는 그들의 대표를 통해 공적 조세의 필요성, 그 배분, 액수, 부과방법 및 기간을 결정하는 것에 관해 자유롭게 발언할 권리를 가진다(제14조)"는 것이다.

대한민국 헌법은 제12조 ①항에서 신체의 자유를 '우선' 내세우고 있다. "모든 국민은 신체의 자유를 가진다"면서, "누구든지 법률에 의하지 아니하고는 체포, 구속, 압수, 수색 또는 심문을 받지 아니하며, 법률과 적법한 절차에 의하지 아니하고는 처벌·보안처분 또는 강제노역을 받지 아니한다"는 것이다. 그리고 제14조에서 제22조에 걸쳐 '거주 이전의 자유'(제14조), '직업선택의 자유'(제15조), '주거의 자유'(제16조), '사생활의 비밀과 자유'(제17조), '통신 비밀의 자유'(제18조), '양심의 자유'(제19조), '종교의 자유'(제20조), '언론출판과 집회·결사의 자유'(제21조), '학문과 예술의 자유'(제22조)를 권리로 갖는다고 되어 있다. 하지만 이러한 종류의 자유만 보장하는 것은 아님을 명시하고 있다. 제37조 ①에서 "국민의 자유와 권리는 헌법에 열거되지 아니한 이유로 경시되지 아니한다"고 되어 있는 것이다. 제119조 ①항에서는 "대한민국의 경제

질서는 개인과 기업의 경제상의 자유와 창의를 존중함을 기본으로 한다"고 되어 있어 경제적 자유(주의) 혹은 자유주의 경제 질서를 표방하고 있다는 것이 눈길을 끈다.

대한민국 헌법 역시 자유들—언론 출판의 자유—은 타인의 명예나 권리 또는 공중도덕이나 사회윤리를 침해해서는 안되며(제21조 ④항), 모든 자유의 권리는 국가안전보장, 질서유지 또는 공공복리를 위하여 필요한 경우에 한하여 법률로써 제한할 수 있다고 되어 있다. 물론 제한하는 경우에도 자유와 권리의 본질적인 내용을 침해할 수 없는 것으로 되어 있다(제37조 ②항).

② 평등권

버지니아 선언은 제4항에서 평등을 공공봉사의 이유를 제외한 특권과 그 특권의 세습을 금지하는 것으로 규정하고 있다. "어떤 개인이나 특정 집단도 공공 봉사의 이유에서가 아니면 특례적이고 개별적인 이득이나 특권을 누릴 수 없"으며, "이 이득과 특권은 대를 물릴 수 없으며, 행정 관리, 입법관, 재판관의 관직도 세습될 수 없다"는 것이다.

프랑스 인권 선언도 평등을 제1조에서 공공이익을 근거로 하지 않는 모든 사회적 차별을 금지하는 것으로 정의한다. 제6조에서는 법 앞의 평등을 명시하고 있다. "법은 보호하는 경우에나 처벌하는 경우에나 모든 사람들에게 동일하게 적용되어야 한다"는 것이다. 이때 법 앞에서의 평등을 표방한 이유를 설명하고 있다는 것에 주의를 기울일 필요가 있다. 그것은 “법이 일반의지의 표현”이기 때문이다. 그것이 일반의지의 표현인 이유는 “모든 시민은 개인으로나 대표자를 통하여 법 제정에 참여할 권리를 갖”기 때문이다. 또한 제1조에서는 “모든 시민은 법 앞에 평등하므로 그 능력에 따라서, 그리고 덕성과 재능의 차별 외에는 평등하게 공적인 위계, 지위, 직무를 가질 수 있다”고 밝히고 있다. 누구나 공무를 담당할 수 있는 권리, 즉 공무담임권을 평등권으로 간주하고 있는 것이다. 다만 덕성과 재능의 차별은 인정하고 있다는 점에서 결과의 평등을 지향하지는 않고 있음을 알 수 있다. 이것은 제13조를 통해서도 확인할 수 있다. 제13조는 “공적 무력의 유지와 정부의 기타 비용을 충당하기 위해서는 공적조세가 불가결하다”고 하면서, “단 그것은 모든 시민들에게 그들의 능력에 따라 평등하게 분배되어야 한다”고 되어 있다. 능력에 따른 분배를 평등한 것으로 간주하고 있는 것이다.

대한민국 헌법은 제11조 ①항에서 법 앞의 평등을 우선 천명하고 있다. 이와 함께 “누구든지 성별·종교 또는 사회적 신분에 의하여 정치적·경제적·사회적·문화적 생활의 모든 영역에 있어서 차별을 받지 아니한다”고 밝히고 있다. 이때문에 ②항에서는 “사회적 특수계급의 제도는 인정되지 아니하며, 어떠한 형태로도 이를 창설할 수 없다”고, ③항에서는 “훈장 등의 영전은 이를 받은 자에게만 효력이 있고, 어떠한 특권도 이에 따르지 아니한다”고 규정하고 있다. 제31조에서는 “모든 국민은 능력에 따라 균등하게 교육을 받을 권리를 가진다”고 되어있는데, 이는 대한민국 헌법 역시 프랑스 선언과 마찬가지로 능력에 따른 차이를 인정하고 있음을 알 수 있다. 한편 이 조항은 교육을 받을 권리가 평등권에 근거하고 있음을 알려준다. 한편 대한민국 헌법은 미국의 버지니아 선언과 독립선언 그리고 프랑스 선언과 달리 양성평등을 명시하고 있음을 확인할 수 있다. 여권 신장이 이미 많이 이루어졌던 시기에 만들어진 헌법이기 때문이다. 제36조에 "혼인과 가족생활은 개인의 존엄과 양성의 평등을 기초로 성립되고 유지되어야 하며, 국가는 이를 보장한다"고 되어 있는 것이다.

한편 평등권과 관련하여 경제민주화 조항이라고 알려 있는 제119조 ②항을 눈여겨 볼 필요가 있다. 여기에는 "국가는 균형있는 국민경제의 성장 및 안정과 적정한 소득의 분배를 유지하고, 시장의 지배와 경제력의 남용을 방지하며, 경제주체간의 조화를 통한 경제의 민주화를 위하여 경제에 관한 규제와 조정을 할 수 있다"고 되어 있다. 이 조항을 통해 대한민국 헌법이 결과적 혹은 절대적 수준은 아니지만, 적정 수준에서의 평등권을 보장하기 위해 국가의 경제개입을 인정하고 있음을 알 수 있다.

3. 자유와 평등의 시민권적 한계

자유와 평등의 시민권적 한계란 법과 제도만으로는 인간과 시민이 자유와 평등을 보장받고 향유할 수 없다는 것을 의미한다. 법과 제도는 자유와 평등의 필요조건이지 충분조건은 아니었다. 즉 법과 제도란 형식만으로는 자유와 평등의 실질적인 보장과 향유를 이룰 수 없다는 것이다. 자유와 평등의 시민권적 한계는 미국 독립혁명과 프랑스 대혁명으로 대표되는 근대 시민 혁명 이후 지금에 이르기까지 200여 년이 넘는 시간 동안 인류 사회가 확인해 온 것이다. 의도했든 아니었든 간에 법과 제도를 통한 시민권의 보장에도 불구하고 실제로는 소수의 인간과 시민만이 자유와 평등을 누려왔다는 것이 부인할 수 없는 사실이다. 자유와 평등의 시민권적 한계는 두 가지 측면에서 살펴볼 수 있는데, 시민 범위의 제한과 사회경제적 불평등에 따른 자유의 제약이 바로 그것이다.

1) 시민 범위의 제한

시민 범위의 제한은 참정권 문제를 통해 가장 잘 확인할 수 있다. 개념적 측면에서 참정권은 시민의 자격과 지위의 부여와 관련해 가장 핵심적 기준일 뿐만 아니라, 역사경험적으로도 시민범위를 제한—혹은 확장—하는데 있어 가장 '쟁점'이 되었던 사안이었다. 프랑스 혁명 직후 제정된 1791년 헌법과 1795년 헌법 모두 유산계급에게만 투표권을 부여했던 것과 1830년 혁명 이후에도 유권자수가 1791년 수준에 머물렀던 것이나, 아래 〈표 1〉에 나와있듯이 1848년 혁명 이후에도 겨우 10%를 넘어섰을 뿐이었던 것에서 확인할 수 있다. 또 근대 민주주의 제도의 원형을 제시한 영국의 경우에도 상황은 마찬가지였다. 1832년 1차 선거법 개정 때 유권자를 재산소유자 등에 한정해 그 수가 전체 인구 2,400만명에 20만명 정도 밖에 되지 않았던 것, 그래서 차티스트 운동이 전개되었으나 1867년 2차 선거법 개정 때에도 유권자가 성인남성의 1/3에 그쳤던 것, 1883년 개정때조차 유권자가 20세 이상의 남성 중 26%에 그쳤던 것 등을 통해 확인할 수 있다.[15] 〈표 1〉과 〈표 2〉를 보면 알 수 있듯이 유럽의 다른 나라들과 미국의 상황도 크게 다르지 않았다.

참정권은 19세기말 이후 20세기를 거치면서 점차 확장되었다. 그 과정은 '인민의 통치' 혹은 '인민주권'의 사상인 민주주의가 '긍정적인 것'으로 (재)등장하는 시기이기도 하였다. 민주주의의 기치 하에 '인민', '민중'으로 불리우는 노동빈곤층을 비롯한 정치적, 사회적 약자들도 정치적 자유와 평등을 향유하기 위해 참정권을 보유해야 한다는 것이었다.

민주주의는 17, 18세기는 물론, 19세기말 이전까지도 부정적 의미를 띠는 단어였다. 방종한 빈민이 수적 우세를 내세워 다수 전체가 한명의 폭군처럼 행동하는 체제라는 뜻을 지닌 것으로 이해되었던 것이다. 그런데도 19세기말에 들어 민주주의가 재등장한 것은 시민권의 보장이 자유주의를 주도한 부르주아 계급에 한정되어 있던 상황에서, 시민권 담지자의 폭을 확장하기 위해 '인민주권'를 뜻하는 민주주의에서 찾고자 했던 것이다. 이는 19세기말 이후 20세기에 들어 민주주의가 자연권으로서의 자유와 평등의 권리를 보장하는 진정한 사상과 이

15 이와 관련해선 본문의 〈표1〉과 〈표2〉와 함께, 고원, 「시민혁명과 근대 민주주의 탄생」; 김동택, 「19세기 서구 민주주의」, 민주화운동기념사업회 편, 『민주주의 강의1 : 역사』(서울 : 민주화운동기념사업회, 2007) ; 김상수, 『보수와 진보 : 이념을 넘어선 영국의 현실 정치』(서울 : 책세상, 2008) 참조.

념으로 인식되기 시작했음을 의미했다. 이는 20세기에 들어 모든 정치 운동이 '진정한 민주주의'를 옹호하고 주장하였던 것[16]에서 확인할 수 있다.

이에 따라 민주주의가 20세기 초반을 거치면서 유럽의 여러 나라로 확산되면서 참정권이 확장되고 보통선거제도가 도입되었다. 물론 여성과 흑인은 이 때에도 배제되었다. 〈표 2〉에서 확인할 수 있듯이 유럽과 미국을 통틀어 그들이 명실상부한 보통선거권을 획득한 것은 20세기 중반에 들어서였다. 미국의 경우 흑인은 노예해방과 함께 투표권을 부여받았으나, 그것이 실질화된 것은 흑인 민권운동이 분출했던 1960년대를 지나서였다.

한편 대한민국을 비롯해 식민지배를 받던 나라들은 법과 제도 차원의 형식적 시민권마저도 갖고 있지 못했다. 당연히 참정권 운동의 경험도 갖고 있지도 못했다. 그러다가 제2차 세계대전 이후 독립국가 건설과 동시에 이미 보편화된 민주주의 원칙에 따라 헌법을 제정하고 자유와 평등을 시민권으로서 규정한 가운데, 보통선거제도를 실시하였다.

〈표 1〉 유럽 주요국가의 의회제 확립 및 선거권 확대 시기[17]

	의회제 확립시기	성인 인구10퍼센트 이상에게 선거권을 부여한 시기	보통선거 실시 시기 (성인 남성 기준)
오스트리아	1919	1873	1907

16 레이먼드 윌리엄즈, 『키워드』, 139.

벨기에	1831	1894	1894/1919
덴마크	1901	1849	1849
핀란드	1917	1907	1907
프랑스	1875	1848	1919
독일	1919	1871	1871
이탈리아	1861	1882	1913/1919
네덜란드	1868	1888	1918
스웨덴	1917	1875	1911
스위스	1848	1848	1848
영국	1832~35	1869	1918

〈표 2〉 보통선거권 부여시기[18]

국가	벨기에	프랑스	이탈리아	독일	영국	스위스	뉴질랜드	미국	한국
남자	1894	1848	1913	1871	1918	1848	1879	1860	1948
여자	1948	1945	1946	1919	1928	1971	1893	1920	1948

참정권의 범위가 확장되고 보통선거제가 도입됨에 따라 시민의 범위가 전체 성인으로 늘어났음에도 불구하고, 그들 모두가 실제로 자

17 Susan E. Scarrow, "The nineteenth-century origins of modern political parties: The unwanted emergence of party-based politics," in *Handbook of Party Politics*, eds. Richard S. Katz and William J. Crotty(London: Sage, 2006), 18; 김윤철, 『정당』(서울 : 책세상, 2009), 63.

18 최장집, 『민주화 이후의 민주주의』(서울 : 후마니타스, 2005), 75.

유와 평등의 권리를 행사했던 것도 또 자유롭고 평등한 삶을 영위할 수 있는 것은 아니었다. 참정권을 획득했다고 해서 시민권을 실제로 행사할 수 있었던 것은 아니었던 것이다. 오히려 참정권은 투표권을 보유했다는 사실 그 자체 혹은 선거 때에나 간헐적으로 행사하는 것에 그쳤을 따름이었다. 빈곤층의 경우는 그런 제한적인 행사마저도 쉽지 않았다. 또 지구적 차원으로 시각을 넓혀볼 때, 1970년대에 전 세계 국가의 2/3 이상이 권위주의 국가였고, 현재는 1/3 정도 된다는 것,[19] 그리고 로버트 달에 의하면 1990년 시점에 전체 192개국 중 다두제 민주주의 국가가 65개 국가에 그쳤다는 것[20]을 참조할 때, 아직도 자유롭고 평등할 권리를 보유하고 행사하는 시민의 범위가 제한적임을 알 수 있다.

2) 사회경제적 불평등과 자유의 제약

근·현대 인류문명의 전개를 관통하는 자본주의 사회의 실상은 자유와 평등을 법과 제도적 차원에서 시민의 권리로 보장하고 있음에도 불구하고, 사회경제적 불평등과 그에 따른 자유의 제약이 존재하고 있음을 알려주고 있다.

산업화와 민주화를 겪고 경제규모 세계 10위권 국가로 발돋움한

19 데이비드 헬드, 박찬표 역, 『민주주의의 모델들』(서울 : 후마니타스, 2010), 11.

20 정해구, 「민주주의 역사와 그 궤적」, 민주화운동기념사업회 편, 『민주주의 강의 1 : 역사』(서울 : 민주화운동기념사회, 2007), 12.

대한민국의 경우를 보자. 대한민국은 2012년을 경과하면서 세계에 7개 국가 밖에 없는 2050 국가에 진입하기도 했다. 국민소득 2만불 이상에 인구 5천만명이 넘는 나라가 2050 국가이다.

이런 대한민국이 IMF 위기 이후 계층간, 개인간 빈부격차가 매우 극심해진 상태라는 진단이 지배적이다. 사회경제적 불평등이 심화되었다는 것이다. 실제 대한민국은 2010년도에 빈부격차와 소득분포 불균형의 정도를 나타내는 지니계수가 2인 이상 도시가구 기준으로 0.315를 기록했는데, 이는 1990년 처음 통계를 내기 시작한 이후 최고 수치이다. 지니계수는 0에 가까울수록 소득분배의 불평등 정도가 낮다는 것을 의미하고 1에 가까우면 그 반대이다. 보통 0.4를 넘으면 소득분배의 불평등 정도가 심각한 것으로 평가한다. 또한 상위 20% 소득을 하위 20% 소득으로 나눈 소득 5분위 배율의 경우 2011년 1분기에는 8.68배를 기록해, 2010년도 같은 시기 8.14배보다 한층 더 나빠졌다. 이 역시 2000년 전국 가구 소득통계를 만들기 시작한 이후 계층간 빈부격차가 가장 많이 벌어졌음을 알려준다. 근로소득계층 간의 가구소득 격차 역시 크게 벌어졌다. 2인 이상 가구의 빈곤율이 13.1%에 달한다. 이 수치는 OECD 24개국 가운데 멕시코와 터키, 미국에 이어 네 번째로 높은 것이다. 이는 고용형태에 따른 임금격차가 심각하기 때문인데, 2011년 3월 기준으로 한국 사회의 전체 임금 노동자 1,706만명 가운데 약 48.7%에 해당하는 831만명이 비정규직에 속한다는 사실이 이를 극명하게 보여주고 있다. 소득뿐만이 아니라 자산의 간극 역시 심각한 문제로 지적되어왔다. 대한민국의 경우 특히 부동산 소유에서 극심한 불평등과 양극화가 나타났다는 지적은 어제 오늘 들

은 일이 아니다.[21]

그런 가운데 지난 2012년 19대 총선을 앞두고선 매우 의미심장한 연구결과가 나온 바 있다.[22] 2012년 3월 29~30일에 실시된 사전조사결과를 볼 때, 연령이 높고 재산이 많은 유권자일수록 투표참여의지가 높다는 것을 확인할 수 있었던 것이다. 2010년 지방선거 때에도 마찬가지였다. 또 정치적 관심도가 높을수록 투표참여도 역시 높은 것으로 나오는데, 이때 유의해서 봐야할 것은 재산이 많을수록 정치적 관심 역시 높은 것으로 나왔다는 것이다. 2010년 지방선거와 2011년 서울시장 주민투표, 2011년 10.26 서울시장 보궐 선거 등에서 가시화된 소위 '강남3구 현상'도 이러한 맥락에서 이해할 수 있다. 부유층이 상대적으로 많이 몰려 있는 이 지역의 유권자들이 정치적 관심과 투표참여 의지가 높게 나왔다. 실제 중앙선관위의 19대 총선 개표결과 집계에 따르면, 이 지역의 투표율은 평균 56.64%를 기록해 전국 투표율 54.3%와 서울 지역 투표율 55.5%를 상회했다.[23]

이와 같은 현상은 고용이 불안정한 저소득층이 사실상 선거일에

---

21 선우현, 『평등』, 139-141.

22 서복경, 「19대 총선에서 나타난 정당의 사회적 기반의 변화 분석」, 『19대 총선평가와 분석 공동학술토론회 자료집: 19대 총선과 정당정치 그리고 한국의 민주주의』(2012. 4. 19).

23 이와 관련해 이갑윤·이지호·김세걸, 「재산이 계급의식과 투표에 미치는 영향」, 『한국정치연구』 제22집 제2호 (2013)를 또한 참조할 수 있다. 이 연구는 재산 변수가 계급의식과 투표에 큰 영향을 끼치고 있음을 보여주고 있다는 점에서 주목할 만하다.

도 평상근무를 하는 사업장에 근무하고 있어 투표권을 행사하기 어렵기 때문이기도 하지만, 과다한 노동시간으로 정치관련 정보와 지식을 쉽사리 접하기 어려운 삶의 처지에 놓여 있기 때문이다. 정치관련 정보와 지식을 갖고 있지 못하면 선호하는 정당과 정치인을 갖기 어렵고, 그때문에 투표참여의 동기도 갖기 어렵다.[24] 사회경제적 불평등이 자유롭게 정치에 참여할 수 있는 권리를 제약하고 있으며, 결과적으로 누구나 평등하게 정치에 참여할 수 있는 가장 기본적인 시민적 권리마저 훼손하고 있는 것이다.

하지만 더욱 심각한 자유와 평등의 시민권적 한계는 시민의 범위의 제한이나 사회경제적 불평등과 그에 따른 자유의 제약과 같은 문제들 그 자체가 아니다. 정작 심각한 문제는 자유와 평등을 이미 법과 제도의 차원에서 보장되고 있기에 완결된 문제로 보고 더 이상 관심을 갖지 않거나, 자유롭고 평등치 못한 이들의 문제를 단지 특정 개인의 능력 문제로 취급하고 있다는 것이다. 즉 타인과 이웃의 처지에 대해 관심을 두지 않거나, 자유와 평등을 구가할 자원을 갖고 있지 못한 사회적 약자들을 괄시하고 배격하고 있다는 것이다.[25] 하지만 이것은 사회 전반이 자유롭지 못하고 평등치 못한 이들로 가득차면서, 자유와 평등을 구가하고 있는 이들이나 그렇지 못한 이들 모두가 발딛

24 김윤철, 「더 이상 지속해선 안되는 낡은 정치의 소극(笑劇)」, 『실천문학』 106호 (서울 : 실천문학사, 2012 여름), 123-124.

25 이와 관련해선 김윤철, 「사회의 전환과 새로운 주체의 발견에 대한 단상」, 『진보평론』 51호(2012 봄) : 36-55 참조.

고 있는 공동체 자체가 정당성을 잃고 해체되고 있다는 점, 그래서 결국 어느 누구도 자유롭고 평등할 수 없는 상황으로 전락할 위험성에 노출되어 있다는 것을 간과하고 있는 것이다. 이때문에 자유와 평등을 타인과 이웃, 그리고 공동체의 문제의 차원에서 인식케하고, 그것의 구현을 위한 책임과 의무, 자질과 능력의 문제를 고민하게끔 하는 새로운 접근이 필요하다. 자유와 평등에 대한 시민성 차원에서의 조망이 바로 그것이다.

4. 자유와 평등의 시민성으로의 승화

자유와 평등의 시민권적 한계를 극복하기 위해서는 자유와 평등을 시민성의 차원에서도 조망해야 한다. 시민성(civility)[26]은 그 말의 뜻 그대로 public(공적), legal(정당한), political(정치적)인 요소를 담고 있는 '시민의 덕성(civic virtue)'을 의미한다. 이는 시민적 덕성에 관해 논한 학자들의 견해를 통해서도 확인할 수 있다.[27] 달[28]은 시민적 덕성(civic virtue)

26 civility는 라틴어로 civile, civilis, 프랑스어로는 civilité이다.

27 이들 학자들에 대한 시민성 개념에 대한 소개는 박승관, 「숙의 민주주의와 시민성의 의미」, 『韓國言論學報』 제45-1호(2000) 참조.

28 Robert Dahl, *Dilemmas of Pluralist democracy : Autonomy vs. Control*(New Haven, CT : Yale University Press, 1982), 27, 142.

을 "공공선에 대한 헌신" 또는 "관련 집단의 총체적 이익을 추구하는 자각적 의도"로 정의하였다. 버트[29] 역시 시민적 덕성을 "정치적 행동과 숙의 과정에서 사적 욕망에 반하여 공적 목표에 우선성을 부여하는 성향"이라고 규정하였다. 쉴스[30]는 시민성을 근대적 인간이 자기 자신만을 위한 협애하고 이기적인 특수 이익에의 경도를 자제하고, "공동의 이익에 우선권을 부여하고자 하는" 자발적 의지와 특유의 심리적 준비상태라고 말한다. 이들의 정의에 따르면, 사적인 공간 속에 갇혀 사사로운 일에만 관심을 쏟는 사람은 시민이 아니다.[31] 즉 시민적 덕성을 갖추어야 시민이라는 것이다. 즉 시민성은 '시민다움'[32] 혹은 '시민됨'[33]의 기준이다. 즉 자유와 평등을 시민성의 차원에서 조망한다는 것은 자유와 평등이 단지 개인의 권리가 아닌 공공선임을 자각하고, 그것의 우선적인 구현을 위해 정치적 행동과 숙의에 자발적으로 참여하는 것을 시민의 미덕으로 간주하는 것을 의미한다.

아래에서는 자유와 평등을 시민성의 차원에서 승화시키는데 유효한 사상적 자원을 주로 살펴보고자 한다. 시민권적 한계를 어떤 관

---

29 Burtt S, "The good citizen's psyche:On the psychology of civic virtue," *Polity* 23(1) (1990): 35-36.

30 Shills, *The Virtue of civility : Selected essays on liberalism, tradition, and civil society*(Indianapolis. IN : Liberty Fund, 1997), 345.

31 이승훈, 「공공영역과 '시민됨'의 문화적 조건」, 『사회이론』(2010 봄/여름), 104.

32 진태원은 에티엔 발리바르가 civilité라고 한 것을 '시민다움'이라고 번역하였다. 에티엔 발리바르, 진태원 역, 『정치체에 대한 권리』(서울 : 후마니타스 2011).

33 이승훈, 「공공영역과 '시민됨'의 문화적 조건」, 102.

점에서 보완할 수 있는지는 물론, 시민성으로의 승화를 위해서는 다른 무엇보다도 자유와 평등에 대한 전반적인 재조명 혹은 재정의가 필요하다고 보기 때문이다. 이때 이 글에서는 사회주의나 공산주의 등과 같은 급진적 좌파보다는 자유주의 사상 내부에서 그러한 자원을 찾아보고자 한다. 그 이유는 살펴보고자 하는 자유주의적 조류에 대한 검토가 제대로 이루어지고 있지 못하기도 하지만, 자유주의의 한계, 특히 개인적 고립과 원자화에 따른 사회적 해체의 조짐, 그리고 정치적, 경제적, 사회적 불평등의 심화와 같은 명백한 한계와 문제점에도 불구하고 자유주의와 대립하는 사상에 기대어 자유와 평등을 재구성하는 것이 그다지 효과적이지도, 설득력을 갖기도 어렵다고 보기 때문이다. 김비환이 적절히 지적하고 있듯이 이미 자유주의가 낳은 정치적, 경제적, 사회적 질서는 오랜 역사적 진화를 거쳐 그 자체로 하나의 거대한 전통이자 관행이며, 우리는 그 속에서 자연스럽게 시민적 성품을 형성, 표현하고 있다.[34] 이는 자유와 평등에 관한 그간의 사상과 이론을 하나의 자원으로 활용해야지, 그것과 대립되는 사상을 취사선택하고 그것에 기초해 문제를 해결하기가 쉽지 않음을 의미한다. 또한 우리의 목적은 자유와 평등을 재조명함으로써 인간의 행복을 증진시킬 수 있는 방안이 무엇인지를 모색하는데 있지, 특정 사상(자유주의)의 약점에 기대어 특정 사상(사회주의/공산주의 등)을 부흥시키는 것에 있지 않기 때문이다.

34 김비환, 「자유주의의 '실천'(praxis)과 '미덕'(virtue)」, 『한국정치학회보』 36집 1호(2002):7–25.

1) 시민성으로서의 자유

자유를 시민성의 관점에서 조망하고자 할 때, 자유주의 사상의 계보에 있으면서도 로크와 아담 스미스의 자유관의 한계를 극복하고자 했던 시도들에 주목할 필요가 있다. 시민범위의 제한과 사회경제적 불평등에 따른 자유의 제약을 극복하기 위해서는 공동선의 관점에서 자본과 노동의 세력 균형과 분배와 정의의 문제를 고려해야 한다는 것, 자유가 개인만이 아닌 이웃 및 타인과의 관계의 문제라는 것, 그리고 자유가 강제나 구속으로부터의 소극적 자유만이 아닌, 어떤 것을 즐기거나 행할 적극적 힘과 능력이라는 것을 알려주고 있기 때문이다.

우선 주목할 수 있는 것이 바로 J.S 밀[35]의 사회적 자유 개념이다. 그는 근대의 임금 노동자가 고대의 노예보다도 직업을 선택할 기회를 더 적게 갖는다고 보고, 노동자와 자본가 간의 세력 균형이 필요하다며 노조의 조직권을 보장해야 한다고 주장했다. 또한 그는 빈곤이 개인의 문제가 아니라 사회제도의 문제라고 보고, 토지소유의 제한, 엄격한 상속제 실시 등을 주장하기도 했다. 자본주의가 개인의 자유를 억압하는 치명적인 위협요소가 되고 있다는 문제의식 때문이었다. 이때 밀은 생산이 물리법칙과 같은 객관적인 효율성의 논리에 따라 이루어지는 반면 분배는 한 사회를 구성하고 있는 사람들의 주관적인 자유로운 의사에 따라 결정된다고 주장하면서, 인간이 경제성장에만

---

35 존 스튜어트 밀, 서병훈 역, 『자유론』(서울 : 책세상, 2005); 박동천 역. 『정치경제학 원리 2』(파주 : 나남, 2010).

힘을 쏟을 것이 아니라 정의와 자유를 확대하기 위해 분배에도 관심을 가져야 한다고 보았다.

한편 밀은 국가권력보다 사회적 공론이라는 이름의 여론이 개인의 자유를 침해할 가능성을 포착하고, 다수의 전제의 위험성을 경고하기도 했다. 이러한 문제의식은 자유가 그것을 향유하는 사람의 행복에 부합할 뿐만 아니라, 이웃의 이익을 고려하는 방향으로 행사되어야 한다고 보았던 것에 기초하고 있다. 인간은 누구나가 행복하기를 원한다고 생각했던 것이다. 그래서 그는 행복을 누리기 위한 두 가지 조건을 제시했다. 하나는 각자의 개성에 따라 자신의 삶을 자유롭게 선택하고 영위할 수 있는 것이고, 다른 하나는 타인의 행복에 관심을 가지고 자신의 이익과 타인의 이익을 조화시킬 수 있도록 노력해야 한다는 것이었다. 즉 밀은 인간의 자유가 이기적인 것이 되어서는 안되며, 자신의 자유가 가져올 사회적 결과를 고려할 줄 아는 사람이 진정으로 자유를 누리는 사람이고 보았다. 이때의 자유를 바로 사회적 자유라고 부를 수 있는 것이다. 실제로 밀은 자신의 대표적 저서인 『자유론』이 '시민적 자유 또는 사회적 자유'에 관한 논의라고 말하였다. 즉 그는 자유는 개인의 본성이나 권리라는 차원에서 이해되는 문제일 뿐만 아니라, 개인들 간의 관계라는 측면에서 조명되어야 하는 문제라는 것이다. 이때문에 밀은 타인에게 해를 끼치지 않는 한 개인의 자유는 절대적으로 보장되어야 한다는 원칙을 주창했는데, 이것은 타인에게 해를 끼치는 행위는 자유의 이름으로 옹호될 수 없으며 그에 대한 사회적인 제재가 필요하다는 주장으로 이어지는 것이었다. 또 그는 타인에게 해를 끼치는 행위에 악의를 가지고 행해지는 어떤 적극적인 행위만이 아니라, 어떤 행동도 하지 않음으로써 타인에게 위해를 가하는 경우도 포함시켰다. 밀은 자유를 단지 개체성이 아니라, 사회성의 차원에서도 조명했던 것이다.

밀의 사회적 자유를 더욱 심화시킨 토마스 그린의 적극적 자유[36]에 대해서도 주목할 수 있다. 그린은 밀이 보여주었던 자본주의에 대한 비판의식을 더욱 강화했다. 자본주의 발전 과정에서 나타난 빈곤과 기아와 질병 등의 문제가 자유주의의 이상을 위협한다고 보았던 것이다. 그런 가운데 사회성을 강조한 밀을 계승하여 인간(개인)은 오직 사회적 역할과 관계를 통해서 정체성을 획득하고, 자신을 실현할 수 있다고 주장했다. 이때문에 그린은 인간의 사회성과 사회적 관계와 공동체를 강조하면서, 사적 이익의 추구와 범위와 방법, 목적을 검토하였다. 그런 끝에 그린은 사회 전체의 발전과 공동선의 향상을 위해서는 특정한 사익을 통제하고 사익들 간의 조화 및 균형을 꾀하는 국가의 노력이 필요하다고 주장했다. 이어서 그린은 자유를 새롭게 정의하였다. 즉 자유를 단지 구속이나 강제로부터의 자유가 아니라, "우리가 다른 사람들과 함께 행하거나 즐기는 어떤 것을 행하거나 즐길 적극적인 힘 또는 능력"으로 재정의하였다.

---

36 토마스 그린의 자유관에 대해선 문지영, 『자유』, 56-59의 논의를 바탕으로 하였다.

2) 시민성으로서의 평등

평등을 시민성의 차원에서 바라볼 때 주목할 수 있는 것이 바로 루소[37]이다. 루소는 평등을 근대적 의미에서 본격적인 사회적 문제로 부각시킨 선구자라 그렇기도 하지만, 자유지상주의 혹은 공동체지상주의처럼 자유와 평등을 대립하는 것으로 보는 시각을 극복할 수 있는 단초를 제공해주기 때문이다. 또 평등을 논하는 이유와 목적이 무엇이어야 하는지를 알려주고 있기 때문이다.

우선 루소는 사회적 불평등을 인간에 의한 인간의 지배/예속 상태라고 보았다. 특히 초기 자본주의 사회에서 부의 차별적 소유에 의한 부자의 빈자에 대한 일방적이며 비인간적인 지배를 문제 삼았다. 따라서 루소에게 평등은 부의 차별적 소유에 따른 지배/예속 관계가 존재하지 않고 인간 상호 간에 대등하고 독립적이고 자율적인 관계를 갖는 상태를 가리킨다. 루소는 이를 위해 특히 경제적 평등을 강조하였다. 루소는 각자가 경제적으로 자기 자신의 주인이며 어느 누구도 타인에게 의존하지 않을 때에만 모든 사람이 평등하다고 보았던 것이다. 그런데 루소가 강조하는 경제적 평등은 사유재산에 대한 부정이 아니라, 누구도 재산을 지나치게 많이 소유하지 않으며, 오직 타인에게 지배당하거나 예속되지 않을만큼의 재산만 소유하는 것을 의미한다.

37 장 자크 루소, 주경복 역, 『인간 불평등 기원론』(서울 : 책세상, 2003).

한편 루소에게서 눈여겨 볼 것은 루소가 평등을 보편적 가치로 추구하는 이유 혹은 목적이다. 평등의 목적이 무엇이냐에 따라 그것이 인간에게 행복을 줄 수 있고, 그래서 추구할 보편적 가치가 될 수 있는지 아닌지가 좌우되기 때문이다. 이는 초기 미국 사회에 대한 토크빌의 통찰력을 통해 확인할 수 있다.[38] 토크빌은 유럽과 달리 미국이 평등한 사회라고 보았다. 출생과 재산상의 특권이 존재하지 않고, 모든 사람이 어떤 직업이건 선택할 수 있으며, 그리고 어떤 직종에서건 자신의 능력만으로도 정상에 오를 수 있는 사회라는 것이었다. 하지만 토크빌은 바로 그 평등성이 욕망의 한계를 넓힘으로써, 무한경쟁으로 통하는 문을 열어젖혔다고 지적했다. 그리고 바로 이것이 미국인들이 쾌락을 즐기는 동안에도 불안에 시달리고, 풍요 속에서도 우울증을 겪는 기이한 현상의 이유라고 분석했다. 평등의 목적이 사익을 위한 자유경쟁으로 맞추어졌을 때, 그것은 오히려 불행을 가져다줄 수 있다는 것이다.

루소가 평등을 강조한 이유는, 서로 대등하고 평등한 개인들 사이에서만 비로소 자유가 확보된다고 생각했기 때문이다. 즉 루소는 평등을 자유를 위한 토대라고 보았던 것이다. 이는 평등을 논하는 목적이 자유의 구현에 있었음을 의미한다. 또 루소가 평등을 '인간과 인간 사이의 지배/종속 관계의 해소'라고 한 것은 평등을 논함에 있어, 인간의 본래적 존엄성, 즉 인간은 본래 누구나 평등하고 존엄하다는 관점

38 A. 토크빌, 임효선·박지동 공역, 『미국의 민주주의Ⅱ』(파주 : 한길사, 2010).

에 바탕해 있음을 기억할 필요가 있다.

루소의 평등관은 평등을 중시하는 사회주의/공산주의 사상은 물론, 평등을 상대적으로 덜 중시한다고 알려진 자유주의 사상에도 큰 영향을 끼쳤는데, 존 롤즈와 로널드 드워킨[39]의 자유주의적 평등관이 바로 그것이다. 이들의 평등관은 평등을 구현하기 위한 정치철학적 원칙과 실천적 구상을 제시하고 있다는 점에서 도움을 준다. 여기서는 그들의 사상적 개념장치와 체계 보다는 평등의 재개념화에 주는 함의에 초점을 맞추어 살펴보도록 하겠다. 그들 사상 자체에 대한 평가보다는 평등을 시민성 차원으로 승화시키기 위한 지점이 무엇인지를 확인하는 것이 먼저이기 때문이다.

롤즈[40]는 결국 강자(승자)독식사회를 옹호하는 자유지상주의에 맞서 자유는 평등과 상호제약적이고 보완적인 관계에 있다고 보고, 최소 수혜자를 비롯한 사회구성원의 자유를 실질적으로 확대할 수 있는 평등의 정치철학적 원칙에 대해 고민하였다. 하지만 평등의 문제를 고민하면서도 공동체지상주의처럼 전체 이익을 명분으로 평등을 앞세워 소수의 권리와 자유를 침해하는 것—결국 스탈린주의와 같이 당간부와 관료와 같은 소수 강자의 독식으로 귀결되고 마는 것—에 대해서도 비판적이었다. 이때문에 롤즈가 구현하려는 정의(사회)는 누구나 각자의 권리와 자유를 최대한 평등하게 향유하면서, 동시에 누구도 차별

---

39 드워킨의 평등관에 대해선 박경신, 「드워킨의 정치적 신념: 자유, 평등 그리고 생명의 사이」, 『고려법학』 vol. 57 (2010): 129-168; 선우현, 『평등』, 116-131 참조.

40 존 롤즈, 황경식 역, 『정의론』(서울: 이학사, 2002).

받지 않으면서, 인격적으로 동등하게 살아갈 수 있는 (사회) 것이다. 이런 관점에서 롤즈는 (현실적으로 나타날 수 밖에 없는) 사회경제적 불평등이 허용될 수 있는 요건을 제시하는 바, 가장 혜택을 받지 못한 최수수혜자에게 최대한의 이익이 보장될 때, 그리고 모든 사람에게 직책 및 지위의 기회가 공정하고 평등하게 제공될 때이다. 이것이 바로 '차등의 원칙'이다. 전자를 협의의 차등의 원칙이라고 하고, 후자를 공정한 기회균등의 원칙이라고 한다. 공정한 기회균등의 원칙을 제시한 것은 자본주의 사회의 현실에서 제공되는 평등이 사실상 '형식적 평등'에 머물러 있으면서, 집안 환경이나 배경 차이로 인해 모든 구성원들이 실제로 자신의 잠재적 능력을 발휘할 기회를 제대로 부여받지 못하고 있음을 비판하기 위한 것이다. 롤즈는 그러한 사회적 불평등은 결코 정당화될 수 없다고 강조하는 바, 그것은 능력에 따른 것이 아니라 우연에 따른 것이기 때문이다. 협의의 차등의 원칙은 바로 우연에 따라 천부적 재능을 가장 덜 갖고 태어나 사회적 약자가 된 이들의 이익을 증대시키기 위한 정당화된 불평등을 강조한 것이다. 또 집안 환경이나 배경 등과 함께, 운좋게 갖게된 탁월한 능력과 그에 따른 보상은 혼자 소유해서는 안되며, 열악한 사회적 약자들의 처지를 개선하고 향상시키는데 활용되어야 한다고 주장했다. 탁월성은 사적으로 전유되어서는 안되며, 공적인 기여를 해야 한다는 것이다. 아무리 우수한 인재도 천부적 재능이 떨어지는 이들이—주로 종사할 수 밖에 없는—'허드렛일'에 종사하지 않는다면 탁월함을 드러내는데 집중하기가 어려울 것이기 때문이다.

드워킨 역시 평등이 자유주의의 핵심 가치이며, 개인의 의지나

선택과는 무관한 불운과 천부적 재능에 의해 초래되는 사회적 불평등은 정당화될 수 없다고 보았다. 이러한 관점에서 그는 다른 무엇보다도 타인에 대한 관심과 배려에 바탕한 자원의 평등이라는 새로운 분배적 평등관을 제시했다는 점에서 눈길을 끈다. 이때 자원은 단지 경제적 재화만이 아닌 정치적 권력 등을 포함한 사회의 모든 가치들을 포함한다.

그가 자원의 평등을 제시한 이유는 사회주의든 자유주의든 모든 정치사회체제는 '평등하게 대우하는 것'을 넘어서서, 모든 개인들을 '평등한 존재로 대우'하기 위해서이다. 여기서 주목해야 하는 것은 평등한 존재로 대우한다는 것의 의미이다. 이것은 평등이 단지 모든 구성원들에게 특정 재화나 기회 등을 절대적으로 동일한 양으로 나누어 주는 것이 아니라, 누구든지 간에 그들이 처한 상황과 조건에 따라 필요로 하는 자원을 제공한다는 것을 의미한다. 이런 방식의 분배가 이루어졌을 경우에 어떤 구성원도 다른 구성원이 소유하고 있는 자원의 총량에 대해 시샘하지 않은 채, 자신의 취향과 열망에 따른 자신만의 길을 갈 수 있을 것이라고 생각했던 것이다. 물론 드워킨은 모든 사회구성원들이 각자가 평생 살아가는 동안 사용할 수있는 자원의 양은 가능한 한 평등해야 한다고 본다. 다만 상황과 조건의 차이에 따른 자원의 양과 종류가 다르다는 것이다. 이때문에 그는 개인들은 경매시장에 나가 자신이 원하는 양과 종류의 자원을 선택할 수 있어야 한다고 말한다.

하지만 그 자체가 평등을 보장하지는 않는다. 잘못된 선택 혹은 자신이 통제할 수 없는 불운/행운에 의해 불평등한 결과가 발생할 수 있기 때문이다. 이때문에 드워킨은 운수를 선택적 운수와 폭력적 운수로 나누어 전자에 따라 발생하는 불평등은 정당한 것으로, 그리고 후자에 따른 불평등은 부당한 것으로 본다. 개인적 의사나 선택, 결정과는 무관한 우연적인 자연적 재해나 집안 배경이나 천부적 재능같은 것들이 폭력적 운수의 예이다. 드워킨은 이와 같은 부당한 불평등을 소득재분배 정책과 사회복지 제도 등과 같은 '보험시장'을 통해 자원을 제공해 시정해야 한다고 말한다.

드워킨의 이와 같은 자원의 평등관은 사회적 약자—최소수혜자—를 위한 평등관이라는 점에서 롤즈를 계승하면서도, 평등과 불평등을 단지 물질적인 재화의 문제로 바라보는 것을 넘어서서 개인의 자유로운 선택에 따른 차이를 존중하는 평등관을 제시한 것이라는 점에서 의의를 갖는다. 자유주의와 양립할 수 없는 경제적 평등에 머무는 평등관을 극복하는 동시에, 개인의 자유를 평등과 조화시키려는 시도인 것이다.

이상의 논의들은 자유와 평등을 보편적 가치로서 추구함에 있어, 자유와 평등을 어떤 관점에서 바라보고, 무엇을 어떻게 실천해갈 것인지에 대해 '영감'을 제공해준다. 특히 자유와 평등이 단순히 개인이 보유한 시민적 권리만이 아니라, 자신을 포함한 타인과 이웃, 공동체 전체의 차원에서 바라보고 구현을 위한 실천의 문제임을 알려준다. 자유와 평등을 시민성의 차원에서 보고자 했던 이유는 바로 그 때문이다. 법과 제도 상에 나와 있는 권리만이 아니라 시민적 덕성을 발휘해 책임과 의무를 수행하는 것, 특히 상대적으로 보다 나은 상황과 조건에 있는 이들의 실천이 필요하다는 것이다. 자유와 평등은 그때야 비로소 보편적 가치로서 그리고 시민적 미덕으로서 온전히 구현될 수 있을 것이기 때문이다.

참고문헌

고원. 2007.「시민혁명과 근대 민주주의 탄생」. 민주화운동기념사업회 편.『민주주의 강의1 : 역사』. 서울 : 민주화운동기념사업회.

김동택. 2007.「19세기 서구 민주주의」. 민주화운동기념사업회 편.『민주주의 강의1 : 역사』. 서울 : 민주화운동기념사업회.

김상수. 2008.『보수와 진보 : 이념을 넘어선 영국의 현실 정치』. 서울 : 책세상.

김비환. 2002.「자유주의의 '실천'(praxis)과 '미덕'(virtue)」.『한국정치학회보』 36집 1호.

김윤철. 2009.『정당』. 서울 : 책세상.

_____. 2012a.「더 이상 지속해선 안되는 낡은 정치의 소극(笑劇)」.『실천문학』 106호(여름).

_____. 2012b.「사회의 전환과 새로운 주체의 발견에 대한 단상」.『진보평론』 51호(봄).

로크, 존. 강정인·문지영 공역. 1996.『통치론:시민정부의 참된 기원, 범위 및 그 목적에 관한 시론』. 서울 : 까치.

롤즈, 존. 황경식 역. 2002.『정의론』. 서울 : 이학사.

루소, 장 자크. 주경복 역. 2003.『인간 불평등 기원론』. 서울 : 책세상.

문지영. 2009.『자유』. 서울 : 책세상.

밀, 존 스튜어트. 박동천 역. 2010.『정치경제학 원리 2』. 파주 : 나남.

_____________. 서병훈 역. 2005.『자유론』. 서울 : 책세상.

박경신. 2010.「드워킨의 정치적 신념 : 자유, 평등 그리고 생명의 사이」.『고려법학』 vol. 57.
박승관. 2000. 「숙의 민주주의와 시민성의 의미」. 『韓國言論學報』 제45-1호.
발리바르, 에티엔. 진태원 역. 2011. 『정치체에 대한 권리』. 서울: 후마니타스.
서복경. 2012. 「19대 총선에서 나타난 정당의 사회적 기반의 변화 분석」. 『19대 총선평가와 분석 공동학술토론회 자료집: 19대 총선과 정당정치 그리고 한국의 민주주의』(2012. 4. 19).
선우현. 2012. 『평등』. 서울: 책세상.
스미스, 아담. 김수행 역. 1992. 『국부론』. 서울: 동아출판사.
윌리엄스, 레이먼드. 김성기·유리 공역. 2010. 『키워드』. 서울: 민음사.
이갑윤·이지호·김세걸. 2013. 「재산이 계급의식과 투표에 미치는 영향」. 『한국정치연구』 제22집 제2호.
이승훈. 2010. 「공공영역과 '시민됨'의 문화적 조건」. 『사회이론』 봄/여름.
정해구. 2007. 「민주주의 역사와 그 궤적」. 민주화운동기념사업회 편. 『민주주의 강의1: 역사』. 서울: 민주화운동기념사회.
최유. 2004. 「현대 공화주의 정치사상과 헌법」. 『法政論叢』 제39권 제53집.
최장집. 2005. 『민주화 이후의 민주주의』. 서울: 후마니타스.
최현. 2008. 『인권』. 서울: 책세상.
토크빌, A. 임효선·박지동 공역. 2010. 『미국의 민주주의Ⅱ』. 파주: 한길사.
헌트, 린. 전진성 역. 2009. 『인권의 발명』. 파주: 돌베게.
헬드, 데이비드. 박찬표 역. 2010. 『민주주의의 모델들』. 서울: 후마니타스.
Burtt, S. 1990. "The good citizen's psyche: On the psychology of civic virtue." *Polity* 23(1): 23-38.
Dahl, R.A. 1982. *Dilemmas of Pluralist democracy : Autonomy vs. Control.* New Haven, CT: Yale University Press.
Ryan, Alan. 1999. "Liberalism." Eds. Robert E. Gooodin and Philip

Pettit. *A Companion To Contemporary Political Philosophy*. Oxford: Blackwell Publisher.

Scarrow, Susan E. 2006. "The ninteenth-century origins of modern political parties : The unwanted emergence of party-based politics." Eds. Katz, Richard S and William J. Crotty. *Handbook of Party Politics*. London : Sage Publications Ltd.

Shills, E. 1997. *The Virtue of civility : Selected essays on liberalism, tradition, and civil society*. Indianapolis, IN : Liberty Fund.

5장
탈근대적 덕목과 가치[1]

이동수

1. 상호주관성과 공동세계

앞에서 우리는 시민이란 국민이나 대중과 달리 주체적이고 능동적이면서 사회와 타인에 대해 책임감을 갖는 사람이라고 정의한 바 있다. 이는 시민이 단순히 시민권(citizenship)을 갖는 주인(master)으로서 지배자의 위치에 있다는 것이 아니라, 시민성(civility)을 발휘하여 다른 시

1 이 장은 필자의 글들인 「횡단성의 정치: 소통정치의 조건」(2012), 「지구시민의 정체성과 횡단성」(2010), 「지구화시대 시민과 시민권: 무페의 논의를 중심으로」(2008), 「정치와 정쟁: 근대적 정치관을 넘어서」(2004)의 내용을 참조하여 재구성하였다.

민들을 배려하고 함께 시민사회를 살아가는 상호주체적 존재라는 것을 의미한다.

일반적으로 시민이나 시민사회를 논할 때, 자유와 평등을 중요한 덕목과 가치로 상정하는데, 이는 근대적인 것으로서 시민권과 보다 관련이 깊다. 즉 시민이란 자유롭고 평등한 사회구성원으로 자신의 권리와 의무를 다하는 시민권자라는 시민의 자격을 부각시키는 것이다. 그리고 이는 예속적이고 불평등한 전근대적 사회로부터 자유롭고 평등한 근대사회를 건설하고자 하는, 즉 신민(臣民)을 근대인으로 전화시키고 민주주의를 수립하고자 하는 과정에서 나타난 현상이다. 하지만 소위 탈근대사회로 접어듦에 따라, 자유와 평등에 대한 해석은 변화하기 시작하였고 자유와 평등 외에 다른 덕목들이 강조되기에 이른다. 예컨대 소통, 배려, 상생과 같은 것이 그것이다.

이는 근대성(modernity)이 동일성(identity)이나 보편성(universality)에 근거하여 개별 시민의 자유와 평등에 입각한 주관성(subjectivity)을 강조하는데 비해, 탈근대성(postmodernity)은 차이(difference)나 다원성(plurality)에 근거하여 사람들 상호간의 교류와 소통, 협력 등을 통해 비로소 시민과 시민사회가 형성된다는 상호주관성(intersubjectivity)을 전제한다는 것을 뜻한다. 즉 근대적 시민은 자유롭고 평등한 보편적 '주체'로서의 시민을 전형으로 삼은 데 비해, 탈근대적 시민은 차이와 다양성을 전제하고 이를 보존하면서도 서로 소통하고 교류하여 함께 주체를 이루는 '상호주체'로서의 시민을 염두에 둔다는 것이다.

그런데 인류문명의 역사를 돌이켜보면, 이런 탈근대성은 새로운 것이 아니다. 인류는 항상 주관성보다는 상호주관성을 어떻게 구현할 것인가에 주목해왔다. 한 때는 존재론적으로 고독하고(solitary), 유한하며(finite), 사멸하는(mortal), 나약한(feeble) 존재인 인간이 완전하고(perfect), 영원하며(eternal), 선한(good) 신(God)과 소통함으로써 자신의 약점을 보완하고 자기완성을 이루기를 원했다.

하지만 인간이 무한하며 영원한 신과 함께하는 것은 개인적(personal) 차원에서만 가능한 일이다. 즉 인간은 개인적으로는 신으로부터 구원(salvation)받을 수 있지만, 사회적 차원에서는 신으로부터 구원된 신국(the City of God)을 건설하는 것은 불가능하다. 즉 성인이나 신앙심 깊은 개인은 존재할 수 있을지라도 사회적으로 신국은 달성되지 않는다. 왜냐하면 사회란 그 자체 하나의 실체(entity)로 존재하는 것이 아니라, 사람들이 모여 서로 관계맺음으로써 그 관계의 복합적 행위의 결과로 구성되기 때문이다. 사회는 그것을 구성하는 사람들의 여러 관계의 망이기 때문에, 만약 성인이 아닌 자가 한 사람이라도 존재한다면 그가 관계하는 여러 행위로 인해 그 사회의 연결망은 훼손되기 마련이다. 그런 점에서 인간의 나약함보다 사회는 더욱 깨지기 쉬운(frail) 존재이다.

따라서 인류가 추구하는 사회의 최종적 모습은 '이상사회(ideal society)'가 아니라 '문명사회(civilized society)'이다. 문명사회란 신국과 같은 높은 경지의 완전한 사회는 아닐지언정, 부족하고 고독한 인간들끼리 서로 소통하고 협력함으로써 개인의 한계를 넘어 인류를 위협하는 다른 존재들—예컨대 자연이나 맹수들, 기근, 불행—에 공동으로 대처하는 사회이다. 그런 점에서, 문명이란 단순히 지식의 발견이나 물질의 번영을 지칭하는 것이 아니라, 서로 협력할 줄 아는 태도의 발견을 의미한다. 문명(civilization)의 시작은 도시(city)의 건설과 함께 진행되었는데, 도시의 건설이란 기본적으로 사람들이 함께 어울려 사는 공존과 협력의 공간을 확보한다는 것을 뜻한다.

그리고 이런 문명사회를 지향하면서 도시(공동체)에 거주하는 사람을 지칭하여 '시민(citizen)'이라 부른다. 여기서 시민이란 일종의 메타포로서 도시(공동체)에 자유롭고 평등하게 살 수 있는 공적인 자격인 시민권(citizenship)을 갖고 있을 뿐만 아니라, 자신과 차이가 있는 다른 타인들을 인정하고 그들과 서로 협력할 줄 아는 태도인 시민성(civility)을 가진 존재를 의미한다. 따라서 시민은 그가 권리와 의무를 가진 공동체 주인으로서의 자격을 갖고 있는 한편 공동체의 다른 구성원들과 함께 더불어 살 수 있는 자질을 가진 상호주관적 존재를 지칭한다.

시민을 단순한 주체가 아니라 문명사회를 함께 이루는 상호주관적 존재로 인식할 때, 사회는 단순히 개인들의 모임이 아니라 공동세계(common world)로 받아들여진다. 즉 자신의 부족함을 인식하고 따라서 서로의 소통과 협력을 통해 인간의 존엄성과 위대함을 키울 수 있는 공동세계 구축이 시민사회가 추구하는 최종적인 목표인 것이다. 이런 점 때문에 시민사회는 국가나 시장과 다른 제3의 영역으로 간주되며, 또한 국가나 시장 영역을 지배하는 지도원리와는 다른 원리가 적용되는 것이다.

특히 아렌트(Hannah Arendt)는 시민사회를 국가나 시장과는 질적으로 다른 공동세계의 영역으로 간주한다. 먼저 그녀에 의하면, 근대는 '사회적인 것(the social)'이 등장하여 경제와 정치를 혼동하고 있는 시대로 특징지워진다. 사회적인 것은 "사적 소유의 관리가 사적인 관심사에서 공적인 관심사로 변형된"[2] 것을 의미한다. 즉 사회적인 것의 등장은 사회 전체의 공동의 관심사가 오직 경제적인 것에 집중하게 만들었다. 따라서 사적 소유주들 간의 보다 많은 부를 위한 경쟁적인 투쟁과 충돌을 막아주기 위해 정부가 필요했으며 이것만이 공적인 것으로 간주되었다.

하지만 그 결과는 사적인 것과 공적인 것 모두의 동시적 몰락이었다. 즉 공적인 것이 사적인 기능을 하게 되기 때문에 공적인 것이 사라지고, 사적인 것이 유일한 공동의 관심사로 남기 때문에 결과적으로 사적인 것 자체가 사라지게 되었다. 또한 사회적인 문제가 더욱 부각되면서 정부는 '전국적 가정관리(nation-wide housekeeping)' 형태로 변형되고, 결국 익명적인 행정을 담당하는 기능만 하게 된다. 그리하여 사회적인 문제를 행정적으로 처리하는 관료제가 가장 사회적인 정부의 형태가 되며, 이것이 공적 영역이라고 착각하게 되었다. 요컨대 근대국가는 사적인 것으로 점철된 사회적 문제 해결이라는 미명 아래 국가와 정부의 역할은 행정에 있으며 이것이 공적인 것으로 간주되었던 것이다.

하지만 이러한 행정의 지배, 즉 관료제의 지배는 누구도 책임지지 않는 '익명의 지배'가 된다. 여기서는 지배자가 누구인지도 모른 채 시민들은 지배당하고 있는 상황이 만들어진다. 그리고 단순히 관리와 행정으로 쇠락한 정부는 정치적 문제를 다루는 것이 아니라 사회적

---

2 Hannah Arendt, *The Human Condition*(Chicago : The University of Chicago Press, 1958), 68-69.

문제들만 다루며, 이 또한 전문가들이 어떤 객관적 기준에 의해 결정할 뿐, 시민들의 의견제시와 토론, 선택의 과정들은 사라진다. 이런 공적 영역 속에서는 함께 토론할 사람도, 불만을 제기할 어떤 상대도 없으며, 따라서 시민들은 더 이상 정치적 자유와 행위능력이 필요없게 된다.

이와 같이 관리와 행정의 공적 영역 속에서는 기준, 척도, 효율성, 객관성, 규칙 등에 의해서만 움직이며, 따라서 사회 내에 존재하는 다양한 의견, 의견들의 차이, 개성, 특수성 등은 그 자체로 인정되는 것이 아니라 어떤 기준이나 척도에 따라 측정되고 평가되며, 궁극적으로 표준화시켜 관리되는 운명에 처한다. 그 결과는 모든 사람들이 행위(action)를 하는 것이 아니라 행태(behavior)만 하면서 단일하고 표준화된 사람들로 '평등하게' 구성된 '대중사회'가 될 뿐이며, 이곳에 '시민'은 더 이상 존재하지 않는다.

이와 달리 '시민사회'란 구성원들이 자신의 다양한 의견과 차이들을 드러내면서 그 사회의 공동 구성원이 되는 사회를 일컫는다. 즉 개인들이 자유로운 말과 행위를 통해 자신을 뽐내고 타인과 겨루면서 존재감을 획득하고, 또한 타인의 존재를 인정하면서 함께 어울릴 수 있는 공간이 바로 시민사회라는 것이다. 따라서 이 영역의 특징은 다원성(plurality)과 타인에 대한 인정, 그리고 다원성 사이의 조화에 있다. 따라서 시민사회는 공동사회(common world)로서의 성격을 갖는다.

이런 시민사회는 또한 고대의 폴리스(polis)와도 같다. 시민들이 그 공동세계에 참여할 때에만 형성되고 그들이 흩어지면 사라진다. 오늘날 민주주의론에서 참여가 중요한 것은 단순히 시민들의 숫자를 늘려 세를 불리기 위해서가 아니라, 참여하지 않으면 공동세계 자체가 사라져버리기 때문이다. 또한 시민사회는 시민들이 자신을 드러내고 그것을 누구나 볼 수 있고 들을 수 있으며, 그에 대한 자신의 의견을 개진할 수 있음으로 해서 공공성을 갖는다. 즉 시민사회야말로 사적인 이해관계에만 매몰된 개인이나, 사적 이해관계들의 충돌을 사회적으로 관리하고 조정하는 정부와 달리 진정한 의미의 공적 영역으로서의 자격을 갖는다. 따라서 아렌트적 의미에서는 공동적인(common) 것만이 공적인 것이 될 수 있다.

따라서 탈근대적 가치란 공동적(common) 가치이다. 한편으로 이것은 개인적·당파적 가치와 구분되며, 다른 한편 보편적 가치와도 구분된다. 공동적 가치란 사회구성원들의 정치세계에서 실제적 문제를 다룰 때 개인이나 당파들 간의 이익의 충돌을 모면하고 보편적 가치를 객관적 기준으로 들이댐으로써 다른 사람들의 의견을 억견으로 폄하하는 대신, 그들이 공동체에서 더불어 살 수 있게 해주는 공동적 합의를 이끌어 내는 것이다.

이런 기준에 따른 사회는 주관적이고(subjective) 부분적인(particular) 것들의 무한한 충돌을 피할 수 있으며, 뿐만 아니라 객관적이고(objective) 보편적인(universal) 것을 추구할 때 생기는 진실/거짓, 선/악, 동지/적의 구별과 여기서 비롯되는 불평등한 대결을 피할 수 있다. 그 대신 공동적 가치를 존중하는 사회는 구성원 모두를 소중히 여기고 그들 간의 상호주관적이며(intersubjective) 공동적인(common) 세계를 구성하기 위한 협력과 합의를 중요시한다.

이와 같이 공동세계로서의 시민사회가 조화와 협력의 공간이 되기 위해서는 먼저 자신의 이익이나 의견에 대한 주의주장의 한계를 인식하는 한편, 공동체를 하나의 전체로 간주하여 그곳에서 객관적이고 보편적인 진리가 실현되어야 한다는 진리적 주장에 현혹되지 말고, 최소한 타인들의 의견이 무엇인지 귀 기울이고 그들의 이야기를 들어보는 일이 중요하다. 그리고 다른 사람의 개인적 의견이 나의 것과 다르다고 할지라도 적어도 그가 자신의 이익달성과 권력획득을 위해 그것을 말하고 있다고 의심하지 말고, 그도 자신의 입장에서 열리는 세계를 우리에게 말하고 표현하는 것이라고 간주해야 한다.

공동세계는 나 혼자만의 생각이나 혹은 너 혼자만의 생각으로는 결코 만들어지지 않는다. 또 나와 너를 떠나서 객관적인 진리와 정의에 의해 형성되어야 하는 것도 아니다. 오히려 나와 네가 함께 의견을 드러내고 공동의견의 구성에 참여할 때에만 그것은 나타난다. 서로의 차이에 대해 인정하면서 그 곳에서 서로 소통하고 협력하며 연대할 수 있는 상호주체인 시민들이 공동세계를 이룰 때 비로소 시민사회가 형성되는 것이다. 따라서 시민의 탈근대적 덕목과 가치는 공동세계를 이룰 수 있는 기본적 덕목인 차이에 대한 인정, 타인과의 소통과 횡단, 그리고 보편적 목적보다 상호주관적 절차를 중시하는 태도 등이라고 볼 수 있다.

2. 차이와 다양성

근대까지만 해도 차이와 다양성은 억압의 대상이었다. 만일 현실세계에 차이와 다양성이 존재한다면, 이는 역사적 실천을 통해 정반합(正反合)의 과정을 거쳐 사라지고 종국에는 하나로 통일될 것이라 믿었다. 하지만 탈근대시대엔 차이와 다양성은 오히려 인간의 본질적 속성이며 사회의 발전을 추동하는 힘으로 여기게 되었다. 따라서 시민의 차이와 다양성의 보존은 중요한 덕목과 가치로 인정되기에 이른다. 탈근대적 시민사회란 시민들 각자 차이와 다양성을 유지하면서도 함께 더불어 살 수 있는 공동세계 구축을 목표로 삼는다.

그런데 여기서 말하는 차이란 단순히 겉으로 드러나는 현상적 차이를 지칭하는 것이 아니라 인간의 존재론적 본질로서의 근본적 차이를 의미한다. 이 근본적 차이는 결코 제거될 수 없다. 다만 차이들이 서로 갈등과 충돌을 야기하는 대신, 생산적 상호작용을 통해 생성과 협력의 토대로 삼는 것이 필요하다. 그리고 이를 위한 첫걸음은 근본적 차이에 대한 인정에서부터 비롯된다.

특히 탈근대론자의 대표적 주자인 들뢰즈(Gilles Deleuze)는 모든 존재의 속성을 차이 그 자체(difference in itself)로 파악한다. 여기서 차이 그 자체란 여러 현상적인 존재자들 차원의 차이들(differences)을 의미하는 것이 아니라, 본질적인 존재의 차원에서 존재 그 자체가 차이로 존재한다는 것을 의미한다. 이는 마치 하이데거(Martin Heidegger)의 존재론을 연상시킨다. 하이데거가 『존재와 시간 *Being and Time*』에서 존재론적(ontological) 차원의 존재(Being)와 존재자적(ontic) 차원의 존재자들(beings)로 나누고 존재의 본질은 모든 가능성으로서의 무(nothing)라고 설명하듯이,[3] 들뢰즈 또한 현상적 차이들의 존재론적 본질은 어느 하나로 고정되거나 동일성으로 존재하는 것이 아니라 차이의 원리로 존재하며 따라서 그냥 존재한다기보다는 생성하는 형태로 존재한다고 본다. 즉 본질적 의미의 존재는 생성을 가능하게 하는 차이 그 자체라는 것이다. 따라서 들뢰즈는 하이데거의 존재(Being)를 생성(Becoming)으로 대체하고 그 속성을 유사한 것으로 상정하고 있다.

푸코(Michel Foucault)는 이러한 들뢰즈의 존재론을 '차이의 해방'을 가져온 철학이라고 평가한다.[4] 즉 지금까지 형이상학의 역사에서 주류를 이루어왔던 플라톤류의 일자(the One) 본질론을 전복시켜 다양성을 생성시키는 차이의 본질론을 주장한다는 것이다. 그런데 들뢰즈가 차이의 본질론을 주장하게 된 이유는 다양성을 수용하고 생성시키는 힘으로서의 차이를 긍정적으로 바라다보기 때문이다. 즉 차이란 제거되어야 할 대상이 아니라, 그들 간의 상호작용을 통해 새로운 것을 생성하고 창조하는 긍정의 힘인 것이다.

이런 차이의 철학에 입각하여 들뢰즈는 스피노자(Benedict de Spi-

---

3 Martin Heidegger, *Being and Time,* trans. John Macquarrie and Edward Robinson(New York : Harper & Row, 1962).

4 Michel Foucault, *Language, Counter–Memory, Practice : Selected Essays and Interviews,* ed. Donald F. Bouchard, trans. Donald F. Bouchard and Sherry Simon(Ithaca : Cornell University Press, 1977).

noza)와 니체(Friedrich Nietzshe)를 재해석한다. 먼저 들뢰즈에 의하면, 니체의 생성의 철학도 근본적으로는 차이를 본질적인 것으로 보았다. 니체에 있어서 흔히 권력 의지로 표현되는 '힘의 의지(will to power)'는 단순히 주체에 의해 이루어지는 의식적인 결정을 뜻하거나 주체가 권력을 추구하는 의지를 뜻하는 것이 아니다. 힘의 의지는 주체와 전혀 상관없이 존재자들을 생성하는 본질적인 힘에 관한 것이며, 이때 생성하는 힘은 어떤 고정된 본질이나 정체성에 안주하려 하지 않고 힘 안에 있는 의지가 발동하여 무엇인가를 항상 생성하고자 함을 뜻한다. 요컨대 '힘의 의지'는 "이런 힘들을 발생하게 하는 동시에 이 힘들 간의 관계를 결정해주는 요소"[5]이며, 언제나 힘들 간의 관계를 맺으면서 그에 따라 "힘과 그 생성물들 속에서 차이가 발생하게 하는"[6] 요소이다.

그리하여 '힘의 의지'를 긍정한다는 것은 본질적으로 차이를 생성해내는 상태를 유지한다는 것을 의미한다. 니체에 있어서 '힘의 의지'는 존재자들보다 선행한다. 이는 존재자들을 서로 차이 나게 해주고 그 차이 나는 상태가 반복(지속)되도록 해주는 기능을 하는 '힘의 의지'가 있음으로 해서 서로 차이 나는 존재자들이 존재한다는 것을 의미하며, 따라서 존재의 본질은 '힘의 의지'라는 것이다. 그리고 이 '힘의 의지'의 본질은 바로 차이 그 자체이다.

---

5 Gilles Deleuze and Félix Guattari, *Anti–Oedipus : Capitalism and Schizophrenia,* trans. Robert Hurley et al.(Minneapolis : University of Minnesota Press, 1983), 50.

6 *Ibid.*, 7.

한편 스피노자의 경우에는 모든 것의 본질을 신(God)에 돌리면서 '존재의 일의성(univocity of Being)'을 강조한다. 그러나 들뢰즈가 보기에, 스피노자가 말하는 '존재의 일의성'은 '존재의 일자성(oneness of Being)'을 의미하는 것은 아니다. 스피노자는 존재하는 모든 것은 신 안에 있으며, 신 없이는 아무것도 존재할 수 없고 파악할 수도 없다고 말한다. 이는 다양한 의미의 존재자들은 동일한 하나의 존재 혹은 실체의 서로 다른 이름일 뿐이라고 말하는 것처럼 들린다. 하지만 여기서 스피노자가 말하는 실체는 동일성을 담보해주는 초월적 존재가 아니라, 존재자들이 차이를 지니며 생성되는 상태 그 자체를 가리킨다. 우리가 저지르는 잘못된 환상 중 최고는 초월성에 대한 환상인 것이다.[7]

따라서 스피노자가 제시하는 '신'이라는 말 속에 담겨 있는 실체는 초월성에 입각한 유일한 실체 혹은 일자로서의 실체가 아니라, 다양한 양태들의 결합으로 이루어진 내재성의 장으로서의 실체를 의미한다. 그리고 이 내재성은 어떤 통일체를 지향하지 않고 개체화된 다양한 것들의 다양체를 지향한다. 즉 신은 모든 것의 근본이 되는 초월적 일자가 아니라 모든 것을 포괄하는 존재자들의 내재적 다양체라는 것이다. 이는 신을 초월성(transcendence)이 아니라 내재성(immanence)의 차원에서 파악하는 것이며, 존재도 초월적인 것이 아니라 내재적인 것으로 간주함으로써 차이 그 자체로 존재한다는 것을 의미한다.

---

7 Gilles Deleuze and Félix Guattari, *What Is Philosophy?* trans. Hugh Tomlinson and Graham Burchell(New York : Columbia University Press, 1994), 49.

이러한 존재의 내재적 본질은 수목(tree)의 뿌리와는 다른 뿌리줄기인 리좀(rhizome)과 같다고 할 수 있다. 그리고 수목이 아니라 리좀에서만 차이의 생성이 가능해진다. 들뢰즈는 『천개의 고원 *A Thousand Plateaus*』에서 리좀에 대해 자세히 살피고 있다. 먼저 리좀은 하나의 질서로 고정시키는 수목의 뿌리와는 달리 항상 다른 것과의 접촉을 시도한다. 이러한 리좀의 원리로서의 접속은 줄기들의 모든 점이 열려 있어서 다른 줄기가 접속할 수 있다는 특성, 그리고 다른 줄기의 어디라도 달라붙어 접속할 수 있지만 접속한 줄기들이 어느 한 점으로 환원되지 않고 배타적 이항성도 나타나지 않는다는 특성을 지닌다. 그렇기 때문에 이런 접속에서는 접속되는 항이 달라지거나 접속의 지점이 달라지면 접속으로 인해 생산되는 결과도 역시 달라진다. 이로 인해 생산되는 것이 바로 다양성이다. 즉 리좀은 "끊임없이 세워지고 부서지는 모델에 관한 것이고, 끊임없이 연장되고 파괴되며 다시 세워지는 과정"[8]으로 존재한다.

그런데 근대성은 이런 차이 그 자체를 억압하고 그것을 동일성으로 규정하여 표상적 차이들을 조정하고 편재하려는 시도들을 통해 생성의 힘을 억압해 왔다. 정치세계에서도 근대국가체제는 정치공동체를 국민국가로 경계짓고 차이들을 억압함으로써 이런 생성의 힘을 약화시켜 왔다. 즉 근대성과 근대국가는 영토화(territorialization)를 통해 생

---

8 Gilles Deleuze and Félix Guattari, *A Thousand Plateaus : Capitalism and Schizophrenia*, trans. Brian Massumi(Minneapolis : University of Minnesota Press, 1987), 20.

성의 욕망과 힘을 규격화하고 제도화시켜 고정시킴으로써 사회의 안정과 질서를 추구한다. 이때 형이상학의 임무는 차이를 일자성으로 환원시키는 것이며, 근대국가의 임무는 지배력이 미치는 공간에 홈을 파서 그 속에 모든 것을 고정시키는 일이다. 특히 국가체제 아래 제도화된 배치에 순응하는 사람들은 안정감을 갖고 순종하면서 살아가게 되는데, 들뢰즈는 이들을 정주민(sedentary)이라 부른다. 정주민이란 편집증적으로 제도권에 고착된 삶의 방식에 안주하는 사람으로서, 제도권적 사고방식, 가치관, 생활방식에 안주하여 이로부터 벗어나려 하지 않으며, 생성의 욕망과 힘을 져버린 사람을 지칭한다.

하지만 들뢰즈에 의하면, 아무리 안정되고 강건한 영토라 하더라도 거기에는 영토를 무너뜨리고 거기로부터 벗어나기 위한 단서가 되는 여백이 반드시 있다. 들뢰즈는 이 여백을 '탈주의 선(line of flight)'이라 부른다. 그리고 이 탈주선을 따라 탈영토화(deterritorialization)의 현상들이 나타나는데, 영토화를 거부하고 '탈주의 선'을 따라 끊임없이 탈영토화를 시도하는 사람들이 바로 유목민(nomad)이다. 즉 유목민이란 국가에 의해 강제적으로 부여되어 따르기를 강요하는 규격화된 배치, 보편적이라는 이름으로 시도되는 획일화를 거부하고 새로운 배치, 새로운 욕망을 끊임없이 추구하는 사람을 지칭한다. 유목민은 국가장치에 의해 설정된 공간 안에서 정주민으로 살아가기를 거부하며 '탈주의 선'을 따라 지금까지와는 다른 형태의 삶을 찾아 이동하는 사람들인 것이다.[9]

유목민은 고착화된 홈을 거부한다. 이런 점에서 유목민은 '탈기관체(body without organs)'라 부르기도 한다. 여기서 기관(organ)이란 어떤 유기체나 구조에 소속된 채 특정 기능을 반복적으로 수행하는 기계를 말하며, 이와 달리 특정 기능을 반복적으로 수행하기를 거부하는 질료, 다시 말해 특정 욕망에서 다른 욕망으로의 변환이 지속적으로 이루어지는 유동적인 질료를 '탈기관체'라고 말한다. 그리하여 유목주의란 다수자(지배자)의 삶의 방식에 안주하지 않고 그의 삶의 방식과는 다른 삶의 방식을 끊임없이 분열증적으로 추구하면서 창의적이고 생산적이며 유연하게 살아가고자 하는 사고방식, 가치관, 태도, 행동양식을 옹호한다. 이런 유목주의의 목적은 고정된 관점이나 판단의 자리로부터 사유를 해방시켜 어떤 바탕이나 본거지를 넘어 이동하며 새로운 영토를 창조하도록 하는 데 있는 것이다.[10]

이러한 유목민의 창조의 자유 속에서 인간은 비로소 주체화된다. 일부 포스트모더니스트들은 '주체의 죽음'을 선언하기도 하고 푸코처럼 주체를 단지 '권력의 효과'라고 폄하하기도 하지만, 들뢰즈는 주체를 부정하지 않고 주체의 구성이나 주체화 과정을 독특하게 설명한다. 물론 다른 포스트모더니스트들처럼 주체중심적인 사유, 즉 의미나 사건의 원천으로서의 '인간적인' 주체나 '신적인' 초월적 주체는 모두 거부한다. 하지만 전통적인 주체 개념을 비판하면서도 과정으로서의 주체, 즉 주체화 과정의 긍정적인 역할을 사유한다. 들뢰즈에게 중요한 것은 긍정적인 '주체화 과정(subjectification)'을 부정적인 '예속화(subjection)'로 타락시키는 권력의 압력을 구별하여 구성적 주체의 탈주가능

---

9 *Ibid.*, 383–384.

10 목영해, 「들뢰즈의 유목주의와 그 교육적 함의」, 『교육철학』 제48집(2010): 58.

성에 주목하는 것이다.

따라서 세계의 생성은 유목민들의 주체화 과정을 통해 이루어진다. 국가와 체제, 기존의 질서는 우리에게 정주민이 되기를 강요하지만, 존재론적으로 내재된 '탈주의 선'을 쫓아 유목민은 또 다른 생성의 가능성을 찾아 이동한다. 그리고 들뢰즈는 이렇게 이동하는 유목민의 속성을 시민으로서의 중요한 덕목으로 간주한다. 근대적 국민국가는 유목민적 속성을 사회의 정체성을 파괴하는 위험요소로 판단해 가로막는데, 이때 인간들 사이의 지배(domination)가 생긴다. 즉 지배자들은 이동을 가로막기 위해 공권력의 이름으로 폭력을 사용하여 피지배자들에게 정착을 강요하는 것이다. 이때 인간은 주체화되는 것이 아니라 예속화될 뿐이다.

예속화의 결과는 참담하다. 인간들 사이의 지배는 일국 내의 유목민을 억압하는 데 사용될 뿐만 아니라, 이제 경계지어진 국민국가들 간의 지배관계를 놓고 다시금 국가들 간의 전쟁으로 치닫는다. 자신의 경계를 지키고 질서지우기 위한 노력이 국가들 간의 전쟁을 통해 그 기초부터 흔들어버린다. 차이를 인정하지 않고 자유로운 이동과 생성을 방해한 댓가는 오히려 사회의 파괴로 이어지는 것이다. 이에 비해 위험하다고 생각되었던 유목민적 사고는 오히려 사회를 생성 속에서 유지하게 돕는다. 그리하여 한 사회가 건강하게 유지되지 위해서는 차이에 대한 인식과 자유로운 이동을 터주는 유목민적 사고를 적극적으로 반영하는 것이 절대적으로 필요하다.

3. 소통과 횡단성

탈근대사회엔 근대성이 상정하고 있는 것과 같이 보편적 단일성으로 재단할 수 없을 정도로 다양성과 차이가 존재하고 있다. 이에 직면하여 탈근대론자들은 다양성과 차이를 근본적으로 공약불가능한(incommensurable) 실재로 인정하고 그것들을 상수로 간주한다. 즉 인간사에 있어서 차이(difference), 차연(différance), 불일치(différend), 이질성(heterology), 이종언어(heteroglossia) 등은 필연적이며 보존되어야 한다는 것이다.

이와 같이 차이와 다양성을 인간사에 있어서 본질적으로 주어진 것으로 인정하면, 그 다음 단계에서 필요한 것이 바로 이 차이와 다양성 사이에서의 소통의 문제이다. 만일 소통이 없다면 차이와 다양성은 단순히 개별적인 것에 지나지 않으며 각자의 프레임 속에 갇혀있기 마련이다. 이런 상황에서는 사회는 파편화되고 차이와 다양성들은 서로 갈등하고 충돌함으로써 종국적으로는 사회를 파멸로 이끌게 된다. 따라서 차이가 강조되는 만큼 이 차이들 간의 소통도 강조되어야만 그 차이들이 제대로 역할을 할 수 있게 된다.

또한 차이들이 소통을 하여 하나의 단일성을 이루지는 않더라도 함께 공존하면서 통합적인 상황을 만들기 위해서는 횡단성(transversality)을 필요로 한다. 횡단성이란 개별성을 보존하면서도 그 개별성들 간의 교차, 횡단, 소통을 통해 일련의 연대적, 집합적 공동성을 이루는 것을 말한다. 즉 개별자들의 개체성을 유지하면서도 그 개체들 간의 소통가능성(communicability)을 높여 상호이해와 어떤 공감대를 형성함으로써, 다양성과 공동성(commonality)을 동시에 획득하는 것을 일컫는다.

이런 횡단성에서는 '교차하는(across),' '함께 나란한(col/lateral),' '가로지르는(intersecting)' 등에 강조점이 두어진다. 원래 이 용어는 계보학, 기하학, 광학, 패조류학 등에서 주로 사용했으며, 가타리(Félix Guattari)가 사회과학적 용어로 재발견하여 개념화하면서 인문사회 분야에서 비로소 쓰이기 시작했다. 여기서 횡단성이란 "이미 구획되어 있는 자신의 틀을 뛰어넘어 일치하지는 않지만 타자와 수렴하는 성질"을 지칭하며, "상이한 문화들 간의 경계선을 가로지르는 진리의 교차로이며 진리에 대해 상호문화적으로 생각하는 방법"[11]을 가리킨다.

소통과 횡단성을 통한 통합을 강조한 대표적인 학자는 쉬라그(Calvin O. Schrag)이다. 그는 근대성이 보편적 단일성을 추구함으로써 다양성과 차이를 억압하고 있으며 배타적 특성을 지니고 있다고 비판한다. 하지만 이성 자체에 대한 부정, 보편성 자체에 대한 해체에는 동의하지 않는다. 단순히 다양성과 차이만 강조되고 이것들을 아우를 수 있는 방법론이 없다면, 세상은 다양성과 차이의 거만한 독선으로 얼룩질 것이다. 따라서 보편적 이성에 대한 대안으로 필요한 것은 탈근대성을 가로지르는 새로운 '합리성의 재형성'이다. 쉬라그는 이렇게 재구성된 합리성을 '횡단성(transversality)'이라 부르며, 근대의 보편성 개념

11 Haw Yol Jung, "The Tao of Transversality as a Global Approach to Truth : A Metacommentary on Calvin O. Schrag," *Man and World* 28 (1995): 15.

을 탈근대적 보편성 개념인 횡단성으로 대체하고자 한다.

이때 횡단성은 근대성과 탈근대성 사이의 통로로서 근대 보편적 이성의 '과잉결정성'을 피하는 한편, 상대주의적 해체론이 전제하는 '과소결정성'의 문제점을 직시하고 이들 사이에서 합리성을 재구성하는 것이다. 달리 말하면, 횡단성은 헤게모니적이며 비역사적인 '보편주의(universalism)'와 무법칙적이고 자기말살적인 '개별주의(particularism)'의 차이를 대각선으로 분할하는 것이다.[12] 요컨대 횡단성이란 '선험주의(transcendentalism)'에서 상정하는 순수한 '수직성(verticality)'과 '역사주의(historicism)'에서 전제하는 단순한 '수평성(horizontality)'을 모두 넘어서고자 한다.

그리하여 횡단성은 근대성과 탈근대성, 보편성과 개별성 사이의 의사소통을 강조한다. 이는 근대성이 기반하고 있는 로고스중심주의(logocentrism)를 타파하고 의사소통적 합리성(communicative rationality)의 다차원적인 로고스들을 인정하는 것으로서, 특수성을 통합하고 다양성을 작동시켜 차이들 사이의 소통을 촉진하려는 것이다. 하지만 이러한 '횡단적 의사소통(transversal communication)'은 하버마스(Jürgen Habermas)가 말하는 '보편적 의사소통(universal communication)'과는 그 의미가 다르다. 하버마스는 차이들 사이의 의사소통을 가능케 하고 이를 촉진하기 위해 보편성에 근거한 '타당성 요구들(validity claims)'과 '이상적 담화상황(ideal speech situation)'과 같은 보편적 이상화(ideation)의 조건을

---

12 Calvin O. Schrag, *The Resources of Rationality*(Bloomington : Indiana University Press, 1992), 9.

내세운다. 그러나 쉬라그가 보기에, 이는 모든 시공간의 한계를 뛰어넘고자 하는 의도를 갖고 있으며, 따라서 차이와 다양성이 보존되는 '의사소통적 실천(communicative praxis)'과는 동떨어져 있다. 즉 의사소통의 실천보다는 의사소통을 위한 선험성에 대해서만 이야기함으로써, 횡단성보다는 또 다른 종류의 근대적 보편성 수립을 도모하고 있는 것이다.[13]

이와 달리 의사소통적 실천으로서의 횡단성은 차이와 다양성에 대한 근본적인 인정을 전제한다. 이런 가운데 의사소통을 한다는 것은 세계로부터 단절된 외롭고 단자적인 자아들이 자신의 고립을 넘어 차이와 다양성의 세계에서 타자를 우연히 만났을 때 '적합한 응답(fitting response)'을 보이는 것이다. 원래 에토스(ethos)란 용어도 보편적 윤리를 말하는 것이 아니라 오랜 전통 속에서 살아온 실존적 주체가 타자의 말이나 관행을 우연히 접했을 때 적합하게 반응하는 것으로서의 윤리를 뜻하며, 이는 곧 소통이 윤리성과 책임성의 문제를 내포하고 있음을 의미한다.

따라서 횡단성은 차이들이 서로에게 적합하게 반응함으로써 상호 간의 소통가능성을 높이고 이를 토대로 다양성을 보존하는 종합을 일컫는다. 요컨대 횡단성이란 차이들 사이에 "동시성이 없는 수렴(convergence without coincidence), 일치함이 없는 결합(conjuncture without concordance), 동화가 없는 중첩(overlapping without assimilation), 흡수가 없는

13 Calvin O. Schrag, *Communicative Praxis and the Space of Subjectivity* (Bloomington : Indiana University Press, 1986), 202.

연합(union without absorption)"[14]을 추구하는 개념인 것이다.

쉬라그는 이러한 횡단성의 단초를 먼저 사르트르(J. P. Sartre)에서부터 찾는다. 사르트르는 횡단성이란 용어를 사용하고 있지는 않지만 '의식의 통일(unity of consciousness)'에 관해 논하면서 횡단성 개념의 적용 가능성을 처음 인식했다는 것이다. 먼저 사르트르는 후기 훗설(Edmund Husserl)의 '선험적 자아(transcendental ego)'에 대해 비판한다. 후기 훗설은 의식의 시간성 속에서 의식의 흐름을 통합(unification)하는 행위자 역할을 선험적 자아가 수행하고 있다고 보는데, 이는 지나친 선험주의적 해석이다. 하지만 초기 훗설은 시간의 '파지(把持, retention)'와 '예지(豫持, protention)' 개념을 통하여 한 시점에서 과거와 미래가 어떻게 역동적으로 통합되는지를 잘 보여준다. 즉 의식은 과거 의식의 구체적이고 실제적인 '파지'와 미지의 미래에 대한 '예지'의 두 '횡단적 지향성(transversal intentionalities)' 작업을 통해 현시점에서 자기 자신을 통합하고 있다는 것이다.

여기서 사르트르가 강조하는 것은 보편적이고 비시간적인 선험적 자아는 의식의 통일을 설명하는 데 있어서 피상적으로 남아 있을 뿐이며 따라서 선험적 자아는 의식의 통일에 있어서 아무런 실천을 하고 있지 않은 반면, 의식이 통일성을 얻는 것은 바로 의식의 횡단적 실천 기능 때문이라는 사실이다.[15] 이때 의식은 과거 의식의 순간들을

14 Calvin O. Schrag, *The Self after Postmodernity*(New Haven : Yale University Press, 1997), 128.

15 J. P. Sartre, *The Transcendence of the Ego : An Existentialist Theory of Conscious-*

어떤 특정한 순간으로 동일시하여 공고화시키지 않고 이를 넘어 확장하고 재방문하면서 의식에 통합시킨다.

쉬라그는 이러한 사르트르의 논의가 근본적인 선험은 의식의 보편성에 근거하지 않고 횡단적으로 작동한다는 것을 상정하고 있다고 본다. 즉 사르트르에 있어서 초월적인 통합은 선험적 자아에 의해 이루어지는 것이 아니라, 경계를 넘어 확장하고 의식의 힘과 계기들을 증폭시키는 횡단적 실천들의 '통합의 동학(dynamics of unification)'에 의해 형성된다는 것이다.[16] 따라서 통합은 어떤 보편적인 목표지향적 원칙에 근거해 이루어지는 것이 아니라, 확장하는 가능성들을 열려있는 채로 모으는 횡단성의 진행에 근거해 이루어진다. 그리하여 통합은 항상 최종적 결과를 전제하는 것이 아니라, 통합의 과정 즉 'ing'의 형태로 나타나기 마련이다. 이런 통합은 서로 다른 신념체계, 서로 다른 해석관점, 서로 다른 관심영역들을 넘나드는 사유와 소통을 전제한다.

횡단성의 단초는 들뢰즈(Gilles Deleuze)의 문학비평에서도 발견된다. 쉬라그에 의하면, 들뢰즈가 프루스트(Marcel Proust)의 소설 『잃어버린 시간을 찾아서 *In Search of Lost Time*』를 분석하면서 사용한 '회상' 개념은 횡단성을 전제해야만 가능하다. 먼저 들뢰즈는 프루스트의 '회상(reminiscence)'과 플라톤의 '상기(recollection)' 개념을 대조시킨다. 플라톤에 있어서 상기는 안정적이고 변하지 않는 이데아 혹은 본질을 다

---

ness, trans. Forrest Williams and Robert Kirkpatrick(New York : Noonday Press, 1957), 39.

16 Calvin O. Schrag, *The Self after Postmodernity*, 129.

시 회복하는 성격을 갖고 있다. 즉 상기란 불변하는 물 자체(thing in itself)로서 이데아(Idea)를 기억하는 것이다. 그리고 설사 시간성 속에서 나중에 발견되더라도, 그것은 이데아로서 과거에 이미 존재했던 그 어떤 것을 다시 기억해내는 것이다.

그러나 프루스트에 있어서 회상은 이미 존재하는 어떤 본질적인 것을 기억해내는 것이 아니라, 과거를 창조적인 관점에서 다시 회복시키는 성격을 지닌다. 즉 변하지 않는 어떤 본질을 기억하는 것이 아니라, 현재와 미래의 시점에서 과거를 재해석하는 것이다. 그리하여 프루스트에 있어서 회상은 "더 이상 플라톤 식의 현상에서부터 객관성으로 나아가는 것이 아니라, 영혼의 상태와 그와 연관된 연결고리들로부터 창조적 혹은 초월적 관점으로 나아가는"[17] 행위인 것이다. 요컨대 프루스트의 회상은 과거를 단순히 기억하거나 상기하는 것이 아니라 새로운 것을 창조하는 보다 풍부한 개념을 제공한다.

들뢰즈는 이러한 프루스트의 회상 개념엔 기억에 대한 '통합의 동학'이 전제되어 있다고 본다. 기억의 통합 속에는 안정적이고 변하지 않는 본질의 동일성에 근거한 통일성이 존재하는 것이 아니라, 회상 속에서 과거에 대한 관점들의 통합이 새로이 이루어지고 있다는 것이다. 따라서 통일성이란 이미 존재하는 그 무엇이 아니라 나중에 성취되는 어떤 것이다. 통일성은 단일한 정체성이나 변하지 않는 동일성에 근거하는 것이 결코 아니다. 그리하여 들뢰즈에 의하면, 통일성은 "항

17 Gilles Deleuze, *Proust and Sign,* trans. Richard Howard(New York : George Braziller, 1972), 97–98.

상 횡단성의 차원 내에 있으며, 횡단성 속에서 통일성과 전체성은 어떤 전체화시키는 사물이나 주체 없이 스스로의 힘으로 형성"[18]된다.

쉬라그는 이런 들뢰즈의 프루스트 분석이 횡단성에 근거한 '통합의 동학'을 그려내고 있다고 본다. 그리하여 들뢰즈의 분석은 프루스트의 의도가 지나간 사물들의 기억을 활성화시켜 "동일성의 일치 속으로 모이지 않는 기억된 시간들을 수렴"[19]하려는 데 있었다는 사실을 보여준다.

결국 쉬라그는 사르트르와 들뢰즈에 대한 논의를 통해 통일성이란 이미 존재하는 그 무엇이 아니라 개별적인 것들이 횡단성을 통해 열린 소통으로 이루어진 통합하는 과정 속에서 형성되는 어떤 것이라고 주장한다. 그리하여 통일성은 횡단적 통합이란 말로 대체되어야 하며, 이는 하나의 문화영역이 다른 것을 중층결정하는 보편적 차원의 원칙을 찾는 것이 아니라, 다양한 관점, 다양한 퍼스펙티브, 다양한 신념체계, 다양한 관심영역을 서로 방문하면서 소통을 통해 얻어진다고 본다. 이런 횡단성이야말로 근대적 보편성을 주장하는 과학주의, 도덕주의, 혹은 복음주의 등과 같은 어떤 문화적 헤게모니에 대항할 수 있는 지점을 제공하며 타자성의 지평을 열어주고, 또한 진정으로 근본적인 초월(transcendence)을 가능케 하는 계기가 된다고 본다.[20]

시민에게 필요한 것이 바로 이와 같은 횡단성에 근거한 사유와

---

18 *Ibid.*, 149–150.

19 Calvin O. Schrag, *The Self after Postmodernity*, 131.

20 *Ibid.*, 133.

실천이다. 역지사지란 말이 있듯이 내가 타인을 횡단해보지 않으면 그의 처지를 알 수 없고, 따라서 그를 배제한 채 어떤 결정을 내리거나 행동을 취할 수밖에 없다. 이는 공동세계를 구축하는 데 있어서 가장 큰 걸림돌이 된다. 공동사회를 구성하는 시민에게 있어서 가장 필요한 덕목은 바로 자신과 차이가 있는 타인과 소통할 의사가 있는지, 또 소통하기 위해 실제로 그를 횡단해보았는지의 여부이다.

4. 절차와 연대성

차이와 다양성, 소통과 횡단성을 중요한 목적으로 삼는 탈근대적 시민들이 함께 공동세계에서의 삶을 영위하기 위해 필요한 사회적 덕목은 바로 절차(procedure)에 대한 중시이다. 그런데 여기서 말하는 절차는 단순히 과정이나 수단으로서의 절차가 아니라 공동합의로서의 절차의 성격이 강하다. 또한 절차를 중시한다는 것은 단순히 시민이 국가에서 정한 법이나 규칙을 잘 지켜야 한다는 것을 의미하는 것이 아니라, 차이와 다양성이 갈등하거나 충돌하지 않게 최소한의 공통분모를 공유하자는 의미가 강하다. 즉 절차에 대한 중시는 시민성을 실행하기 위한 최소한의 조건을 갖자는 것이다.

무페(Chantal Mouffe)는 절차에 대한 중시를 탈근대적 시민에게 가장 중요한 덕목으로 삼는 대표적 학자이다. 그녀는 먼저 오크쇼트(Michael Oakeshott)의 시민사회론을 받아들인다. 오크쇼트에 의하면, 근대

국가의 성격은 중세 말 존재했던 두 가지 양식의 인간결사체인 우니베르시타스(universitas)와 소키에타스(societas) 중 어떤 요소가 강조되느냐와 연관된다.[21] 이 중 전자는 공동의 실체적 목적을 추구하거나 공동이익(common interest)을 증진하고자 하는 사람들로 이루어진 집단을 일컫는다. 이것은 자연인을 구성하는 방식으로 결합된 것으로서, 오늘날 공동의 목적을 달성하고자 모이는 결사체 집단(association)으로 이해될 수 있다.

반면 소키에타스는—다른 용어로는 키베스(cives), 즉 시민적 결사(civil association)로도 불리는데—공동행위의 내용과 연관되는 것이 아니라, 그 공동행위의 조건으로서의 형식적인 규칙과 관계가 있다. 즉 어떤 공동으로 추구하는 실체적 목표나 공동행동 때문에 모인 집단이 아니라, 그런 것들을 논의하기 위한 규칙과 절차를 서로 공유하고 각자 타인들로부터 그것을 논의할 자격이 있는 구성원으로 인정받는 것 자체를 목표로 한다. 이런 공동체를 유지하는 데 기여하는 가장 큰 덕목은 공동의 이익이나 목표가 아니라 서로에 대한 충성심(loyalty) 즉 서로에 대한 인정이다.[22]

따라서 소키에타스에 참여하는 사람들의 일차적 관심은 어떤 공동의 일을 추진하거나 자기 자신의 개인적 번영을 용이하게 만들기 위한 데 있지 않다. 소키에타스에서는 자유면 자유, 평등이면 평등과 같이 어떤 일에 공적인 관심(public concern)을 갖고 있는 사람들이 소위

---

21 Michael Oakeshott, *On Human Conduct*(Oxford : Oxford University Press, 1975).

22 Chantal Mouffe, *The Return of the Political*(London : Verso, 1993), 66.

'시민성의 실행(a practice of civility)'을 구체화시키는 조건을 사회적 권위로 인정하는 가운데 서로 사회적으로 연결된다. 즉 소키에타스의 핵심 구성요소는 그 모임의 목표나 통일성에 있는 것이 아니라, 그런 것들을 논의하는 레스 푸블리카(res publica)에 놓여 있다.

흔히 모든 구성원이 함께하는 공적 공간이나 공적인 일을 뜻하는 레스 푸블리카는 동일한 목표를 가진 자들이 모이거나 민족이나 인종과 같이 동일한 태생을 가진 자들이 모이는 것을 의미하는 것이 아니라, 공동의 관심사를 공적으로 논하는 것을 뜻한다. 그리고 이때 관심이 같다는 것이 같은 생각을 갖고 있다거나 같은 결론을 내리게 된다는 것을 의미하지 않는다. 레스 푸블리카는 어떤 행동을 구체화시키는 것이 아니라 그 행동을 선택할 수 있는 조건을 구체화시키는 것이다.

따라서 소키에타스는 절차(procedure)를 중요시한다. 하지만 이 절차는 자연권이나 자연법과 같이 인간 삶의 외부로부터 주어진 절차가 아니라, 그 공간에서 함께 살아온 사람들의 삶의 형식으로부터 발생하는 절차이다. 즉 소키에타스에서의 절차는 성문법적 규율이나 어떤 형식논리적 정합성과 관계되는 것이 아니라, 레스 푸블리카를 구성하는 시민들이 여지껏 살아온 삶의 양식 및 그 실행(practice)과 연관되는 것이다.

이 점에서 무페는 비트겐슈타인(Ludwig Wittgenstein)의 논의를 받아들인다. 비트겐슈타인에 의하면, 우리들의 의견이 어떤 동의에 이르기 위해서는 먼저 우리들 삶의 형식에 대한 동의가 선행되어야 한다.[23]

동의란 의견 상의 동의(agreements in opinion)를 일컫는데, 이와 같이 의견들의 동의가 이루어지려면, 사회구성원 간의 언어에 있어서의 동의(agreement on the language)가 먼저 있어야 한다. 그런데 이때 중요한 것은 언어에 있어서의 동의란 그 내용에 있어서의 동의 혹은 의미화를 통해 이루어지는 것이 아니라, 우리들이 삶을 살아오면서 겪어온 삶의 형식에 있어서의 동의(agreements in forms of life)가 전제되어야 한다는 것이다.

이러한 동의에 대한 관점을 사회체제에 적용시켜 보면, 우리가 사는 사회에 대한 충성과 그 제도의 가치에 대한 믿음은 논리적이고 지적인 근거를 요하는 것이 아니라 언어적 동의를 필요로 하며, 이는 그 전거체계의 내용에 대한 이성적 판단에 의해서가 아니라 그에 대한 삶의 형식에 대한 동의 즉 그에 대한 정열적인 참여적 관여(commitment)와 연관되는 것임을 뜻한다.

따라서 무페가 보기에, 절차는 단순한 수단이 아니다. 오히려 절차란 내가 살고 있는 사회의 삶의 형식을 판단하여 동의하고 또한 그것을 실행에 옮김으로써 발생하는 '복합적인 실행의 조화(complex ensembles of practices)'[24]이다. 내가 실행한 것은 나의 특정한 개별성을 표현할 뿐만 아니라, 사회적 절차에 대한 충성을 전제하고 있다. 어떤 절차가 받아들여지고 준수되는 것은 공유된 삶의 형태와 판단에 있어서

23 Ludwig Wittgenstein, *Philosophical Investigations*(Oxford : Blackwell, 1953), I, 241.

24 Chantal Mouffe, *The Democratic Paradox*(London : Verso, 2000), 68.

동의가 그 안에 이미 기입되어 있기 때문이다. 따라서 그것은 어떤 원칙에 따라 만들어진 규칙이 아니며, 우리들의 특정한 삶의 형태와 분리될 수 없다. 이는 절차가 단순히 형식적 절차가 아니라 우리가 동의하는 내용을 포함하고 있음을 보여준다.

결국 무페는 레스 푸블리카, 절차, 실행을 중요시하는 소키에타스 개념이 현대 민주적 사회에 필요한 사회형태라고 본다. 현대인들은 개인의 목표와 번영을 달성하기 위해 이미 여러 종류의 목적론적 결사체에 속해 있다. 이것은 피할 수 없는 대세이기는 하지만, 그렇다고 해서 이를 방치하면 사회는 안정성을 잃고 무너지고 만다. 따라서 이익집합적 결사체에만 매몰되지 않은 채, 서로에게 낯선 사람이지만 레스 푸블리카에서 절차에 따라 공동행위의 가능성과 조건을 모색하는 기본적인 모임, 즉 시민적 결사의 구성이 민주사회를 견지할 수 있는 비결이다.

이와 같은 정치공동체는 공동선(common good)의 실체에 의해 형성되는 것이 아니라 공동연대(common bond) 즉 공적인 관심(public concern)에 의해 구성된다. 즉 정치공동체는 규정된 모양이나 규정된 정체성을 갖는 것이 아니라 공공의 관심에 대한 계속되는 재구성의 과정 속에 있는 것이다. 아렌트도 공동세계란 그 구성원이 공동의 성질(common nature)을 가진 자들의 모임이 아니라, 다양한 입장과 관점의 차이에도 불구하고 어떤 문제에 대해 공동의 관심(common concern)을 갖는 자들의 모임이라고 말한 바 있다.[25]

따라서 시민권 문제는 결코 법적 지위에 관한 것으로 다루어져서는 안 된다. 시민이란 자유주의자들이 말하는 것과 같은 특정 권리를 수동적으로 부여받고 법의 보호를 받는 자가 아니며, 공동의 목표를 함께 추구하는 동지도 아니다. 오히려 시민은 어떤 특정한 목표를 갖고 다양한 사업에 종사하는 자들이 서로 다른 선의 개념을 갖고 있으면서도 레스 푸블리카에서 규정된 규칙에 순응하기를 받아들임으로써 공동의 정치공동체를 구성하는 자이다. 이 경우 시민권은 자유주의자들에게서 보는 바와 같은 여러 권리 중 하나에 불과한 것이 아니며, 또한 공동체주의들이 주장하는 바와 같이 모든 다른 것을 능가하는 지배적인 것도 아니라, 정치공동체의 구성원이 되기 위한 가장 기본적인 행위인 레스 푸블리카에서의 참여적 관여를 실행하는 자이다.[26]

사태가 이와 같다고 한다면, 시민의 아이덴티티 또한 폐쇄적이고 배타적인 속성을 지닌 국적이나 권리, 법 등의 문제와 연관지어 생각해서는 안 된다. 소키에타스적 성격을 갖는 민주사회 시민의 아이덴티티는 단일하게 고정되어서는 안 되며, 또 그렇다고 해서 아이덴티티 자체가 부정되어서도 안 된다. 무페는 극단적인 아이덴티티의 통일성이나 이질성에는 모두 반대하는데, 왜냐하면 통일성만 지나치게 강조하는 것은 "구성적 성격을 갖는 반목들을 넘어서 통일성을 회복하기 위해 다양성을 부정하는 전체주의적 시도"인 반면, 이질성만 배타적으로 옹호하는 것은 "이 통일성에 대한 모든 관계를 결여함으로써 생기

25 Hannah Arendt, *The Human Condition.*

26 Chantal Mouffe, *The Return of the Political*, 69.

는 정반대의 위험"[27]을 초래하기 때문이다.

우리가 민주공동체의 합리적이고 투명한 행위자가 되기 위해서는 자신을 고정된 주체로 가정하는 통일성과 동질성을 폐기해야 한다. 왜냐하면 다른 목적과 선을 추구하는 사람들과 함께 공동체의 규칙과 조건을 논의하자면, 자기 자신이 그런 사회적 다양성의 담지자가 되어야 한다. 이것은 사회적 행위자를 단순히 단일한 주체(unitary subject)가 아니라 상호작용에 따라 변할 수 있는 다양한 주체적 입장들(subject positions)의 조화로 간주해야 함을 의미하며,[28] 이와 같이 비본질적(non-essential) 주체 개념을 상정할 때에만 시민의 아이텐티티 문제가 보다 의미있게 다루어질 수 있다. 요컨대 르포르(Claude Lefort)식으로 말하자면, 시민으로서의 아이덴티티는 분명 존재하지만 그것은 어느 특정한 것으로 규정되어 있는 것이 아니라 비워 있어야 한다는 것이다.

이는 아이덴티티의 전면적 폐기를 의미하지 않는다. 정체성에 관해서는 두 가지 운동이 변증법적으로 전개되어 왔다. 즉 역사는 한편으로 미리 구성된 정체성이 '고정화(fixation)' 되는 것을 방해하는 탈주체화의 운동과 다른 한편 이러한 본질적인 '비고정성(non-fixity)'의 결과 빚어지는 차이들을 '마디의 순간들(nodal points)'에서 제도화(institution)시키고자 했던 운동이 정체성을 둘러싸고 변증법적으로 진행되어

27 Ernesto Laclau and Chantal Mouffe, *Hegemony and Socialist Strategy : Toward a Radical Democratic Politics*(London : Verso, 1985), 188.

28 Chantal Mouffe, *The Return of the Political*, 77.

왔다는 것이다.

그러나 이러한 비고정성과 고정화의 변증법은 오직 고정성(fixity)이 미리 주어지지 않을 때에만, 즉 어떤 것도 주체의 아이덴티티 형성에 선행하지 않을 때에만 가능하다. 더욱이 우리가 정체성에 관해 논할 때 고려해야 하는 것은 사회적 행위자라면 여러 주체적 입장들의 관계 속에서 존재하기 때문에 자신의 정체성을 일시적으로만 고정시킬 수 있다는 사실이다. 무페는 다음과 같이 지적한다.

> 따라서 그러한 복수적(multiple)이고 모순적인(contradictory) 주체는 항상 우연적이고(contingent), 불확실하며(precarious), 여러 주체적 입장들의 상호작용 속에서 일시적으로만 고정될(temporarily fixed) 뿐이고 특정한 형태의 정체성에 의존한다. 따라서 사회적 행위자를 통일되고 정체성을 갖는 실체로 언급하는 것은 불가능하다. 오히려 우리는 여러 언술적 형식화 내에서 그것을 통해 구성되어지는 여러 주체적 입장들에 의존하면서 하나의 다원성으로서의 사회적 행위자에 접근해야 한다.[29]

하지만 그렇다고 해서 다원성이 단순히 주체적 입장들의 병렬적 공존(coexistence)을 의미하는 것은 아니다. 하나의 '마디의 순간'에 임시로 고정된 정체성은 다른 주체적 입장들과의 경쟁 속에서 계속 전도

29 *Ibid.*

(subversion)되고, 중층적으로 결정(overdetermination)된다. 그리하여 정체성 혹은 주체적 입장은 열려있고 비규정적인 전선들(open and indertemi-nate frontiers)로 특징지워지는 세계 내에 존재하게 된다. 따라서 사회행위자는 결코 폐쇄된 정체성에 전적으로 고정될 수 없고 계속적인 중층결정(overdetermination)과 대체(displacement)의 운동 속에서만 인식될 수 있을 뿐이다. 그런 점에서 시민의 아이덴티티를 고정된 것으로 간주하는 것은 잘못이다.

그러나 시민의 본질적인 아이덴티티, 미리 주어진 통일성이 부재한다고 해서 여러 형태의 통일성과 공동행위의 구성조차 배제되는 것은 아니다. 무페는 '마디의 순간들'의 구성 결과로 부분적인 고정화가 일어나며, 불확실한 형태의 아이덴티티는 시민이라는 범주 주변에 형성된다고 본다.[30] 즉 시민이라는 기치 아래 여러 차이'들'이 연대를 이루어 사회발전의 동력이 될 수 있다는 것이다. 그런 점에서 무페는 '정체성의 정치(politics of identity)' 대신 '연대성의 정치(politics of solidarity)'가 민주사회에 더 적합하다고 본다.

이상의 논의를 고려해보면, 시민의 탈근대적 덕목과 가치는 근대적인 그것과 다르다는 것을 알 수 있다. 근대에는 개별적 주체의 형성에 주안점을 두었기 때문에 시민의 자유와 평등이 중요한 덕목이었으나, 탈근대에는 상호주체적 시민을 강조함에 따라 차이와 다양성이 인정되고 그 차이와 다양성 속에서의 소통과 연대 등이 중요한 덕목이

30 *Ibid.*, 87.

되었다. 그런데 이것이 자유와 평등을 완전히 대체하고자 하는 것은 아니다. 여전히 자유와 평등은 중요한 가치이다. 다만 이 가치를 한 개인이나 사회의 것에 국한하지 말고 다른 사람, 다른 사회의 그것까지도 포함할 수 있도록 확장시켜야 한다는 것이다. 이럴 때에만 타인과 함께 더불어 사는 삶이 가능하며, 인류가 궁극적으로 추구해왔던 문명사회 즉 배려와 상생의 시민사회 구축이라는 목표를 달성할 수 있는 것이다.

참고문헌

서동욱. 2000. 『차이와 타자』. 서울 : 문학과 지성사.

목영해. 2010. 「들뢰즈의 유목주의와 그 교육적 함의」. 『교육철학』. 제48집.

이동수. 2004. 「정치와 정쟁 : 근대적 정치관을 넘어서」. 『철학과 현실』. 제61집.

_____. 2008. 「지구화시대 시민과 시민권 : 무페의 논의를 중심으로」. 『한국정치학회보』. 제42집 2호.

_____. 2010. 「지구시민의 정체성과 횡단성」. 『21세기 정치학회보』 제20집 3호.

_____. 2012. 「횡단성의 정치 : 소통정치의 조건」. 『한국정치연구』 제21집 3호.

Arendt, Hannah. 1958. *The Human Condition*. Chicago : The University of Chicago Press.

Deleuze, Gilles. 1972. *Proust and Sign*. Trans. Richard Howard. New York : George Braziller.

Deleuze, Gilles and Félix Guattari. 1983. *Anti-Oedipus : Capitalism and Schizophrenia*. Trans. Robert Hurley et al. Minneapolis : University of Minnesota Press.

_______________. 1987. *A Thousand Plateaus : Capitalism and Schizophrenia*. Trans. Brian Massumi. Minneapolis : University of Minnesota Press.

_______________. 1994. *What Is Philosophy?* Trans. Hugh Tomlinson and Graham Burchell. New York : Columbia

University Press.

Derrida, Jacques. 1978. *Writing and Difference.* Trans. Alan Bass. Chicago : The University of Chicago Press.

Foucault, Michel. 1977. *Language, Counter-Memory, Practice : Selected Essays and Interviews.* Ed. Donald F. Bouchard. Trans. Donald F. Bouchard and Sherry Simon. Ithaca : Cornell University Press.

Guattari, Félix. 2003. *Psychanalyse et Transversalité.* Paris : Editions la Découverte ; 가타리, 펠릭스. 윤수종 역. 2004. 『정신분석과 횡단성』. 윤수종 역. 서울 : 울력.

Habermas, Jürgen. 1984. *The Theory of Communicative Action*, vol. 1. Trans. Thomas McCarthy. Boston : Beacon Press.

Heidegger, Martin. 1962. *Being and Time.* Trans. John Macquarrie and Edward Robinson. New York : Harper & Row.

Jung, Hwa Yol. 1995. "The Tao of Transversality as a Global Approach to Truth : A Metacommentary on Calvin O. Schrag." *Man and World* 28.

____________. 2009. "Transversality and the Philosophical Politics of Multiculturalism in the Age of Globalization." *Research in Phenomenology* 39.

Laclau, Ernesto and Chantal Mouffe. 1985. *Hegemony and Socialist Strategy : Toward a Radical Democratic Politics.* London : Verso.

Lefort, Claude. 1986. "The Logic of Totalitarianism." In *The Political Forms of Modern Society : Bureaucracy, Democracy, Totalitarianism.* Ed. John B. Thompson. Cambridge : The MIT Press.

____________. 1988. "The Question of Democracy." In *Democracy and*

Political Theory. Trans. David Macey. Minneapolis : University of Minnesota Press.

Lyotard, J. F. 1984. *The Postmodern Condition*. Trs. Geoff Bennington and Brian Massumi. Minneapolis : University of Minnesota Press.

Mouffe, Chantal. 1993. *The Return of the Political*. London : Verso.

______. 2000. *The Democratic Paradox*. London : Verso.

Oakeshott, Michael. 1975. *On Human Conduct*. Oxford : Oxford University Press.

Sartre, J. P. 1957. *The Transcendence of the Ego : An Existentialist Theory of Consciousness*. Trans. Forrest Williams and Robert Kirkpatrick. New York : Noonday Press.

Schrag, Calvin O. 1986. *Communicative Praxis and the Space of Subjectivity*. Bloomington : Indiana University Press.

______. 1992. *The Resources of Rationality*. Bloomington : Indiana University Press.

______. 1997. *The Self after Postmodernity*. New Haven : Yale University Press.

Wittgenstein, Ludwig. 1953. *Philosophical Investigations*. Oxford : Blackwell.

6장

동양적 가치[1]:

동양 전통의 관계적 가치의 원형

유병래

오늘날의 우리는 지구적 범위에서 세계적 차원의 시민을 어떻게 양성할 수 있을지를 모색하고 있다. 여기서 동양 전통의 주요 가치가 어떤 기능을 할 수 있을까? 이를 위해 필자는 우환의식에서 비롯되고, 존재-관계론적 세계관을 제시한 동양 전통 인문학에서의 긍정적 가치의 일단에 관해 살펴본다. 다시 말해 '생명'에 대한 자각과 존중, 그리고 생명의 생명다움을 어떻게 실현할 수 있는가 하는 데 대한 동양 전통의 해결 방안이 무엇이었는지를 고찰하는 것이다. 그리하여 개체든 공동체든 상생상성(相生相成) 또는 상보상성(相補相成)의 자세를 갖추

---

1 여기서 '동양'이란 '동아시아 전통의 한자 문화권에서 성립되고 행해진 학문'을 지칭한다. 그리고 '가치'란 인간 삶[개체와 공동체]의 덕목을 뜻하는 말이다.

고 광대화해(廣大和諧)의 세계를 구현하기 위해 노력해야 할 필요성과 당위성이 무엇인지를 드러내 보인다.

동양 전통의 인문학에 의하면, 개체적 생물만이 아니라 이들을 보듬는 우주 자체가 하나의 유기적인 전체이다. 이런 광대화해의 생기적(生機的) 세계를 구현하는 일은 박제화된 이론이나 상투적인 구호만으로는 실현될 수 없다. 그것은 무엇보다도 살아 움직이는 주체들의 실천궁행을 요구한다. 여기서 관건이 되는 것은 '덕(德)'의 체화(體化)이다. 이런 자기 수양을 기반으로 하여 존재-관계적 세계 내의 모든 존재자들은 서로 간에 중층적(重層的)이고 입체적인 화해를 이루어 낼 수 있다. 우주적 화해는 개체인 자기 자신으로부터 시작하여 타인·타물, 가정, 사회 공동체, 국가, 세계라는 단계를 이루며 확장되는 구조 속에서 이루어진다. 이런 중층적 구조를 인식하고 각 층의 삶을 제대로 영위하는 인간은 우주적 층위에서 그의 존재 의미를 찾아내고 가치를 구현하는 자이다.

동양 전통에서는 모든 가치의 근원을 '생명'으로 보았으며, 나아가 단순한 생존이 아닌 '활발한' 생명 영위의 주요 덕목으로서 변화와 적응에서의 '상보상성'이라는 것을 제시하였다. 상보상성은 '관계'와 '소통'을 바탕으로 하는데, 이 관계·소통의 핵심 내용이 사랑(慈·仁)이다. 상보상성이 곧 사랑인 동시에 근원적 덕목 내지 가치라고도 말할 수 있다. 사랑은 다수 사람들의 태어나고 살고 죽는 일 전반에 걸친 상호관계 속에서 이루어지고 확장된다. 따라서 사랑의 내용은 다수 사람들의 헤아릴 수 없을 정도의 복합적이고 중층적인 관계 형태만큼이나 다양하게 구현된다. 다시 말해 천변만화하는 속에서 천태만상으로 구현되는 것이 사랑이다.

그런데 이러한 다변과 다양의 세계에서 질서를 유지할 목적으로 만들어진 예(禮)가 싸늘한 형식으로 전락되지 않으려면, 그 속에서 항상 따뜻한 정감이 흐를 수 있도록 해야 한다. 도(道)·덕(德) 또는 인(仁)·의(義)라고 하는 근본적 가치는 예를 비롯한 수많은 지말적 가치들의 통섭이다. 그렇다고 해서 근본적 가치가 지말적 가치들을 통어하는 것은 아니고, 어디까지나 지말적 가치들의 실현을 통해 근본적 가치가 구현되는 방식의 체용(體用) 관계를 형성한다. 이것을 유가에서는 '충서(忠恕)'라는 형식으로 표현하였고, 도가에서는 '현동(玄同)' 또는 '위이부쟁(爲而不爭)'이라는 형식으로 제시하였다. 한마디로 생명 있는 것들 간의 시기(時)·처지(處)·지위(位)에 들어맞는 적절한 관계적 사랑이야말로 삶의 궁극적 가치를 실현하는 일이다.

이와 같은 동양 인문학의 정신이 그 본연의 영활성(靈活性)을 회복하여 오늘의 세계에 생명력을 더해줄 수 있는 방안은 무엇일까? 동양의 전통문화가 현대인의 생활과 완전히 단절되어버린 것이 아니라, 여전히 그 내적인 관련성을 일정 정도 지니고 있다는 상정 하에서 이에 대한 접근을 시도해볼 필요가 있다. 세계화 시대를 사는 시민에게는 무엇보다도 자신들 각자의 역사·문화·전통에 대한 이해를 바탕으로 한 지구적 미래의 비전을 창조해낼 것이 절실히 요구된다. 이런 일에 대한 실천 의지를 지닌 시민을 양성하는 것은 현대 인문학이 역할해야 할 과제 가운데서도 중핵인 것으로 생각된다.

우리가 사는 21세기 현실의 근본적인 걱정거리는 무엇인가? 다음과 같은 지난 20세기에 대한 반성과 성찰을 바탕으로 우리가 해결해야 할 과제가 무엇인지를 보다 분명히 인지할 필요가 있다.

> 세계화의 맥락에서, 가치들의 보편성과 그것들의 힘이 갖는 도덕의 확실성은 분명 사라진 것 같다. 의견의 충돌과 자기주장의 폭력에 직면해서, 조금씩 우리의 담론에 부과되었던 가치의 상대성이라는 관념은 더 이상 문제에 접근하는 만족스런 방식이 아닌 것 같다. 우리는 가치들의 황혼을, 가치들의 '전쟁'을 보게 될 것인가? 아니면 상이한 역사들로부터 나온 가치들의 혼성화를 보게 될 것인가? 20세기를 특징지었던 가치들의 위기에 직면해서 가치들의 미래에 관한 전망적 성찰의 필요성이 대두되고 있다.[2]

1. 우환의식과 동양 인문학

인간은 여타 생명체들과는 달리 자기를 의식하고, 자신의 삶과 죽음에 관해 반성하기도 하며, 인류의 과거와 미래의 일에 대해서까지 성찰하는 마음 또는 '정신'을 지닌 존재이다. 다르게 말해, 인간은 개체적인 자기 자신은 물론 공동체 층위의 운명에 대해서도 걱정할 줄 아는 사회적이며 역사적인 존재이다. 이러한 인간의 사회성과 역사성이

2 제롬 뱅데 편, 이선희·주재형 공역, 『가치는 어디로 가는가?』(서울: 문학과지성사, 2008).

인류의 문화·문명을 가능케 한다. 여기서 인간으로서 인간다운 삶을 살아가도록 하는 인간의 근원적 능력이 무엇인가라는 물음을 묻게 된다. 그것은 곧 '자기 성찰'과 자타의 삶의 위기에 대한 자각 및 이를 극복하기 위한 의지를 발동하는 재능이다. 이런 마음 또는 정신적 능력을 바탕으로, 인간은 생물학적 차원의 생존을 넘어서 사회적·역사적 인간으로서의 존재 의미와 의의를 추구하는 가운데 자기 가치의 고양을 도모하며, 나아가 개체와 공동체의 지속성을 추구하는 생활을 할 수 있다. 한마디로 인간의 가치문제는 자신이 개체적 존재이면서 동시에 사회적·역사적 존재라는 점을 자각하는 데서 보다 더 뚜렷하게 부각되는 것이다.

그런데 이런 관점은 인간중심주의를 절대화하려는 취지를 내포하고 있는 것이 아니다. 다만 인간과 생명 자체를 있는 그대로 인정하고 존중하는 것, 즉 생명 본위를 인식하고 그 가치를 구현하는 것을 지향함이다. 이 점과 관련하여 서양 근대의 베이컨(Francis Bacon)이 '사람을 그릇된 판단으로 이끌기 쉬운 위험한 요소들'을 지적하면서 내세웠던 것 가운데 하나인 '종족의 우상(The idol of the tribe)'[3]을 염려할 필요는 없다. 베이컨의 소견과는 다르게, 이는 인간이 자신의 근원적 능력을 발휘하여 인간다움을 갖추고 이로써 생명을 지닌 타인 및 타물과도 소통하고 상생(相生)할 수 있다는 의미이기 때문이다. 인간과 세계의 존재 근거 및 이들의 관계가 어떠한지에 대한 이해를 서로가 다르

---

3 스털링 P. 램프레히트, 김태길·윤명로·최명관 공역, 『서양 철학사』(서울 : 을유문화사, 1993) ; 프랜시스 베이컨, 진석용 역, 『신기관』(파주 : 한길사, 2001).

게 하고 있는 것이다.

그러면 오늘날 인간이 경영해가는 사회는 어떤 모습을 드러내고 있는가? 현대사회는 물질문명을 위주로 한 세속주의와 자본주의 그리고 자유주의와 민주주의라는 기제에 의해 움직여지는 특성을 지니고 있다. 그런데 세속주의·자본주의·자유주의라는 특성이 경제의 번영과 과학기술의 발전 및 그의 남용·오용 등과 밀접한 관계를 맺음으로써 갖가지 문제를 일으키고 있으며, 이런 문제의 심각성이 '지구적 공존의 위기'라는 말로 표현되는 실정에 봉착해 있다. 이들의 만남 자체가 잘못일까, 아니면 만남을 제대로 영위하는 지혜가 결여된 것일까? 이들 만남이 낳는 폐해는 한두 가지가 아니다. 그 내용으로 거론되는 것이 세계 인구의 증가와 식량의 부족, 자연자원의 고갈, 원자력 기기들의 위험성, 핵무기와 생화학무기의 위협, 환경오염 및 생태계 파괴, 지구 온난화·오존층 파괴·생물 다양성의 감소, 생물 유전체의 조작 및 복제, 사이버스페이스의 부정적인 양상 문제 등등이다. 이들은 단지 위험이나 위협으로서만 있는 것이 아니라 구체적으로 드러나는 현상으로서 이미 우리가 일상에서 피부로 느끼는 것들이다. 결코 멀쩡한 '하늘이 무너지고 땅이 꺼지지나 않을까 하고 근심'했던 허황한 기우(杞憂)[4]와 같은 것으로 치부될 수 있는 것들이 아니다. 이들은 지구상 생명체들의 '공멸 위기'가 얼마나 심각한 지경에 이르렀는가를 글자 그대로 실감하게 하는 것이다. 인류는 지금 스스로 적을 만들고 사방팔

4 『列子』「天瑞」.

방의 적진 한가운데로 몰리는 형국을 자초하고 있다.

세계적으로 사회적·경제적 측면에서는 국가 간의 분쟁과 정치적 위기, 경제의 위기, 부의 불평등한 분배 문제 등이 심각한 상황에 처해 있다. 문화적 측면에서는 인종 간의 갈등, 민족 간의 알력, 세대 간의 반목, 문명 간의 충돌, 생명경시 풍조 등등으로 말미암은 인간의 자기 파괴적 위험성이 인류의 공존·상생을 위협하고 있다. 이에 따라 기존의 생활양식은 물론, '근본적 가치'로 인정되어왔던 것들조차 뿌리째 흔들리고 있다. 이런 문제들을 전체적으로 조망할 때, 우리는 지난 세대들이 남겨준 문화·문명의 달콤한 유산만을 향유하고 있는 것이 아니라 감당하기 어려운 공동의 부채를 동시에 떠안은 불안한 삶을 살고 있음을 깨닫게 된다. 여기서 '공동의 부채'란 다름 아닌 인류 자신이 담보한 문제들이기에 결국 인류 스스로가 상환해야만 하는 지구적 과제를 뜻한다. 이 모든 지구적 갈등과 위기 문제들은 궁극적으로 인간의 생명과 존엄성의 위기, 곧 관계적 존재인 인간의 '인간다움의 상실'이라는 하나의 문제로 집약된다.

요컨대 오늘날 세계를 주도하는 것으로 간주되는 그리고 인간 삶의 질을 개선한다는 명목을 지닌 경제와 과학기술의 괄목할만한 발전이란, 역설적이게도 인간다움의 상실과 생명 공동체의 와해를 주도하는 것에 다름 아닌 것으로 파악된다. 이런 까닭에 유네스코 집행이사회의 의장(2001-2003년)을 지낸 아지자 베나니(Aziza Bennani)는 한마디로 이렇게 단정하길 주저하지 않는다. "오늘날의 세계는 물질적 발전을 우선시했으며, 종종 수많은 도덕적·정신적 가치들을 물질적 진보라는 신의 제단에 제물로 바쳤다".[5] 과연 경제와 과학기술이 정신과는 무관한 것인가? 이들에게도 정신이 있다면 그 내용은 무엇일까? 2300여 년 전 동양의 맹자(孟子)는 경제적으로 풍요롭게 된 후에는 반드시 학교를 통해 효제(孝悌) 즉 인(仁)을 이루는 근본을 교육해야 한다고 역설하였으며,[6] 또한 기술·기능으로써 하는 일이 사람의 본래적인 마음 상태를 왜곡할 수 있으므로 신중을 기하지 않을 수 없다고 보았다.[7] 인간의 삶에서 물질적 조건과 도덕적 가치 중 어느 하나도 소홀히 할 수 없다는 얘기이다. 즉 물질적 경제 문제와 정신적 가치문제는 하나로 연결되고 더욱이 상보적인 관계를 이루어야 바람직하다는 말이다.

그렇다면 오늘날 인간의 자기반성이라는 정신 능력과 자기 개선의 의지는 어디로 간 것일까? 이들은 무엇에 가로막혀 제 기능을 발휘하지 못하고 있는 것일까? 인간의 욕망, 아니 탐욕 때문일까? 어떻게 인간의 생명과 인격조차 자본화하여 시장에 내다파는 것을 서슴지 않을 수 있는 것일까? 인간은 아직도 인간 자신을 오롯이 이해하거나 제대로 발견하지 못하고 있는 것인가? 인간에게는 새로이 발견되어야 할 어떤 본질적인 특성이 있어서 그것이 암암리에 인간의 행위를 조종하고 있는 것인가? 이토록 심각한 '인류 생존의 위기'를 야기한 궁극적 원인을 무엇으로 보아야 할까?

만약 인류가 특정한 세계관·자연관·인간관·사회관 또는 교육관·가치관 등에 입각한 어떤 주의(主義)에 집착해 온 결과로 인류의 생

---

5 제롬 뱅데, 『가치는 어디로 가는가?』.

6 『孟子』「梁惠王上」.

7 『孟子』「公孫丑上」.

존 자체가 위협받게 된 것이 분명하다면, 그런 관점·주의 및 가치를 조속히 폐기해야 할 것이다. 이들 관점·주의 및 가치에 대한 진지한 반성과 비판 없이는 인류의 위기에 대한 근본적인 해결책을 찾아내기란 불가능하다.[8] 사실 기존의 이분법적 세계관, 인간중심주의, 전체주의, 개인주의, 공동체주의 등은 오늘날 이미 그 한계를 드러내었다. 인간과 사회와 자연의 관계에 관한 총체적인 사고와 관점이 부재하다는 점이 분명해진 것이다. 그렇지만 이것이 곧바로 인간 능력의 한계점을 뜻하는 것이 아니라고 자긍할 어떤 것이 남아있다면, 이제는 '사고의 개혁'과 '관점의 전환'을 통해 하나인 지구를 하나의 전체로서 조망할 수 있어야 한다. 통합적 지식을 바탕으로 한 인간과 자연의 관계에 관한 융합적인 이해가 요구된다. 이런 거시적이고 원시적(遠視的)인 조망을 할 수 있을 때, 인류 스스로 자기를 되돌아보고 자기를 통어하여 자기 갱생의 능력을 회복하게 될 것이다. 어떤 특별한 존재만이 지구 생명 전체의 삶을 주재하고 구원할 수 있는 것이 아니라, 인류와 지구

8 이런 문제와 관련한 다음과 같은 지적이 있다. "20세기가 막을 닫고 있는 오늘에 이르러 인류는 서구 문명의 엄청난 충격 아래 그 영향권을 벗어나지 못하고 있으면서도, 무엇인가 이대로는 안 된다고 하는 강력한 예감을 가슴 깊이 느끼고 있다. … 한 가지 공통적으로 느껴지는 불안의 근저를 파헤쳐 보면 예외 없이 '생명'에 대한 위협이라는 것이 도사리고 있음을 알 수 있다. … 우리는 '생명'이라고 하는 하나의 화두를 내걸고 이에 대한 새로운 이해에서 출발해 볼 수 있다. 우리의 모든 이념이나 가치관이라는 것들도 궁극적으로는 삶과 생명이라는 문제에 귀착되는 것인 만큼, 생명에 대한 바른 이해야말로 이러한 난관을 극복하는 데에 적절한 길잡이가 될 수 있을 것이다" 장회익, 「온생명과 인류문명」, 『동아시아 문화와 사상』 제4호(파주 : 열화당, 2000).

생명체 모두가 자신들의 삶을 상호 공유하고 조절하는 한 덩어리의 관계성 속에 얽혀 있는 존재라는 점을 인식해야 한다. 이에 따라서 오늘날 제기되는 인류의 새로운 가치 창출이라는 과제 역시 세계적 공동체라는 범주에서 이루어져야 한다. 인류의 생존과 번영을 위해 모든 문화와 사회, 모든 개인들에게 적용되거나 수용될 수 있을 만한 공유적인 보편 가치가 무엇인지를 모색해야 한다는 목소리가 20세기의 끝자락에서부터 비등해 왔다.[9]

다음과 같은 동양 전통학문의 특성에 비추어 볼 때, 오늘을 사는 우리가 위기의식을 가져야만 하는 인간적인 이유가 무엇인지를 좀 더 분명히 이해할 수 있지 않을까. 동양 전통의 학문은 근본적으로 인문학이라고 할 수 있다. 여기서 '인문학'이란 자기 반성적 사색에 철저하고 또한 인간의 삶을 총체적으로 성찰하고 조망함으로써, 인간의 자기실현 가능성을 확인시켜주기 위해 애쓴 생명[10] 본위의 학문을 통칭

---

9 "1993년, 100년 만에 열린 〈세계종교회의〉에 참석한 130여 개 세계종교 대표들은 『보편윤리를 향한 선언문』을 채택했다. 1995년에는 브란트 전 독일 수상에 의해 주도된 〈지구관리위원회〉가 그 보고서 『우리들의 지구 동네』에서 '지구적 시민윤리(global civic ethics)'의 실현만이 지구촌의 현실에 대응하기 위한 여러 사회와 문화들 간에 협력의 바탕이 될 수 있음을 주장했다. … 같은 해 발간된, 페레즈 드 깨이야 전 유엔 사무총장이 의장직을 맡았던 〈문화와 발전 세계위원회〉의 보고서 『우리의 창조적 다양성』은 공통의 윤리적 가치와 원칙으로 구성되는 보편윤리(global ethics)의 탐구가 시급함을 선언했다" 김여수, 정원섭 역, 「21세기 윤리를 위한 공동의 틀」, 『철학과 현실』 46(서울: 철학과현실사, 2000).

10 여기서는 끊임없이 이어지고 어우러지는 살아 움직임의 전반을 가리키는 말로서, 자연적 생명은 물론 문화적·공동체적 생명을 아우르는 넓은 의미의 개념이다.

한다. 말하자면 인간 삶의 열악상(劣惡相)(탐욕, 사적 이익, 부정의, 불공평, 폭력, 위선, 허위 등에 의한)에 대한 비판의식과 함께 인간에 대한 신뢰 및 연민의 정을 드러내는 것을 그 근본정신으로 삼고, 생명의 참 의미를 탐구하여 정신 경지의 고양을 추구하는 가운데 윤리성·종교성·역사성·정치성·교육성·문학성·상징성·예술성 등이 혼재하는 유기체적 구조를 지닌 것이 동양 인문학의 특성이다. 이를 통해 개인 차원에서는 이성과 감성의 통합(情理圓融), 즉 조화로운 정신 경지를 달성함으로써 이상적 인격을 이루는 것을 궁극의 과제로 삼았다. 사회적 차원에서는 사회 구성원들의 총체적인 화해(和諧)를 이룩하는 것, 즉 이상적 정치를 구현하는 것을 지상의 과제로 여겼다. 그리고 우주적 차원에서는 자연과 인간의 일치 즉 천인합일(天人合一)을 달성하는 것을 최고의 목표로 설정하였다. 이처럼 동양 인문학은 '인간 삶으로서의 학문'이라는 특성을 지녔으므로, 현대의 분과 학문들에 비해 매우 복합적이고 회통적(會通的)이다.

동양 인문학이 항상 현실에 대한 비판을 바탕으로 하는 위기의식을 자기 정신으로 삼아왔다는 점은, 곧 인류의 생존에 대한 책임감을 지녔음을 나타낸다. 그리하여 진정한 인문학이기 위해서는 현실의 허황한 점들을 비판하고 삶에 대한 위기의식을 지니고서 전전긍긍하며, 나아가 근원적인 차원에서 인간 삶의 이상적 가치가 무엇인지를 제시함으로써 인간성을 고양시켜주는 역할을 수행해야 하는 것으로 인식되었다. 따라서 삶의 문제, 생명에 대한 탐구에서 도덕적 책임의식을 수반하면서 개과천선(改過遷善)을 지향하는 것이 동양 인문학의 특성이다. 이런 점에서 동양 인문학은 인간 삶의 위기 상황에서 더욱 빛을 발할 수 있는 역설적 생명력을 지닌 학문이라고 할 수 있다.

이쯤에서 삶에 대한 '위기의식'을 '우환의식(憂患意識)'이라는 말로 바꾸어 생각해보는 것이 동양 인문학의 특성을 좀 더 구체적으로 드러내는 효과적인 방법이 될 듯하다. 우선 '우환'이라는 말은 기우(杞憂)를 뜻하는 것이 아니며, 단순한 공포나 두려움을 의미하는 것도 아니다. 이는 인간 심리의 부정적인 측면에 집착하여 삶을 위축시키고자 하는 소극적인 자세가 아니라, 현실의 열악성을 직시함으로써 삶을 개선하고자 하는 의지를 보다 굳건히 하겠다는 적극적인 태도이다. '우환'이라는 말은 "『주역』이 흥성한 것은 은나라와 주나라의 교체기였던가? 『주역』을 지은 사람은 '우환'을 가졌던 것일까"[11]라는 글에서 처음으로 사용되었다. 『주역』에는 전반적으로 우환의식이 강하게 깔려 있으며, 특히 「계사전」에서 이 점을 반복적으로 표명하고 있다. '우(憂)'란 시름하다·괴로워하다·두려워하다라는 의미이고 '환(患)'이란 걱정·고뇌·근심 등을 뜻하므로, '우환'이란 '근심거리 또는 위기(患)를 두려워하다(憂)'라는 의미이다. 다시 말해 인간사와 관련된 모든 근심걱정거리를 두려워하고 그런 일에 대해 신중한 자세로 임하는 것을 뜻한다.[12] 『주역』에서는 좀 더 구체적으로 '우우(憂虞)'를 말하기도 한다. 즉 "길흉이라는 것은 잃고 얻음의 상(象)이다. 회린(悔吝)이라는 것은 두려워함(

11 『周易』「繫辭傳下」.

12 김충열, 「중국철학의 총괄적 관조」, 정년퇴임기념강연 자료(1996). '우환의식'에 관한 구체적인 내용은 高明 外, 『憂患意識的體認』(臺北：文津出版社, 1987)을 참고할 수 있다.

憂虞)의 상이다"[13]라는 것이다. 길(吉)은 사업의 성공으로서 얻음을 뜻하고, 흉(凶)은 사업의 실패로서 잃음을 뜻한다. '우우'란 주저하면서 결정 내리지 못하고 있는 상태를 뜻하므로, 이는 길흉이 정해지지 않고 얻고 잃음이 판단되지 않은 때를 가리킨다. 이런 상태를 괘(卦)의 상으로 표현한 것이 회린[뉘우치고 유감스러워함]이다. 회는 흉에서 길로 옮겨가고, 린은 길에서 흉으로 옮겨갈 수 있는 상태이다. 사람이 걱정스럽고 괴로우며 어려운 상황에 처하면 반드시 '반성하고 뉘우쳐야(悔)' 하는데, 이런 반성과 뉘우침은 곧 길을 얻을 가능성을 갖게 한다. 사람이 안락하고 멋대로 할 때 반드시 유감스럽게(吝) 되는데, 유감스러움은 흉으로 갈 가능성이 있다.[14] 요컨대 '우우'하는 상황에 놓여 있을 경우에는 반성함으로써 길 즉 득의 상태로 방향전환을 할 수 있어야 한다는 것이다.

현대에서 '우환의식'이라는 말을 처음으로 사용한(1960년) 서복관(徐復觀)의 설명에 귀 기울여보자.

> 우환의식은 원시의 종교적 동기가 불러일으킨 공포·절망과는 다르다. 일반 사람들은 항상 공포와 절망 속에서 자신이 너무나 미약한 존재라고 느끼고는 자기의 책임을 버려 자기가 결정해야 할 것을 오로지 외재하는 신(神)에게 의지하고 만다. … '우환'이

---

13 『周易』「繫辭傳上」.

14 金景芳·呂紹綱, 한국철학사상연구소 기철학분과 역, 『易의 철학 주역계사전』(서울: 예문지, 1993).

> 공포·절망과 가장 다른 점은, 우환심리의 형성이 (인간의) 길흉성패에 대한 당사자의 심사숙고로부터 오는 원견(遠見)이라는 점이다. 중요한 것은 이 원견 속에서 길흉성패와 당사자의 행위 간에 밀접한 관계가 발현되며, 또한 당사자는 행위상에서 응당한 책임을 진다는 것이다. 우환이란 바로 이런 책임감에서 온 것으로서, 이는 자신의 힘으로 곤란을 돌파하고자 하지만 아직 돌파하지 못했을 때의 심리상태인 것이다. 그러므로 우환의식이란 인간의 정신이 처음으로 직접 사물을 대하는 데서 발생한 책임감의 표현인 것이며, 또한 정신상에서 시작된 인간 자각의 표현인 것이다. … 문제에 대한 책임을 자기가 지려고 할 때라야 비로소 우환의식이 있게 된다. 이러한 우환의식은 실제로 일종의 굳센 의지와 분발하는 정신을 온축하고 있다. … 우환의식이 약동하게 되면 인간이 갖는 믿음의 근거는 점차 신으로부터 자기 자신의 행위의 근신(謹愼)과 노력으로 옮겨가게 된다.[15]

서복관에 의하면, 이런 우환의식이 주나라 초기 즉 중국문화사의 대전환점에서 도덕적으로 승화되었는데, 그 핵심 내용은 '경(敬)'과 '덕(德)'이다. 이는 인간이 자각과 자기반성 그리고 인간사에 스스로 책임감을 갖게 되었음을 보여주는 것인데, 이것이 곧 동양 인문정신의 맹아이자 인간이 자신의 가치를 주체적으로 의식하게 된 시발점이다.

---

15 徐復觀,『中國人性論史』, 先秦篇(臺北:臺灣商務印書館, 1969).

물론 우환의식 자체가 삶의 궁극적인 목적인 것은 아니다. 이것의 일차적인 의미는 생명의 안위와 온전한 지속성을 확보하기 위해 인간으로서 지녀야 하는 최소한의 자기의식이라는 점이다. 춘추전국시기에 이르러 이러한 우환의식이 노자(老子)와 공자(孔子) 및 맹자에 의해 다음과 같이 계승되었다.

> '큰 근심거리'를 귀하게 여기기를 자기 몸을 아끼는 것처럼 한다는 것은 무엇을 이르는 말인가? 나에게 큰 근심거리가 있는 까닭은 나의 몸만을 위하려는 애착이 있기 때문이니, 내 몸에 대한 애착이 없다면 나에게 무슨 근심거리가 있겠는가.[16]

> 덕을 닦지 못하는 것, 배운 것을 강습하지 못하는 것, 의로움이 무엇인지를 듣고서도 그리로 옮아가지 못하는 것, 선하지 못한 것을 알면서도 고치지 못하는 것이 나의 '두려움'이다.[17]

> 사람이 멀고 깊은 생각을 하는 것이 없으면, 반드시 가까운 시

---

16 『老子』 제13장.

17 『論語』 「述而」. 공자 스스로 "加我數年, 五十以學易, 可以無大過矣"(『論語』 「術而」)라고 말한 것이나, 그가 '韋編三絶'(『史記』 「孔子世家」)이라는 고사를 남긴 것은, 그가 『주역』의 우환의식에 투철하였음을 증명한다. 그러나 우환이 인생의 궁극적 목적이요 가치인 것은 아니다. 『논어』에서는 다른 한편 "樂以忘憂"(「術而」), "君子不憂不懼, … 內省不疚, 夫何憂何懼"(「顔淵」), "仁者不憂"(「憲問」) 등의 경지를 말하고 있기 때문이다.

일에 '두려움'을 갖게 된다.[18]

맨주먹으로 범을 잡으려 달려들고 맨몸으로 황하를 건너다가 죽어도 후회하지 않는 자라면 나는 그와 더불어 하지 않겠다. 반드시 일에 임하여 '두려워하며' 미리 잘 계획하여 일을 이루어내는 자라야만 한다.[19]

들어오면 법도 있는 집안과 보필하는 선비가 없고, 나아가면 적국(敵國)과 외환(外患)이 없는 자라면 그 나라가 항상 멸망한다. 그런 연후에 사람은 '우환에서 살고' 안락에서 죽는다는 점을 알게 된다.[20]

군자는 '평생토록 갖는 두려움'은 있어도, 하루아침의 근심거리는 없는 것이다. 만일 두려워하는 것이 있다면 순임금도 사람이며 나 또한 사람일진데, 순임금은 천하의 모범이 되어 후세에 전해질 수 있었거늘, 나는 여전히 향인(鄕人)을 면치 못하고 있으니, 이것이 두려워할 일인 것이다. 어떻게 두려워할 것인가? 순임금처럼 할 뿐인 것이다. 군자라면 근심하는 바가 없으니, 인(仁)이 아니면 하지 아니하고 예(禮)가 아니면 행하지 아니하는지라, 만일 하루아

18 『論語』「衛靈公」.

19 『論語』「述而」.

20 『孟子』「告子下」.

침의 근심거리가 있다고 해도 군자는 그것을 근심하지는 않는다.[21]

위의 서복관의 설명을 바탕으로 삼아 우환의식론을 발전시킨 학자는 모종삼(牟宗三)이다. 모종삼이 1982년에 제시한 다음과 같은 이해도 주목할 필요가 있다. 우환은 개인이 소아(小我)에 집착하여 안심입명이나 욕망에 치우치는 것과 같은 '하루아침의 근심(一朝之患)'이 아닌, 인간 본성의 참된 실현과 세계 내에서의 책임에 대한 자각과 반성이 수반되는 평생토록 갖는 두려움(終身之憂)을 말한다. 이 '종신지우'의 내용은 가까이로는 본성 실현의 문제로부터 사회적 책임, 천지 속에서의 인간의 책임까지 수반한다. 따라서 우환의식은 자아를 봉쇄하여 움츠러드는 이기적인 소아의 집착이나 그것으로 인하여 생기는 종교적 정서로서의 공포의식이나 불교의 고업(苦業)의식과는 다른 것이다. 우환의식이란 자기를 끊임없이 개방하는 대아(大我)의 적극적이고도 창조적인 태도를 지니고 있다. 이런 의미에서 유가가 참으로 두려워한 것은 참된 인간 본질에 따른 개인의 완성뿐 아니라, 전 인류와 천지에 대한 깊은 관심과 책임감에 관한 것이다. 즉 개체 존재의 책임의식으로부터 그 대상을 넓혀서 이웃과 사회, 세계와 천지 자연에 대한 애정(悲情 ; cosmic feeling)에까지 미치는 것이다.[22] 사실 공자의 뜻을 이은 증

---

21 『孟子』「離婁下」.

22 정병석, 「유가의 우환 의식과 현대의 위기」, 『인간과 사상』 16 (1994). 이러한 정병석의 이해는 牟宗三이 그의 『中國哲學的特質』에서 밝힌 것을 바탕으로 한 것이다. 이에 관해서는 모종삼, 송항룡 역, 『중국철학의 특질』(1983)을 참고.

자(曾子)는 자기의 도덕적 우환의식을 이렇게 표현하기도 하였다. "선비는 뜻이 원대하고 강인해야만 할 것이니, 책임이 무거운데 갈 길조차 멀기 때문이다. 인(仁)으로써 자기의 책임을 삼는 것이니 참으로 무거운 것이 아니하겠는가! 죽은 후에야 그만두는 것이니 참으로 먼 길이 아니겠는가"[23]. 하루아침의 근심이 아닌 평생의 두려움이란, 개인의 생명을 넘어선 천지 차원의 지속적인 생명 영위를 위한 것이다. 증자에게는 천지로부터 받은, 그래서 천지와도 소통하고 합일할 수 있는 인간의 핵(核)이 곧 인(仁)이라고 보게 된 자기 깨달음이 있었을 것이다.

이렇게 볼 때, 인간이 자기반성과 자기 책임감을 바탕으로 타인·타물에 대한 무한한 신뢰와 '연민의 정'(理智的인 정감)을 지니고 있지 않다면 인문정신을 실현하는 것은 불가능한 일이다. 과연 노자는 '자(慈)' 즉 자애를 자신의 첫째가는 보배라고 토로하였으며, 공자는 '인(仁)' 즉 애인(愛人)을 자기 철학의 핵심으로 삼아 강조하였다. 본심이 갖추고 있는 인간의 핵을 구현함으로써 타인을 신뢰하고 사랑하며, 이렇게 하여 화해로운 공동체를 이루고, 나아가 자발적으로 광대화해(Comprehensive harmony)[24]의 우주에 일원으로 참여하는 '온전한 삶'·'즐

---

23 『論語』「泰伯」.

24 '광대화해'란 方東美가 『중국인의 생철학』에서 사용하기 시작한 용어이다. 그는 이렇게 말한다. "중국의 정신은 내가 언급한 바 있는 廣大和諧의 道로 가장 잘 특징지어진다. 도와 하나가 된 이 세계의 모든 인류와 생명은 모두 情이 통하는 통일체(sympathetic unity) 속에 같은 일원으로 들어와 여기에서 그들은 다 같이 복지와 평화를 누릴 수 있다. 그 실제적 작업에 본질적인 유일한 조건은 인간과 우주를 모두 生生不息하여 창조적 정신을 끊임없이 발휘해야 하는 것으로 간주

거운 삶'·'자유로운 삶'을 구가하는 것이 동양 인문학의 참된 정신이자 목표였다. 삶의 과정이자 수양으로서의 학문을 통해 자기 자신이 성인(聖人)·진인(眞人)·지인(至人)·신인(神人)·천인(天人), 대인(大人)·군자(君子)·현인(賢人)·대장부(大丈夫) 등과 같은 이상적 인격을 이룰 때라야 저러한 삶이 완성되는 것으로 간주되었다. 삶이 따로 있고 학문하는 것이 따로 있는 게 아니라, 삶이 곧 학문이고 학문이 곧 삶의 과정인 것이다. 인간 생활의 외적 조건과 현상은 시대와 지역에 따라 다변하지만, 상도(常道)·천도(天道)에 근원한 인간의 존엄성(慈·仁)을 지키려는 근본정신이 모든 인간사를 꿰뚫어 흐를 수 있도록 해야 한다는 점은, 인간이 인간으로서 존재하면서 그 본래적 가치를 실현하고자 하는 한 보편적인 가치로 자리매김 되어야 할 것이다.

2. 시민의식과 동양적 가치

세계적 시민의식의 요구

필자는, 현대 시민의 바람직한 삶이 무엇인가를 논구함에 있어 지구적 층위에서 인류가 안고 있는 '위기 문제'를 그 대전제 상황으로

해야 하는 것이다" (方東美 저. 정인재 역. 1984).

인정해야 한다고 본다. 인류의 생존 여건이 앞서 살펴본 바와 같은 위기 상황에 처해 있음을 직시하고, 인간과 사회 또는 공동체의 본래적 가치가 무엇인지를 부각시키는 데로부터 탐구를 시작할 필요성이 있다. 이런 탐구는 오늘날의 인류에게 자신이 짊어지고 있는 부채에 대한 책임감을 갖고 그 과제를 해결하기 위한 의지를 발동시킬 것을 요구한다. 물론 필자의 이러한 제안은 너무나도 거대한 것이며 모종의 보편성을 전제하는 것으로 읽힐 수도 있고, 그래서 그 실현 가능성이나 적실성의 측면에서 의심받기 십상인 것이 사실이다.

비록 이러한 우려점이 있기는 해도, 우리가 인간이고 인류인 한 이런 문제를 언제까지나 도외시하고 괄호 속에 넣어두기만 할 수 없음 또한 몸으로 느끼는 실정이 아닌가? 그저 도외시 한다고 해서 시간이 저절로 해결해줄 것과 같은 성질의 문제들이 아닌 것이다. 지난날 '보편성'이라는 이름으로 행해진 강요와 폭력에 놀란 가슴을 그저 굳게 닫아두고 있는 것만이 상책은 아닐 것이다. 그렇게 하는 것은 인류의 심장 자체를 멎게 할 수도 있다. 헤르만 헤세의 글을 각색하여 말하자면, 이는 황야의 늑대가 자기 철옹성 속에서 종국에는 자폐되고 마는 것과도 같은 일이다. 따라서 오늘날 대부분의 인간을 대상으로 하는 교육 곧 시민교육은 현재의 지구적 위기 상황을 자각하고, 그에 대한 올바른 해법을 찾아내는 데 자발적으로 참여하는 시민의 양성을 최선의 목표로 삼아야 한다. 세계화의 시대에서 '한국 시민'은 곧 세계 시민이기도 하다. 따라서 지구적 층위의 시민성을 길러야함은 이 시대에서 하나의 당위이다. 오늘날의 시민성 실천은 가정이나 사회의 언저리, 민족이나 국가의 범위를 넘어서 전 세계를 무대로 삼아야 한다.

현재 우리 사회를 주도하고 있는 것은 서양에서 발생하고 발전한 문명·문화이다. 그런데 "서양 문화의 기본 내용은 민주와 과학이다. 그러나 과도하게 발달한 개인주의, 끝없는 이익 추구, 나날이 번잡해지는 소송제도, 노인을 경시하고 아동을 학대하는 사회 풍조, 긴장하고 충돌하는 심리상태 등은 서양인 스스로의 깊은 반성을 일으키고 있다."[25] 한마디로 극단적인 경쟁과 이기심이 현대 사회 병폐의 주요 원인으로서 지적되고 있는 것이다. 인간이 극도로 파편화되는 전자가족(electron family) 시대가 된 오늘날, 바람직한 인간관계는 어떤 방식으로 이루어질 수 있을까? 선진국을 위시하여 고령화되어가는 사회에서의 인간관계 문제를 어떻게 처리해야 할까? 경쟁과 갈등을 당연시하는 사회에서 과연 공동체 구성원들의 조화나 화합이 가능할 수 있을까? 세계인들이 수시로 교류하고 뒤섞이는 상황에 처해 있는 오늘의 상황에서, '관계 맺음'을 어떻게 인식하고 어떤 방식으로 이루어낼 것인가 하는 문제는 개인의 삶뿐 아니라 세계 공동체의 운명까지도 좌우할 수 있다. 그렇다면 지구화 시대에서의 관계와 관련한 가치 창출의 출발점은 어디일까?

유네스코 철학윤리국은 「21세기 윤리를 위한 공동의 틀」(1999년 5월 21일 수정)이라는 문안을 작성하였다.[26] 김여수는 여기서 세계적인 문제들을 해결하기 위한 세계적 가치들과 관련하여 다음의 항목들을 정

25 위잉스(余英時), 김병환 역, 『동양적 가치의 재발견』(서울 : 동아시아, 2007).

26 김여수, 「21세기 윤리를 위한 공동의 틀」 http://www.unesco.or.kr/front/data-center/data-center-01-list.asp?cate=date04).

식화하였다. 즉 '자연에 대한 인류의 관계', '인간의 자기실현', '개인과 공동체', '정의'라는 것이다. 이들은 "지구를 위한 지속가능성, 제반 권리와 책임의 자유로운 행사에서 인간의 자기실현, 개인과 공동체의 상보성, 그리고 정의에 기초한 평화 등 각각 균형 있는 조정을 모색"하는 것이라고 한다. 이 문안에서는 '시민'이라는 말을 사용하지 않고 다만 '인류의 대화를 위한 틀'이라고 말하고 있지만, 필자가 보기에 이 틀은 사실상 지구적 시민의 삶의 과제가 무엇인지를 간명하게 밝혀주는 가이드라인이라고 할 수 있다. 이 네 가지 항목은 모두가 개인, 공동체, 자연 차원에서의 상호 관계 문제를 바탕으로 하고 있는 것들이다.

이러한 현대 시민적 과제와 관련하여, 필자가 생각하는 '시민'에 대한 약정적 정의는 다음과 같은 것이다. 즉 '시민이란 이상적 인격으로 성장하기 위해 노력하는 과정에 있는 자기 수양적 존재들이며, 동시에 항상 공동체의 안정을 염두에 두고 상호 연민의 정을 발휘하면서 주체적으로 활동하는 사회 참여적 존재들'이라는 것이다. 시민은 사회의 어떤 계층이나 신분 그리고 특정한 인간상에 묶여 있는 제한적이거나 고립적인 존재들이 아니라, 일상생활을 영위하는 대다수의 인간이라고 보아야 한다. 존재적 차원에서부터 모두가 모두와 복합적이며 다차원적으로 관계되어 있는 '존재-관계'적인 평등의 상태에 놓여 있는 것이 인간 본연의 모습이라는 점을 전제하기 때문이다. 한 가지 더 고려할 것은, 시민의 도덕적 자질을 키우고 교양과 문화적 식견을 높일 수 있어야 한다는 점이다. 지구화의 추세 속에서 한 문화가 제 기능을 발휘하기 위해서는 자신의 전통과 역사·사상 그리고 언어 등에 대한 이해를 전제로 한다. 이런 것을 두루 갖춘 문화시민의 역량에는 윤리적 자질, 심미적 자질, 지적 자질, 각종 사회 이슈에 대한 이해, 예의, 민주시민으로서의 정치적 안목과 판단력 등 광범위한 자질이 포함된다.[27]

공동의 안정적인 삶을 도모할 때, 개인의 권리와 자유를 주장하고 확보하는 것만으로는 부족하다. 전체를 배제한 배타적인 자아의식의 확대와 이로 인한 끝없는 분열을 어떻게 제어할 것인가도 숙고해야 한다. 동양 인문학의 견지에서는, 궁극적으로 수양 공부를 바탕으로 하여 타인들에 대한 존중심을 체화(體化)할 수 있어야 한다고 말할 수 있다. 억지스럽지 않은 자발적인 공동체의 안정을 여기서 예상할 수 있다. 최근 우리나라의 학술계에서는 현대 '시민'의 의미를 드러내기 위해 동양 전통의 특정한 인간상을 대비적으로 검토하는 몇몇의 시도를 보여주었다. 주로 '선비와 시민', '군자와 시민' 등과 같은 제목의 글들이 여기에 해당한다.[28] 이런 접근법을 취하는 가운데 한국에서는 요

---

27 경제·인문사회연구회, 『사회발전과 문화기반으로서의 인문학적 가치의 사회적 활용방안』(서울 : 양동문화사, 2005).

28 강형기, 「21세기 군자가 되기 위한 반성」, 『지방행정』 54권 620호 (2008) ; 금장태, 『한국의 선비와 선비정신』(서울 : 서울대출판부, 2000) ; 김시천, 「군자는 과연 시민이 될 수 있을까」, 『정의로운 사회는 가능할까 : 세상 청바지』(서울 : 웅진지식하우스, 2008) ; 박병기, 「선비정신과 시민윤리」, 『선비문화』(진주 : 남명학연구원, 2008) ; 송복, 「선비, 그는 누구인가?」, 『전통과 현대』(서울 : 전통과현대사, 1997) ; 이철승, 「'세계화' 시대 '유교공동체주의'의 의의와 문제」, 『시대와 철학』 제18권 3호 (2007) ; 이철승, 「군자에서 시민까지」, 『철학, 문화를 읽다』(파주 : 동녘, 2009) ; 장현근, 「君子와 世界市民」, 『유럽연구』 제5호 (1997) ; 정용화, 「한국인의 시민상 모색과 선비」, 『한국정치외교사논총』 23권 1호 (2001) ; 정인재·황경식, 「군자와 시민」,

즘 '선비'·'군자'에 관한 연구가 급부상하였다. 그렇지만 이와 같은 연구들의 의의 및 한계가 무엇인지를 차근히 점검해 볼 필요도 있다. 이들 연구 성과를 바탕으로 하여 한 걸음 나아가기보다는, 오히려 근본적인 차원으로 한걸음 물러서서 동양 전통사상의 의미와 기능에 관해 다방면으로 천착해 볼 필요가 있다. 그 일환으로 '동양적 가치'의 근원 및 그 원형이 무엇인지를 집중적으로 고찰하는 것은 의미 있는 일이다.

이 글에서 동양 전통의 가치를 일일이 열거하고 정리해낼 여유는 없다. 동양이라고 해도 그 지역은 대단히 넓으며 또한 그 가운데의 세부 문화권들이 제각기 장구한 역사를 지녀왔다. 따라서 동양이라는 범위 내에도 가치에 관한 다양한 관점이 있었던 것이 사실이고, 더구나 그들 간에는 대립적인 입장을 견지하면서 상호 갈등을 일으킨 사례도 매우 많다. 중국의 선진(先秦) 시기만 해도 대략 육가(六家) 또는 십가(十家)의 학자들이 서로 다른 견해를 표방하면서 논쟁을 벌였다. 말 그대로 '백가쟁명(百家爭鳴)'으로서, 심지어 상반된 가치들 간의 격렬한 적대와 충돌을 경험하기도 하였던 것이다. 이처럼 동양 가운데의 동아시아적 가치라고 해도 그것은 절대적이거나 단 하나로서만 있는 독존적(獨存的)인 것이 아니다.

그럼에도 불구하고 동양의 원형적인 사유라고 할 만한 것을 선별하여 탐구한다면, 가치에 관한 어떤 일반성을 비교적 수월하게 찾아

『철학연구』 제37집(1995) ; 조영달, 「현대사회의 지식인과 선비정신의 사회적 재해석」, 『남명학』 14권 (2009).

볼 수 있지 않을까. 그리고 전통적으로 이어져온 동양 인문학의 가치들 가운데 현재에도 계승·발전시킬 만한 것을 찾아 부각시켜보는 것도 효과적인 방법일 수 있을 것이다. 이런 점을 고려하여 필자는 우리의 당대(當代)와 미래 세대의 '시민교육'을 위해 지금도 유효하리라고 판단되는 전통사상을 선별하여 논하는 방식을 취한다. 선진 시기의 유가와 도가가 주요 대상이다.

그러면 오늘날 '시민적 덕목'으로 활용될 수 있을 것으로 기대되는 동양적 가치의 긍정성 기준을 무엇으로 설정해야 할까? 필자는 개인의 권리 주장 및 확보만으로는 해결하기 어려운 관계의 문제, 곧 자기와 타인·타물 간의 관계를 성립시키는 데서 관건이 되리라고 생각되는 '상보상성(相補相成)' 즉 '화해'에 주목하고자 한다. 그러므로 이 글은 전반적으로 동양적 관계론, 그리고 이에 바탕한 '관계적 가치'를 천착하는 데 주안점을 두고 있다.

동양적 가치의 근원은 생명

동서고금을 막론하고 생로병사라는 닫힌 틀 속에서 일상생활을 한 대부분의 사람들이 추구해온 일반적 가치는 부귀영화, 무병장수 또는 불로장생과 같은 것들이다. 인간이 생래적으로 욕망을 지닌 존재라는 점을 인정할 때, 그런 인간이 자기의 생존과 이익을 최적화하고 극대화하기 위해 활동하는 것은 일차적으로 당연시된다. 인간은 그로써 지식욕·소유욕·권력욕·명예욕 등을 충족시키고자 질주하며 마침내는 불사(不死)의 삶도 꿈꾼다. 그러나 이러한 것들의 성취는 일시적인 것에 불과하거나 또는 육체를 지닌 채로는 그 성취 자체가 불가능한 것으로 확인되었으며, 이런 것들에 대한 무한 추구가 야기하는 자기 파괴적인 심리와 부정적인 결과들도 무시할 수 없게 되었다. 도가 학자인 양주(楊朱)는 이런 점을 일찍이 종합적으로 간파였던 것 같다. 그는 이렇게 말한다. "사람들이 휴식을 취하지 못하는 것은 다음의 네 가지 일 때문이다. 첫째는 수명이요, 둘째는 명예이며, 셋째는 지위이고, 넷째는 재물이다. 이 네 가지에 얽매여 있는 사람은 귀신을 두려워하고, 사람을 두려워하며, 위세를 두려워하고, 형벌을 두려워한다. 이런 사람을 두고서 자연의 이치로부터 도망치려는 자라고 말하는 것이다".[29] 이를 통해 가치상의 역리 작용이 발생할 수 있다는 점을 알게 된다. 한편 유가 학자인 맹자는 이렇게 말하였다. "천하의 넓은 집(仁)에 거처하며, 천하의 바른 자리(禮)에 서며, 천하의 대도(義)를 행하여, 뜻을 얻으면 백성과 함께 도를 행하고 뜻을 얻지 못하면 홀로 그 도를 행하여, 부귀가 마음을 방탕하게 하지 못하며, 빈천이 절개를 옮겨 놓지 못하며, 위엄과 무력도 그 의지를 좌절시킬 수 없는, 이런 사람을 대장부라고 한다".[30] 여기서는 일반인들이 추구하는 가치와 대장부라는 이상적 인격이 추구하는 가치 간에 대립이 있다는 점을 알 수 있다.

다른 한편으로 동서양을 막론하고 근대 이전까지의 종교나 철학

29 『列子』「楊朱」.

30 『孟子』「滕文公下」.

은 대체로 진(眞)·선(善)·미(美)·성(聖)과 같은 것을 인간이 희구해야 할 궁극의 목적으로 삼았고, 또한 이러한 것들을 절대적인 가치로서 받아들일 것을 일반인들에게 주문하였다. 그러나 대부분의 일반 사람들이 추구해온 가치는 종교·철학에서 제시한 가치들과는 서로 다르거나 심지어 반대적인 것이다. 그리하여 한쪽에서 긍정적인 가치로 인정되는 것이 다른 쪽에서는 부정적인 가치로 뒤바뀌기가 일쑤이다. 결과적으로 상호 간에 가치전도를 경험하고 갈등을 일으킨다. 그러면 과연 어느 쪽에 서야 옳을까? 보다 많은 사람들의 공생·상생을 가능케 할 수 있을 보편적이고도 긍정적인 제3의 가치 접근 방법이 있다면, 그것은 대체 무엇일까?

동양 전통에서는, 육체적인 죽음을 맞이한다고 해도 결코 썩어 없어지지 않을 것으로서 삼불후(三不朽), 즉 입덕(立德)·입공(立功)·입언(立言)을 말하기도 하였다.[31] 즉 현세에서의 자기실현을 통해 영원성을 확보하는 데 인생의 가치를 두었던 것이다. 또한 유가가 그들의 3경 가운데 하나로 자리매김한 『상서(尙書)』의 '홍범구주(洪範九疇)'에서는 긍정적 가치와 부정적 가치를 대응시키고, 이 중 한쪽을 지향하고 다른 한쪽을 지양할 것을 말하였다. 홍범구주 가운데서는 인간 삶에서의 행·불행의 내용으로서 오복(五福)과 육극(六極)을 제시하였다. 전

31 '三不朽'란 『春秋左氏傳』 襄公 24년조에 등장하는 叔孫豹의 말이다. 삼불후 가운데서도 인생의 최종 목표이자 최고의 가치를 갖는 것으로서 첫 번째로 제시된 것이 德이다. 따라서 중국에서는 수많은 사상가들이 '殺身成仁' 또는 '大義滅親'이라는 관념을 제시하기도 하였다.

자는 긍정적 가치의 대체이고 후자는 부정적 가치의 대표격이다. 오복이란 수(壽; 오래 삶)·부(富; 부유함)·강녕(康寧; 건강하여 안녕함)·유호덕(攸好德; 미덕을 닦음)·고종명(考終命; 늙어서 수명을 다 누리고 죽음)이다. 이와 반대인 육극이란 흉단절(凶短折; 횡사하거나 요절함)·질(疾; 병이 듦)·우(憂; 근심함)·빈(貧; 가난함)·악(惡; 죄악을 저지름)·약(弱; 몸이 쇠약함)이다.[32] 삼불후가 개인적인 성취(물론 사회적 관계를 바탕으로 한 것이기는 하지만)를 위주로 하는 것임에 비해, 홍범구주의 오복·육극은 개인을 넘어서 사회적 성취로 나가는 것으로서 보다 일반적인 것이라고 할 수 있다.

홍범구주에서 이런 항목들을 내세운 것은, 백성이 오복을 갖추어 행복한 삶을 살면 정치가 잘 되었다는 증거로 삼고, 반대로 육극을 당하여 민생이 괴로우면 정치가 잘 되지 못했다는 증거로 삼기 위함이었다. 사회와 국가는 백성의 육극을 구휼할 책임이 있기에 육극을 미연에 방지하는 데 힘써야 함은 물론, 그러한 현상이 나타났을 때에는 백성을 돕는 데도 적극 힘써야 한다.[33] 이들 항목 가운데 '고종명(考終命)'에서의 고(考)는 노(老)의 의미이므로, 이는 '늙어서 수명을 마치는 것'을 뜻한다. '약(弱)' 역시 '늙어서 몸이 쇠약함'을 뜻한다. 한마디로 부유하게 살고 미덕을 갖추며, 늙어서 쇠약해지더라도 병을 앓지 않고 부조를 받아 장수를 누리고 죽는 것이 인생의 최대 행복 즉 최고 가치라고 보았던 것인데, 이러한 구도에는 이미 개인과 공동체의 관계에 대한 의식의 단초가 깃들어 있다. 이런 정치 내용이 춘추 말기의 공자

---

32 『尙書』「周書」洪範.

33 김충열, 「중국철학의 총괄적 관조」, 정년퇴임기념강연 자료 (1996).

에게 이르러 그의 '인(仁)'·'의(義)', 또는 '안인(安人)'·'박시제중(博施濟衆)'이라는 개념에 반영되었던 것으로 생각된다.

그러면 동양적 가치관의 근거를 무엇으로 보아야 할까? "원초적 가치를 인간 그리고 더 넓게는 모든 생명체들의 생존 가치로 보는 것에 큰 무리가 없으리라고 생각된다. 삶이 이루어지지 않고야 그 어떤 가치도 논할 수 없기 때문이다".[34] 이런 관점은 동양 전통에서 생명을 중시하였던 것과 잘 부합하는 이해이다. 사실 동양 학문의 정수는 '생명', 바로 이 두 글자에 농축되어 있다. 이러한 생명이라는 근원 사유에서는 생존투쟁을 말하지 않으며, 다만 상생상성(相生相成)의 원리를 터득하고 실현할 것을 강조한다. 동양의 주류 학문은 삶의 문제에 골몰하였고, 그런 삶의 문제에서 관건을 이루는 자연의 원리를 알고자 하였다. 이 학문은 저절로 있는 '자연'을 그대로 긍정하면서 그것의 기능·작용·활동·효용 등의 측면을 파악하는 데 집중하였다. 한마디로 천지 운행의 주기성, 그리고 그에 가장 잘 적응하면서 살아갈 수 있는 변화의 법칙성을 찾아내는 데 역점을 두었던 것이다. 그런데 여기서의 '자연'은 인간 생존과의 관계상에서 바라보고 경험하고 체득한 것이므로, 오늘날의 말로 표현하자면 '인문적 자연'이라고 할 수 있다. 동양 고대의 학문은 천(天)과 지(地)가 만물 생성의 근원이자 유일한 생존 광장이라고 생각하였기 때문에, 천지의 유기적 흐름 자체가 바로 생명

34 장회익, 「온생명 사상과 전통 가치」, 경기대학교 소성학술연구원 편, 『전통사상과 생명』(서울: 국학자료원, 2003).

의 나타남과 소멸의 계기라고 보았다.[35] 이런 사유에서 '생명'이란 특정한 그 어떤 존재가 소유하거나 지배할 수 있는 대상물이 결코 아니다. 그것은 모든 존재자들의 바탕이 되는 것, 곧 삶의 직접적 원천인 것이다. 그리고 그의 특성은 다름 아닌 '관계성'이라는 것이다.[36] 동양에서 학문을 한다는 것은 이 생명에 대한 자각활동이라고 할 수 있다. 첫째는 자기 생명에 대한 자각이요, 나아가서는 우주 생명에 대한 자각이라고 할 수 있다. 이 생명에 대한 자각을 통하여 자신의 생명을 건전하게 창달(暢達)시키고 나아가서는 우주 생명을 건전하게 창달시켜야 하는 것이다. 생명의 창달, 이것이 학문의 궁극적인 목적이라고 할 수 있고 또한 이것이 동양적인 학문의 성격이다.[37] 생명의 창달은 대인(對人)·대물(對物)의 '관계' 실현에서 이루어진다. 공자가 "아침에 도(道)가 무엇인지를 들었다면 그날 저녁에 죽어도 좋다"[38]라고 말한 것에서

---

35 김충열, 「중국철학의 총괄적 관조」.

36 이론 생물학의 차원에서도 생명의 특성은 '관계성'에 있는 것으로 설명된다. 생명현상에서 나타나는 개체적 대상은 외부와의 결정적인 관련성이 전제될 때에만 그 기능적 의미가 부여될 수 있다. 생명이란 대사와 생식과 진화라는 세 가지 특성을 갖춘 것이다. '생명'이 의미를 지니기 위해서는 '대사'·'생식'·'진화'의 개념이 전제되어야 하는데, 이들 모두가 고립된 개체에 대해서는 원천적으로 적용할 수 없는 '관계적' 개념이다. 그러므로 생명에 대해 아무리 정교한 개념 설정을 시도하더라도 이것을 기본적으로 하나의 '개체'로 보아 '개체적 특성'만으로 파악하려 하는 한 만족스런 정의에 도달할 수 없다. 장회익, 「온생명 사상과 전통 가치」, 『전통사상과 생명』(서울:국학자료원, 2003)

37 이완재, 『동양철학을 하는 방법』(부산:소강, 1997).

38 『論語』「里仁」.

의 '도'란 바로 그런 관계 방식의 총체 곧 충서(忠恕)를 뜻하는 것이라고 할 수 있다.

이런 동양적 학문을 염두에 둔 오늘날의 한 학자는 생명의 관계성을 다음과 같이 비교적 폭넓게 이해하고 있다. 관계와 관련한 논의는 생명들이 어떻게 서로 밀접하게 연계되어 있으며 사람 또한 이 관계망에 어떻게 관여하고 있는가를 보여준다. 관계 논의가 인문과학적 차원에서 당위로 설명되든, 특히 생물학의 지식에 힘입은 자연과학적 차원의 생명현상으로 설명되든, 그 공통적인 목소리는 인간을 포함한 모든 생명들이 하나의 유기체적인 관계에 놓여 있다는 것이다. 실제로 생명 경시에 의해 일어나는 피해의 원인은 이런 생명들 간의 관계 설정에서 비약 또는 끊어짐이 만들어진 데 있다. 생물학적 지식을 통한 생명 담론은 인간을 배제한 채 설명됨으로써 인간과 다른 생물들 사이의 관계를 빗겨가는 경향이 있다. 이것은 인간중심주의적 철학이나 종교에 의해 마치 다른 생물들과 인간 사이에는 형이상학적으로나 윤리적으로도 비약이 있어야 하는 것처럼 이해되어온 탓이다. 인간과 생물들이 서로 간의 거주공간의 차이, 사회적 형태의 차이, 나아가 생명 목적의 의의 차이 등을 갖는다는 적극적인 구별과 차별화가 이런 문제점을 더욱 심각하게 만든다. 이런 차별의 문제는 다른 생물 종들은 둘째로 하고, 인간들 사이에도 일종의 단절 즉 서로 간의 자연스러운 관계에 장애를 만들어 낸다. 개인주의와 자본주의가 특히 이런 장애를 적극적으로 강화시켰다고 할 수 있으며, 그렇게 강화된 개인의 자아는 스스로 자기 자신의 울타리를 튼튼히 만들면서 다른 사람들과의 관계를 비효율적이거나 무익한 것처럼 만들어버린다.[39]

그러면 동양의 전통 인문학에서는 가치의 근원인 생명의 장(場)이 어떻게 형성되는 것으로 보았는가? 그리고 그러한 광장에서 생명체들이 어떤 모습으로 존재한다고 보았는가? 유가 전통에서는 생명과 관련하여 천지의 범위 내에서 세계를 논하였고, 도가 전통에서는 보다 확대하여 우주라는 개념으로까지 나아갔다.

3. 유가의 관계 가치

천인합일설

유가가 그들의 3경 가운데서도 최고로 자리매김한 『역경(易經)』 즉 『주역(周易)』에서 제시한 천지와 만물의 특성 및 이들의 관계에 관해 살펴보자. 『주역』의 첫 번째 괘인 건괘(乾卦)에 대한 글귀에서 "크도다, 건(乾)의 으뜸됨이여! 만물이 이것에 바탕하여 시생(始生)되니, 이에 하늘을 거느리도다"[40]라고 하였고, 두 번째 괘인 곤괘(坤卦)에 대한 글귀에서 "지극하도다, 곤(坤)의 으뜸됨이여! 만물이 이것에 의거하여 생

39 박연규, 「공동체와 생명의 관계성」, 경기대학교 소성학술연구원 편, 『전통사상과 생명』(서울: 국학자료원, 2003).

40 『周易』 「乾卦 彖傳」.

육(生育)되니, 이에 순순히 하늘을 잇는다"[41]라고 하였다. 『주역』은 본래 성인(聖人)이 천과 지의 운행 작용 그리고 만물의 모양을 본떠서 만든 책인데, 천을 본뜬 것이 건괘이고 지를 본뜬 것이 곤괘이다. 『주역』에서 순양인 건괘는 강(剛 즉 陽)을 대표하고 순음인 곤괘는 유(柔 즉 陰)를 대표하며, 나머지 62괘는 강과 유 즉 양과 음의 서로 다른 조합에 의해 형성된다. 그러므로 이렇게 말한다. "건과 곤은 『주역』의 온축인가! 건과 곤이 배열을 이루어 『주역』이 그 가운데 세워진다."[42] "건과 곤은 『주역』의 문인가! 건은 양을 대표하는 것이고 곤은 음을 대표하는 것이다. 음과 양이 그 덕을 합하여 굳셈과 부드러움이 형체를 갖추게 되고, 이로써 천과 지의 일을 체현하고, 이로써 신명의 덕에 통달한다."[43] 말하자면, 『주역』은 건괘와 곤괘를 기초로 하여 구성된 것이므로, 건괘와 곤괘가 온갖 변역(變易)의 '온축'이자 변역이 생겨나는 '문'이라고 선언하는 것이다.

만물의 생장은 천(乾)의 시생 작용과 지(坤)의 생육 작용에 의해 이루어진다. 『주역』에서는 천과 지가 만물을 생동하게 하는 활동을 '날로 새롭게 함'이라 부르며, 또한 이 '날로 새롭게 함을 일컬어 성대한 덕(德)'[44]이라고 표현한다. 따라서 천과 지가 각각의 기(氣)로써 상호 교류하여 만물을 시생하고 화육하는 활동은 단 일회에 그치는 것이

41 『周易』「坤卦 彖傳」.

42 『周易』「繫辭傳上」.

43 『周易』「繫辭傳下」.

44 『周易』「繫辭傳上」.

아니라 끊임없이 반복함으로써 영속하는 것이다. 천과 지라는 두 가닥의 끈이 서로를 엮어 하나의 생명줄을 이어나가는 이것을 두고 '생생불식(生生不息)'이라고 한다. 그리고 이런 존재 상태가 선(善)이라고 의미 부여되며, 또한 인간의 본성으로 관주된다고 보는 까닭에, 생명의 이어짐 자체가 본래적인 가치라고 할 수 있다.

> 천과 지의 기운이 감응함으로써 만물이 화생(化生)한다.[45]

> 천과 지의 기운이 왕성하게 엉김으로써 만물이 화(化)하여 두터워지며, 암컷과 수컷이 정수를 교합함으로써 만물이 화생한다.[46]

> 건도(乾道)는 남성을 이루고 곤도(坤道)는 여성을 이룬다. 건은 위대한 시작을 맡고 곤은 만물을 완성시킨다. 건은 쉬움(易)으로써 시작을 맡고, 곤은 간략함(簡)으로써 완성한다.[47]

> (천과 지가 만물을) 낳고 또 낳는 것을 변역(變易)이라고 이른다.[48]

---

45 『周易』「咸卦 彖傳」.

46 『周易』「繫辭傳下」.

47 『周易』「繫辭傳上」.

48 『周易』「繫辭傳上」.

천과 지의 위대한 덕(德)을 '낳음'이라고 한다.[49]

한번 음이 되고 한번 양이 되는 것을 일러 도(道)라고 한다. 이것을 이은 것이 선(善)이며, 이것을 이룬 것이 성(性)이다.[50]

건은 양 즉 남성을 표시하고, 곤은 음 즉 여성을 표시한다. 이들이 각기 자신을 움츠리거나 열어 제침으로써 만물은 생성되고 변화한다. 여기서 남성과 여성의 관계는 천과 지의 관계 차원으로 확장된다. 남녀는 작은 천지이고, 천지는 커다란 남녀라고 할 수 있다. 그러므로 남성과 여성이 결혼하여 자식을 낳아 생명을 이어가는 것은, 건과 곤이 즉 양과 음이 각각의 기(氣)의 감응 교류를 통해 만물을 낳고 기르는 것과 동일한 천지 차원의 규율인 것이다. 『중용』에서 "군자의 도는 부부사이에서 발단되고, 그 지극한 것에 미쳐서는 천지에 나타나게 된다"[51]라고 한 것은, 바로 이런 이치를 강조한 것이다. 나아가 끊임없이 변화하면서 무궁한 생산력을 실현하는 것이 역(易)이다. 즉 '낳고 또 낳는 것을 변역이라고 이른다'라고 하였는데, 이는 유동하여 정체하지 않는 '생명'의 특성을 말하는 것이다. '한번 음이 되고 한번 양이 되는' 천도를 잇는 것이 곧 선(善)이며 나아가 인간의 본성이 된다. 또한

49 『周易』「繫辭傳下」.

50 『周易』「繫辭傳上」.

51 『中庸』 제12장.

'천과 지의 위대한 덕이 곧 낳음'이다. 따라서 생명은 다른 모든 가치의 근원일 뿐 아니라 그 자체가 하나의 근본 가치라고 보는 데 무리가 없다.

『주역』에서 음과 양은 표면상 서로 반대 또는 대립하는 것처럼 보이지만 이들은 결코 서로를 배척하지 않는다. 이들은 본래 합일을 전제로 한 대립적인 것이다. 다시 말해, 태극이라는 한 몸뚱이의 앞면과 뒷면으로서 있는 것들이기 때문에 서로가 별개의 존재일 수 없다.[52] 이러한 상호 연관성에서의 '관계'란 존재적인 것이다. 즉 '존재-관계'의 상태에 있는 것이다. 그래서 이들은 서로 다르면서도 서로를 절대적으로 필요로 하는 특성을 지닌다. 또한 상대방의 존재 가치를 부정하는 것은 곧 자신의 존재 가치를 부정하는 것이 되기 때문에, 이들은 결코 상대방을 배척하거나 도외시할 수가 없다.[53] '서로 대립하면서도 서로를 기다리는' 이런 관계를 '대대(對待)'라고 부른다. 또한 외면상 서로가 대립해 있는 것으로 보이지만 내적으로는 서로 응합(感應 즉 합일하는 힘)하고 화합하여 새로운 합일을 성취하는 음양의 활동을 두고 '상보상성(相補相成)'이라고 한다. 천지와 인간과 사물의 외적인 모습들은 모두 다르지만 그 내적인 마음은 서로 통한다. 왜냐하면 감응의 힘이 그 사이를 관통하기 때문이다. 서로 같기만 한 것들은 새로운 것을 낳을 수 없고, 서로 다른 것들이 만날 때라야 새로운 생명을 낳고 이어갈 수 있다. 인류가 이런 '존재-관계'의 가치를 인식할 때 생명을 이

52 『周易』「繫辭傳上」.

53 이완재, 『동양철학을 하는 방법』(부산 : 소강, 1997).

어가는 생산적인 일을 하는 데 결코 태만할 수 없을 것이다. 그런데 만일 서로 '다르다'고 하는 것이 그 본질에 있어 확연히 다른 것이고, 그래서 모든 것들이 철저히 별체(別體)로서 있는 것을 뜻하는 말이라면, 이들은 그 어떤 방식이 되었든 진정으로 만나거나 화합할 수가 없을 것이다.

인간과 만물은 모두 천과 지의 상호작용에 의해 생겨난 존재이다. 따라서 그 본질에 있어서는 모두가 다를 바 없는 하나인 것이다. 인간과 만물이 각기 작은 생명(小我)을 지닌 존재라면, 천과 지는 하나의 큰 생명(大我)을 지닌 존재이다. 그런데 이들 생명은 단순히 생물학적인 것만이 아니다. 그것은 '도덕적' 생명이라는 매우 중요한 특성을 지닌 것이기도 하다.

> 천의 운행은 강건하다. 군자는 이것을 본받아 꿋꿋이 노력하길 그치지 않는다.[54]

> 대인(大人)이란 천지와 그 덕을 합치하고, 일월과 그 밝음을 합치하며, 사시(四時)와 그 차례를 합치하고, 귀신과 그 길흉을 합치한다. 그리하여 천에 우선하여 일을 해도 천이 어기지 아니하며, 천에 뒤따라 해도 대인은 천시(天時)를 받든다. 천조차 어기지 않는데, 하물며 사람에 있어서이랴. 하물며 귀신에 있어서이랴.[55]

---

54 『周易』「乾卦 象傳」.

55 『周易』「乾卦 文言傳」.

또한 "변하여 통하는 것에는 사시보다 더 큰 것이 없다"[56]라고도 한다. '사시'란 곧 천시(天時)이며 천도(天道)이다. 천도의 변화 즉 운행에는 '순환왕복'(物極必反 즉 사물의 변화가 극한에 이르면 반드시 반대 면으로 전화함)[57]과 '가득차고 텅 비며 줄어들고 늘어나는'(盈虛消息)[58] 법칙성이 있다. 천은 이런 법칙성에 입각한 작용을 쉼 없이 굳건히 운행해 가는데, 군자는 이러한 법칙성을 체득하기 위해 쉼 없이 노력한다. 이것을 『중용』의 방식으로 말하자면, "성실한 것은 하늘의 도이고, 성실하게 하는 것은 사람의 도"[59]라고 할 수 있다. 그런데 인간사에는 '막히고 통하고 오래가는'[60] 원리가 있다. 이는 천지의 법칙성 곧 천도를 본받아 인간이 마땅히 행해야 할 도덕적 지표의 단면을 보여주는 것이다. 또한 대인은 천지와 더불어 그의 덕을 합치시킴으로써 인간사의 대업을 이루는 데 있어 천도의 운행처럼 질서 정연하게 한다. 여기서 '천지의 질서'가 곧바로 '도덕적 질서'로 이어진다. 인도는 천도를 본받아 천도와 합치해야 하는 것인 바, 이것이 곧 천인합일설(天人合一說)이다. 이렇게 하여 인간은 천도라는 영원한 가치를 그대로 지니는 군자·대인으로 변모한다. 사마천이 그의 역사학에서 첫 번째 과제로 설정한 것

---

56 『周易』「繫辭傳上」.

57 『周易』泰卦;『周易』復卦 彖傳.

58 『周易』豐卦.

59 『中庸』 제20장.

60 『周易』「繫辭傳下」.

도 바로 이와 같은 '천과 인간의 관계를 구명하는 것'[61]이었다. 하늘(天)·땅(地)·사람(人)이 하나로 통일된다는 관점은 다음과 같이 종합된다.

> 천과 지가 있은 연후 그 사이에서 만물이 생겨나고, 만물이 있게 된 연후 그 속에 남녀가 있게 되며, 남녀가 있게 된 연후 남편과 아내가 있게 되고, 남편과 아내가 있게 된 연후 아비와 자식이 있게 되며, 아비와 자식이 있게 된 연후 군주와 신하가 있게 된다. 군주와 신하의 관계가 있은 연후 상하의 귀천이 있게 되며, 상하의 귀천이 있은 연후 예의(禮義)가 만들어져 행해진다.[62]

이 일목요연한 글에 의하면, 천과 지는 만물의 근원으로서 천과 지의 교감에 의해 만물이 생겨났으며, 그 만물 가운데 남녀의 인류가 있게 되었다. 인류는 단계적으로 부부·부자·군신·상하의 관계를 형성하게 되었으며, 마침내는 귀천 관념에 의거하여 예의를 마련하게 되었다. 천과 지로부터 인류의 예의에 이르기까지 모든 것은 서로 간에 뗄 수 없는 일련의 중층적인 관계를 맺고 있다. 이것을 역방향으로 이해하면 예의의 근거, 인간의 존재 근거는 궁극적으로 천지에 있다는 논리가 성립된다. 그렇기에 인간은 예의를 통해 모든 인간관계를 조화롭게 이루어갈 수 있을 뿐 아니라, 만물과도 소통하고 궁극적으로는

---

61 『文選』 卷41 「報任少卿書」.

62 『周易』 「序卦傳」.

천지와도 소통할 수 있는 존재인 것이다. 이런 점에서 "『역』이라는 책은 그 내용이 지극히 넓고 커서 모든 것을 구비하고 있다. 그 가운데 천도가 있고, 인도가 있으며, 지도가 있다"[63]라고 말한다. 이처럼 『주역』에서는 인간과 자연(세계)이 하나의 통일체로서 존재한다는 것을 그 핵심으로 삼고 있다. 이런 관점을 인정할 때, "만물은 함께 양육되면서도 서로를 해치지 않는다"[64]라는 말의 의미도 이해할 수 있다. 송대의 장재(張載 ; 張橫渠 ; 1020-1077)의 다음과 같은 선언은 이런 사상을 잇고 발전시킨 것이라고 할 수 있다.

> 천을 일컬어 아버지라 하고, 지를 일컬어 어머니라고 한다. 나는 아득히 미소한 존재이지만 혼연히 그 가운데 처해 있다. 그러므로 천과 지 사이에 가득 차 있는 기는 나의 몸인 것이며, 천과 지의 주재인 정신은 나의 본성인 것이다. 만백성은 나의 동포인 것이고, 만물은 나의 벗인 것이다. … 나이 많은 이를 높이는 까닭은 나의 어른을 어른으로 여기기 때문이며, 외롭고 약한 이를 보살피는 까닭은 나의 어린애를 어린애로 여기기 때문이다. 성인은 천지와 그 덕을 합치시킨 사람이고, 현인은 빼어난 자질을 지닌 사람이다.[65]

장재는 세계의 근원을 태허(太虛)라고 보았는데, 태허란 곧 기(氣)

---

63 『周易』「繫辭傳下」.

64 『中庸』 제30장.

65 張載, 『正蒙』「西銘」.

로 충만한 천지를 가리킨다. 그래서 그는 태허를 '천' 또는 '천지'라고도 불렀다. 천지라는 것도 사실은 하나의 기인 것이고, 그 천지 사이에서 생겨난 인류와 만물 역시 기라는 측면에서는 천지와 다를 바가 없는 존재들이다. 나를 포함한 만물은 모두가 본래 천지 즉 기라고 하는 동일한 근원에서 생겨난 것이기 때문에, 본질적으로는 같은 것이다. 따라서 나의 삶에 의미나 가치가 있다면 이는 세계적인 차원에서 나 아닌 것들의 의미나 가치와 공동의 것이라고 할 수 있고, 이것의 역도 역시 마찬가지인 것이다. 나는 태생에서부터 천지·타인·타물에게 직접 또는 간접적으로 의존해서 삶을 영위할 수밖에 없는 존재이다. 나의 삶은 나 아닌 모든 것들의 삶과 상호 의존적이다. 세계의 구성원은 한 가족 공동체의 구성원인 것이다. 이렇게 하여 생명과 삶은 하나의 큰 덩어리로서 존재한다. 이런 점을 자각하여 삶에서 구현하는 자가 성인이고 현인이다. 그렇지 못하고 이 큰 생명 덩어리에서 벗어나 홀로 이기를 고집하는 자는 살아 있어도 죽은 것이나 진배없으며, 스스로 자기를 소외시켜 불행을 자초하고 있는 것에 불과하다. 타인·타물·천지가 곧 나의 형제요 동포이며 벗이고 부모라면, 나는 이들에 대해 어떤 책임감이나 의무감을 가져야 할까? 이들을 어떤 자세로 대해야 할까? 이 문제에 대한 역설적인 해법의 일예를 공자의 발언에서 찾아볼 수 있다. 즉 "군자가 공경히 행동하여 실수가 없고, 남에게 공손하고 예를 지킨다면 온 세상 사람들 모두가 형제인 것이다. 군자가 어찌 친형제 없음을 걱정하리오"라는 것이다.[66]

『주역』에서는 "부모가 부모답고 자식이 자식답고, 형이 형답고 아우가 아우답고, 남편이 남편답고 아내가 아내다우면, 가정의 법도가 바르게 되고, 가정의 법도를 바로잡으면 천하가 안정된다"[67]라고 하였다. 이러한 관계와 역할은 우선 자기(己 ; 身)로부터 시작하여 타인으로, 타인으로부터 공동체로, 공동체에서 자연으로 나아가며 확장되는 동심원적 구조 속에 놓인다. 결국 단계적이고 중층적인 인간의 관계성이 천지의 범위 내에서 하나로 통합되는 구도이다. 유가는 혈연관계를 바탕으로 하는 가정에 기반하여 사회, 국가, 자연세계에 대한 기본적인 시각을 형성하였다. 이런 특성을 표현하는 틀 또는 논리가 '추기급인(推己及人)', '수기안인(修己安人)', '내성외왕(內聖外王)'과 같은 것들이다.

『논어』에서 공자는 군자가 하는 일에 관해 말하면서, 그 일은 점차 사회적으로 확장되어 나아가는 것이라고 설명하였다. 군자는 우선 자기를 닦아(修己)서 몸가짐을 공경스럽게 하고, 나아가 다른 사람들을 편안하게(安人) 해주며, 더 나아가 백성을 편안하게(安百姓) 해주어야 한다.

> 자로가 군자에 관해 여쭈었다. 공자가 대답하길 "자신을 닦아서 몸가짐을 공경스럽게 한다"라고 하였다. 자로가 다시 "그것이 다입니까"라고 묻자, 공자는 "자신을 닦아서 다른 사람들을 편안하게 해준다"라고 대답하였다. 다시 자로가 "그것이 다입니까"라고 묻자, 공자는 "자신을 닦아서 백성을 편안하게 해 준다. 이것은 요순과 같은 성인도 그렇게 하지 못할까 근심하였던 일이다"라고 대

---

66 『論語』「顔淵」.

67 『周易』「家人卦·彖傳」.

답하였다.[68]

『맹자』에서 맹자는 자기로부터 가정으로, 가정에서 국가로, 국가에서 천하로 확장되어 나아가는 단계적 구조를 보여준다.

> 천하의 근본은 국가에 있고, 국가의 근본은 가정에 있으며, 가정의 근본은 자기 자신에게 있다.[69]

여기서는 각각의 단위가 근본으로 삼는 것이 무엇인가 하는 '근본' 관념을 제시하였다. 그런 가운데 천하의 모든 것에서 근본이 되는 존재가 바로 자신(身)이라고 보았다. 공동체에 우선하는 것이 '자신'이라는 얘기이다. 그러면 이런 '자신'은 어떤 존재인가? 그의 마음에는 만물의 이치가 모두 갖추어져 있으므로,[70] 그의 마음을 다하여 그의 본성을 알고 그의 본성을 알아서 하늘을 아는[71] 그런 사람이다. 즉 양지(良知)와 양능(良能)을 지녀 그 부모를 사랑하고 그 형을 존경하는 사람[72]으로서 소체(小體)가 아닌 대체(大體)로서의 자신(大人)이다. 이런 대체로서의 자신이 하는 일은 무엇인가? 맹자는 이렇게 말한다. "군자가

---

68 『論語』「憲問」.

69 『孟子』「離婁上」.

70 『孟子』「盡心上」.

71 『孟子』「盡心上」.

72 『孟子』「盡心上」.

물건에 대해서는 사랑하기만 하고 인(仁)하지 않으며, 백성에 대해서는 인하기만 하고 친(親)하지 않으니, 친척을 친히 하고서 백성을 인하게 하고, 백성을 인하게 하고서 물건을 사랑하는(愛) 것이다"[73]라고 하였다. 이는 사랑의 단계적 확장 과정을 보여주는 것으로서, 자기 자신으로부터 타자로, 친근한 것에서부터 소원한 것으로 나아가는 일종의 '방법적 차별애'라고 할 수 있다.

한편 『중용』에서는 생명에 대한 자각 활동의 단계를 다음과 같이 설정하고 있다.

> 오직 천하의 지극히 성실한 사람만이 자기의 본성을 극진히 발휘할 수 있고, 자기의 본성을 극진히 발휘할 수 있으면 타인의 본성도 극진히 발휘할 수 있고, 타인의 본성을 극진히 발휘할 수 있으면 사물의 본성도 극진히 발휘할 수 있으며, 사물의 본성을 극진히 발휘할 수 있으면 천지의 화육(化育)을 도와줄 수 있고, 천지의 화육을 도와줄 수 있으면 곧 천지와 더불어 대등한 존재가 된다.[74]

이는 '자기 생명에 대한 자각'으로부터 '타인의 생명에 대한 자각'으로, '만물의 생명에 대한 자각'으로, 천지 생명에 대한 자각으로 확장해가야 한다는 구도이다. 관건은 '성기성물(成己成物)'하는 '성(誠)'에

---

73 『孟子』「盡心上」.

74 『中庸』 제22장.

있다.

『대학』에서는 8조목의 단계를 설정하였다. 이는 개인, 가정, 국가, 천하가 서로 통일되어 있다고 보는 구도이다. 이를 통해 인간관계의 폭이 넓혀지며, 동시에 가치도 확장되어 나간다.

> 옛적에 천하 사람들로 하여금 모두 자기의 명덕을 잘 구현하게 하고자 했던 사람은 먼저 그 나라를 제대로 다스렸고, 그 나라를 제대로 다스리고자 했던 사람은 먼저 그 집안을 잘 가지런하게 하였으며, 그 집안을 잘 가지런하게 하고자 했던 사람은 먼저 자신을 잘 닦았고, 자신을 잘 닦고자 했던 사람은 먼저 그 마음을 바르게 하였고, 그 마음을 바르게 하고자 했던 사람은 먼저 그 뜻을 성실하게 하였고, 그 뜻을 성실하게 하고자 했던 사람은 먼저 그 아는 것을 극진하게 하였던 것이니, 아는 것을 극진하게 하는 것은 사물의 이치를 궁구하는 데 있다.[75]

> 사물의 이치가 궁구된 후에야 앎이 이르고, 앎이 이른 후에야 뜻이 성실해지고, 뜻이 성실해진 후에야 마음이 바르게 되고, 마음이 바르게 된 후에야 자신이 닦아지고, 자신이 닦아진 후에야 집안이 가지런해지고, 집안이 가지런해진 후에야 나라가 다스려지고, 나라가 다스려진 후에야 천하가 평안해진다.[76]

---

75 『大學』 經1.

76 『大學』 經1.

이는 개체 내에서의 화해로부터 궁극적으로는 천하 공동체의 화해에까지 이른다는 구도를 뚜렷하게 보여주고 있다. 수렴의 방향과 확장의 방향, 다시 말해 향내(向內)의 방향과 향외(向外)의 방향을 함께 말하고 있다. 세상 사람들로 하여금 명덕(明德)을 밝게 구현토록 하여 평안한 세상을 이루기 위해서는 격물(格物)·치지(致知)·성의(誠意)·정심(正心)·수신(修身)·제가(齊家)·치국(治國)의 단계를 거쳐야만 한다. 여기서 모든 일을 인간사로 귀결시키고 있으며, 그 인간사의 근본을 개체의 신(身 즉 心)에 두고 있다. 그래서 『대학』은 8조목에 이어 이렇게 말한다. "천자로부터 서민에 이르기까지 한가지로 모두가 자신의 몸을 닦는 것을 근본을 삼는다. 그 근본이 어지러움에도 말단이 다스려지는 경우는 없으며, 그 두터이 해야 할 것을 얇게 하고 그 얇게 해야 할 것을 두터이 할 사람은 있지 않다."[77] 일단 '수신'이 근본이고 관건이라는 견해를 보인다. 그런데 수신하는 것만으로는 충분치 않다. 수신은 외표(外表)의 행위로서 내적 의식이 밖으로 드러나는 것일 뿐이므로, 수신에 앞서 정심·성의·치지·격물할 것이 요구된다. 요컨대 내심의 의식을 형성한 것을 바탕으로 삼고, 이것을 외적 행위로 확장시켜 나가야 한다는 논리이다.

개인의 내외(心身), 개인과 개인 사이, 집단과 집단 간의 관계에서 동양의 가치체계는 어디까지나 '개인'을 기점으로 한다. 『논어』·『맹자』·『중용』·『대학』은 이런 점을 분명하고도 구체적으로 설명하였다. 정치

77 『大學』 經1.

적·사회적 조직은 인륜관계가 점차적으로 확대된 것으로 '개인'을 중심으로 하여 단계별로 확장되어 나아간 것이다. 그런 가운데 각계각층의 사회집단 중에서 '가(家)'는 제일 중요하고 가장 기본적인 연결고리가 된다. 나라와 천하도 가를 근본으로 한다. 그래서 국가라든지 '천하는 한 집안이다' 혹은 '사해 사람들이 모두 형제이다'와 같은 종류의 관념이 생겨나게 되었다.

마지막으로 굳이 경쟁에 대해 언급하자면, 자기 내부에서의 경쟁 즉 자기가 자기를 이기기 위한 노력을 거론할 수 있겠다. 공자는 '극기복례(克己復禮)'를 말하고, 아울러 '예지용(禮之用), 화위귀(和爲貴)'를 말하였다. '화(和)'와 '동(同)' 즉 화해는 시대와 학자에 따라 다양하게 의미가 부여되고 여러 방식으로 설명되었다. 그런 가운데 유가의 인·의·예·신·충서 등의 덕목들은 궁극적으로 개체와 사회 나아가 국가와 천하의 화(和)를 이루기 위한 것이었다고 할 수 있다. 그렇지만 유가적 맥락에서도 천하 차원으로까지 나아가게 되면 결국 화를 넘어서 일차원적인 동(同)이 아닌 이상적인 '대동(大同)'을 말하지 않을 수 없었던 것으로 보인다. 『예기(禮記)』「예운(禮運)」의 대동사상은 이런 점을 잘 보여주는 것이라고 할 수 있다. 중국 근대의 강유위(康有爲)는 「예운」의 소강(小康)을 넘어서 대동으로 나아가야 한다는 대동사상을 발전시켜 『대동서(大同書)』라는 전문적인 저술을 하였는데, 이것이 담사동(譚詞同)의 『인학(仁學)』에 영향을 주었다. 동양 근대의 수많은 사상가와 정치가들이 대동사상과 그 역량을 흡수하여 사회 개혁을 도모하였다. 그 중에서도 강유위·홍수전(洪秀全)·담사동·손문(孫文)은 대동사상에 지대한 영향을 받았을 뿐 아니라, 그것을 직접 원용하여 사회개혁의 방안으로 삼아 실천하고자 하였다.[78] 노자·장자·혜시·묵자 등과 같은 다른 학파의 학자들은 대개 처음부터 이상적인 동(同)을 지향하였다. 특히 노장철학에서의 '현동(玄同)'·'대동'이란 전제(專制)와 획일화를 꾀하는 것이 결코 아니며, 또한 억지로 추구하여 쟁취할 수 있는 것도 아니다. 그것은 자발적인 사유와 실천에 따르는 자연스러운 결과의 상태를 말하는 것이다.

4. 도가의 관계 가치

도(道)·덕(氣)·만물의 관계

도가의 중심인 노장철학에서는 우주를 비극적인 것이거나 불완전한 어떤 것으로 보지 않고, 그 스스로 살아 움직이는 자기 충족적인 것이라고 보았다. 또한 우주와 만물과 인간이 별개의 것들로 분리되어 있는 것이 아니라, 이들은 본래 하나인 도(道)에 통섭되어 있는 것이라고 보았다. 『주역』에서와 마찬가지로 『노자』에서도 '천지'를 자주 언급한다. 우선 천지는 간접적으로나마 시간과 공간의 속성을 지니고 있는 것으로 묘사된다. "천은 길이길이 있고 지는 오래오래 간다. 천과

78 陳正炎·林其錟, 이성규 역, 『중국의 유토피아 사상』(서울: 지식산업사. 2003).

지가 길이길이 있고 오래오래 갈 수 있는 것은 자기들만 살려는 일을 꾀하지 않기 때문이다. 그러므로 길이길이 사는 것이다".[79] 그런데 이렇게 장구한 천지는 추상적이고 형식적으로만 존재하는 것이 아니라 무궁무진한 활동을 하고 있는 것으로 묘사된다.

> 천과 지 사이는 마치 속이 텅 비어 있는 풀무와 같다. 텅 비어 있기에 궁진하는 때가 없으며, 끊임없이 움직이기에 더욱 많은 것을 산출한다.[80]

이처럼 노자는 끊임없이 만물을 생성하는 것으로서 천지를 파악하였다. 천지 사이는 텅 비었으면서도 그 속에 무진장의 가능성을 지니고 있어, 천과 지가 상호 작용을 하여 움직이면 움직일수록 더 많을 것들을 산출하게 된다. '천과 지가 서로 응합(應合)함으로써 감로를 내려준다'고 하는 것은 이런 산출 활동의 한 예시일 것이다. 그런데 이는 사실상 천지의 작용을 얘기하려는 것이라기보다는 노자철학의 최고 범주인 '도(道)'의 특성을 비유적으로 설명한 것이다. 도는 구체적인 모습을 지니지 않은 허(虛)이기 때문에 그 작용에 그침이 없고, 끊임없이 작용하면서 만물을 산출한다. 이런 허무(虛無)의 도를 체득한 성인이 허심(虛心)의 경지에서 무위(無爲)로 정치를 하면 할수록 오히려 천하는 저절로 다스려진다고 한다.

---

79 『老子』 제7장.

80 『老子』 제5장.

도는 항상 무명(無名)인 채로 존재하는 것으로서, 통나무와 같아 미소(微小)한 것이라고 할 수 있지만, 천하 사람들 가운데 도를 신하처럼 부려서 쓸 수 있는 자는 아무도 없다. 후왕(侯王) 가운데 만약 무명인 채로 존재하는 도의 소박성을 지킬 수 있는 자가 있다면, 만물은 장차 스스로 손님이 되어 그에게로 돌아갈 것이다. 그러면 도를 따르는 천과 지도 서로 응합하여 감로를 내려줄 것이니, 백성들은 명령을 내려 다스리지 않아도 저절로 균평해질 것이다.[81]

『노자』에서의 '천지'는 실제상 도의 하위 개념이다. 노자 이전에는 '천' 또는 '천지'가 만물의 근원인 것으로 간주되었지만,[82] 노자는 도를 우주의 본체로 삼아 도(道)가 천지도 낳고 만물도 낳는다고 보았다. 『주역』에서도 '만물'의 시생(始生)과 생육(生育)에 관해 설명하고 있지만, 『주역』에서는 천과 지가 만물의 생명을 베풀어주고 기르는 능력을 발휘한다고 보았음에 비해, 『노자』에서는 천과 지에 앞서는 도가 만물의 시(始)이기도 하고 아울러 모(母)이기도 하다고 보는 차이점을 드러낸다. 『노자』에서의 천과 지는 만물에 비해 보다 더 도를 잘 구현하는 존재라는 위상을 지닐 뿐이다. 다만 이들의 덕(德)이 만물의 생장

---

81 『老子』 제32장.

82 『詩經』 「大雅·蕩王之什」에서는 "天生烝民"이라 하였고, 『書經』 「周書·泰誓」에서는 "惟天地萬物父母"라고 하였다.

에 일정 정도 영향을 끼치며, 따라서 만물은 그들을 모범으로 삼아야 한다는 정도의 위상이 부여되는 것이지, 천과 지가 만물을 직접 낳고 주재하는 것은 아니다. 그렇기에 『노자』에서는 천지의 뿌리 즉 근원이 되는 '현빈(玄牝)'[83]과 이의 작용인 '현덕(玄德)'을 제시하고 있다.

이런 점이 다음의 글에서 뚜렷이 드러난다. "도는 만물을 낳고, 덕은 만물을 기르며, … 이런 까닭에 만물 가운데 도를 존숭하고 덕을 귀중히 여기지 않는 것이 없다. 도가 존숭되고 덕이 귀중하게 여겨지는 것은, 만물에게 그렇게 하라고 명령을 내렸기 때문이 아니라 항상 저절로 그런 것이다."[84] 여기서 주목할 것은 '도'와 '덕'과 '만물'의 관계가 어떠한가 하는 점이다. 이들의 관계는 만물의 발생적 측면과 환원적 측면에서 다채롭게 설명된다.[85] 이것을 도식화하면 「무명[시·도] → 유명[모·덕] → 만물」(제1장) 또는 「무[도] ⇠ 유[덕] ⇠ 만물」(제40장·제51장)이라는 구도가 된다. 그렇다면 도와 덕과 만물은 서로 별체(別體)로서 존재하는 것들인가? 아니면 다른 어떤 모습으로 존재하는 것들인가? 결론적으로 도는 현상화한 천·지·신(神)·곡(谷)·만물·후왕 등에 내재하면서 그 자신이 다시 덕으로서 이들을 이들답게 하는 기능을 발휘한다. 그래서 인간과 만물의 생명이란 도적(道的)인 생명인 것이다. 도와 덕이 저절로 존귀한 것이듯이 만물의 생명 역시 저절로 존귀하다는 가치를 갖는다.

---

83 『老子』 제6장.

84 『老子』 제51장.

85 『老子』 제21장, 제25장, 제40장, 제42장 등.

옛날에 하나[一]를 얻은 것들 가운데 천은 하나를 얻어 맑고, 지는 하나를 얻어 안녕하고, 신은 하나를 얻어 영명(靈明)하고, 곡은 하나를 얻어 가득 차고, 만물은 하나를 얻어 생명을 유지하고, 후왕은 하나를 얻어 천하를 바르게 했다. 이들이 이럴 수 있었던 것은 모두 하나에 말미암아서이다. 천은 하나로써 맑음이 없으면 갈라지고, 지는 하나로써 안녕함이 없으면 발동할 것이며, 신은 하나로써 영명함이 없으면 사라지게 되고, 곡은 하나로써 가득 차지 못하면 고갈될 것이며, 만물은 하나로써 생명을 유지함이 없으면 사멸할 것이며, 후왕은 하나로써 바르게 함이 없으면 전복될 것이다.[86]

그런데 도는 인간 가운데의 후왕뿐만 아니라 현실적으로 선(善)한 사람에게도 불선(不善)한 사람에게도 동일하게 내재되어 있다.[87] 도는 현상적인 모든 존재자들과 떨어져 있지 않고 항상 이들과 함께 하는 것이다. 그래서 다양한 존재자들은 모두가 하나인 도로 귀결된다. 여기에서 '하나이면서 여럿이고, 여럿이면서 하나'라는 논리가 성립한다. H_2O는 얼음으로도 물로도 수증기로도 존재한다. 또한 물은 그것이 담기는 그릇에 따라 모양을 달리하기도 하고, 더욱이 외적인 것들의 영향에 따라 수평으로도 파랑으로도 포말로도 존재한다. 이 모든

86 『老子』 제39장.

87 『老子』 제62장.

형태와 기능들의 차이에서 H_2O는 어김없이 이들과 함께 하고 있다. 이렇듯이 개별적이고 독립적인 것으로 보이는 모든 존재자들은 도와 연결되어 도의 관계망에서 하나의 전체로서 존재한다. 도가 전체성·추상성·통일성을 지니고 있음에 비해, 만물은 개체성·구체성·다양성을 지니고 있다. 그런데 이러한 도의 특성과 만물의 특성들은 '덕'을 매개로 하여 하나로 연결된다. 이런 관계성에서 벗어나는 것은 궤도 이탈이기 때문에 그 존재 의미를 지닐 수 없으며, 결국 죽음의 무리에 속해 일찍이 사멸하고 만다.[88] 인간을 비롯한 만물은 지의 덕을 본받아야 하고, 지의 덕은 천의 덕을 본받아야 하고, 천의 덕은 도의 덕을 본받아야 하며, 도는 스스로 그러한 자기 원리인 자연함을 본받아야 한다.[89] 달리 말해, 인간은 지와 천과 도의 덕을 본받아 구현해야 하는 존재이다. 이렇게 볼 때, 인간의 존재 의의와 가치는 궁극적으로 도를 본받아 자기의 덕을 실현하면서 살아가는 데 있다. 덕을 쌓는 것이 관건이라는 얘기가 된다. 따라서 노자는 이렇게 말한다. "일찍이 도에 종사하는 것을 일러 '거듭(두터이) 덕을 쌓는 일'이라고 하는데, 거듭 덕을 쌓으면 극복하지 못할 것이 없으니, 극복하지 못할 것이 없으면 곧 그 궁극점을 알 수 없게 된다. … 이것을 일러 옆 뿌리를 깊게 하고 곧은 뿌리를 굳건히 하여 오래 살고 길이 보는 방도라고 이른다".[90]

『장자』에서도 생명의 광장은 천지 범위를 넘어서 광대무변한 '우

---

88 『老子』 제30장.

89 『老子』 제25장.

90 『老子』 제59장.

주'[91]로 확대·확장된다. 『장자』에서는 '우(宇)'와 '주(宙)'를 다음과 같이 설명한다. "실재하면서도 한정된 처소가 없는 것이 '우'이고, 늘 지속하여 길면서도 시작과 끝이 없는 것이 '주'이다."[92] 이에 의거할 때, '우주'라는 말은 기본적으로 시간과 공간이라는 의미를 지니면서 동시에 무궁성도 함축하고 있는 개념이다. 한마디로 무한한 시간과 무궁한 공간의 전체가 우주인데, 이는 사실상 장자의 도가 지닌 특성을 설명한 것이다.[93] 장자의 도는 시공을 초월하여 그 어떤 것보다도 앞서 존재하며, 천지 만물을 낳고 동시에 이들 속에 내재하는 편재성(遍在性)을 지니고 있다.[94] 이처럼 인간을 비롯한 천지 만물에는 도가 내재해 있으므로, 인간의 존재 의의나 가치의 근거는 다름 아닌 도가 되는 것이다.

---

91 동양 고전들 중에서 '宇宙'라는 말은 『장자』에서 처음으로 등장한다.

92 『莊子』「庚桑楚」의 "有實而無乎處者, 宇也；有長而無本剽者, 宙也." 여기서 '공간'이란 실재성을 가지며 한계가 없는 것이고, '시간'은 장구하게 지속하는 성질을 지닌 것이다. 이런 관념을 바탕으로 동양 전통사상에서는, 위의 하늘과 아래의 땅 그리고 동서남북 사방의 공간을 '宇'라고 하였으며, 옛것은 가고 새로운 것이 오는 시간의 흐름을 '宙'라고 불렀다. 전국시대의 저작인 『尸子』에서는 "四方上下曰宇, 往古來今曰宙"라고 하였고, 『文子』「自然」에서는 "老子曰：往古來今謂之宙, 四方上下謂之宇"라고 하였으며, 漢代 초기의 저작인 『淮南子』「齊俗訓」에서도 "往古今來謂之宙, 四方上下謂之宇"라고 하였다. 중국 고대에서는 시간을 '宙'·'久'라고 칭하고, 공간을 '宇'·'合'이라고 불렀다. 『管子』「宙合」에서는 "'天地, 萬物之橐也, 宙合有橐天地.' 天地苴萬物, 故曰萬物之橐. 宙合之意, 上通於天之上, 下泉於地之下, 外出於四海之外；合絡天地, 以爲一橐. 散之至於無閒, 不可名而出. 是大之無外, 小之無內. 故曰有橐天地"라고 하였다.

93 『莊子』「大宗師」.

94 『莊子』「知北遊」.

인간만이 아니라 천지나 만물의 존재 의의 및 가치 역시 그 근거를 도에 둔다.

그러면 도에서 어떻게 천지 만물이 발생되는가? 『노자』에서 「도-덕-만물」의 관계 구조를 보여주었음에 비해, 『장자』에서는 「도-기(氣)-만물」의 구조를 취하고 있다.[95]

> 그 처음을 잘 살펴보면, 본래 태어남이 없었던 것이고, 태어남만이 없었던 것만이 아니라 형체도 없었던 것이며, 비단 형체만이 없었던 것이 아니라 그 형체를 이루는 기운조차도 없었던 것이다. 아무것도 없는 황홀한 사이에 뒤섞여 있다가 변화가 일어나자 이윽고 기운(氣運)이 있게 되었고, 그 기운이 변하여 형체가 있게 되었으며, 그 형체가 다시 변하여 삶이 있게 되었다. 그런데 지금은 바로 그 삶이 다시 변하여 죽음으로 간 것이다. 이것은 마치 춘하추동의 네 계절이 순환 운행을 하는 것과도 같은 일이다.[96]

위의 내용을 도식화해 보면, 「(雜乎芒芴之間) → 氣[春] → 形[夏] → 生[秋] → 死[冬]」라는 구도가 된다. 인생 이전에 봄과 여름이 있고, 인생 이후에 겨울이 있다. 이는 일반적인 시간관념을 확장시킨 것이다. 그런 인생이 인체에서는 몸통에 해당한다고도 하였는데, 이는 장

---

95 이하 장자철학에 관한 내용은 유병래, 「장자철학에서의 노년의 삶」, 『시민인문학』 제22호 (2012)의 논문을 바탕으로 재구성함.

96 『莊子』 「至樂」.

자의 무궁한 공간 관념을 거꾸로 축소시켜 본 것이다. 『장자』에서는 또 이렇게 말한다.

> 천도 이것을 얻지 못하면 높을 수 없고, 지도 이것을 얻지 못하면 넓을 수 없고, 해와 달도 이것을 얻지 못하면 운행할 수 없고, 만물도 이것을 얻지 못하면 번성할 수 없는 것, 이것이 바로 도이다.[97]

> 만물은 도에 근원하여 생겨난 것이므로, 천·지·해·달·만물 모두가 이 도를 얻어야 제 기능을 발휘하고 생명을 영위할 수 있다. 그런데 도와 만물의 중간 단계 또는 매개체로서 천지 또는 음양의 기(氣)가 설정되어 있다.[98]

> 태어남은 이전의 죽음과 동류[죽음의 계승]이고, 죽음은 새로운 태어남의 시작이다. 누가 그 법칙을 알겠는가! 사람의 태어남은 기가 모인 것이다. 기가 모이면 태어남이 되고 흩어지면 죽음이 된다. 이렇게 죽음과 태어남이 같은 종류[순환]인데 내가 또 무엇을 근심하겠는가? 그러므로 만물은 하나[一]인 것이다. 아름다운 것을 신기하게 여기고 추한 것을 썩고 냄새나는 것으로 여기고들 있지만, 썩고 냄새나는 것이 다시 화(化)하여 신기한 것으

97 『莊子』「知北遊」.

98 『莊子』「則陽」.

로 되고 신기한 것이 다시 썩고 냄새나는 것으로 화하게 된다. 그러므로 "천하를 통틀어 일기(一氣)일 뿐이다"라고 말하는 것이다. 따라서 성인(聖人)은 하나를 귀하게 여긴다.[99]

이는 기화(氣化) 우주론으로서 기의 끊임없는 변화를 설명한 것이다. 이 글은 '무형'과 '유형'이 끊임없이 반복 순환하는 우주적 생멸(死生) 운동을 묘사하고 있다. 일체의 유형적인 사물은 무형인 '기가 모여진 것'이며, 그의 소멸은 반대로 '기가 흩어져' 무형의 상태로 돌아가는 것이다. 그렇기 때문에 '천하를 통틀어 일기일 뿐'이라고 말한 것이다. 결국 무형의 것이든 유형의 것이든, 그 모든 것은 일기에 바탕한 것이다. 특히 그 가운데 정미하고 신묘한, 즉 아직 형체로 전화되지 않은 순수한 기가 정신[혹은 精과 神]인 것이며, 유형의 육체는 이러한 정신으로부터 생명력을 부여받는다. 그러므로 사람의 유형적인 몸은 무형의 기[정신]에 바탕을 두고 있을 뿐 아니라, 다시 흩어져 무형인 순수한 일기의 상태로 돌아가는 것이다. 이들 내용을 종합해 보면, 「(一氣) → 形 → 生 → 死 → (一氣)」 또는 「氣 → 形 → 生 → 死 → (氣)」라는 단계적 구도가 된다.

인간의 삶이란 일기 변화의 한 과정으로서, 잠시 사람의 모습으로 맡겨진 것일 따름이다. "화(化)하여 생겨났다가는 다시 화화여 죽어간다. 생물들은 이것을 애상(哀傷)히 여기고, 인류는 이것을 비통히 여

99 『莊子』「知北遊」.

긴다. … 그러나 (죽음이란 일기로의) 장대한 귀향인 것이다".[100] 인간이 태어나고 죽는 것은 기가 모이거나 흩어진 결과로서 모든 사물이 순환하며 유전하는 가운데서 벌어지는 하나의 상태이다. 그래서 "생명이 오는 것을 막을 수 없으며, 생명이 떠나가는 것을 머무르게 할 수도 없다".[101] 이것은 명(命)이므로 인간으로서는 이것을 바꿔치거나 거부할 수가 없다. "죽고 사는 것은 명에 달려 있는 것이니, 죽고 삶에 밤과 낮처럼 일정함이 있는 것은 자연한 도리(天)이다. 사람이 관여할 수 없는 바가 있는 것이니, (이런 것이) 모두 사물의 실정인 것이다.[102] 이런 내용이 장자의 '안시처순(安時處順)' 곧 안명론(安命論)의 핵심이다.

이런 관점에서 보자면, 지금의 나의 몸이라고 하는 것도, 나의 생명이라고 하는 것도, 나의 자손이라고 하는 것도 모두가 고정불변의 실체로서 존재하는 것이 아니다. 이 모든 것들은 변화의 과정에 놓여 있는 일시적인 존재일 뿐이다. 모두가 나의 소유인 것이라고 고집할 이유가 없는 그런 것들이다. 그래서 장자는 이렇게 말한다.

> 순(舜)이 승(丞)에게 묻기를 "도란 얻어 가질 수 있는 것인가"라고 했다. 승이 대답하길 "당신의 몸도 당신이 소유하고 있는 것이 아닙니다. 그런데 어떻게 저 도를 소유할 수 있겠습니까?"라고 했다. 순이 묻기를 "내 몸이 나의 소유가 아니라면 도대체 누구의

---

100 『莊子』「知北遊」.

101 『莊子』「達生」.

102 『莊子』「大宗師」.

것이란 말인가?"라고 했다. 승이 대답하길 "당신의 몸이란 천지가 당신에게 잠시 맡겨놓은 것에 지나지 않습니다. 당신의 생(生)은 당신의 소유가 아니라 천지가 당신에게 맡긴 온화한 기입니다. 당신의 성명(性命)은 당신의 소유가 아니라 천지가 당신에게 잠시 맡긴 순한 기입니다. 자손 역시 당신이 소유하는 것이 아니라 천지가 당신에게 빌려준 매미의 허물과도 같은 것일 뿐입니다. … 이것들은 모두 당신의 것이 아니고, 천지의 신령한 운동으로서, 천지의 기운이 이루어 놓은 것입니다. 어떻게 이런 것들을 얻어 소유할 수 있겠습니까?"라고 했다.[103]

장자는 이에 대한 근거를 갖가지 형태로 전화하는 '물화(物化)'로써 제시한다. 장자의 이 물화 관념이 그의 만물제동(萬物齊同) 곧 만물의 평등 및 소통 사상의 바탕이 된다. 무엇보다도 「제물론」의 서두에서 내가 나를 잊었다고 하는 '오상아(吾喪我)'의 경지를 말하고, 그 말미에서는 호접몽으로 유명한 '물화'를 말하였다. 따라서 「제물론」은 물화를 통한 평등의 세계를 말하는 것이며, 이러한 세계가 오상아의 경지에서 체득된다는 점을 논한 것이다. 나아가 장자는 '이명(以明)' 즉 도의 관점(以道觀之)에서 삶과 죽음의 관계뿐만 아니라 모든 존재자들을 동등한 위치에 놓고 인간과 기타 생물체들의 완전한 평등을 주장한다.

103 『莊子』「知北遊」.

> 무릇 만물이 생겨나는 씨(種)라는 것에는 화(化)하는 기미(機)가 있다. 만약 그것이 물을 얻으면 끊겼다 이어졌다 하는 실 같은 풀로 변하는데, 그 이름을 계(㡭)라고 한다. 물가의 습지에서는 청태로 되고, 구릉 위에 나면 변하여 질경이가 된다. … 양해라고 하는 풀은 불순·구죽이라고 하는 수명이 긴 대나무 가까이에 살면서 청녕이라는 벌레를 낳는다. 청녕이라는 벌레는 표범을 낳고, 표범은 말을 낳고, 말은 사람을 낳는다. 그 사람은 죽어서 다시 원래의 기미로 돌아간다. 이렇게 하여 만물은 다 기미에서 나와 다시 모두 기미로 들어가는 것이다.[104]

위의 글에서 '종(種)'이란 만물을 구성하는 음양의 이기(二氣)를 뜻하며, '기(幾)'란 '기(機)'와 서로 통하는 글자로서 만물 속에 깃들어 있는 생장(生長)의 작용을 가리키는 말이다.[105] 만물은 하나의 근원에서 나와 다시 하나의 근원으로 돌아가는 과정을 반복한다. 무무(無無)라고나 이름 붙여 볼 수 있을 그 미묘한 세계에서 나온 생명은 작은 것에서 큰 것으로, 식물에서 동물로, 갖가지로 변태 전생(轉生)하면서 사람으로까지 전화(轉化)한다. 사람은 다시 그 근원의 미묘한 세계로 돌아간다. 그리하여 다시 말하길, "만물은 모두 하나의 종(種)에서 나

---

104 『莊子』「至樂」.

105 池田知久, 「道家 및 道教에 있어서 物化·轉生·輪廻」, 『도교학연구』 제13집(1994).

온 것이다. 그 종에서 생겨나 갖가지 모양과 다른 모습으로 바뀌면서 전생하고, 그 처음과 끝은 둥근 고리처럼 순환하여 고정할 수 없으며, 그 발전의 가닥을 잡을 수 없다. 이처럼 처음도 없고 끝도 없어 모든 것이 같은 것을 천균(天均)이라고 이른다. 천균이란 곧 천예(天倪 즉 자연에 의한 균일·균등)이다"[106]라고 하는 것이다.

물화를 일으키는 원동자가 있는가? 있다면 그것은 무엇인가? 『장자』의 다른 편들에서 물화를 일으키는 주재자인 듯한 것들이 언급되고 있다. '조물자(造物者)'·'조물(造物)', '대괴(大塊)', '진재(眞宰)'·'진군(眞君)' 등이 이에 해당하는데, 이들은 결국 도를 가리키는 말이다. 그런데 도는 '자기를 근원으로 삼고 자기를 바탕으로 하는(自本自根)', 즉 자기 원인적인 존재라는 특성을 지니고 있다. 따라서 최종적으로는 「도 → 일기 → 음양 → 천지만물 ···› 일기」라고 하는 만물의 발생과 복귀의 구도가 성립된다. 장자철학에서 도는 본체에 해당하는 것이고, 기는 본체인 도를 현상 세계의 천지 만물과 연결시키는 중간자 역할을 하는 것이다.[107] 그런데 이들은 각각으로 분리되어 있는 것이 아니라 '하나'로서 있는 것이다. 다시 말해 천지 만물에는 기뿐만 아니라 도가 함께 내재되어 있다.[108] 따라서 도는 없는 곳이 없이 모든 곳에 두루 편재(遍在)한다.

그러면 우리는 여기서 무슨 가치를 생각할 수 있는가? 동서양을

---

106 『莊子』「寓言」.

107 『莊子』「則陽」.

108 『莊子』「知北遊」.

막론하고 종교와 철학에서는 자신의 삶이 뭔가 의미 있는 것이라는 확신을 가지려면 영원성을 지닌 어떤 궁극적 존재와 합일하는 수밖에 없다고 본 경우가 많다. 그런데 그 궁극적인 존재의 다른 어떤 특성 때문에 문제가 발생한 경우도 있다. 노장철학에 의하면, 인간 자신이 우주의 일원으로서 살아가면서 소외되지 않을 때 참으로 의미 있는 삶을 사는 것이다. 그러기 위해서는 모든 존재자들의 근원인 도가 '자신에게 내재해 있다'는 사실을 자각(內視之明)하고 그에 따라 살 수 있어야 한다. 도와 합일해야 한다는 얘기이다. 영원한 도와 하나가 되면 영원한 도적(道的)인 삶을 살고, 영원한 도적인 가치를 구현할 수 있다. 이는 또한 인간이 자신의 생명 가치를 실현함으로써 우주적 생명과 조화에 참여할 수 있음을 의미한다. 『장자』에서 말한 "천지는 나와 더불어 나란히 생겨난 것이고, 그 천지 가운데의 만물은 나와 더불어 하나가 된다"[109]라는 것은 바로 이런 경지를 묘사한 것이라고 할 수 있다. 중요한 것은 노장철학이 내놓은 도에는 영원성은 있지만 주재성이나 강제력이 없다는 점이다. 따라서 도가 천·지·인·만물을 낳지만, 실제로는 천·지·인·만물이 각자 자생하고 자화하는 것이라고 말할 수 있다. 한마디로 개체성을 제대로 실현하는 것은 동시에 전체성을 구현하는 것이 된다.

인간 자신은 물론 우리 앞에 펼쳐져 있는 세상의 만물들은 천태만상으로 존재하면서 천변만화하고 있다. 그런 복잡다단한 관계 속에

109 『莊子』, 「齊物論」.

서 변화무쌍한 외적 사물이나 상황에 연루되어 위기를 겪지 않을 수 없는 존재가 '나'이다. 그런 속에서 과연 나는 나의 삶을 어떻게 의미 있게 영위할 수 있을까? 다양성 속에서의 '각자'는 어떤 논리에 의거해 전체성인 '함께'로 나아가 공존·상생할 수 있을까? '다름'을 곧바로 그릇됨으로 치부하지 않고 '차이'로서 인정할 수 있게 되는 근거는 무엇인가? 그리고 그 차이들이 평등성을 보장받게 되는 근거는 또 무엇일까? 현상 세계의 다양한 개체들은 천태만상으로 존재하면서 천변만화하고 있는데, 과연 이 천문학적인 변수들 속에서 서로가 소통할 수 있는 방식이라는 것이 있는 것일까? 우리는 이러한 문제들을 해결하는 데서 특히 장자철학에서의 '만물제동(萬物齊同)'으로부터 많은 시사를 받을 수 있다.

한편 노자는 이렇게 말하였다. "다른 사람을 알아보는 자는 단지 지모(智謀)만을 갖출 뿐이지만, 자기를 아는 자는 명철(明徹)하다. 다른 사람을 이기는 자는 단지 물리적인 힘만을 가지고 있을 뿐이지만, 자기를 이기는 자는 정신적으로 굳세다. 만족할 줄 아는 자는 부유하고, 도를 힘써 실천하는 자는 굳센 의지를 발휘한다. 자기의 몸을 둘 곳을 잃지 않는 자는 오래 산다. 육신은 죽어도 도를 잊지 않은 자는 진정으로 장수한다".[110] 욕망에 따르는 사적인 자기를 이겨내고 진리를 따르는 공적(公的)인 삶 또는 우주적인 삶을 사는 것이 의미 있고 가치 있는 인생이라 하겠다.

---

110 『老子』 제33장.

동양 전통의 철학사상에서는 대개 세상에 존재하는 모든 것들이 상호 의존적인 관계망 속에 얽혀 있다고 보았다. 그리고 그러한 개별적 존재자들은 한시도 머물러 있지 않고 끊임없이 살아 움직인다고 보았다. 그렇다면 그런 관계들이 현실적으로 어떻게 매듭지어지지 않으면서 원활한 생명을 유지할 수 있을까? 생명의 세계에서 개체와 보편(전체)이 어떻게 만날 수 있을까? 개체와 보편이 직접적으로 만나는 것이 용이하지 않거나 그다지 바람직하지도 않은 것이라면, 이들을 연결시키는 다른 어떤 방식이나 매개체가 있는 것인가? 이런 의문들에 대한 답이 이 글에서 일정 정도 논의되기는 하였지만, 이에 관한 보다 구체적인 내용이 후속의 글을 통해 조목조목 세밀하게 밝혀져야 할 것이다.

참고문헌

『論語』, 『孟子』, 『中庸』, 『大學』, 『管子』, 『老子』, 『莊子』, 『列子』, 『文子』, 『尸子』, 『淮南子』, 『呂氏春秋』, 『禮記』, 『文選』.

郭慶藩 編. 王孝魚 整理. 『莊子集釋』. 臺北 : 木鐸出版社.

屈萬里 註譯. 1993. 『尙書今註今譯』. 臺北 : 臺灣商務印書館.

金景芳·呂紹綱. 한국철학사상연구소 기철학분과 역. 1993. 『易의 철학 : 주역계사전』. 서울 : 예문지.

樓宇烈 校釋. 1983. 『老子周易王弼注校 釋』. 臺北 : 華正書局.

文璇奎 역저. 1988. 『春秋左氏傳』(重版). 明文堂.

徐志銳. 1989. 『周易大傳新注』. 濟南 : 齊魯書社.

성백효 역주. 2001. 『孟子集註』. 전통문화연구회.

喩博文. 1990. 『正蒙注譯』. 蘭州 : 蘭州大學出版社.

李勉. 1990. 『管子』. 臺北 : 臺灣商務印書館.

경기대학교 소성학술연구원. 2003. 『전통사상과 생명』. 국학자료원.

경제·인문사회연구회. 2005. 『사회발전과 문화기반으로서의 인문학적 가치의 사회적 활용방안』. 서울 : 양동문화사.

금장태. 2000. 『한국의 선비와 선비정신』. 서울 : 서울대출판부.

김충열. 1996. 『김충열교수의 중국철학사』 1. 서울 : 예문서원.

牟宗三. 송항룡 역. 1983. 『중국철학의 특질』. 서울 : 동화출판공사.

方東美. 정인재 역. 1984. 『중국인의 生哲學』. 서울 : 탐구당.

브라이언 파머 외. 신기섭 역. 2010. 『오늘의 세계적 가치』. 서울: 문예출판사.
송　복, 2003. 『동양적 가치란 무엇인가』. 서울: 지식마당.
스털링 P. 램프레히트. 김태길·윤명로·최명관 공역. 1993. 『서양철학사』. 서울: 을유문화사.
위잉스(余英時). 김병환 역. 『동양적 가치의 재발견』. 서울: 동아시아.
이완재. 1997. 『동양철학을 하는 방법』. 부산: 소강.
張法. 유중하 외 역. 『동양과 서양, 그리고 미학』. 파주: 푸른숲.
제롬 뱅데 편. 이선희·주재형 공역. 2008. 『가치는 어디로 가는가?』. 서울: 문학과지성사.
중국철학회. 1997. 『현대의 위기 동양철학의 모색』. 서울: 예문서원.
陳正炎·林其錟. 이성규 역. 1993. 『중국의 유토피아 사상』. 서울: 지식산업사.
프랜시스 베이컨. 진석용 역. 2001. 『신기관』. 파주: 한길사.
高明 外. 1987. 『憂患意識的體認』. 臺北: 文津出版社.
方東美. 1985. 『原始儒家道家哲學』. 臺北: 黎明文化事業公司.
徐復觀. 1969. 『中國人性論史』 先秦篇. 臺北: 臺灣商務印書館.
湯一介. 2001. 『和而不同』. 遼寧: 遼寧人民出版社.

강형기. 2008. 「21세기 군자가 되기 위한 반성」. 『지방행정』 54권 620호.
김시천. 2008. 「군자는 과연 시민이 될 수 있을까」. 『정의로운 사회는 가능할까: 세상 청바지』. 서울: 웅진지식하우스.
김여수. 정원섭 역. 2000. 「21세기 윤리를 위한 공동의 틀」. 『철학과 현실』 46. 서울: 철학과현실사.
김충열. 1996. 「중국철학의 총괄적 관조」(정년퇴임기념강연 자료)
박병기. 2008. 「선비정신과 시민윤리」. 『선비문화』. 진주: 남명학연구원.
박연규. 2003. 「공동체와 생명의 관계성」. 경기대학교 소성학술연구원 편. 『전통사상과 생명』. 서울 : 국학자료원.

송 복. 1997. 「선비, 그는 누구인가?」. 『전통과 현대』. 서울 : 전통과현대사.

유병래. 2012. 「장자철학에서의 노년의 삶」. 『시민인문학』 제22호.

이철승. 2007. 「'세계화' 시대 '유교공동체주의'의 의의와 문제」. 『시대와 철학』 제18권 3호.

_____. 2009. 「군자에서 시민까지」. 『철학, 문화를 읽다』. 파주 : 동녘.

장현근. 1997. 「君子와 世界市民」. 『유럽연구』 제5호.

장회익. 2000. 「온생명과 인류문명」. 『동아시아 문화와 사상』 제4호. 서울 : 열화당.

_____. 2003. 「온생명 사상과 전통 가치」. 『전통사상과 생명』. 서울 : 국학자료원.

정병석. 1994. 「유가의 우환 의식과 현대의 위기」. 『인간과 사상』 16.

_____. 2000. 「유가의 생명관」. 『동아시아 문화와 사상』 제4호. 파주 : 열화당.

정용화. 2001. 「한국인의 시민상 모색과 선비」. 『한국정치외교사논총』 23권 1호.

정인재·황경식. 1995. 「군자와 시민」. 『철학연구』 제37집.

조영달. 2009. 「현대사회의 지식인과 선비정신의 사회적 재해석」. 『남명학』 14권.

池田知久. 1994. 「道家 및 道敎에 있어서 物化·轉生·輪廻」. 『도교학연구』 제13집.

修建軍. 2005. 「論'和'爲儒學之精義」. 『中國哲學』. 長沙 : 岳麓書社.

http://www.unesco.or.kr/front/data-center/data-center-01-list.asp?cate=date04

III부 시민의 성장

민주주의를 제대로 실현하기 위해서는 시민의 형성과 성숙이 절대적으로 필요하다. 이는 교육을 통해 시민의식을 진작시키고 사회문제에 실제 참여하는 행위를 통해 시민으로 성장시킬 때 이루어진다.

7장
시민성장의 환경

김윤철

1. 시민의 성장이란 무엇인가

시민은 진공 상태에서 홀로 성장하지 않는다. 시민의 성장은 역사적 과정을 통해 조성된 일련의 정치적, 사회경제적, 문화적 환경 속에서 이루어진다. 역사경험적으로도 그렇지만, 시민은 기본적으로 역사적, 정치적, 사회적 존재이기 때문이다. 시민은—시민이기 이전에—역사적 과정을 통해 만들어진 공동체 속에서 타인과 이웃과 관계를 맺고 함께 살아가는 인간이자 개인이다. 하지만 시민으로서 더욱 중요한 것은 부와 권력과 같은 주요 가치와 자원을 배분하는 영역이자 실천인 정치에 관여하는 주체라는 점이다. 이는 고대 그리스와 로마의 시민을 연상케한다. 근대는 바로 그와 같은 시민이 다시 등장한 시대이다. 근대 이후의 시민혁명과 민주주의의 제도화를 통해 그리 되었다. 물론 고대의 시민과 근대의 시민은 차이가 있다. 고대의 시민은 '특권계급'을 의미하는 것이었다면, 근대 이후의 시민은 '보편계급'을 의미한다. 근대의 시민은 특권의 폐지와 만인의 자유와 평등과 주권을 함축하는 주체이기 때문이다. 근대 이후 인간과 개인은 그렇게 보편계급으로서의 시민으로 성장해왔다.

이미 성장의 시기를 거쳐와 시민이 보편계급이 된 지금, 시민의 성장을 다시 논하는 이유는 무엇인가? 근대 이후의 시민혁명과 민주주의의 제도화를 통해 현대 민주주의 국가에서는 일정한 연령이 된 모든 이들에게 시민권을 부여하지만, 시민권을 보유하고 있다는 것만으로 그를 시민이라고 할 수 없는 현실을 목도하고 있기 때문이다. 즉 양적으로는 성장했으나, 질적인 성장은 지체되고 있다는 것이다.

시민은 법과 제도상으로 주어진 권리를 넘어서서 '시민성(civility)'을 발휘하면서 공적 주체로서의 역할을 수행할 때, 비로소 시민이 된다. 시민성은 public(공적), legal(정당한), political(정치적)인 요소를 담고 있는 시민의 덕성(civic virtue)을 뜻한다. 시민적 덕성이란 공공선에 대한 헌신 또는 공동체의 총체적 이익을 추구하는 자각적 의도[1]이며, 정치적 행동과 숙의 과정에서 사적 욕망에 반하여 공적 목표에 우선성을

1 Robert A. Dahl, *Dilemmas of Pluralist democracy : Autonomy vs. Control*(New Haven. CT : Yale University Press. 1982), 27, 142.

부여하는 것[2]이다. 자기 자신만을 위한 협애하고 이기적인 특수 이익에의 경도를 자제하고, 공동의 이익에 우선권을 부여하고자 하는 자발적 의지인 것이다.[3] 이에 비추어 볼 때, 사적인 공간 속에 갇혀 사사로운 일에만 관심을 쏟는 사람은 시민이 아니다.[4] 이때문에 시민성은 '시민다움'[5] 혹은 '시민됨'[6]의 기준이다. 시민의 성장은 바로 그러한 시민성, 즉 시민다움을 갖추고 시민됨을 실현하는 것을 의미한다. 하지만 지금 우리가 시민이라는 이름으로 부르는 이들이 과연 그러한 시민인가? 답은 그다지 긍정적이지 않다.

모든 사익을 부정할 수는 없다. 사익 추구 그 자체를 '악'으로 몰고 갈 수도 없다. 그것은 현실적이지도 않고 바람직하지도 않다. 무엇이 공공선인지 선험적으로 이미 정해져있는 것이 아니라고 할 때 그러하다. 근대 이후 지금까지의 역사적 경험이 확인시켜준 것이 바로 그것이다. 공공선이 '모든 인간은 자유롭고 평등하다' 등과 몇 가지 자명한 원리를 제외하고는 대부분이 미결정의 영역에 머물러 있다는 것을. 누군가가 어떤 가치를 최고의 선, 공공선이라고 주창하며 그것을 타인

---

2 Burtt, "The good citizen's psyche : On the psychology of civic virtue," *Polity* 23(1) (1990): 35–36.

3 Shills, *The Virtue of civility : Selected essays on liberalism, tradition, and civil society* (Indianapolis. IN : Liberty Fund, 1997), 345.

4 이승훈, 「공공영역과 '시민됨'의 문화적 조건」, 『사회이론』(2010 봄/여름), 104.

5 진태원은 civility의 프랑스어인 civilité를 '시민다움'이라고 번역하였다. 에티엔 발리바르. 진태원 역. 『정치체에 대한 권리』(서울 : 후마니타스, 2011).

6 이승훈, 「공공영역과 '시민됨의 문화적 조건」, 102.

에게 강요할 때, 그 가치의 좋고 나쁨을 떠나 가닿는 곳이 결국 새로운 특권계급을 만들어내는 '폭정'과 '전체주의'였다는 것을. 인간이 개인적 욕망을 가질 수 밖에 없는 존재임을 망각하거나 부정하거나 인위적으로 억압했을 때 어떠한 결과가 나타나는지를 충분히 경험해왔던 것이다. 어찌보면 공공선 혹은 공익을 추구하는 것은 개인적 욕망의 실현을 위한 것이기도 하다. 적어도 자유를 부정하지 않는 민주주의를 표방한다면, 개인적 욕망의 표현과 추구의 기회는 보장되어야 한다.

그럼에도 불구하고 시민이고자 한다면 공익과 사익을 조화시킬 수 있어야 한다. 또 개인적 욕망과 사익의 추구가 공익에 반하는 것은 아닌지, 또 타자의 사익추구에 종속된 것은 아닌지, 즉 '개인적 욕망과 사익추구라는 이름으로 사실은 노예되기의 길'을 가고 있는 것은 아닌지에 대한 성찰이 있어야 한다. 이러한 조화와 성찰의 능력의 미약함, 즉 시민적 덕성의 허약함, 그것이 지금 시민의 성장을 논하는 이유이다.

시민의 성장을 가능케하는 시민적 덕성은 어떻게 키워지는가? 그것은 결코 개인의 의지 혹은 능력만으로 실현되지 않는다. 그렇다면 무엇이 필요한가? 많은 경우 교육을 제시한다. 교육을 통해 시민이 추구해야 할 공적 가치가 무엇인지, 그것을 어떻게 추구해야 실현할 수 있는지 등을 '어릴 때부터' 배워야 한다는 것이다. 또 교육을 강조하는 연장선 상에서 의식과 실천의 중요성을 강조하기도 한다. 이러 저러한 공동체 내의 문제들을 시민의식을 갖고 자신이 직접 찾아내고 해결하고자 할 때, 성숙한 혹은 보다 좋은 시민으로 성장할 수 있다는 것이다.

교육과 의식과 실천의 중요성을 부정할 수도 부정해서도 안된다. 하지만 과연 그것은 언제든지, 어디서든지 가능하고 효과가 있는가? 만약 그렇다면 왜 시민은 근대 이후라는 특정 시기, 특정한 공간에서 성장했는가? 또 근대 이후에도 왜 전쟁과 파시즘과 전체주의를 겪었으며, 권위주의와 독재정치를 겪었는가? 그것에 대한 시민의 저항과 대체 권력의 수립은 왜 즉각적이지 않았는가? 심지어 권위주의와 독재정치에 대한 동조마저 있었던 이유는 무엇이었는가? 20세기 후반 권위주의와 독재정치에 대한 저항으로 다시금 민주화의 물결이 휩쓸고 지나간 이후 오히려 사회경제적 불평등이 심화되고 정치적 무관심과 냉소가 불거진 이유는 무엇인가? 과연 교육과 의식과 실천이 부재했거나 미약했기 때문인가? 만약 그렇다면 그것은 왜 그러했는가?

이러한 물음과 관련해 이 글은 시민의 성장은 물론, 그것을 위한 교육과 의식과 실천 모두 일련의 정치적, 사회경제적, 문화적 환경 속에서 가능하고 실현된다는 것을 주장하고자 한다. 환경이 만들어지지 않으면, 시민의 성장과 그것을 위한 교육과 의식과 실천은 불가능하거나 소용없다는 식의 주장을 하려는 것은 아니다. 오히려 교육과 의식과 실천의 함양이 갖는 중요성을 더욱 강조하되, 그것이 어떠한 예측과 전망 속에서 어떤 지향을 갖고 이루어져야 하는지에 대한 고민의 필요성을 제기하기 위해서이다. 또 시민성장에 우호적이지 않은 환경인데도, 시민의 시민답지 못함 혹은 시민성장의 지체를 개별적인 시민의 탓으로 돌리는 경솔함에 주의를 기울여야 한다는 것, 그리고 환경의 조성을 위한 별도의 모색이 필요하다는 것을 드러내기 위해서이다.

이를 위해 이 글에서는 근대 시민혁명과 같은 시민성장의 역사적 사례와 경험에 바탕해, 시민의 성장에 필요한 혹은 친화적인 환경이 어떠한 것들이었는지를 살펴보고자 한다. 이때 이 글은 사회경제적 발전과 주축계급의 형성, 인간과 세계에 대한 사색의 등장과 확산, 정치적 기회구조의 개방 세 가지를 시민의 성장에 필요한 혹은 시민의 성장을 가능케하는 환경으로 제시하고자 한다.

2. 사회경제적 발전과 주축계급의 형성

시민의 성장은 사회경제적 발전과 그것에 바탕한, 시민일 수 있는 혹은 시민이 될 수 있는 '주축계급'[7]의 형성을 전제로 한다. 정치적 참여에 필요한 자원을 확보하고 있어야 하기 때문이다. 시간적 여유를 갖고 정치관련 지식과 정보를 접하기 위한 사회적 관계와 그것을 맺고 유지하는데는 일정한 비용이 필요하다는 것이다. 주축계급이란 바로 그 비용을 지불할 수 있고, 지불할 의사를 갖고 있는 사회집단을 가리킨다.

정치관련 정보와 지식을 접한다는 것은 단지 언론매체 등이 이미 중요하다고 설정한 의제(아젠다 셋팅)나 특정 방향으로 판단과 의견을 몰아가는 담론과 정책(게이트 키핑) 등을 수동적으로 수용하는 것을

7 이 글에서 계급은 사회적 '집단'의 의미로 사용한다. 계급에 대한 복잡하고도 다양한 용례와 의미의 변천에 대해서는 레이먼드 윌리엄스(2010, 83-96) 참조.

의미하지 않는다. 자기 스스로 자신과 공동체의 이익에 부합하지 않는 혹은 부합하는 문제가 무엇인지 찾아내고, 그것을 해결할 방안이 무엇인지 시간을 갖고 숙고하고 토론하는 과정에서 정보와 지식을 발굴하고 창출한다는 것을 의미한다. 특정 정파의 이익을 위한 감언이설과 선동, 그리고 그것에 연루되어있는 소문과 유언비어로부터 독립적인 가운데, 자율적인 판단과 결의를 해야하고 할 수 있어야 한다는 것이다. 따라서 여기에는 적지 않은 비용이 들어갈 수 밖에 없다.

그 비용을 줄일 수 있는 방안이 있기는 하다. 정당과 이념이 바로 그것이다. 앤터니 다운즈[8]가 말한 바와 같이 이념은 복잡한 이러저러한 문제를 하나 하나 따지지 않고서도 그 문제가 결국 어떤 성격의 것인지, 그리고 그것의 해결이 어떤 방식으로 이루어질 것인지를 보다 쉽게 판단하고 예측할 수 있게 해준다. 정당은 바로 그와 같은 이념을 창출하고 그것에 바탕해 정치관련 정보와 지식을 일상적으로 제공해준다.[9] 시민의 성장 과정에서 그리고 그것에 따른 민주주의의 발전 과정에서 정당은 물론, 각종 조합과 협회 등을 비롯한 각종 결사체와 그들이 추구하고 표방하는 이념이 등장했던 것도 바로 그 때문이다. 특히 19세기말~20세기초에 노동조합과 그것과 연계된 정당의 생성을 통한 정치참여가 인상적이었다.

하지만 이 역시 일정한 자원과 비용을 필요로 한다. 정당과 이념

---

8 앤터니 다운즈, 전인권·안도경 공역, 『민주주의 경제학 이론』(파주 : 나남, 1997).

9 V. O. Key, *Politics, Parties & Pressure Group*(New York : Thomas Y. Crowell Company, 1964).

은 정치참여를 통한 시민 성장의 자원과 비용의 크기를 줄이는 것이거나 다른 것을 통해 벌충하는 것이지, 없애는 것이 아니다. 어떤 경우엔 오히려 자원과 비용을 더 키운다. 정당과 이념 자체가 시민배제적인 것일 수 있기 때문이다. 정치가 특정 지배계급 출신의 정치엘리트에 의해 독점되는 경우를 우리는 역사적 경험을 통해 확인한 바 있다. 모스카의 정치계급론과 파레토의 엘리트 순환론, 그리고 미헬스의 과두제의 철칙 등은 그러한 경험을 이론화한 것이다.[10] 대한민국의 작금의 정치 현실 역시 마찬가지다. 최근 시민정치 혹은 시민의 성장이 문제되는 이유도 그와 같은 현실과 무관하지 않다. 바로 그와 같은 현실을 개선하기 위해서 시민의 성장과 정치참여가 있어야 하는 것이다. 하지만 기성 정당과 특정 이념에 기반한 시민배제의 정치 그 자체가 그것을 가로막고 있다. 이것을 극복하기 위해서도 사회경제적 발전과 그것에 바탕한 사회계급이 형성되어야 한다. 시민배제 정치의 벽을 없애기 위해선 그것을 격파할 사회적 힘이 만들어져야 하기 때문이다. 사실 근대 정당과 이념 자체가 그러한 힘을 잉태한 사회경제적 변화와 사회집단의 존재에 기반해 생겨난 제도이고 가치관이고 세계관이며 실천양식이다. 즉 정당과 이념은 왕과 성직자와 귀족 등과 같은 특정 지배계급에 의해 독점되어있던 정치를 변화시키는 과정에서 이미 형성된 사회적 힘을 효율적으로 구사하기 위해 생성된 것이었다는 의미이다.

10 이들 논의에 대한 소개와 비판적 검토에 대해서는 사르토리, 이행 역, 『민주주의 이론의 재조명 I』(고양: 인간사랑, 1989) 참조.

고대의 시민이 노예와 여성의 노동에 바탕한 비노동 남성 '유한계급'이었다는 것은 시민이 단지 특권계급이었다는 사실만을 알려주는 것이 아니다. 그것은 정치참여의 권리와 책임의 수행을 위해선 '물적 토대'가 갖추어져 있어야 한다는 것을 알려주는 것이기도 하다. 또 공공선과 공익을 추구하기 위해서는 사익추구의 굴레로부터 자유로울 수 있어야 한다는 것이기도 하다. 노동으로부터 자유롭고 구태여 사익을 우선 추구하지 않아도 될 정도의 재산을 보유하고 있다고 해서 실제로 당시의 시민계급이 공공선과 공익을 우선했느냐는 다른 문제이다. 하지만 적어도 사익추구를 제어하기 위해서는 일정 수준의 경제적 조건이 필요하다는 것에 대해 인식하고 있었던 것이다. 그러한 인식 이전에 노예와 여성을 동등한 인간으로 간주하지 않았기에, 그들을 시민의 범위에서 배제했던 것임에도 불구하고 그렇다.

근대 시민의 성장이 자본주의의 발전과정에서 경제적으로 자립한 (하층)부르주아에서 '시작된' 이유도 바로 그와 같다. 이는 근대 시민혁명을 통해서 확인할 수 있다. 부르주아의 주도적 참여 속에서 절대왕정의 시대에 종언을 고하고, 자유와 종교적 관용과 평등 같은 가치를 드높인 성과를 거둔 것이 바로 근대 시민혁명이기 때문이다. 물론 이때 유의할 것은 그와 같은 가치가 부르주아의 이익과 부합하는 한에서 추구되었다는 점이리라.

여기서 잠시 부르주아가 구체적으로 누구인지에 대해 살펴보자. 부르주아bourgeois는 고대 프랑스어 burgeis, 그리고 중기 영어 burgeis 및 burges에서 왔는데, 옛 자치도시(borough)의 주민을 일컫는 것이었다. 프랑스 봉건제 아래서 부르주아는 사회적 관계를 규정하는 하나의 법률 용어로서 거주 기간 등의 조건에 따라 정의되었다. 기본 정의는 생활 상태가 안정되어 지불 능력이 있고 신뢰할 수 있는 '시민'이라는 것이었다. 18세기말 이전, 특히 (후기)봉건사회에서는 중간계급(middle-class)의 의미를 갖기도 했다. 상류(귀족)도 아니지만, 하류(빈민층)로 아닌 사회집단을 가리키는 것이었다. 이때 citizen, cit, civil 등이 지칭하던 바와 동일한 종류의 사람들 및 생활양식이나 견해를 아우르는 것이기도 했다. 이는 18세기 영어에서 civil이 프랑스어로 bourgeois, 독일어로 bürgerlish였던 것에서도 확인할 수 있다. 마르크스는 지불능력이 있는 자치도시의 거주민으로부터 (자본주의의 발전에 따라) 부상한 계급인 상인, 사업가, 고용주에 이르기까지 두루 포함하는 의미로 사용하였다. 또 자본가(capitalist)와 구별없이 사용되기도 했다[11]

이 글에서도 부르주아를 이와 같은 의미들을 담고 있는 것으로 사용한다. 그럼 이제 근대 시민의 성장의 시작을 알리는 근대 시민혁명이 부르주아의 참여와 주도에 의해 이루어졌음을 살펴보도록 하자.

우선 영국의 청교도 혁명과 명예혁명의 경우를 보자. 의회의 동의없이 징세하고 저항분자들을 투옥하는 등의 횡포를 부리던 찰스 1세의 절대왕정에 대항해 청교도 혁명을 이끌었던 이들은 대개 지방의 젠트리와 도시의 중산층들이었다. 부유한 차지농과 전문직 종사자, 부유한 상인 등 부르주아에 해당하는 이들이었다. 이들은 의회에 대거 진출해서 절대왕권에 대한 의회의 권한을 우선시했다. 청교도 혁

11 이 부분은 레이먼드 윌리엄스, 김성기·유리 공역, 『키워드』(서울 : 민음사, 2010), 62-66을 시기에 따라 재구성한 것이다.

명을 이끌었던 크롬웰 역시 지방의 소젠트리 출신이었는데, 그는 케임브리지 대학에서 청교주의를 접해 청교도가 된 사람이었다. 그런데 혁명 이후 크롬웰 등은 의회 내 소수파(독립파)였다. 이들은 주로 중소상공인과 소젠트리 등으로 구성되어 있었다. 의회 다수파는 지주귀족과 상층시민계급 출신들로 구성된 장로교도가 차지하고 있었다. 이들은 1648년 입헌군주제를 수립하고 왕과의 화해를 선포하였으며 혁명군을 해체하고자 했다. 이에 반해 크롬웰의 주도 하에 혁명군을 장악하고 있던 독립파는 군주제와 국교회의 폐지, 공화정 수립, 왕의 처벌 등을 내걸고 있었다. 결국 이들은 장로교도들을 의회에서 추방하고, 스코틀랜드 군과 조약을 맺고 영국을 침입해 들어온 찰스 1세를 반역죄를 적용해 처형하였다. 그리고 이어서 공화정을 수립하였다.[12] 절대왕정체제에 종언을 고하고 입헌정치의 시작을 알리며 의회의 정치적 위상을 확고히 한 명예혁명 역시 도시 상공인들과 지방 젠트리층 등의 부르주아가 중심이 되었다. 이번에는 청교도 혁명과 달리 지주층 등이 주축이 된 토리와 연합전선을 구축했다. 이를 통해서 제임스 2세의 왕귀 복귀를 막아내는 무혈혁명을 이룬 후 권리장전을 채택했다. '왕은 법 집행을 정지시키지 못한다', '의회의 동의 없이 과세할 수 없다', '의회 내에서 발언의 자유가 보장된다', '국민은 청원권을 가지며 과도한 벌금과 잔인한 처벌을 받지 않는다' 등으로 이루어져 있었다. 이 외에도 군대통수권을 의회가 갖는다는 것과 3년마다 의회를 소집하고, 검

12 하지만 공화정은 곧 크롬웰 군사독재로 변질되었고, 크롬웰 사망 후인 1660년 왕당파에 의해 찰스 2세를 내세운 왕정이 복구되는 것으로 이어졌다.

열을 폐지할 것 등을 규정하였다.[13]

도시 상공인과 젠트리 등 부르주아가 두 차례에 걸쳐 혁명의 주역일 수 있었고, 그에 앞서 의회에 대거 진출할 수 있었던 것은 16세기 이후의 영국의 사회경제적 변화, 즉 초기 자본주의 발전을 배경으로 한 것이었다. 이 과정에서 부와 사회적 영향력을 축적했던 이들이 바로 (도시) 상공인과 젠트리 등 부르주아였던 것이다.

16세기에서 18세기 사이 영국은 급격한 사회경제적 변동을 겪는다. 잉글랜드를 기준으로 250만~300만에 불과하던 인구가 1540년에는 300만 그리고 1603년 엘리자베스 여왕이 사망하였을때는 410만이 되었고 1688년에는 490만에 이르렀다. 이와 함께 도시가 팽창하기 시작하였는데, 런던의 인구는 급속히 팽창하여 1520년에 6만명이던 것이 1603년에는 20만명, 1689년에는 60만면에 달하였다. 하지만 이 시기 가장 중요한 사회경제적 변동은 인클로저 운동[14]에서 촉발되었다. 그를 통해 자본주의적 농업과 상업이 발달했던 것이다. 젠트리라 불리는 지주층이 부상했고, 그들은 토지소유를 기반으로 부와 세력을 확장했다. 젠트리는 귀족과 자영농 사이의 중간계급을 가리키는 말로 대

---

13 고원, 「시민혁명과 근대 민주주의 탄생」 민주화운동기념사업회 편, 『민주주의 강의1 : 역사』(서울 : 민주화운동기념사회, 2007), 188-194.

14 이에 대해서는 칼 마르크스, 강신준 역, 『자본 Ⅰ-2』(서울 : 도서출판 길, 2012), 961-1023 참조. 마르크스는 인클로저 운동을 자본의 본원적 축적이라는 관점에서 조망하였다. 그리고 이를 생산수단을 소유하지 못해 노동력을 판매해 생계를 꾸려가야 하는 노동자계급과 생산수단을 사적으로 소유하고 이윤을 위한 생산을 주도하는 자본가 계급의 형성 기원으로 보았다.

개 부유한 차지농과 전문직 종사자 및 부유한 상인 등이 포함되며, 흔히 '향신'이라고 불리웠다. 이들은 종교개혁으로 몰수된 수도원 토지를 사들여 재력을 확충하고, 이를 기반으로 대학과 법조계는 물론 의회에도 진출하여 주도권을 행사하였다. 이들 중 상층은 쇠퇴하는 전통 귀족들을 대체해 신진 귀족층을 형성하기도 하였다. 17세기에는 농업 생산력의 향상이 이루어졌다. 1670년부터는 곡물수입국이 아니라 수출국으로 변모하였는데, 그것은 주로 인클로저로 가능해진 경작면적의 확대와 새로운 경작방법의 도입 덕분이었다. 공업도 팽창하여 소규모 제조업이 16, 17세기에 성장하였다. 주된 산업인 가내공업에 의한 모직물공업이 발달하였고, 17세기말에는 견직, 마직, 유리, 주석, 납, 석탄 등의 생산도 활발해지기 시작하였다. 또 17세기에 들어 영국의 대외팽창이 활발하게 진행되면서 상업 또한 활발히 발달해지기 시작하였다. 중국과 향료산지로의 항로개발이 활발하게 이루어졌으며, 1600년에는 동인도회사가 설립되어 설탕, 실크, 향료 등의 사치품을 수입하고, 목재, 생산, 가축, 모직물을 수출하였다. 이 과정에서 상인, 선박소유주, 운송업자들이 자금을 필요로 하게되자 초보적인 금융업도 발달하기 시작하였다.[15]

프랑스 혁명의 경우도 마찬가지였다. 혁명을 주도적으로 이끌었던 제3신분[16]의 핵심이 바로 부르주아였다. 특히 하층 부르주아가 중요

15 고원, 「시민혁명과 근대 민주주의 탄생」, 181-184.

16 성직자이면서도 제3신분을 대표하는 의원이던 엠마누엘 시에예스는 1789년 1월 '제3신분이란 무엇인가'라는 팜플렛을 배포했는데, 여기서 그는 제3신분을 '시민'

한 역할을 수행하였다. 프랑스의 부르주아는 1730년 이래의 경제성장의 최대의 수혜자로서, 18세기 프랑스 사회에서 가장 주목할 수 있는 집단이었다.[17]

절대군주의 상징인 태양왕 루이 14세가 죽은 1715년 프랑스의 인구는 대체로 1,400만내지 1,500만으로 추산되고, 프랑스 혁명이 일어나는 1789년에는 2,400만 내지 2,600만으로 추산되었다. 약 70년 사이 천만 이상의 인구가 급증한 것이다. 이는 이 시기 동안 경제적 번영이 이루어졌음을 의미했다. 프랑스 경제는 1730년 이후 계속 상승 곡선을 그렸다. 특히 1763년에서 1775년까지를 루이 15세의 황금시대라고 일컫기도 한다. 신대륙 발견 이래 새로 재배하기 시작한 옥수수, 감자, 토마토와 같은 새로운 종류의 농작물이 등장하였고, 새 경작 방법이 보급되어 농업생산이 증가하였다. 이 시기 사망률도 크게 떨어져 평균수명이 70년 사이 21세에서 27세로 늘어났다. 프랑스는 그 무역액이 영국 다음으로 가장 많았고, 식민지 물자를 독점하여 설탕의 생산고가 세계의 반을 차지하였다. 1789년 재무총감 네케르는 유럽의 화폐의 절반을 프랑스가 소유하고 있다고 할 정도였다. 은행, 증권회사, 보험회사도 번성하였다. 리옹의 견직 공업은 종업원 6만 5천을 거르리며 세계 최대를 자랑하였다. 포도주, 직물, 사치품, 가구 등의 제조업과 광업도 크게 번성하였다. 이 시기 부르주아들은 기회가 있을 때마다

의 관점에서 조망하고, 제3신분이 프랑스 전체 국민을 대표해야 한다고 주장하였다. 시에예스, 박인수 역, 『제3신분이란 무엇인가』(서울 : 책세상, 2003).

17 노명식, 『프랑스 혁명에서 빠리 꼼뮨까지』(서울 : 까치. 1991), 20.

귀족들의 토지를 사들였는데, 왕에게 프랑-피에프franc-fief라는 세금을 납부하기만 하면 그 토지에 대한 영주의 권리를 완전히 행사했다. 그런 중에 어느 지방에서는 부르주아의 소유지가 귀족의 소유지보다 많을 정도였다. 이는 토지소유의 재편이 일어나고 있음을 의미했는데, 1730년 이후의 호경기는 부르주아의 지주화 경향을 더욱 촉진하였다. 이때문에 왕은 부르주아의 돈의 힘을 빌어 봉건귀족들의 정치권력을 약화시키거나 타도하여 왕권을 신장시켰다.[18]

하지만 부르주아는 결국 제도상으로 제3신분이었다. 좋게 말해 평민이었고, 나쁘게 말하면 '상놈'이었다. 여기서 부르주아는 현실과 제도의 모순을 날카롭게 의식하였다. 게다가 상층부르주아와 하층부르주아의 계급적 분화가 일어났다. 상층 부르주아는 절대 군주와 결탁하여 귀족이 되었다. 귀족이 되지 않았더라도 귀족보다도 더 호화로운 생활을 할 정도였다. 하지만 중소 상인, 소생산업자 등 하층 부르주아는 농민과 함께 절대주의 국가의 무거운 재정적 부담에 허덕였다. 이 때문에 이들은 자기들의 경제적 발전을 저해하는 절대주의 제도와 상층 부르주아에 대항하여 앙상 레짐의 개혁을 요구하기 시작했다.[19] 그러한 요구가 폭발한 것이 바로 프랑스 혁명이었던 것이다.

여기서 우리는 왜 근대 시민 성장의 시작을 알린 혁명이 경제적으로 자립한 부르주아에 의해 주도되었는지와 관련해 시사점을 얻을 수 있다. 알버트 마디에Albert Mathiez는 자신이 쓴 『프랑스 혁명사』에

18 노명식, 『프랑스 혁명에서 빠리 꼼뮨까지』, 15-16.

19 노명식, 『프랑스 혁명에서 빠리 꼼뮨까지』, 21.

서 프랑스 혁명의 원인을 '번영 속의 계급 간 불균형'이라고 했다. 혁명이 일어나는 것은 쇠퇴하는 나라에서가 아니라 오히려 발전하고 번영하는 나라에서다. 가난은 더러 봉기를 일으키게 하나 사회를 뒤집어 버리게 할 수는 없다. 사회를 뒤집어 버리는 일은 언제나 계급 간의 불균형에서 생긴다는 것이었다. 즉 번영하고 발전하는 18세기 프랑스에서 바로 그러한 계급 사이의 불균형이 날카롭게 의식되었던 것이고, 이는 혁명을 가난한 자들이 일으키는 것이 아니라, 부유해진 자들이 그 실력이 무시되고 멸시될 때 모순된 제도의 타도를 위하여 혁명을 일으킨다는 것을 의미한다.[20]

부르주아는 크게 상인, 공장소유자, 은행가, 자본소유자, 기업가, 경영자, 자영업자, 수공업자, 소상인 등 '경제적 재화'를 보유한 이들, 그리고 의사, 판사, 변호사, 교사, 대학교수, 고위공무원, 과학자, 기술자, 기타 전문직 종사자, 작가, 예술가 등 '지식재화'를 가진 이들로 구성된다. 이들을 망라해 부르주아는 19세기 초중반 유럽에서 전체 경제활동인구 가운데 3~4% 정도에 불과했다. 이들의 가족을 포함해도 5%를 넘지 않았다. 넓게 잡아도 13% 정도에 그쳤다.[21] 하지만 이들이 근대 시민혁명을 주도했다는 사실, 자신에 대한 무시와 멸시에 자극받아 정치적, 사회적 모순을 자각하고 그것을 혁파하기 위한 시민적 실천에 나섰다는 것은 그들이 차지한 위상이 매우 컸음을 알려준다. 하지만 그들의 그러한 위상은 단지 경제력만으로 가능했던 것이 아니다. 지식

20 노명식, 『프랑스 혁명에서 빠리 꼼뮨까지』, 21.

21 신진욱, 『시민』(서울: 책세상, 2008), 51–52.

재화를 가진 이들의 존재가 한 축을 차지하고 있었다는 것이 알려주듯이 시민의 성장에는 인간과 세계에 대한 사색이 필요했다. 즉 사상과 이념의 힘이 필요했다.

3. 인간과 세계에 대한 사색의 등장과 확산

시민의 성장은 인간과 세계에 대한 '선각자'들의 사색을 필요로 한다. 시민의 성장을 위해선 모든 인간이 재산이나 신분과 지위, 인종과 성별, 국적과 지역 등에 상관없이 존엄성을 지닌 자유롭고 평등한 존재라는 각성이 있어야 한다. 모든 인간이 그런 존재로 대우받아야 하며, 타인 역시 그리 대우해야 한다는 것을 가치와 규범으로 수용하고 체화해야 한다. 그러한 각성과 수용과 체화를 가능케하는 하는 것이 바로 선각자들의 사색을 통해 등장한 사상과 이념이다. 자신이 살고 있는 세계의 현실이 바람직한지 아닌지를 판단케하고 현실을 그리 만든 이유가 무엇인지를 파악케함으로써, 무엇을 어떻게 해야할지를 인도해주는 것도 바로 그런 사상과 이념이다.

사상의 무용성이 거론되고 이념의 종말 혹은 탈이념의 시대가 선언된 바 있지만, 인류 문명의 발전에 인간과 세계를 토픽과 테마로 하는 사상과 이념이 함께 했던 이유는 바로 그 때문이다. 물론 사상과 이념 그 자체가 인간과 세계의 변화를 만들어낸 것은 아니다. 사상과 이념은 사실 이미 변화하고 있는 혹은 변화한 인간 삶의 양식과 세계의 작동원리를 반영하는 것이다. 하지만 사상과 이념이 없을 때 그것은 단지 '체험'된 것일 뿐, '인식'된 것은 아니다. 사람들은 자신들의 체험을 자유와 평등과 같은 가치와 규범을 담고 있는 개념들과 그 개념에 바탕한 담론을 통해 옳고 그름과 맞고 틀림과 좋음과 나쁨을 구분하고 판단할 수 있다. 무엇을 왜 우선하고 중시해야하는지, 그것을 실현하기 위해서는 어떻게 해야하는지 등의 지침도 사상과 이념에 바탕해 설명하고 추출할 수 있다. 사상의 무용성과 이념의 종말이 거론된 것은 그 자체가 그렇다는 것이 아니다. 다만 사상으로서 모든 것을 설명할 수 없음을, 그리고 사상에 앞서 인간의 삶이 있음을 망각하고, 사상 그 자체의 구현을 위해 다른 것들을 억압하고 등한시하는 것을 경고하기 위한 것이다. 그리고 타인을 배제하고 사멸시키기까지하는 이념 갈등이 완화, 약화되었거나, 미-소 냉전으로 상징되는 이념에 바탕한 경쟁체제 혹은 적대체제가 사라졌음을 강조하기 위한 것이다.

근대 시민의 성장을 가져온 사상과 이념은 '계몽주의'를 통해 형성되었다. 이를 통해 인간의 존엄성과 그것을 보장하기 위한 자유롭고 평등한 개인의 시민적 권리와 책임을 자각할 수 있었다. 또 권리와 책임을 담은 법과 제도를 만들어냈으며, 그것에 기대어 존엄성과 자유와 평등을 구현키 위한 실천의지를 생성하고 실천할 수 있었다. 개인 혹은 집단의 실천에 역사적, 정치적, 사회적 의미를 부여할 수 있었으며, 오늘의 희생을 내일의 희망으로 감내할 수 있었다.

시민의 성장을 가져온 근대 계몽주의 사상과 이념은 근대에 들어 갑자기 생겨난 것은 아니었다. 그것은 고대의 자연법 사상에 힘입은 바 크다. 중세 기독교에서도 영향을 받았다. 그리고 르네상스와 종교개혁과 과학혁명을 거쳐 만들어졌다. 즉 근대 계몽주의 사상은 근대 이전에 이룩했던 인류문명의 소산이었던 것이다. 인간과 세계에 대한 사색을 통해 그와 같은 사상과 이념을 탄생시킨 선각자들은 바로 앞서 시대의 사상을 깊이 검토하고 창조적으로 계승했던 이들이었던 것이다. 자유를 자연적 권리로 바라본 홉스와 자유주의를 최초로 체계화한 로크를 포함해, 전제정을 막기 위한 방안으로 3권 분립을 주창한 몽테스키외, (종교적) 관용을 강조한 볼테르, 평등을 본격적인 사회문제로 대두시킨 루소, 인간의 자율성을 강조하고 계몽주의의 좌우명을 정립한 칸트와 같은 일군의 사상가들이다. 영국과 미국과 프랑스에서 발생한 시민혁명의 '정신'은 이들의 사상과 이념에 기댄 것이었다.

고대 자연법 사상이란 모든 인간이 자유로우며 동일한 지위를 가지는 것이 자연스럽고 정당하다는 것을 핵심으로 하는 사상이다. 이는 인간은 자유롭고 평등하다고 보는 근대 인간관의 토대가 되었다. 르네상스 역시 '이성적 인간'이라는 근대 인간상을 제시해 낡은 질서에서 인간을 해방시키고 인간이 세속적 자율성을 가지도록 기틀을 마련했다.[22]

중세 기독교 사상은 시민의 권리가 세속적 지배권이 아니라 천부인권으로 이해되는데, 모든 인간은 동등한 신의 시민이라는 신약성서의 이념은 그리스와 로마의 시민 개념이 갖고 있던 계급(차별)적 한계를 극복하고 보편적 인간의 개념을 확산시켰다. 시민-노예, 시민-신

22 최현, 『인권』(서울 : 책세상, 2008), 52-53.

민의 현세적 구분이 소멸하고, 그 자리에 절대 권위로서 신 아래 평등한 시민이라는 새로운 관념이 생겨난 것이다. 하지만 중세의 실제 사회 질서는 성직자 계급과 평신도 사이의 엄격한 위계를 설정했기에, 기독교 이념이 평등하고 보편적인 시민권 사상으로 나아가게 된 것은 16세기 종교개혁을 거친 이후였다. 종교개혁의 혁명성은 모든 인간이 성직자를 매개로 하지 않고 신 앞에 홀로 대면하여 소통할 수 있다는 관념('단독자로서의 자율적 인간')에 있었기 때문이다. 또 종교개혁을 통해 라틴어가 아닌 각 민족어로 번역된 성서가 유럽 전역에 보급되면서, 신학적 지식과 라틴어 지식을 갖지 못한 평신도들도 성서를 읽으며 자기 자신을 신의 평등한 시민으로 자각할 수 있었기 때문이다.[23]

과학혁명은 인간에 대한 이해에서 한 걸음 더 나아가 자연을 바라보는 관점과 인간과 자연 간의 관계에 변혁을 가져왔다.[24] 특히 자연과 세계의 진리란 무엇인지와 관련해, 낡은 생각을 포기하고 관찰과 실험을 통해 발견해내고자 하였다. 이를 통해 과학혁명의 가장 중요한 결과, 즉 '아리스토텔레스의 주장과 일치하는 것이 진리이다'라는 식의 생각에 마침표를 찍었다.[25] 이는 인간 스스로가 권위있는 기존의 주장을 그냥 답습하는 것이 아니라, 관찰과 실험을 통해 자연과 세계의 진리를 직접 밝혀내야 하며, 밝혀낼 수 있다는 믿음을 갖게 되었음을 의미했다.

---

23 신진욱, 『시민』, 35－36.

24 이와 관련해선 김영식, 『과학혁명』(서울 : 아르케, 2001) 참조.

25 이와 관련해선 에릭 뉴트, 이민용 역, 『과학의 역사』(서울 : 이끌리오, 2006) 참조.

이와 같은 역사적으로 형성된 사상적 자원에 바탕한 계몽주의—운동—는 피터 게이에 따르면,[26] 영국혁명에서 프랑스 혁명에 이르는 100년 동안 세속주의, 인류애, 사해동포주의, 그리고 자유를 중시하고 이를 '일군의 지성인들'이 함께 주창한 사상·이념적 실천이다. 이때 자유란 전제 권력에서 벗어날 자유, 언론의 자유, 통상의 자유, 개인의 재능을 실현할 자유, 심미적 반응의 자유 등 도덕적인 인간이 자신의 뜻대로 세상을 살아갈 자유를 뜻한다. 계몽주의가 서구의 정신사에서 획기적인 사건이 될 수 있었던 것은 계몽사상가들이 일치된 주장을 내세웠기 때문이었다. 그러한 주장에 바탕해 계몽사상가들은—주장의 통일성이 행동의 일치를 가져왔단 것은 아니었으나—교회와 국가에 대한 적의를 표했으며, 문인을 비롯한 지식인들의 위신을 높이고 소득을 증대시키기 위한 투쟁에 나섰다. 한편 칸트는 계몽주의를 마치 사람이 스스로 부과한 보호체계로부터 탈출하는 것에 비유하면서, 계몽주의의 좌우명을 내세웠다. '감히 알려고 하라(sapere aude)', '발견의 위험을 감수하라', '자유로운 비판의 권리를 행사하라', '자율성의 외로움을 받아들여라'가 바로 그것이었다. 즉 계몽주의를 인간이 어른으로서, 다시 말해서 책임을 질 수 있는 존재로서 인정을 받으려는 주장으로 보았다. 이는 다른 계몽사상가들도 마찬가지였다.

부르주아는 계몽주의를 경제력에 기반한 교육을 통해 적극적으로 수용했던 사회집단이었다. 특히 '교양시민계급'이라고 불리웠던 이

26 피터 게이, 주명철 역, 『계몽주의의 기원』(서울: 민음사, 1998).

들이 그러했다. 교양이란 인간이 교육을 통해 인간, 사회, 자연에 대한 지식을 쌓음으로써 스스로를 이성적인 사유의 주체, 독립적인 행동의 주체로 형성해야 한다는 근대적 이상을 표현한다. 교양시민계급이란 바로 그러한 이상을 적극적으로 실천한 사회집단을 가리킨다. 이들은 '문화적' 의미에서의 시민 혹은 (소)부르주아라고 할 수 있다. 의사, 판사, 변호사, 교사, 대학교수, 공위공무원, 과학자, 기술자, 기타 전문직 종사자, 작가, 예술가 등이 포함되었다. 계몽사상가들은 이들 중에서 배출된 이들이기도 했다. 칸트와 아담 스미스는 대학교수였고, 디드로, 레싱, 갈리아니는 문인들이었다. 또 프랭클린, 달랑베르, 모페르튀이, 리히텐베르크, 뷔퐁 등은 과학자로서 명성을 쌓은 뒤 계몽사상가로 유명해진 이들이었다.

계몽주의 사상이 근대 시민의 성장의 주요한 환경적 요소였다는 것은 시민교양계급의 존재를 통해서도 알 수 있지만, 보다 직접적인 확인은 바로 그들 자신이 근대 시민혁명의 직간접적인 참여자였다는 것에서, 그리고 근대 시민혁명이 내세운 주장과 선언의 내용을 통해서 가능하다. 이때 선언은 혁명의 정신과 가치를 담고 있는 것으로, 혁명이 일회적 사건으로 그치지 않게 하기 위한 실천이다. 즉 선언은 사상과 이념적 측면에서 그것이 어떤 것으로 영향받았는지, 그리고 무엇을 지향하고 있는지 등이 잘 드러나 있는 텍스트이다. 근대 시민혁명을 논할 때, 선언에 대한 검토가 빠지지 않는 이유가 바로 거기에 있다.

영국의 명예혁명은 로크에 의해 옹호되었다.[27] 사실 크게 드러나지는 않았지만, 로크 자신이 영국의 정치현실과 시민혁명에 깊이 연루되어있었다. 특히 혁명기 영국 정치의 핵심 인물이었던 휘그파 지도자

섀프츠베리 백작을 통해서였다. 로크는 그의 정치적 조언자 역할을 했던 것이다. 이때문에 카톨릭과 절대왕정에 반대하다 패배한 섀프츠베리가 네덜란드로 망명을 떠나자, 로크 역시 로테르담으로 피신을 해야 했다. 대학으로부터도 직위를 박탈당하는 수난을 겪기도 하였다. 그의 『통치론』은 1689년에 출간되었기에 혁명에 대한 사후적 옹호의 성격을 띠었지만, 사실 그 책에 대한 구상은 샤프츠베리의 계획을 지원하기 위한 것이었다. 아무튼 로크는 『통치론』을 통해 국가의 주권이 생명과 재산을 보호받기 위해 인민들이 자발적으로 위임한 것이기에, 통치자가 위임받은 것 이상의 권한을 행사하는 경우 인민에게 저항권이 있다고 주장했다. 무장봉기까지 준비했던 섀프츠베리를 염두에 두었음을 짐작케 한다. 하지만 그의 주장은 영국과 특정 정치인에 대한 지원을 넘어서서, 영국 명예혁명을 정당화하는 것이었을 뿐만 아니라, 미국과 프랑스 혁명에 큰 영향을 끼치게 된다.

미국 독립혁명은 모두 계몽주의 사상가로 꼽히는 벤자민 프랭클린과 토마스 제퍼슨이 직접 참여한 혁명이다. 특히 제퍼슨은 미국 독립선언서를 기초했다. 이들의 정치사상에 큰 영향을 끼친 것이 바로 로크이다. 홉스의 영향도 있었으나 자연권이 절대적 권위에 종속되어야 한다고 믿었다는 점에서 로크보다는 덜 했다. '인간 본성으로서의 자유'를 주창한 로크[28]의 영향을 확인할 수 있는 것이 바로 "우리는 이 진리들을 자명하다고 여기는 바, 모든 인간은 평등하게 창조되었으

27 존 로크, 강정인·문지영 공역, 『통치론』(서울: 까치, 1996).

28 문지영, 『자유』(서울: 책세상, 2009), 41.

며, 그들은 창조주로부터 양도할 수 없는 특정 권리를 부여받았는데, 이 권리 들 중에는 삶, 자유 그리고 행복 추구가 있다. 이 권리를 확보하기 위해 인류는 정부를 조직했으며, 이 정부의 정당한 권력은 인민의 동의로부터 유래한다. 어떠한 형태의 정부이든 이러한 목적을 파괴할 때에는 언제든지 정부를 변혁 내지 폐지하여 새로운 정부를 세우되 인민의 안전과 행복을 가장 효과적으로 가져올 수 있는 원칙에 기초를 두고 또 그러한 형태의 조직을 세우는 것이 인민의 권리다"라고 한 미국 독립선언이다. 린 헌트는 이 인용문의 첫 문장 하나로 미국 독립선언이 정치적 불만을 다룬 18세기의 전형적인 문서가 될 뻔했다가 '살아있는 문서'로 탈바꿈 되었다고 평가[29]하기도 하는데, 인용문 전체는 인간의 자유를 자연법적 토대 위에 올려놓았을 뿐만 아니라, 인민의 동의에 기초한 정부를 주창한 로크를 계승한 것임을 알려준다.

사상과 이념의 측면에서 미국 독립혁명을 논할 때, 빼놓으면 안 되는 것이 바로 토마스 페인과 1776년 1월에 출간된 『상식』이라는 제목의 책이다. 페인은 이 책에서 여전히 영국과의 화해나 영국의 정치체제를 본 딴 입헌군주정을 세우자는 주장을 일축하고, 미국의 독립이 상식이며, 민주공화제만이 대안이라고 주장하였다. 그의 주장은 같은 해 미국의 독립선언에 대부분 반영되었다. 『상식』이 뜨거운 반응을 얻은 것은 미국 독립혁명의 주력군들인 장인과 상인들의 언어로 쓰여졌기 때문이다. 선동적이면서도 대중적인 스타일로 쓰여졌던 것이다.

29 린 헌트, 전진성 역, 『인권의 발명』(파주 : 돌베게, 2009).

잠시 페인을 직접 읽어보자.[30] 쉽고 흥미로운 비유에 기댄 촌철살인의 글임을 알 수 있다.

"아메리카는 지금까지 영국과의 관련 속에서 번영해 왔듯이 장래의 행복을 위해서도 같은 관련이 필요하며, 그런 관련성은 언제나 같은 효과를 낼 것이라는 주장을 나는 들어왔다. 그러나 그것은 명명백백히 잘못된 주장이다. 그런 주장은 마치 아이가 지금까지 젖을 먹고 자랐으니 고기를 먹어서는 안된다 … 주장하는 것과 마찬가지다 … 우리는 영국의 동기가 '사랑'이 아니라 '이익'이었다는 점을 생각하지 않고 영국의 보호를 자랑해왔다 … 영국이 정말로 우리의 조국이라면 영국의 행위는 더욱 수치스러운 것이다. 짐승도 제 새끼는 잡아먹지 않고, 야만인도 제 가족과는 전쟁을 하지 않는다 … 아메리카의 조국은 영국이 아니라 유럽이다. 이 신세계는 유럽의 '모든 지역'에서 박해를 받은, 시민적 자유와 종교적 자유를 원하는 사람들이 찾은 피난처다. 그들은 어머니의 부드러운 품이 아니라 괴물의 잔혹함으로부터 도망쳐 이곳으로 왔다. 이 대륙에 대한 영국의 권위는 조만간 반드시 끝내야 하는 국가형태다."

그의 책이 단지 선동적인 것만은 아니었다. 페인은 선동적인 요구들을 정당화하는 일반화된 논리를 제시하려 했다. 그 전 125년[31] 동안 유포되어 온 지적 사상, 즉 홉스, 로크, 볼테르, 루소의 저작에서 발췌한 사상 일부를 채택해 보통 사람도 이해할 수 있는 방식으로 서

30 토마스 페인, 박홍규 역, 『상식, 인권』(서울 : 필맥, 2004).

31 125년 전은 토마스 홉스의 『리바이어던』이 출간된 해인 1651년을 가리킨다.

술했던 것이다. 페인은 영국에서 인기있는 과학강연과 여러 클럽 토론회에 참여하면서 계몽사상을 일부 접했는데, 그런 사사을 거리와 상점의 언어로 바꾸어냈던 것이다. 『상식』은 15만부가 팔렸으로 것으로 추정되고 있는데, 펜실베이니아의 정치가 벤자민 러쉬가 "그것이 아메리카의 정신에 끼친 영향은 너무나 갑작스럽고 광범한 것이었다. 보통 사람들이 그것을 읽었고, 여러 클럽과 학교에서 그 책을 낭독했으며, 어떤 경우에는 성직자가 설교대신 그 책의 내용을 전하기도 했다"고 말할 정도였다.[32]

만약 프랑스 혁명이 계몽주의의 영향을 받지 않았다고 한다면, 그것만큼 이상한 일은 없을 것이다. 피터게이가 다시금 상기시켜주고 있듯이,[33] 몽테스키외, 볼테르, 루소, 디드로, 달랑베르 등의 계몽주의자들은 프랑스인이었고, 파리는 유럽 지성인들의 본부였기에 그러하다. 모든 나라의 계몽사상가들이 프랑스 문인들을 스승으로 섬겼다. 또 계몽주의를 선전한 사람들이 바로 프랑스인이었다. 하지만 프랑스 혁명이 '대(大)혁명'[34]으로 불리우는 한 가지 중요한 이유, 즉 프랑스 혁

---

32 크리스 하먼, 천경록 역, 『민중의 세계사』(서울 : 책갈피, 2004), 356.

33 피터 게이, 『계몽주의의 기원』.

34 1789년의 혁명이 대혁명인 이유는 이후 1871년 파리꼼뮨까지 80여년에 걸쳐 발생한 여러 차례의 혁명 중 가장 큰 혁명이기 때문이다. 그 80여년에 걸친 기간 동안 1789년의 대혁명에 비견할 혁명이라면 마르크스와 엥겔스가 『공산당 선언』을 발표한 1848년 혁명일 것이다. 그 외 어떤 혁명도 1789년의 혁명처럼 전유럽에 걸쳐 영향을 끼치지는 못했다. 1848년 혁명에 대해서는 에릭 홉스봄, 정도영 역, 『자본의 시대』(파주 : 한길사, 1999), 81-111 참조.

명이 단지 부르주아만이 아닌 농민과 빈민의 혁명이기도 했다는 것을 고려할 때, 꼭 별도로 거론하고 넘어가야 하는 계몽주의 사상가가 있다. 칸트가 자신에게—저서를 통해—민중에 대한 존경심을 가르쳐 준 사람이라고 고백했던 계몽주의 사상가, 바로 루소이다.

프랑스 대혁명이 왕의 목을 베는 것으로까지 나아가게 했던 것은 몽테스키외도 볼테르도 아닌 루소였다. 몽테스키외는 군주정치를 부정하지 않았다. 그는 공화제냐 군주제냐가 아니라 국가권력의 타락을 막기 위한 방안으로 권력의 분산과 권력들이 서로 견제하는 권력분립을 제시했을 따름이었다. 그는 삼부회나 고등법원같은 중간 집단에 의해 견제되는 군주제를 구상하였고, 심지어 영주권을 정당화하고 농노 해방의 댓가로 귀족의 면세특권을 긍정하였다. 볼테르 역시 군주제를 부정하지 않았다. 다만 그는 영국의 군제제와 같은 입헌군주제를 지지했으며, 군주들에게 계몽주의 사상에 의한 위로부터의 개혁을 기대하였다. 또 그는 이 사회에서 땅도 집도 없는 사람들이 과연 발언권을 가져야 하느냐고 물으면서 무산계급의 정치참여에 반대했다. 그는 특권 신분을 끌어 내리기는 하였으나 민중을 끌어올리려고 하지는 않았다. 그러나 루소는 인민의 평등을 주장하였다.[35] 그에 의하면 모든 인간 사회는 그 구성원들의 계약에 의하여 성립되고 모든 주권은 그

---

35 이와 관련해 선우현은 마르크스의 대안적 사회체제 방안인 사회주의가 잠정적으로 실패한 오늘의 상황에서 루소의 이상적 평등사회에 관한 논변이 역사적 제약과 시대적 한계를 지니고 있음에도 불구하고, 자본주의와 사회주의 이념의 조화와 결합이라는 제3의 방안으로 제안될 수 있다고 주장한다. 선우현, 『평등』(서울 : 책세상, 2012), 80.

계약에 동의한 인민에 있었다. 왕권도 이 인민의 일반의지에 의하여 주어진 것이므로 인민주권의 원리에 위배할 수 없다는 것이었다. 루소는 몽테스키외가 귀족계급에 유보시키고, 볼테르가 상층 부르주아에게 유보시켰던 정치권역을 민중전체에까지 확대하였다.[36]

미국 독립혁명과 프랑스 혁명 등이 있은지 약 100년 후 독일의 사회민주당과 같은 사회주의 정당들이 대거 등장했다. 근대시민 혁명에도 불구하고 자본주의의 발전과정에서 사회경제적 불평등이 심화되었음에도 불구하고 시민으로서 인정받지 못했던 노동자 계급들이 참정권의 확대 속에 본격적인 정치참여의 기치를 내걸은 것이었다. 근대시민의 성장의 시작을 알렸던 부르주아들은 사회주의 정당들과 노동자 계급을 위험한 존재로 보았다. 하지만 홉스봄이 지적하고 있듯이,[37] 노동자 계급의 정당도 자유주의에 입각한 합리주의적 계몽사상이 주장하는 가치와 이론을 신봉하고 있었다. 이는 시민의 성장을 위한 또 다른 사상과 이념의 출현을 의미하는 것이기도 했지만, 그것마저도 계몽주의의 선상에 서 있었다는, 즉 계몽주의가 차지하는 무게감을 알려주는 것이기도 했다. 하지만 이는 계몽주의 그 자체의 위대함이 아니라, 시민의 성장을 위한 사상과 이념이라면 인간과 세계에 대한 사색이어야 한다는 것을 보여주는 것이라고 할 수 있다.

---

36 노명식, 『프랑스 혁명에서 빠리 꼼뮨까지』, 30-31.

37 에릭 홉스봄, 『자본의 시대』, 570.

4. 정치적 기회구조의 개방

시민의 성장은 정치적 기회구조의 개방을 전제로 한다. 시민의 성장은 공적 주체로서의 역할을 얼마나 잘 수행하느냐에 달려 있다. 공적 주체로서 역할하기 위해서는 그 방식이 어떤 것이든 간에 정치에 참여해야한다. 정치적 기회구조의 개방이란 바로 그 참여의 필요성과 가능성이 높아진 것을 의미하기 때문이다.

시민의 성장에는 정치적 자유와 평등의 법과 제도적 보장, 즉 정치적 시민권의 보장도 필요하다. 하지만 그 자체가 공적 주체에 걸맞는 시민의 정치적 실천을 가져오지는 않는다. 정치참여를 위해선 당장 시간의 투여가 필요하다. 하지만 현대 사회에서 다수의 사람들은 그러한 시간을 갖고 있지 못하다. 설사 시간이 있다고 하더라도 참여를 위해서는 별도의 노력이 필요하다. 우선 정치 관련 정보와 지식을 습득해야 한다. 이는 무엇을 왜 문제삼을 것인지, 무엇이 옳고 그르고, 맞고 틀리고, 나쁘고 좋은 것인지에 대한 감별을 위해 필요하다. 또 참여의 효과를 내기 위해선 개인의 차원에서 그치는 것이 아니라, 의견을 같이하는 사람들을 모아서 함께 그 의견을 공론으로 만들어내야 한다. 하지만 이러한 노력이 늘 성공을 거두는 것은 아니다. 특히 정치적 기회구조가 폐쇄적인 경우 성공의 가능성은 낮을 수 밖에 없다. 가령 시민의 정치참여에 우호적이지 않은 독재 혹은 권위주의 정권의 경우 참여의 시도는 신체상의 자유는 물론, 생명마저 잃은 위험성이 있다. 특히 내적으로 응집성을 유지하고 있을 뿐만 아니라 '대중의 지지를 유지하고 있는 독재 혹은 권위주의 정권'인 경우 그것에 반하는 시민의 정치참여는 성공 가능성이 매우 낮을 수 밖에 없다. 사람들은 성공 가능성이 낮은 일을 쉽사리 행하지 않는다. 아무리 훌륭한 명분을 가진 일이라 해도 그렇다. 특히 실리를 동반하지 못한 명분일 경우가 그렇다. 사실 훌륭한 명분이라면 실리를 가져올 수 있어야 한다.

하지만 정치참여와 목적하는 바의 성공 가능성이 엿보인다고 판단할 때, 참여의사는 높아진다. 그럴 때 사람들은 정치참여를 위해 시간을 투여한다. 그 성공 가능성을 점치게 하는 것이 바로 정치적 기회구조의 개방이다. 정치적 기회구조의 개방은 몇 가지 경우로 나누어 살펴볼 수 있다. 물론 각각의 경우들이 자기 완결적이고 순수한 형태로 나타나는 것은 아니다. 또한 꼭 이런 경우들만 있다고 볼 수도 없다. 하지만 정치적 기회구조의 개방은 일련의 변동 과정에서 일어난다. 바로 그 변동의 핵심에 지배세력의 권력기반과 정당성, 그리고 여러 정치세력들 간의 연합과 동맹이라는 문제가 놓여 있다. 이를 감안한다면 정치적 기회구조의 개방을 아래와 같은 경우로 나누어 볼 수 있다.[38]

우선, 지배세력의 권력 기반과 정당성이 취약해지고 불안해졌을 때이다. 지배세력은 이런 경우 억압적 물리력의 행사에 의존하는데, 그

---

38 이는 태로우의 정치적 기회구조에 관한 논의를 참조하여 재구성한 것이다. 그는 정치적 기회구조를 권력에의 접근 가능성이 열리는 것으로 정의하고, 그 경우를 '지배연합이 불안정해지거나 변동이 일어난 경우', '영향력 있는 동맹세력이 활용 가능하게 된 경우', '지배엘리트 내에 균열이 생기는 경우' 등으로 보았다. Tarrow, *Power in Movement : Social Movement, Collective Action, and Politics* (Cambridge. NY : Cambridge University Press, 1994).

정도가 점차 심해짐에 따라 시민적 저항을 초래하고 대체권력에 대한 시민적 열망을 키운다. 시민들이 기존의 지배세력에 대한 저항과 대체권력의 수립을 자신의 생명과 이익을 지키기 위한 가장 '합리적인' 선택지로 인식하기 때문이다.

다음으로 지배세력이 자신의 취약해지거나 그럴 조짐이 있는 권력 기반과 정당성을 보완하고자 그간에 정치적으로 배제했던 이들을 포괄하고자 할 때이다. 이 경우는 억압적 물리력이 오히려 체제유지의 비용을 높일 뿐만 아니라, 자신들에게 불리하다고 판단할 때이다.

끝으로 정당성과 권력기반의 훼손이 발생하지는 않았으나, 지배세력 내부의 경쟁이 치열하고 세력 간 힘의 관계가 팽팽해져 정치 밖에서 정치참여의 의사를 갖고 있는 시민의 힘을 빌려 우위를 점하고자 할 때이다.

하지만 이 글에서 시민 성장의 환경을 도출하고자 대상으로 삼고 있는 사례인 영국의 명예혁명과 미국의 독립혁명, 그리고 프랑스 대혁명 등은 모두 첫번째 경우에 해당한다고 볼 수 있다. 이에 따라 다른 두 가지 경우는 이 글에서 다루고 있지 않으나, 떠올릴 수 있는 경우를 들자면, 두번째 경우는 근대 시민혁명에도 불구하고 19세기 들어서도 시민의 범위에서 배제되어있던 노동자 계급 등의 지속적인 시민권 요구에 대응하여 점차적으로 참정권을 부여하면서 보통선거제를 도입했던 것에서 찾아볼 수 있다.[39] 세번째 경우는 역시 19세기 참

39 이에 대해서는 김동택, 「19세기 서구 민주주의」, 민주화운동기념사업회 편, 『민주주의 강의1 : 역사』(서울 : 민주화운동기념사회, 2007)과 김수진, 『민주주의와 계급

정권 확대의 선상에서, 영국의 보수당과 자유당의 경쟁이 치열해진 가운데, 노동자 계급의 지지를 노리고 참정권을 확대한 1867년의 제2차 선거법 개정을 들 수 있을 것이다.[40]

우선 영국혁명의 경우를 살펴보자. 먼저 청교도 혁명은 의회와의 약속(권리장전)을 지키지 않고 독단적으로 징세하고 저항분자들을 탄압함으로써 찰스 1세의 절대왕정의 정당성이 취약해진 상태에서 발생했다.

찰스 1세는 1640년 장로교도들의 반란이 일자, 이를 진압하기 위한 자금이 필요해지자 의회를 소집했다. 하지만 의회는 이를 거절하였다. 찰스 1세는 이에 의회를 해산했지만 전황이 여의치않자 다시 의회를 소집하는 등 혼란에 빠져든 양상을 보였다. 이를 틈타 의회는 왕의 소집 없이도 3년에 한 번은 의회를 소집할 수 있는 3년 개회법을 통과시켰으며, 왕의 측근을 반역죄로 처형하고 왕의 과오를 일일이 열거한 대간주를 공포하면서 저항의 강도를 높였다. 이에 찰스 1세는 친위군대를 파견하여 주모자 체포를 시도하면서 강경대응하였다. 하지만 결국 이 사건을 계기로 1642년부터 1646년까지 왕당군과 의회군 사이에 내전이 벌어졌다. 내전은 크롬웰이 이끄는 의회군의 승리로 끝났다. 찰스 1세는 스코틀랜드 군과 조약을 맺고 복귀를 노렸으나 다시금

정치: 서유럽 정치와 정치경제의 역사적 전개』(서울: 백산서당, 2001), 56-64 참조.

40 이에 대해서는 김상수, 『보수와 진보: 이념을 넘어선 영국의 현실 정치』(서울: 책세상, 2008), 25-33 참조.

크롬웰에게 패배하고 결국 반역죄를 선고받고 처형당했다. 이 결과로 영국에는 절대군주정이 중단되고 공화정이 수립되었다. 하지만 공화정은 크롬웰을 추종하는 종교인이나 군인들로 구성된 새 의회를 발족시키는 등 실질적으로는 크롬웰이 이끄는 군사독재에 불과했다. 더군다나 네덜란드와의 전쟁과 청교도파의 분열과 흉년, 전염병의 유행에 따른 사회불안, 또 아일랜드와 스코틀랜드와의 전쟁을 치르면서 군사독재는 더욱 강화되었다. 이는 공화정에 대한 회의로 이어지고, 크롬웰의 사망 이후 왕정이 복구되는 이유가 되었다.

명예혁명 역시 종교문제를 둘러싼 왕의 억압적 통치로 인해 정당성이 취약해진 상태에서 일어났다. 찰스 2세는 왕권강화를 추진하고 그 과정에서 반란이 일어날 것을 우려해 프랑스의 군사지원을 받기로 하면서 카톨릭 개종을 약속함에 따라 다시금 정당성의 위기에 처하게 된다. 그럼에도 불구하고 찰스 2세의 뒤를 이은 제임스 2세는 신앙을 개인적 문제로 국한시키고 국교회의 특권을 유지한다고 했던 애초의 약속을 어기고 카톨릭 부흥정책을 표면화했다. 그리고 이에 대한 저항을 무력으로 제압하고 국교회 주교들을 불법으로 체포하는 식으로 대응했다. 이에 따라 제임스 2세를 지지했던 토리당마저 휘그당과 연합전선을 구축해 메리와 오렌지공 윌리엄 3세를 새로운 공동의 왕으로 추대하였다. 그리고 권리장전을 발표하고 입헌군주제-내각책임제를 수립하였다. 이 과정에서 영국에선 의회에 진출해있던 도시 상공시민과 젠트리층의 영향력이 확고해지고, 지주층의 주도로 농업자본주의가 진척되면서 부르주아 사회로의 전환이 이루어졌다.

미국 독립혁명 역시 영국혁명과 마찬가지였다. 식민지 지배권력의 정당성이 취약해짐에 따라 강화된 억압성 앞에서 대체권력의 수립에 대한 요구가 확산됨에 따라 발생한 것이다. 영국은 프랑스와의 7년 전쟁 후 북아메리카에서 프랑스의 식민지가 사라지자 더욱 강경한 식민지배정책을 구사하였다. 북아메리카의 서부지역을 직접 관할하기 위해 식민지인들이 인디언과 통상하는 것이나 서부로 이주하는 것을 금지하였다. 또 영국군의 식민지 주둔 경비의 부담을 강요했고, 본국의 재정난을 해결하기 위해 설탕세법과 인지세법 등 각종 관세를 실시하였다. 설탕세법은 외국산 설탕수입에 대해 고율관세를 엄격히 적용한 것이었는데, 이는 동부상인들에게 큰 타격을 주었다. 인지세법은 영국 정부가 북아메리카 식민지의 국가공문서와 팜플렛, 신문 등 각종 인쇄물에 수입인지를 붙이도록 의무화하는 법령이었는데, 이 역시 관련 업종 종사자들의 부담을 늘리는 것이었다. 이때 나온 것이 바로 "대표 없이 과세없다"는 유명한 구호이다. 그러나 영국은 이와 같은 식민지인들의 조세저항에 대해 1766년 선언법을 제정해 식민지인은 영국왕과 의회에 종속해 있는 백성이므로 영국에서 제정된 법령에 복종해야 함을 표방하고, 같은 해 통과된 타운젠트법에 기반해 메사추세츠 의회를 정지시키고, 식민지 방위를 위해 주둔하는 영국군 경비를 조달하기 위해 차, 종이, 페인트 납 등의 수입에 세금을 부과하였다. 이때문에 필라델피아, 뉴욕, 보스턴 등의 식민지인들이 강력히 반발하였다. 하지만 영국은 이를 무력을 사용해 강력히 진압했다. 이 과정에서 발생한 사건이 바로 1770년 3월 발생한 보스턴 학살 사건이다. 군대를 향해 눈덩이를 던진 군중에게 군대가 발포해 5명이 살해당한 것이다.

1773년에는 독립전쟁의 발단이 되는 보스턴 차 사건이 발생했다.

보스턴 차 사건은 영국정부가 파산 위기에 몰린 동인도회사를 지원하기 위해, 동인도회사가 재고 차를 식민지인에게 관세없이 독점 판매할 수 있도록 차조례를 제정한 것에서 비롯되었다. 차조례는 네덜란드산 차를 밀수해 판매수익을 올리는 식민지 상인들에게 큰 타격을 주는 것이었다. 결국 1773년 아메리카 인디언으로 가장한 시민들이 보스턴 항구에 정박한 동인도 선박에 침입, 불을 지르고 차를 바다에 버렸다. 영국 정부는 이에 대해 또 강경책으로 대응하였는데, 보스턴 항구를 폐쇄하고 메사추세츠주의 자치권을 아예 정지시켜버렸다. 이에 따라 식민지인들은 1774년 제1차 대륙회의를 열어 자신들의 권리를 선언하고 탄압조치 철회를 요구하는 등 보다 조직적인 저항의 태세를 갖추어 나갔다. 그럼에도 불구하고 영국 정부는 이를 무시했고, 결국 1775년 4월 보스턴 교외의 렉싱턴에서 영국군과 식민지 민병대 사이에 무력충돌이 일어나는 사건이 발생한다. 이때문에 식민지인들은 제2차 대륙회의를 열고 조지 워싱턴을 총사령관으로 하는 연합식민지군을 편성해 영국에 대한 본격적인 저항을 펼치면서 독립국가 건설을 향해 나아가게 된다. 이때 나온 유명한 말이 바로 패트릭 헨리의 "우리에게 자유가 아니면 죽음을 달라"이다. 토마스 페인이 『상식』을 출판해 군주제를 비판하고 독립노선을 촉진했던 것도 바로 이때이다. 이러한 과정에서 처음에는 영국에 우호적이었던 여론이 힘을 잃고 강경한 여론이 형성되었다. 이제 영국의 식민지인이 아닌 미국의 시민이 되기 위한 치열한 도정에 들어서게 된 것이었다.

프랑스 혁명 역시 앞의 두 혁명과 마찬가지였다. 위용을 자랑했으나 재정난에 시달리는 처지가 되어있던 절대왕정의 정당성이 취약해진 상태에서 발생했다. 절대왕정은 신분제적 차별에 시달리던 제3신분이 요구하는 사회개혁을 수용하지 않았으며, 경제위기로 생계를 위협받던 민중들을 살피지 않았다. 루이 14세 이래 각종 전쟁의 수행으로 깊어지기 시작한 재정난 때문에 루이 16세는 1789년 5월, 1614년 이래 한번도 소집하지 않았던 삼부회를 소집했다. 이것은 불만이 가득했던 제3신분이 자신들의 권리를 요구하는 계기를 제공하는 것이었다. 제3신분은 신분과 상관없이 모든 대표가 1표씩을 행사하는 개인투표제를 실시할 것, 성직자와 귀족의 면세특권을 폐지할 것, 명문헌법의 제정에 의한 자의적 체포를 금지할 것, 정당한 재판을 받을 권리를 보장할 것, 생명과 재산권을 보호할 것 등을 요구했다. 하지만 루이 16세가 이를 수용할 의사가 없어 보이자, 국민의회를 구성했다. 루이 16세는 국민의회가 헌법 제정을 시도하자 이를 무력으로 진압하고자 했다. 또 시민들의 신임을 받고 있던 재무장관 네케르를 해임했다. 이런 상황에서 파리 시민들이 봉기하여 바스티유 감옥을 함락하고, 의회의 승인 속에 파리자치정부를 실시하고 국민군까지 편성하면서 대체권력체제를 수립했던 것이다.

참고문헌

게이, 피터. 주명철 역. 1998. 『계몽주의의 기원』. 서울 : 민음사.

고원. 2007. 「시민혁명과 근대 민주주의 탄생」 민주화운동기념사업회 편. 『민주주의 강의1 : 역사』. 서울 : 민주화운동기념사회.

김동택. 2007. 「19세기 서구 민주주의」. 민주화운동기념사업회 편. 『민주주의 강의1 : 역사』. 서울 : 민주화운동기념사회.

김상수. 2008. 『보수와 진보 : 이념을 넘어선 영국의 현실 정치』. 서울 : 책세상.

김수진. 2001. 『민주주의와 계급정치 : 서유럽 정치와 정치경제의 역사적 전개』. 서울 : 백산서당.

김영식. 2001. 『과학혁명』. 서울 : 아르케.

노명식. 1991. 『프랑스 혁명에서 빠리 꼼뮨까지』. 서울 : 까치.

뉴트, 에릭. 이민용 역. 2006. 『과학의 역사』. 서울 : 이끌리오.

다운즈, 앤터니. 전인권·안도경 공역. 1997. 『민주주의 경제학 이론』. 파주 : 나남.

로크, 존. 강정인·문지영 공역. 1996. 『통치론』. 서울 : 까치.

마르크스, 칼. 강신준 역. 2012. 『자본 I-2』. 서울 : 도서출판 길.

문지영. 2009. 『자유』. 서울 : 책세상.

발리바르, 에티엔. 진태원 역. 2011. 『정치체에 대한 권리』. 서울 : 후마니타스.

사르토리, G. 이행 역. 1989. 『민주주의 이론의 재조명 I』. 고양 : 인간사랑.

선우현. 2012. 『평등』. 서울 : 책세상.

시에예스. E. J. 박인수 역. 『제3신분이란 무엇인가』. 서울 : 책세상.

신진욱. 2008. 『시민』. 서울 : 책세상.

윌리엄스, 레이먼드. 김성기·유리 공역. 2010. 『키워드』. 서울 : 민음사.

최현. 2008. 『인권』. 서울 : 책세상.

페인, 토마스. 박홍규 역. 2004. 『상식, 인권』. 서울 : 필맥.

하먼, 크리스. 천경록 역. 2004. 『민중의 세계사』. 서울 : 책갈피.

헌트, 린. 전진성 역. 2009. 『인권의 발명』. 파주 : 돌베게.

홉스봄, 에릭. 정도영 역. 1999. 『자본의 시대』. 파주 : 한길사.

Burtt, S. 1990. "The good citizen's psyche:On the psychology of civic virtue." *Polity* 23(1): 23-38.

Dahl, R. A. 1982. *Dilemmas of Pluralist democracy : Autonomy vs. Control*. New Haven, CT: Yale University Press.

Key, V. O. 1964. *Politics, Parties & Pressure Group*. New York : Thomas Y. Crowell Company.

Shills, E. 1997. *The Virtue of civility : Selected essays on liberalism, tradition, and civil society*. Indianapolis, IN : Liberty Fund.

Tarrow, Sidney. 1994. *Power in Movement : Social Movement, Collective Action, and Politics*. Cambridge, NY : Cambridge University Press.

8장
시민의식과 교육

정재원

1. 시민성과 교육

라틴어의 civitas에서 유래하는 시민성(citizenship)은 국가나 공동체를 구성하는 개인이나 제도가 구성원으로서 수행해야 하는 기능적 역할이라는 뜻으로 사용되었다. 즉, 공동체의 구성원으로서 지녀야 할 책임, 공동목적, 공동체 의식 등의 의미를 담고 있었던 것이다. 공동체의 성원 자격과 자질에 관한 규정은 시대와 장소에 따라 다르며 사회적 맥락에 의존한다. 즉, 시민성에 대한 정의는 역사적·맥락적·구성적이다.

어느 사회에서나 그 사회의 정식 구성원이 될 자격이 무엇인지를 둘러싼 논의가 있어 왔으며, 그 기준에 맞는 시민을 기르기 위한 교육은 명시적 혹은 암묵적으로 실시되어 왔다. 그 사회가 지향하는 삶의 방식과 윤리는 시민교육의 지향과 범위에 영향을 끼친다. 고대 도시국가로부터 현대에 이르기까지 시민의 의미와 범위 그리고 이에 따르는 권리와 책임의 내용은 매우 상이하다. 그러나 18세기 말 시민혁명을 통해서 시민과 시민권, 시민성은 과거와 확연히 구별되고 대칭되는 의미를 획득하였다. 시민은 특권적인 신분에서 평등을 상징하는 말이 되었으며, 복종의 주체가 아닌 능동적인 정치 주체로서 표상되었다. 좋은 시민에 대한 이해를 어떻게 하는가에 따라서 시민교육의 지향점과 방법은 달라졌다.

1) 공동체에 헌신하는 시민과 교육

> "한 국가의 시민들은 항상 국가의 정체에 적합하도록 교육받아야 한다"[1]

시민권 혹은 시민자격에 대한 논의는 고대 그리스와 로마에서 시작되었다. 당시 그들이 이해한 시민은 폴리스의 특성과 연결되었다. 폴리스는 고대 그리스의 정치공동체로서 능동적이고 윤리적인 시민상의 원형을 구축하였다. 아리스토텔레스에 의하면 폴리스는 '완전한 결

---

1 Aristole, 1948, 1337aⅡ.

사체'이며 최고의 선은 폴리스에서만 실현된다. 따라서 폴리스의 성원인 시민만이 그 생활에 참여함으로써 완전한 선을 달성할 수 있다. 그에 따르면 "폴리스에 참여하지 않는 것은 동물 아니면 신"이기 때문에 인간은 곧 폴리스의 시민을 의미한다. 폴리스의 시민만이 인간이라는 점은 '정치적 동물'로서 인간을 규정하는 것을 의미한다. 정치적 인간이란 공동체의 일에 적극적으로 참여하고 헌신하는 존재이다. 공동체에 무관심한 것은 온전한 인간으로서의 결격을 의미하며 공동체에 참여하는 동안에만 인간은 온전한 인간으로서 살아가는 것이다. 따라서 폴리스의 시민에게 요구되는 우선적인 자질은 바로 공동선을 향해 윤리적 책임을 실천하는 태도이다. 이와 함께 시민성의 중요한 요소는 바로 시민들 간의 유대이다. 시민들은 서로 알고 가치를 공유하며 공통의 이익을 지닌다는 전제는 공동체의 선을 위해 조화롭게 분쟁을 해결하고, 공동의 정책을 채택하는 합의에 이를 수 있는 조건이다. 이러한 상호적 인정과 공동의 헌신으로서 시민들 간의 유대는 내부의 조화를 위해서뿐만 아니라 외부의 적과 싸울 필요에 의해 극대화되는데 공동체를 위해 죽음도 불사하는 전사로서 시민의 이상이 그 전형이라고 할 수 있다.[2]

정치적 존재로서 공동체에 참여하고 시민들 간의 가치를 공유하고 공통의 이익을 위해 죽음도 불사하는 시민의 이상을 위해서 그리스 시대의 시민교육은 폴리스 공동체에 대한 헌신과 공공업무 및 공

---

2 정인경, 「시민권과 페미니즘」, 경희대학교 후마니타스 칼리지 출판부 편, 『제2의 탄생』(서울: 경희대학교 출판부, 2010).

동선에 대한 개인생활의 복종이라는 원칙을 준수할 수 있는 것이 요구되었다. 폴리스는 다수의 총합이기 때문에 그리스에서 시민교육은 다수의 총합이 공동체가 되게 하고 또 그 공동체에 통일성을 부여하는 수단이다. 국가의 결속과 안정에 기여하는 것이 시민의 책임이며, 따라서 시민은 이러한 기여를 하는 방법을 배워야 한다. 시민으로서의 덕성이 고전적 시민권 개념의 핵심이다. 덕성이란 자신의 의무를 수행하는 것을 의미하였다. 이러한 의무를 배우는 것에는 시민에게 기대되는 활동이 어떤 것인지를 이해하는 일과 그러한 활동을 효율적으로 이행하는 데 필요한 기능들을 연마 하는 일 모두를 포함하였다. 예비시민들에게 그들의 사회적, 법적, 정치적 권리를 가르치는 것은 바로 결속과 의무를 위한 교육이 되었다. 그리스 시민의 주요 기능 중 하나가 자신의 폴리스를 위해 싸우는 것이었기 때문에 시민교육은 일차적으로 중장보병에게 요구되는 기능을 연마하고 용맹하게 싸우려는 의지를 함양 하는 것을 의미하였다.

고대 초기의 시민교육은 그리스와 로마 모두 가족이나 사적 조직에 의해 제공되었으며, 소피스트들이나 플라톤, 아리스토텔레스 등은 사적으로 가르치는 대표적인 사람들이었다. 이들은 한정된 제자들에게 교육을 제공하였으며 이러한 방식의 교육에 비용을 댈 수 있는 부유한 부모를 둔 지적인 능력이 있는 젊은이들이 그들의 제자가 되었다. 도시국가 사회의 엘리트를 위해 고안된 공식적인 시민교육의 사례는 바로 스파르타의 아고게이다. 스파르타의 청소년 훈육은 매우 특별한 경우로서 국가의 필요에 부응하도록 시민을 양성하기 위한 시민교육이었다. 스파르타의 헤게모니를 부과하고 유지하는 과업을 수행하기 위해 스파르타 시민들은 엄격한 훈련을 견뎌내야 했다. 따라서 스파르타 시민계급의 교육, 즉 시민교육은 기원전 6세기 중엽부터 신체적 건강, 군사기술, 철저한 단결, 동료시민들에 대한 충성, 무조건적인 복종 그리고 무엇보다도 폴리스에 대한 전적인 헌신을 계발하는 과정이 되었다. 아고게 과정은 이 체제의 핵심을 이루는 준비과정으로 엄격하고 가혹한 훈련이었다. 스파르타 시민계급의 청소년들이 아고게에서 지내는 13년동안 받았던 매우 엄격한 교육은 곧 매우 엄격한 형태의 시민권을 위해 고안된 것이었다.[3] 당시 시민교육은 일차적으로 도시국가 사회의 엘리트를 위해 고안된 것이었으며 신분과 특권에 기반한 교육이었다.

고대의 시민들은 생산과 생계유지를 위한 일상의 노동에서 자유로운 신분의 자유민이었으며, 이들은 경제적인 고민에서 벗어나 공적인 무대에서 자신을 적극적으로 드러내고 공동선에 헌신할 수 있는 존재였다. 시민교육은 남성 시민이 자유민으로서 공동체에서 말과 행위를 통해서 자신을 표현하고 공동체에 능동적으로 참여할 수 있도록 설계되었다. 시민의 범위가 매우 특권적이라는 점에서 근현대의 보편적 시민권의 이상과 배치됨에도 불구하고 공동체 구성원으로서 가져야 할 시민적 덕목에 초점을 맞춘 고대의 시민교육은 능동적이고 윤리적인 시민성의 원형을 형성하였다. 즉, 좋은 시민이란 적극적으로 정치생활에 참여하며 민주주의를 구현하여 공적 삶의 가능성을 열어가

3　히터 데릭, 김해성 역, 『시민교육의 역사』(서울 : 한울, 2007).

는 시민을 의미하며, 공동선을 향한 윤리적 책임을 실천하는 과정에서 형성된다.

2) 개인의 탄생과 교육

> ... 순수하게 시민적인 신념이 풍부하게 있으며 그 항목을 정하는 것은 주권자(즉 시민)가 할 일이다. 이 신념은 종교적 독단으로서가 아니라 사회성(sociability)의 감정으로, 이것이 없이는 좋은 시민도 충성스러운 신민도 될 수 없다.[4]

고대 그리스의 아테네로부터 중세 시대에 이르기까지 시민의 출현은 자신이 자유롭고 평등한 권리를 갖고 정치 공동체를 만들어 가는데 함께 참여한다는 이념을 탄생시켰다. 하지만 이러한 역사적 과정에서 탄생한 시민은 노예와 상인, 그리고 여성 등을 배제하는 특권적 개인을 대상으로 하는 것으로 그 한계가 분명했다. 이후 유럽 사회는 프랑스 혁명을 전후로 큰 변화를 맞이하게 되는데 부르조아를 중심으로 그동안 배제되었던 사회 집단에게 시민의 지위를 부여하면서 시민의 개념은 특정 계층이 아닌 '인간' 일반으로 보편화하게 된다. 주권은 이제 모든 권력의 원천인 인민에 속하는 것으로 천명되었다.[5] 루소의 『사회계약설』에서 시민들의 집합이 인민을 구성하며 사회계약에 의거

---

4 루소, 『사회계약론』(1968).

5 우대식, 『대화공중의 형성과 시민성』, 경희대학교 석사학위논문(2013): 23.

하여 정치체제를 만들고 그렇게 함으로써 주권이 곧 인민에게 속한다는 것을 보여준다는 주장을 설득력 있게 개진했다. 이러한 근대적 시민의 탄생은 구시대적 권위로부터 자유롭고 독립적인 개인의 출현을 전제로 한다. 이들 개인은 그 이전의 전통적 군주와 종교의 권위를 부정했으며 개인의 자유와 이성을 배경으로 개인들의 능력에 따라 부가 분배되는 사회를 지향했다.

'개인'은 보편적인 인민주권의 원리에 기반하여 자유와 평등을 지향하는 새로운 사회를 구성하는 과정에서 탄생했다. 근대 이전 인간은 그가 속한 집단에 의해서 정체성을 부여받았다. 공동체와 종교, 가족 등의 집단에 의해 인간 정체성이 안정적으로 보장되며, 인간의 내재적이고 개인 특수적인 욕구와 필요와 가치에 바탕을 두고 형성되는 자율성과 독립성은 박탈되었다. 개인의 탄생은 새로운 시민성을 구성하였다. 개인성의 계발은 사회진보의 핵심 전제이며, 이상적인 시민은 계몽(enlightenment)을 추구하는 존재였다. 인간이 자기 자신의 이해에 의존하고 이를 활용할 수 있는 독립적인 정신과 용기를 계발하는 것이 바로 계몽이다. 계몽은 인간이 사회와 전통의 압력으로부터 벗어남으로써 자율적이고 독립적인 인격으로서의 '개인성(individuality)'을 획득하는 과정이다. 이러한 과정의 실현을 위해서 요청되는 요건은 오직 인간 자신의 '이성'을 활용하고 실천할 수 있는 '자유' 단 한가지일 뿐이다.[6] 이러한 맥락에서 좋은 시민이란 스스로 생각하고 자신의 의견을 자발적으로 형성할 수 있는 주체적 자유와 그 자유에 바탕을 두고 형성되는 자율적 의견에 기초하여 독립적으로 행동하여야 할 의무를 지닌 자이다. 좋은 시민이 되기 위해서 개인은 타인의 의견에 대해서

반추하고 비교하며 비판할 수 있는 성찰적 능력을 보유하고 활용해야 한다. 이를 위해서는 이성과 지적 능력으로 무장할 수 있는 교육이 요청되었다.

보편적 교육의 확대 문제는 현실적이고도 시급한 문제가 되었는데 그 이유는 바로 시민대중의 성장과 관련하여 유권자의 무지는 큰 걸림돌이 되었다. 많은 나라에서 정치적인 이해력은 접어두고도 읽기, 쓰기도 못하는 낮은 수준이 문제가 되어왔다. 서구 민주주의 국가들의 경우에는 선거권이 점차 확대되면서 이 문제가 점점 더 중요한 관심사가 되었다. 교육받지 못한 사람들에게 선거권을 부여하는 것이 현명한 일인가를 둘러싸고 좌파와 우파의 정치적 대립이 이어졌다. 좌파는 시민적 권리가 다른 어떤 요인에 근거한 조건적인 것이어서는 안 된다고 주장했다. 그들은 가장 낮은 계층 그리고 가장 무지한 사람들도 어떤 정책이 자기들의 최상의 이익에 부합하는지 평가할 능력이 있으며, 정말 양심적으로 투표하는 데 필요한 것은 기본적인 지성과 시민적 덕성이 전부라고 주장했다. 반면 우파들은 정부를 선택하는 중요한 의무를 교육받지 못한 사람들에게 맡기는 것은 어이없는 일로 여겨져 왔다. 선거권을 둘러싼 논쟁에도 불구하고 시민권은 읽고 쓸 줄 아는 능력과 밀접한 관계에 있다. 프랑스의 경우 1830년대 징병 대상자 중 문맹자의 비율이 50%를 넘었다. 19세기 말에 이르러 이 수치는 대략 5%로 줄어 들었는데 이렇게 상황이 개선된 것은 초등학교와 교

---

6 박승관, 「숙의 민주주의와 시민성의 의미」, 『한국언론학보』 제45권 1호 (2000): 167.

사의 숫자가 꾸준히 증가한 덕분이었다. 1833년에 법률에 의해 공립초등학교와 교사양성기관이 설립되었다. 1890년대에는 무상의무교육 법안이 통과되면서 초등학생의 숫자는 급증하게 되었다. 참정권 자격이 확대되면서 보통학교가 동일적인 시민들을 길러내는 핵심기관이 되어야 했다. 미국의 경우 참정권에 대한 재산상의 자격요건이 폐지되면서 1840년의 대통령 선거에서 1824년 선거 때보다 7배나 많은 시민이 투표에 참가하였다. 전통적으로 재산소유 정도가 시민으로서의 완전한 권리 행사에 해당하는 지표가 되었던 관행이 폐지되면서 이를 대체할 수 있는 것은 바로 교육이었다.[7]

신분과 특권에 기반한 교육이 아닌 보편적 교육의 문제는 보편적 개인의 권리라는 관념에 기초한다. 인간은 이성적 존재로서 자연적 자유를 향유하며 권리 면에서 평등한 개인이라는 관념이다. 개인의 소유(property)는 자연권으로서 생명, 자유, 재산을 총칭하며 모든 공동체는 이러한 소유를 보장한다는 목적과 기능에 의해 정당화된다. 이에 따라 시민성은 의무보다는 권리의 문제로 간주되었다. 시민들은 정치에 참여할 권리가 있으며, 공적 관여보다 사적 헌신을 우위에 둘 권리를 갖게 되었다. 교육은 시민의 합리적 선택능력을 존중하고 시민의 사적 권리와 자율성을 확보할 수 있도록 제도화되었다. 특히 19세기 시장경제의 발달로 개인의 이성에 따른 합리적 판단은 시민성의 핵심 요소로 이해되었다.

---

7 히터 데릭, 『시민교육의 역사』.

3) 시민의 탄생과 교육

> 민주주의는 특정한 통치 형태 이상을 의미하는 말로서 함께 하는 삶의 양식, 타인과의 유기적인 의사소통의 경험을 뜻한다.[8]

시민혁명을 통해서 획득된 보편적 인민주권의 원리는 양도 불가능한 불가침의 원리인 자연권 사상에 기반한다. 그러나 보편적 평등과 자유는 사회적 관계와 분리된 추상적인 원자적 개인을 가정함으로써 '개인'의 탄생은 '시민'의 탄생을 동반하지 못했다. 시민은 자동적으로 그 지위가 주어지는 존재가 아니다. 시민은 역사적 과정에서 발현되는 시민성에 의해 만들어지는 주체이다. 시민은 공동체의 성원으로서 요구되는 지위이며, 공동체의 발전에 적극적으로 참여하는 과정을 통해서 형성된다. 시민으로 탄생한다는 것은 공동체의 성원임을 자각하는 것이며 시민적 덕성(civic virtue)을 갖추고자 노력하는 것을 의미한다.

Dahl(1989, 27)은 시민적 덕성을 "공공선에 대한 헌신" 또는 "관련 집단의 총체적 이익을 추구하는 자각적 의도"로 정의하였다.[9] Burtt(1990, 35-36) 역시 시민적 덕성을 "정치적 행동과 숙의 과정에서 사적 욕망에 반하여 공적 목표에 우선성을 부여하는 성향으로 정의한 바 있다. 이러한 설명을 종합하면, 시민성이라 함은, 공공선(the com-

---

8 존 듀이, 이홍우 역, 『민주주의와 교육』(서울 : 교육과학사, 2007).

9 Robert A. Dahl, *Democracy and Its Critics*(New Haven : Yale University Press, 1989), 27.

mon good)과 보다 포용적인 집단성의 획득을 도모하기 위하여 자기 자신의 이익을 희생하려는 자발적 태도를 의미한다고 정리할 수 있다. 시민적 덕성은 이웃들의 필요에 대한 공감의 능력이며 공동체적 목적의 실현을 위한 자발적 봉사의 의지로 정의될 수 있다.[10]

'개인'의 탄생을 넘어서 '시민'의 탄생이 절실히 요구되는 것은 근대화 과정에서 남긴 권위주의와 국가권력의 비민주성에 대한 반성과 함께 시장경제의 원칙과 경쟁의 논리가 공동체를 위협한다는 위기의식에서 촉발되고 있다.

20세기 후반 이후 지금까지 서구사회에서는 시민교육에 대한 새로운 조망을 하고 있다. 서구사회에서 시민교육에 대한 관심이 증대되게 된 배경에는 탈근대 시대로 전환되면서 각 집단과 계층들의 보다 다양한 선호와 이해관계, 의견들이 표출되기 시작하였으며, 정보화 사회로 진입함에 따라 국가는 정책결정과정에서 독점적인 지위를 유지하는 것이 불가능해지고 시민사회의 적극적인 참여를 필요로 하게 되었다. 참여민주주의에 대한 사회적 열망과 기대가 커지면서 시민 개개인의 민주적 역량은 절차적 민주주의를 넘어서 실체적 민주주의를 구현하는 매우 중요한 조건이 되고 있다.

이러한 인식에 기반하여 유럽평의회는 1997년부터 2000년까지 시민교육 프로젝트를 진행하였으며, 2005년을 시민교육의 해로 선정함으로서 유럽차원에서 미래사회에 대한 가치를 공유하기 위한 시민

---

10 박승관, 「숙의 민주주의와 시민성의 의미」, 170.

교육의 중요성을 강조하고 있다.[11] 복지국가의 위기와 경제적 세계화, 배타적 정체성 등 불확실성을 촉발시키는 변화들은 자연스럽게 시민교육의 필요성을 인식하게 되는 계기가 되었다. 전환의 시기에 사회적 갈등과 배제의 문제를 해소하고 사회적 통합을 이룰 수 있는 교육에 대한 요구는 교육과 시민권, 민주주의의 관계에 대한 새로운 관계의 정립에 대한 논의로 이어지고 있다.

2. 민주주의, 교육 그리고 시민주체의 형성

시민성에 대한 새로운 조망과 시민교육의 필요성에 대한 요구는 바로 민주주의의 위기라는 진단에서 비롯되고 있다. 신자유주의적 세계화로 인한 그 폐해는 제도로서의 민주주의를 넘어서 참여 민주주의를 절실히 요청하게 되었다. 다원화된 사회에서 어떻게 소통할 것이며 사회갈등에 어떻게 대처할 것인가는 대부분의 사회에서 주요한 화두가 되고 있다. 시민들의 의식과 참여는 이러한 사회적 과제를 해결하고 민주주의를 발전시키는 핵심역량이다. 이 시대에 요구되는 시민성은 무엇이며, 교육은 무엇을 지향해야 하며, 교육은 민주주의와 어떠한 관계를 맺는가?

11 EDC, *EDC Annual Report*(2008).

존 듀이(John Dewey, 1859-1952)의 저서들은 이러한 문제들과 관련하여 많은 통찰을 제시해주고 있다. 듀이는 교육을 민주주의의 산파로 이해하고 교육의 내용과 방향에 대해 고민했던 철학자였다. 20세기 전반기의 산업사회의 폐해에 대해 비판하면서 민주적인 생활 방식의 확산과 그것을 위한 교육의 역할과 방향성에 대해서 논하였다. 듀이의 관점에서 이해한 민주주의와 교육의 상호관계는 무엇이며, 시민주체의 형성과 민주공동체는 어떻게 재구성될 수 있는가?

1) 민주주의와 교육의 상호관계

시민교육의 역사에서 듀이는 매우 중요한 인물이다. 그는 20세기 초반 미국에서 가장 영향력 있는 철학자이며 진보주의적 교육의 선두자였다. 그는 민주주의란 결코 단순히 제도의 문제가 아니라고 굳게 믿었다. 민주주의는 특정 정치형태나 통치방식 이상을 의미하는 말로써, 보다 근본적으로는 공동생활의 형식이요 경험을 전달하고 공유하는 일종의 삶의 방식(a way of life)으로 보았다. 듀이에게 민주주의는 다수에 의해 선출된 정부가 특정한 결정을 수행하는 정치제도가 아니라 "모든 시민이 다른 시민에 대한 상호 배려를 하는 성향을 갖게 하고 거대한 통합 안에서 각 시민의 능력과 다양성을 반영할 수 있는 구조를 건설" 하는 것을 의미한다. 따라서 듀이에게 민주주의는 다수결의 문제이거나 정의와 권리의 문제가 아니라 시민들이 지적인 행동을 할 수 있도록 교육시키는 문제이며, 커뮤니케이션과 토의를 촉진시키는 문제이다. 즉, 민주주의는 단순한 제도의 문제가 아니라 자유로운 탐구와 토론이 가능할 수 있는 공중과 시민의식을 육성하는 문제이다. 변화는 교육을 통하여 구성원의 의식을 새롭게 하고 민주주의적 소통을 이룩해 낼 때에만 가능하다.

> 교육은 사회적 과정이요, 또 사회는 종류가 다양하기 때문에 교육을 비판하거나 건설하는 기준에는 그 '특정한' 사회의 이상이 무엇인가가 반드시 문제된다. 한 사회생활의 형태가 어느 정도의 가치를 지니고 있는가를 측정하는 두 가지 기준은, 첫째로, 한 집단의 관심 또는 이해가 그 구성원들에게 어느 정도로 공유되는가 하는 것과 둘째로, 그 집단이 다른 집단들과 어느 정도로 풍부하고 자유롭게 상호작용을 하는가 하는 것이다. 다시 말하면, 한 사회가 대내적으로나 대외적으로 자유로운 상호작용과 경험의 자유로운 교류를 차단하고 있다면, 그것은 바람직하지 않은 사회이다.[12]

듀이에 따르면 바람직한 사회는 자유로운 상호작용과 경험의 자유로운 교류가 가능한 사회이다. 민주주의는 바로 이러한 사회적 이상을 추구하는 삶의 방식이라는 점에서 민주주의는 모든 시민들에게 생각할 능력을 요구한다. 듀이는 『민주주의와 교육』에서 제대로 이해된 진보주의 교육과 민주주의는 서로 얽혀 있는 불가분의 관계에 있다는

12 존 듀이, 이홍우 역, 『민주주의와 교육』, 170.

논지를 피력하였다. 듀이에게 진보주의 교육방법은 민주적 목적을 위해 사회재건에 참여할 지성을 지닌 자유인을 길러내기 위한 것이었다. 민주주의는 생각할 능력을 요구하며 학교는 이런 능력 그리고 사회적 목적에 대한 인식능력을 계발해야 하는 기관으로 요청된다. 즉 학교의 목적은 일차적으로 안정과 조화가 아니라 민주주의를 위한 재건에 있다. 즉, 민주적인 사회에는 개인들로 하여금 사회적 관계와 지배에 개인적 관심을 가질 수 있게 하며, 또한 혼란을 초래하지 않고서도 사회변화를 확보할 수 있는 마음가짐을 지니게 하는 교육방식이 반드시 있어야 한다.

민주주의 재건과 관련하여 교육체계가 해서는 안될 것은 바로 협소한 실용적 목적, 전문지식계층의 전통과 관련된 교육에 집중하는 것이다. 이러한 교육으로는 민주주의가 번성할 수 없다. 초등교육의 핵심을 읽기, 쓰기, 산수를 기계적으로 다루는 데 있다는 생각은 민주주의의 이상에 필요한 핵심이 무엇인지 모르는 무지에 근거한 것이라고 비판하였다. 그렇다면 교육체계가 지향해야 하는 것은 무엇인가? 그것은 바로 듀이가 말하는 '시민적 효율성' 혹은 '좋은 시민 자질'을 함양하는 일이다. 시민적 효율성은 사람과 사람과의 관계와 관련되는 그런 것들이라고 강조한다. 또한 노동계층이 계속해서 종속적인 상황에 놓이지 않도록 완벽한 교육이 제공되어야 하며, 그런 교육의 교육과정에는 "미래의 노동자가 당대의 문제들과 다양한 개선책을 접할 수 있도록 경제와 시민론 그리고 정치 공부"가 포함되어야 한다고 제안하였다.

듀이는 도덕교육의 방향과 관련하여 "아시아에 어떤 산들이 있는지를 알려주듯이 정보를 제공하는 것으로는 성격에 아무런 영향도 주지 못하는" 도덕수업을 분명하게 거부하였다. 말하자면, 권위주의 체제하의 권위주의적 방법에서 벗어나야 한다는 것이다. 도덕성은 무언가를 위해 좋은 사람이 되려고 하는 삶을 통해 학습된다는 것이다.

2) 개인성, 시민성 그리고 민주적 공동체

듀이에 따르면 민주주의는 보편적 선거권, 다수결 원칙의 채택, 정기적 선거 등과 같은 제도적 정비로 성취될 수 있는 것이 아니었다. 민주주의는 성숙하고 단련된 민주적 공중(public) 간의 의사소통으로 연결된 위대한 공동체로의 전환 과정에서 재건된다. 위대한 공동체는 시민들이 효과적으로 행동할 수 있는 능력을 길러주고, 개인이 가진 특유한 역량을 공동생활 속에서 펼치는 공간이다.

듀이는 개인의 관계적 속성을 강조하는데 그 이유는 바로 인간의 본성 자체가 따로 동떨어진 개별적인 존재가 아니라 타인과의 내적 관계 속에서 실현된다고 보았기 때문이다. 듀이가 보았을 때 개인들은 인간 조건으로서의 타인과의 관계, 의존, 의무를 부정하는 자기 만족적이고 자기 확신적인 근대적 의미에서의 자기이익을 추구하는 개인들이 아니다. 듀이는 개인과 사회를 두 개의 독립된 영역으로 보는 이원론적 사고에 반대했다. 왜냐하면 사회는 단지 개인들로 구성되며, 그 개인은 언제나 사회적 의미에서의 개인이기 때문이다. 이러한 의미에서 보자면 개인성의 발달은 다른 사람들과의 협동적인 관계 속으로 들어가는 방법과 관련된 문제이다.[13] 인간의 존재조건 자체가 사회와 분리될 수 없기 때문에 공동체 내의 관계를 경영하는 개인의 역할 역시 중요해진다.

듀이는 개인성(individuality)을 현재의 조건 속에서 형성되고 또한 사회적 조건을 재형성하면서 내용을 획득하는 것이라고 생각했다. 듀이에 의하면 "개인이 되는 것"은 곧 자기실현을 통해 세상 밖으로 나아가는 과정이었다. 각 개인은 자신의 개인성을 발전시킴과 동시에 사회에 기여함으로써 타인의 개인성을 발전시킨다. 이와 같이 개인성이 개인의 역량의 결과물 이상으로 타인이 형성한 환경과 지속적 상호작용을 통해 나온 결과물이라는 점에서 개인성의 발현은 사회적 삶의 질이나 특성과 같은 관계를 맺는다.[14] 듀이에게 시민성은 개인성의 발달과 별개로 분리될 수 있는 것이 아니었다. 사회제도에 의해 영향을 받는 개인이 그 제도의 생성과 운영에 개입할 수 없다면 그것은 곧 각 개인의 개인성을 억압하는 교묘한 방법이다. 민주주의의 발전을 위한 개인의 참여는 개인성의 성숙을 위해 필수적이다. 개인의 자유와 개인성은 시민의 도덕적 품성과 시민적 품성을 계발하고 공익에 헌신하는 사회적 삶의 일부로서만 실현될 수 있다.

듀이가 꿈꾸었던 민주적 공동체는 개방적 토론과 소통이 가능한 사회이며, 공동의 이익에 대한 전망이 있는 사회이다. 그러나 그 전망은 청사진을 미리 갖는 영역이 아니라 자유로운 탐구와 토론을 전

---

13 김성훈, 「세계화 시대에 존 듀이 다시 읽기: 세계화, 민주주의, 그리고 교육」, 『교육철학』 제35집 (2006): 156-157.

14 김진희, 「자유주의, 사회적 실천, 사회적 지성」, 『미국사연구』 제32집 (2010): 151.

제로 하여 끊임없이 탐구되고 검토되는 영역이다. 사회변화에 대한 청사진을 미리 갖게 되면 선입견에 갇히게 되고 실험적이고 과학적인 접근의 가능성이 봉쇄될 것이라고 생각했다. 듀이가 민주주의를 제도의 문제가 아니라 시민의식을 육성하는 문제로 이해한 이유가 바로 여기에 있다. 토론과 소통을 통한 공중의 민주주의적 참여는 민주적 공동체가 운영되는 핵심원리인 것이다.

> 다음의 두가지 요소는 모두 민주주의의 의미를 지시한다. 첫째 요소는 사회 구성원이 공유하는 공동 관심사의 수가 많고 종류가 다양하다는 것뿐만 아니라, 상호 관심사의 인정을 사회통제의 방법으로서 더 중요시한다는 것을 의미한다. 둘째 요소는 여러 사회 집단 사이의 보다 자유로운 상호작용이 있다는 것뿐만 아니라, 사회적 습관이 변화한다는 것, 다시 말하여 다양한 상호작용으로 빚어지는 새로운 사태에 맞추어 끊임없이 적응한다는 것을 의미한다. 이 두가지 특성은 바로 민주적인 방식으로 조직·운영되는 사회의 특징이다.[15]

민주적인 사회는 집단들 간의 자유로운 상호작용이 가능하며 이러한 상호작용에 의해 만들어지는 새로운 환경에 적응할 수 있는 조건이 갖추어진 사회이다. 따라서 이러한 사회를 실현하기 위해서는 다

---

15 존 듀이, 『민주주의와 교육』, 154.

른 형태의 사회보다도 의도적이고 체계적인 교육이 요구될 수밖에 없다. 민주주의는 "공동생활의 형식이고, 경험을 전달하고 공유하는 방식"이기 때문에 각 개인들이 자신의 행동에 대해서 그 의미를 충분히 파악해야 하며 타인들과의 관계가 더욱 다양화 되어야 한다. 공동 관심의 범위가 확장되고 개인이 가지고 있는 다양한 능력들이 충분히 발휘되기 위해서는 개인의식의 각성이 증대되고 관심의 교류가 확장될 수 있도록 의도적이고 의식적인 노력이 요구된다.

듀이는 민주주의는 제도의 정비로 성취될 수 있는 것이 아니라 의사소통으로 연결된 공동생활의 회복 속에서 부흥될 수 있다고 믿었다. 그에게 민주주의란 미리 주어진 정답을 실현하는 것이 아니라 답이 없는 문제를 규정하고, 정교화해서 해결하는 과정이다. 이 과정에서 시민은 토론하고 판단하고 책임을 지는 주체이다. 시민이 토론하고 논의하는 조건을 개선하는 것은 바로 민주주의를 활성화하는 방법이다. 시민들이 효과적으로 행동할 수 있는 능력을 길러주는 새로운 공동체가 요구되는 것은 바로 "위대한 사회가 위대한 공동체로 전환될 때까지 대중은 영향력을 잃은 채 남게 될 것"이기 때문이다.

3. 외국의 시민교육 사례

공동체의 성원으로서 요구되는 지위를 지시하는 개념인 '시민'은 고대 도시국가로부터 현대에 이르기까지 사용되고 있다. 그러나 각 공동체마다 추구하는 시민상은 상이했으며 이에 조응하는 시민교육의 목적과 방향성 역시 달랐다. 그러나 프랑스 혁명을 기점으로 시민은 특권적인 신분을 상징하는 것이 아니라 자유와 평등을 상징하는 개념이 되었다. 혁명의 시기에 전제왕정으로부터의 해방을 이끌고 스스로를 권리의 주체로 가상하는 '시민'이 탄생하였다. 자유와 평등은 전제왕정으로부터의 해방과 보편적 권리를 요구하는 급진적이고 혁명적인 사상이었다. 1789년 프랑스혁명의 〈인간과 시민의 권리 선언〉은 "인간은 자유롭고 권리에서 평등하게 태어났으며", "모든 정치적 결사의 목적은 인간의 자연적이고 소멸할 수 없는 권리, 즉 자유, 소유, 안전, 압제에 대한 저항의 권리"임을 명시하였다. 더 나아가 "모든 주권은 본질적으로 국민에게 있다"고 천명함으로써 인민이 곧 주권자라는 사상을 선포하였다.

하지만 해방의 이념이자 사회변혁의 원동력이었던 자유와 평등 사상은 자본주의 발전과 함께 그 의미가 탈색되었다. 19세기 말 아동 노동은 계약의 자유와 사유재산에 대한 보호라는 근거로 허용되었다. 자유와 평등은 자본주의 체제를 유지하고 정당화하는 근거로 사용되었다. 급속한 산업화의 과정에서 개인주의는 더욱 심화되었으며, 시민으로서의 책임과 의무보다는 개인으로서의 권리와 자유가 중시되었다. 사회적 갈등의 증대, 폭력과 무질서의 증가 등 공동체를 위협하는 다양한 증후들이 세계 도처에서 나타나기 시작하였다. 시민교육은 이러한 문제에 대한 대안을 모색하는 과정에서 큰 관심을 받고 있다. 특히 90년대 이후부터 지금까지 유럽과 미국을 중심으로 시민교육은 제2의 부흥기를 맞이하고 있다. 시민교육을 오래전부터 실시해 오고 있는 프랑스와 영국, 미국, 독일의 경우 각 나라마다 지향하고 있는 시민교육의 가치와 목적은 다양하게 나타나고 있다.

1) 프랑스 : 비판적 시민을 육성하는 시민교육

프랑스의 시민교육은 프랑스 대혁명에 의해 근대국가가 탄생한 이후부터 현재까지 지속되고 있다. 혁명의 이상을 실현하고 국민적 통일성을 확보하기 위해서 19세기부터 학교교육에서 시민교육을 정규과목으로 시행하고 있다. 프랑스는 대혁명을 통해서 시민은 국가의 핵심적인 구성요소로 인정되며 시민의 권리를 보장받게 되었다. 특히 1789년 제정된 〈인간과 시민의 권리선언〉은 개인의 권리를 민주적 공동체에서 실현하고자 하는 의지를 천명하고 있다. 이러한 사상은 프랑스 교육정책에 그대로 반영되고 있다.

프랑스의 공교육은 평등주의적 기조를 유지하고 있다. 국가는 교육을 통하여 공화국이 지향하는 사회질서와 공화국의 시민을 길러내려고 한다. 공화국의 시민이란 스스로 사고하고 판단할 수 있는 시민이며, 국가가 현실적으로 인권을 보장하고 있는가의 여부를 비판하고 감시할 수 있는 시민이다. 법 앞에서의 평등과 함께 물질적인 생활에서의 공평성이 필요하다는 사회적 합의하에 교육의 공공성이 강조된다.

평등과 공공성을 중시하는 프랑스 교육정책의 기조 하에 시민교육은 시민이 가져야 할 가치와 도덕, 기본권과 비판정신이 강조되고 있다. 고등학교의 〈시민 법률 사회〉과의 목표는 "시민으로서의 삶에 필요한 지식과 기능을 습득하여 자유롭고 자율적이며, 지역사회에서 활동적으로 참가할 수 있는 시민, 또한 비판정신을 행사할 수 있는 시민을 기르는 것. 그리고 타자를 존중하고, 공생을 위한 시민도덕을 습득하는 것"이다.

이러한 목표에 따라 프랑스 시민교육은 초등학교에서는 법 교육을 중심으로, 중학교에서는 인권을 중심으로 시민교육의 내용이 구성된다. 시민교육과 관련된 기초적인 내용은 중학교 단계에서 끝나며 고등학교에서는 초중등과정에서 학습한 내용을 현실에 적용해보고 토론을 통해서 사회문제를 연구한다. 토론수업이 강조되는 시민교육은 사회문제에 대한 지식을 습득하는 것과 함께 비판적인 사고를 갖게 하려는 학습방법을 채택하고 있다.[16] 학교과정에서 민주주의의 기본원칙과 비판정신, 자기결정성과 자주성, 가치체계 확립을 위한 각종 활동을 장려하는 등 시민정신에 관한 구체적인 실습기회를 제공한다. 시범학교 1백여 개를 선정해 일상생활에서 부딪히는 구체적 사례를 통해 자주방어와 주권수호, 인종차별과 관용, 시민성과 민주주의에 대한 다양하고 깊이 있는 접근을 시도한다.[17]

---

16 송용구, 「프랑스의 학교 시민교육에 관한 연구」, 『시민교육연구』 제42권 2호 (2010).

17 신두철·허영식, 『민주시민교육의 정석』(서울: 오름, 2010), 117.

2) 독일 : 정치적 지식과 통찰력을 키우는 시민교육

독일은 국가가 주도하여 시민들이 정치적 지식과 통찰력을 갖출 수 있도록 시민교육을 실시하고 있다. 정치교육에 초점을 맞춘 시민교육은 제2차 세계대전 패전 이후 히틀러의 나찌즘을 극복하기 위한 새로운 자유민주주의 국가건설을 지향하는 과정에서 실시되었다. 전후 나치의 전체주의에 대한 역사적 비판의식을 고취하기 위한 다양한 정보를 제공하고, 시민들의 비판력 및 판단력을 제고하고 이를 토대로 시민들의 정치참여를 적극적으로 유도하고 있다. 정치교육의 핵심내용은 민주주의 규칙의 본질과 절차 그리고 비판력과 합의 자세, 역사적 결정과 발전의 인과관계, 과학기술 발전의 부정적 결과와 같은 미래문제, 타민족집단 혹은 타사회에 대한 그릇된 선입견 타파, 통일 이후 새로운 체제에 대한 동독주민의 올바른 적응을 위한 민주주의적 사고 및 행태, 통일의 완성을 위한 개방적 대화 등이다.

독일의 시민교육은 국가 차원의 제도교육에서 정규과목으로 배우게 되어 있으며, 학교 외의 성인교육분야에서도 국가적인 행정적 재정적 지원을 통해서 추진되고 있다. 학교 내 시민교육의 방향은 '보이텔스바흐 합의'를 기준으로 설정된다. 보이텔스바흐 합의는 독일 시민교육의 기본원리로서 세 가지 원칙을 표방한다. 즉, 교화 또는 주입식 교육 금지, 정치적 논쟁과 학문적 논쟁의 지속, 정치관심사의 관철과 해결 능력배양이다. 시민교육을 가르치는 사람은 자신이 원하는 생각에 따라 학생을 조정하면 학생들의 자주적인 판단능력을 저해한다는 것 그리고 학문과 정치에서 논쟁적인 것이 수업에 있어서도 논쟁적으로 나타나야 한다는 것, 학생들이 정치적 상황과 자신의 이익 또는 이해관계를 고려할 수 있어야 하며 이해관계에 따라 당면한 정치적 상황에 영향을 끼칠 수 있도록 해야 한다는 것이다. 학교 이외에도 취학 전 교육, 학교 외 청소년 교육 그리고 성인교육을 통해서 시민들이 정치적 판단과 분석 그리고 정치적 행위를 할 수 있는 능력을 키우고 있다.

3) 영국 : 사회통합을 추구하는 시민교육

영국은 프랑스에 비해 정부 주도의 시민교육이 매우 늦게 시행되었다. 프랑스는 프랑스 혁명을 통해서 이룬 정치적 이상을 회복하고 국민적 단합을 달성하려는 목적으로 정부가 주도적으로 시민교육을 시행한 반면 영국의 경우 국가는 학교교육에 거의 관여하지 않았다. 영국에서 시민교육에 대한 관심이 증대되기 시작한 시기는 1980년대 후반에 들어서면서이다. 영국이 다문화사회로 진입하면서 인종차별로 인한 폭동이 발생하였고, 청소년들의 정치에 대한 무관심이 증대되면서 시민교육의 필요성에 대한 사회적 인식이 확산되었다. 1997년 크릭 교수를 단장으로 한 시민교육자문위원회가 구성이 되었으며, 이 위원회에서 크릭 보고서(Crick report)가 제출되었다.

이 보고서는 2002년 시민교육이 국가교육과정 안에서 의무화되면서 영국 시민교육의 목적과 교육체계를 구성하는 나침반 역할을 하였다. 시민교육의 핵심적인 3가지 요소는 사회적 도덕적 책임성, 공동체 참여, 정치적 문해력이었다. 시민교육의 목표는 다양한 쟁점을 비판적으로 사고하고 토론하는 과정을 통해서 책임감 있는 시민을 길러내고, 자신의 삶에 영향을 주는 정치제도 및 법체계, 경제 제도 등에 대한 지식을 습득하여 적극적으로 실천할 수 있도록 하는 것이다. 이와 함께 시민교육에서 초점을 맞추고 있는 것은 학교와 지역 등 공동체에 적극적으로 참여하여 시민으로서의 책임감과 비판적 인지 기능을 갖도록 하는 것에 있다.

시민교육의 핵심요소 3가지는 2007년에 민주주의와 정의, 권리와 책임, 정체성과 다양성으로 수정되었다. 핵심요소가 수정된 배경에는 정치참여를 활성화하고, 사회적 권리와 책임을 강조하며 다문화사회에서 일어나고 있는 다양한 문제들을 보다 적극적으로 해결하고자 하는 영국사회의 의지를 반영하고 있다. 이 핵심요소는 시민교육의 커리큘럼을 구성하고 평가를 하는 주요한 기준이 된다. 시민교육은 중등교육과정에서 필수교과목으로 선정이 되어 운영되고 있는데, 시민교육은 그 자체로 하나의 독립적인 교과로서 운영이 되면서 동시에 다른 교과목 속에서 시민교육의 내용을 적극적으로 통합하고 있다. 이와 함께 시민교육을 통해서 학생들이 학교 밖의 공동체에 참여할 기회를 갖는 것은 시민교육 교육과정에서 필수적인 요소이다. 영국의 시민교육은 사회 다원화로 인한 차별과 배제의 문제를 극복하고 전 국민의 사회참여를 이끌어내고 통합을 이루어내려는 목적 하에 실시되고 있다.

4) 미국 : 미국식 민주주의 원리를 강조하는 시민교육

미국의 시민교육 역사는 유럽보다 훨씬 오래되었다. 왜냐하면 미국의 역사가 유럽 국가들과 달리 형성되어온 탓에 미국이 처음 정부를 수립할 때부터 민주주의 사상과 민주주의의 수호를 위한 국가형성을 주장해 왔기 때문이다. 특히 1865년 내전을 겪으면서 사회통합과 사회 안정을 위하여 미국 정부는 미국사회의 발전과 존속이 지식과 기술과 덕목을 갖춘 시민에게 절대적으로 달려있다고 내세우며 이미 이때부터 시민교육의 중요성을 강조하였다.[18] 하지만 건국 이후 민주주의 사회가 어느 정도 안착되고 세계대전을 겪으면서 시민교육은 배척되었다. 시민교육이 새롭게 주목받기 시작한 것은 1980년대 중반이후부터인데 그 이유는 고도산업사회로의 발전에 따라 집단 간의 갈등이 커지면서 사회통합의 위기가 발생하였으며 소비에트 연방의 붕괴로 새로운 계기를 맞이하였기 때문이다. 미국식 민주주의의 가치와 원칙에 대한 점검과 책임 있는 시민의 양성이 무엇보다도 시급히 요구되었다.

그러나 미국은 주마다 독립된 법과 제도를 가지고 있어서 시민교육의 형태는 매우 다양하다. 영국처럼 국가수준의 공식적 교육과정이 존재하지 않기 때문에 미국의 시민교육에 대해서 일반화시키는 것은 가능한 일이 아니다. 다만 1987년에 설립된 Center for Civic Education은 비영리 민간단체임에도 불구하고 국가적 수준에서 시민교육의 목적과 내용을 제시하고 있다는 점에서 이 기관에서 제시하고 있는 시민교육의 내용과 목적을 통해서 미국 시민교육이 지향하고 있는 가치를 살펴볼 수 있다. Center for Civic Education은 시민교육이 세가지

18 박선영, 「청소년 시민교육의 등장 배경과 목적 비교연구: 영국과 미국사례를 중심으로」, 『청소년학연구』 제19권 2호 (2012): 331.

목적을 가져야 한다고 제시하고 있다. 즉, 시민적 덕목과 시민참여 그리고 시민적 지식과 지적 기술이다. 합법적이고 책임감 있는 시민성에 요구되는 기본적인 가치와 원칙, 공공정책의 계획과 실시 등 지역사회의 문제에 자발적으로 참여하는데 필요한 지식을 익히는 것이 중요하다. 좀 더 구체적인 내용을 살펴보면 미국식 민주주의의 기본 가치와 원리, 헌법의 구성목적에 의해 정부는 어떻게 구성되어야 하는지, 미국과 다른 국가와 세계정세와의 관계는 무엇인지, 미국식 민주주의를 구현하는데 시민의 역할은 무엇인가를 중심으로 구성되어 있다. 미국식 민주주의의 원리를 강조하는 시민교육은 미국의 역사, 개척정신, 연방주의 정신을 배양하고 세계보편주의와 세계 1등 국민의 긍지를 함양하는 것을 그 주된 내용으로 설정하고 있다.

4. 공동체적 가치의 회복과 시민교육

랄프 다렌도르프는 1990년대를 '시민성의 시대'라고 불렀다. 이 기간은 시민의식과 시민교육에 영향을 끼친 역사적인 변화들이 일어난 시기이다. 즉, 1989년 구소련이 붕괴되면서 탈공산주의로 이행되기 시작하였으며, 공산주의 몰락과 함께 시작된 복지국가의 위기, 경제적 세계화 그리고 개인주의와 배타적 정체성의 문제가 심화되었다. 또한 이 기간은 노동, 대중사회, 민족국가와 같은 근대성의 기본가치들이 퇴조하면서 도전과 불확실성을 촉발시킨 시기이다.[19]

위기와 딜레마의 시기마다 시민권 이념은 하나의 희망으로, 새로운 해결책으로 또는 새로운 문화 프로젝트로 재조명되었다. 시민권은 공동체적 삶의 중요성에 대한 자각 그리고 공동체 성원으로서의 자기 책임, 좋은 삶의 원칙, 바람직한 시민상에 대한 깊은 성찰과 분리될 수 없다. 시민의 권리를 회복하는 길은 민주주의의 가치를 실현하는 길이다. 민주주의는 하나의 가치인 동시에 통치방법이다. 가치로서의 민주주의는 모든 사회가 염원하는 하나의 이상이다. 이러한 이상은 언제나 현실과 간극을 발생시킨다. 보편적 참정권, 평등권, 권력분립, 다원주의, 민주적 대표성을 특징으로 하는 통치방법으로서의 민주주의는 민주주의가 추구하고자 하는 본래적인 이상을 실현하지 못하고 있다. 민주주의의 이상은 자동적으로 실현되지 않는다. 민주주의의 이상은 시민들의 적극적인 참여와 좋은 삶의 원칙과 공동체적 가치에 대한 공유를 통해서 성취된다. 시민교육은 바로 가치로서의 민주주의와 사회현실로서의 민주주의 간에 발생하는 간극을 해소하기 위한 교육이라 할 수 있다.

시민교육은 핵심가치에 도달할 수 있는 수단을 제공해준다. 민주주의의 이상은 훌륭한 삶이란 무엇인지에 대한 관심, 이와 같은 관심의 공유, 정치적 선을 향한 헌신, 그러한 선을 발전시키기 위한 판단들의 경합, 동료 시민에 대한 존중, 공동운명체 의식 등을 포함한다. 시민교육은 시민들이 다양한 가치충돌 상황을 이해하고, 가치를 가늠하기

19 EDC, *EDC Annual Report*(2008).

위해 실질적 지식과 도덕적 추론을 적용하며 타인을 존중하면서도 자신의 판단을 계발하는 능력, 판단에 따라 행동하는 능력을 길러줘야 한다. 토론에 적극적인 참여를 통해서 개인의 가치와 공동체의 가치가 빚는 갈등을 이해하고 최소화 할 수 있는 성숙한 인식을 이끌어낼 수 있어야 한다. 이와 함께 시민교육은 민주주의의 핵심원리인 도덕적 원리를 근간으로 해야 한다. 관용과 존중, 공정성, 개인 권리 및 공동체 복리에 대한 관심 등과 같은 민주주의 원리는 시민들의 도덕적 성숙을 통해서 구현될 수 있다. 도덕적 원리에 대한 폭넓은 이해를 통해서 시민들은 개인과 공동체의 미래에 대한 전망을 세울 수 있으며 이와 관련된 계획과 준비를 할 수 있다. 책임 있는 개인은 스스로 공동체의 일원으로 자각하고 사회의 문제를 자신의 문제를 인식한다. 도덕적 시민적 쟁점에 관한 명확한 사고 능력을 지니고, 그에 따라 행동할 도덕적 책무와 인격적 책임감을 갖는다.

'시민'은 개인의 권리와 시민의 권리를 자각하고 행위주체로서 공동체의 선을 실현하기 위해서 능동적으로 참여하는 자이다. 시민은 다양성의 가치를 인정하는 관용과 공동체와 연결되는 연대를 중시하는 도덕적인 인간이다. 이러한 도덕적이며 윤리적인 주체로서의 시민상에 대한 모색은 민주주의의 미래에 대한 탐색과 시민권의 혁명적 의미에 대한 사유 그리고 시민교육의 의미와 가치에 대한 확신으로부터 출발할 수 있다.

참고문헌

김성훈. 2006.「세계화 시대에 존 듀이 다시 읽기 : 세계화, 민주주의, 그리고 교육」.『교육철학』 제35집.

김진희. 2010.「자유주의, 사회적 실천, 사회적 지성」.『미국사연구』 제32집.

듀이, 존. 이홍우 역. 2007.『민주주의와 교육』. 서울 : 교육과학사.

_______. 홍남기 역. 2010.『현대 민주주의와 정치 주체의 문제-존 듀이의 민주주의론』. 서울 : 씨아이알.

박선영. 2012.「청소년 시민교육의 등장 배경과 목적 비교연구 : 영국과 미국사례를 중심으로」.『청소년학연구』 제19권 2호.

박승관. 2000.「숙의 민주주의와 시민성의 의미」.『한국언론학보』 제45권 1호.

송용구. 2010.「프랑스의 학교 시민교육에 관한 연구」.『시민교육연구』 제42권 2호.

신두철·허영식. 2010.『민주시민교육의 정석』. 서울 : 오름.

심익섭. 2001.「시민참여와 민주시민교육」.『한·독사회과학논총』 제11권 제2호.

우대식. 2013.『대화공중의 형성과 시민성』 경희대학교 석사학위논문.

정인경. 2011.「시민권과 페미니즘」.『제2의 탄생』. 서울 : 경희대학교 후마니타스 칼리지 출판부.

히터, 데릭. 김해성 역. 2007.『시민교육의 역사』. 파주 : 한울.

Colby, Anne et al. 2003. *Educating Citizens*. Jossey-Bass

Citizenship Advisory Group. 1998. *Education fot Citizenship and the Teach-*

ing of the Democracy in School(Crick Report). London : QCA.

EDC. 2008. *EDC Annual Report*.

European Commission. 2009. *Emilie research project, British education policy and the challenge of migration, anti-racist, multicultural and citizenship education*. September.

Osler, A and Starkey, H. 2005. *Changing Citizenship : Democracy and Inclusion in Education*. Maidenhead : Open University Press.

__________. 2006. "Education for democratic citizenship : a review of research. policy and practice 1995-2005," *Research Paper in Education*. 24(4) : 433-466.

9장
시민참여와 행위*

채진원

민주화가 된 지 26년이 되는 2013년 우리 사회는 절차적 민주주의가 어느 정도 완성되었음에도 불구하고, 지속적으로 제기되는 이념·정파갈등, 계층갈등, 지역갈등, 남북갈등, 남남갈등, 세대갈등, 정부-시민사회갈등으로 고통을 받고 있다. 뿐만 아니라 지구화와 정보화의 진전으로 문화갈등과 정보격차 갈등에 이어 초국가적인 갈등(지역분쟁, 역사분쟁, 문화갈등)까지 더해져 많은 사회적 혼란을 야기하고 있다. 이렇듯, 민주화 이후 우리 사회는 다양한 이해관계를 가진 개인과 집단이

* 이 글은 『오토피아』(OUGHTOPIA: The Journal of Social Paradigm Studies) 제28권 제2호에 실린 "성숙한 시민의 탄생과 시민교육의 방향성"을 재구성한 것입니다.

함께 살아가고 있다는 점에서, 사회 구성원들이 함께 해결해야 할 정치적 문제가 존재한다.

사회양극화 해소, 일자리 창출, 무상급식 확대, 복지정책 확대, 반값등록금, 한미 FTA, 부자증세 등과 같은 정책 결정에 따라 우리의 학교생활, 직장생활, 소비생활, 여가 선용도 달라질 수밖에 없다. 이처럼 정책결정은 행복한 삶을 추구하는 시민의 일상적 삶에 중대한 영향을 미친다. 따라서 우리 사회의 주인인 시민은 정치문제에 관심을 갖고, 이를 올바르게 해결하기 위해 정치과정에 적극적으로 참여해야 한다. 정치 참여는 행복을 추구하는 시민이 누릴 수 있는 특권인 동시에, 마땅히 짊어져야 할 책임이기도 하다. 시민의 관심과 참여를 통해 정치적 공론장이 형성되고, 그 과정에서 시민의 이익 실현과 정치 발전이 이루어진다.

한 나라의 정치발전은 성숙한 시민들의 탄생이 가능할 때 즉, 시민들의 삶과 의식이 성숙되어 민주적인 정치제도가 확립될 때 가능하다. 민주적인 정치제도가 구비되었다고 해도 정치의 주체인 시민이 행복한 삶을 누리지 못하는 상태에 있거나 행복한 삶을 누리기 위해 공동체와 정치과정에 적극적으로 참여하고 행동하여 민주주의를 실현하려는 시민성(civility, 시민적 덕성)의 발현(發現)이 부족하다면 정치발전을 기대할 수 없다. 민주 정치의 기본 원리는 다스리는 자와 다스림을 받는 자를 일치시키는 것, 즉 리더십(leadership)과 팔로워십(followship)을 일치시킴으로써 시민들 스스로가 주인의식을 갖고 스스로를 다스리는 것을 핵심으로 한다. 따라서 민주 정치는 시민들이 자신의 이해와 공동체의 이해를 일치시키려는 공공적 사고와 판단 그리고 그것에 기초한 참여에 의해서만 가능하다. 선거에서 소중한 한 표를 행사하는 것, 시민 단체에 가입하여 활동하는 것 등이 이에 해당한다. 만약 이 활동을 소홀히 한다면 시민은 정치의 주체가 아닌 객체로 전락하게 될 것이다.

근대 이후 민주 정치의 발전과 선거권의 확대를 통하여 일반 국민이 정치에 참여할 수 있게 되었는데도 불구하고, 오늘날 정당정치에 대한 정치적 무관심이 확대되어 투표율이 갈수록 낮아지고 있어 대의민주주의의 위기현상이 심화되고 있다. 따라서 덕성(virtue)이 있는 성숙한 시민들의 올바른 판단과 적극적인 참여를 통해서만 정부의 책임있는 행정이 이루어지고, 사회 각 분야에서 민주적 원칙들이 지켜지며, 우리의 요구가 반영된 올바른 정책이 결정된다는 것을 당위적이고 규범적인 차원에서 아무리 강조해도 지나치지 않을 것이다. 특히, 오늘날 국가 간의 경계가 엷어지고 다문화주의가 출현하면서 지구촌이 하나가 되어가는 지구화시대는 수많은 협력과 동시에 수많은 갈등을 만들어 내고 있다. 지금은 어느 때보다도 높은 수준의 글로벌 마인드, 열린 태도와 정신, 타자·타문화에 대한 관용과 존중, 인류를 위한 봉사와 연대, 현대 세계의 난제들을 풀어갈 국제 협력이 절실히 요청되는 시대이다.

따라서 더 이상 행복을 추구하는 "좋은 시민"없이는 "좋은 공동체"도 "좋은 정부"도 "좋은 지구촌사회"도 기대할 수 없게 되었다. 오늘날 민주정부는 정치과정에 보다 많은 시민들의 참여를 보장하고 활성화함으로써 정부에 대한 인민의 통제수준을 높이는 것을 목표로 한다.[1] 실즈는 시민성을 성숙한 시민의 덕성으로 인식하였다.[2] 그에 의하면 시민성이라 함은 근대적 인간이 자기 자신만을 위한 협애하고 이기적인 특수이익에의 경도를 자제하고, "공동의 이익에 우선권을 부여하고자 하는" 자발적 의지와 특유의 심리적 준비상태를 의미한다. 여기서 '시민성'이라는 것은 모든 문제를 평화적인 방식으로, 정당하고 정통성 있는 국가의 권위를 존중하며, 법을 인식하고 인정하며 존중하는 태도와 행태를 가리킨다. 시민성의 핵심은 대화와 토론 및 숙의를 통해서 문제를 해결하는 시민들의 능력과 자질이다. 그러나 아직 우리사회는 성숙한 토론과 숙의문화가 정착되어 있지 않다. 사적 이익보다 공동체의 공공선을 존중하고 그것을 실현하는 능력, 즉 시민들의 시민성(civility)이 잘 발현되고 있지 못하다.[12]

이런 연유로 인하여 최근 우리사회의 여기저기에서 시민성을 함양하기 위한 시민교육의 필요성과 제도화에 대한 논의가 제기되고 있다. 유력 대학교뿐만 아니라 개혁적인 교육감 그리고 NGO를 위시한 시민사회에서도 이것을 강조하고 있다. 2011년 7월 시민사회단체연대회의는 '민주시민교육활성화위원회'를 구성하고 '민주시민교육지원에 관한 법제정' 등 제도화 촉구 활동, 민주시민교육 활성화에 필요한 내용 생산 및 전문가 네트워킹, 시민단체의 민주시민교육 지원 활동을 본격화하기로 결정한바 있다. 동년 5월 26일부터 28일까지 대통령소

1 R. J. Dalton, *Citizen Politics : Public Opinion and Political Parties in Advanced Industrial Democracies*, 4th edition(Washington DC : CQ Press, 2005).

2 Edward Shils, *The Virtue of Civility : Selected Essays on Liberalism, Tradition, and Civil Society,* ed. Steven Grosby(Indianapolis : Liberty Fund, 1997).

속 사회통합위원회도 민주시민교육 거버넌스, 콘라드-아데나워 재단, 한국민주시민교육학회와 공동으로 '민주시민교육 워크숍'을 개최하기도 하였다. 또한 동년 5월 26일 박인주 청와대 사회통합수석이 '민주시민교육기본법(지원법)'을 마련을 추진하고 있다고 밝히기도 하였다. 아울러 최근 시민교육의 내용으로 글로벌 시민성을 강화하자는 주장도 비중이 커지고 있다. 시민교육의 필요성과 그것의 제도화가 강조되는 것은 너무나 당연하고 필연적이다. 이는 민주화 이후 우리사회가 격변기에 처해있음을 보여주는 것이기도 하다. 이렇듯, 우리사회에서 시민교육에 대한 당위적이고 규범적인 필요성에 대해 이의를 제기하는 사람은 없을 것이다.

다만 시민교육을 누가, 어떻게, 무슨 내용으로, 어디까지 할 것인지 등에 대한 제도화 방안을 놓고 여야와 국민적 합의가 부족한 상태여서 오랜 논의에도 불구하고 국회에서 법안의 통과가 지연되고 있는 실정이다. 특히, 포괄적인 차원에서 시민교육의 명칭을 '민주시민교육'으로 할 것인지 여부, 교육을 시민사회가 주도할 것인지 여부, 중앙집중적 방식을 채택할 것인지 여부 등 다양한 쟁점에 대해서도 이견이 존재한다. 이상의 논의와도 연관하여 우리가 이 시점에서 논의해 볼 필요가 있는 것은 다음과 같은 질문들이다. 은연중에 '시민교육'의 필요성을 당위적이고도 규범적으로 강조하다보면, 마치 시민교육의 주체와 방법 및 대상이 교육기관과 단체로 한정되며, 교육의 방법도 이론중심의 교육으로 제한될 수 있으며, 그 참여대상도 성인이 아닌 청소년으로 한정되어 일상을 생활하는 시민들이 지녀야 할 시민성(civility)은 기관이나 단체 등을 통해 외부에서 혹은 위로부터 계몽과 주입을 통해 예비시민들에게 이론중심으로 교육되어야 하는 것으로 매우 좁게 이해되는 측면이 강해진다는 점이다.

즉, '시민'과 '교육'이라는 단어의 조합에는 뭔가 일상과 생활세계를 살아가는 시민들은 자체적으로 시민성을 지니고 있지 못해, 시민성에 관한 교육을 엘리트에 의해서 혹은 외부기관에서 공급받아야 하는 수동적이고 대상적인 존재라는 어감이 든다는 점이다. 특히, 그러한 어감의 연장선상에는 당연히 시민교육의 내용과 방법 및 대상이 위에서 아래로 일방 통행하는 방식인 주입식 형태의 이론중심의 교육 그리고 직장생활을 하고 있는 시민일반이 아닌 청소년 중심의 좁은 의미의 시민교육이 현실화될 가능성이 존재한다는 점이다. 이러한 좁은 의미의 시민교육은 교육주체와 교육내용 및 교육대상을 정하는데 있어서 시공간적인 제약도 많아 그것을 적정하게 정하기도 어려운 문제가 있어 그 교육적 효과도 장담할 수 없다는 점이다. 이것과 달리 오히려 1997년 IMF 위기 때의 시민들의 금모으기 운동, 2002년 월드컵 때의 시민 응원과 미선·효순 사건 때의 시민집회, 2007년 태안 기름유출 때의 자원봉사활동, 2008년 쇠고기 촛불시위 등에서 드러난 것처럼, 참여와 행동으로 드러난 시민들의 시민성은 현장에서 나타난 문제에 대한 시민들의 공감과 참여 및 공론장을 기반으로 하여 구체적인 실천과 행동으로 드러날 때 의미가 있을 수도 있다. 이를 통해 볼 때, 시민교육의 실효성과 방향성과 관련한 근본적인 질문은 시민들의 속성인 시민성이 학습과 교육을 통해 위로부터 함양될 수 있는 성격의 것인지에 있다.

이렇듯, 이 글에서는 성숙한 시민의 탄생은 어떻게 가능한가? 성숙한 시민의 탄생 경로와 관련하여 시민교육의 당위적 필요성에도 불구하고 시민교육을 진행할 주체의 범위와 방법론이 근본적으로 검토해야 할 질문을 던지고 그것에 대한 해답을 찾고자 한다. 즉, 오늘날 대의민주주의의 활성화와 지구촌의 통합적 질서를 위해 절대적으로 필요한 시민들의 시민성(civility) 혹은 시민적 덕성과 의식은 어떻게 발현되고, 계발되며 형성되는 것인가? 또한 어떻게 함양되어야 하는 것인가? 이것과 관련하여 시민교육을 담당할 주체와 교육대상의 범위 및 그 방법론을 놓고 여러 가지 다양한 논의가 있을 것이다. 교육기관과 단체를 통한 이론중심의 학습방법도 그것의 하나라는 것을 부정할 수는 없다. 다만 기관과 단체를 통한 시민교육도 단순한 개념중심의 의식교육이 아니라 현장참여와 실천 활동과의 연계를 통해 그 효과를 극대화할 수 있다는 점에서, 시민성과 시민의식의 발현과 계발 및 함양에 관한 시민교육의 범위를 너무 좁은 의미로 한정하지 말고 시민들 자신이 살고 있는 삶의 현장과 참여공간에서 생활세계의 문제를 적극적으로 해결하는 과정에 직접적인 참여와 적극적인 실천행동을 통해 시민성 함양이 가능하다는 것에 주목하여 그것의 범위를 조금 더 넓게 그 방법도 생활현장까지 포함하여 넓게 사고할 필요가 있다는 점을 강조하고자 한다.

이 글에서는 성숙한 시민의 탄생은 교육기관과 단체중심의 이론학습을 통한 방법이외에도 시민들이 자신의 적극적인 말과 행동을 통해 드러나는 시민참여와 실천행위의 공간인 생활현장과 삶의 공간에서 이루어질 수 있다는 것을 강조하기 위하여 시민성의 발현과 형성에 대한 한나 아렌트(Hannah Arendt)의 논의와 그것에 부합하는 역사적 사례 그리고 우리 주변의 사례로서 전태일과 신세종의 행위를 살펴보고 그것의 시사점을 찾는데 있다. 이러한 목적을 위해 첫째, 시민참여와 행위를 통한 성숙한 시민의 탄생에 대한 이론적 논의를 살펴본다. 둘째, 앞에서 진행된 이론적 논의에 이어서 시민성의 발현 사례로 아렌트가 소개하는 역사적 사례를 다룬다. 그리고 우리 주변의 대표적인 시민으로 전태일과 신세종의 행위를 살펴본다. 전태일의 삶과 행위는 성숙한 시민의 모습을 보여주는 상징적 사례이자 바람직한 시민으로 성장하기 위해서는 반드시 넘어서야 할 활동의 부분도 동시에 보여주는 등 행위(action)와 작업(work)의 비교논의가 가능하다는 점에서 성숙한 시민의 조건에 대해 많은 시사점을 주고 있다. 셋째, 마지막으로 시민참여와 행위가 시민교육에 주는 시사점을 살펴본다.

1. 참여와 행위를 통한 시민의 탄생

인간이 행동을 통해 삶의 문제에 참여하는 시민참여는 어떤 것이고, 시민참여는 어떤 교육적 효과가 있는 것일까? 시민참여와 행위를 통해 성숙한 시민의 탄생은 가능한가? 많은 학자들은 삶의 문제에 참여하는 것과 이것의 교육학적 효과성에 대해 상당한 상관성이 존재하여 성숙한 시민으로 성장할 수 있다고 강조하고 있다. 우선 우선 시민의 탄생에 대해 장 자크 루소는 그의 교육론 『에밀』 4부에서 우리 인간은 한 번은 생존하기 위하여, 다른 한 번은 생활하기 위하여 두

번 태어난다고 강조하면서 '제2의 탄생'이라는 표현을 통해 시민의 탄생을 강조하였다. 그는 시민으로서 거듭나게 되는 '제2의 탄생'의 핵심으로 세상 밖의 고통들과 함께 느끼는 연민과 공감 그리고 자신을 초월하여 괴로워하고 있는 대상과 일체가 되는 것이라고 하였다.[3]

그리고 시민참여와 교육학적 효과의 관계에 대해 체코웨이는 '참여(participation)란 자신의 삶에 영향을 미치는 의사결정에 자신이 개입하는 행위'라고 정의하면서, 이러한 사회적인 삶의 현장에의 실제 참여는 사회체험학습의 방법으로 시민성 형성에 필요한 인지적·정의적·행동적 차원의 능력을 함양해 가는 실천적인 행위 중심의 시민교육방법이라고 지적하였다.[4] 하트 역시도 참여를 '자신의 삶에 영향을 주는 그리고 자신이 살고 있는 지역사회에 영향을 주는 의사결정을 공유하는 과정'이라고 정의하였다.[5] 밥은 '인간이 자신을 둘러싼 세계와 직접적인 상호작용(interaction)과 숙고(reflection)를 통해서 학습하고 성장하고 발달하기 때문에 참여적 행동이 없으면 학습도 발달도 없다'고 지적하면서, 시민들과 청소년들의 사회참여적 행동은 성숙한 시민이 될 수 있는 중요한 학습의 일부분임을 강조하였다.[6] 허쉬는 성숙한 시민이 되

---

3 장 자크 루소, 정봉구 역, 『에밀』(서울 : 범우출판사, 2006), 280-297.

4 B. Chekoway, "Involving young people in neighborhood development," *Children and youth Service Review* 20(1988) : 765-795.

5 R. Hart, *Children's participation : The theory and practice of involving young citizens in community development and environmental care*(London : Earth scan, 1997).

6 M. Bopp, "The illusive essential : Evaluating participation in nonformal education and community, Convergence," *International Council for Adult Education* 27(1)

기 위해 개인적 시민들이 자신의 삶에 영향을 미치는 정부의 공적인 정책결정에 참여하는 시민참여의 방법에 대해 강조하였다. 그는 시민참여의 구체적인 방법으로 정당, 각종 이익단체와 시민단체 그리고 각종 매스미디어를 활용한 참여를 소개하였다.[7]

박세일은 '참여란 자신의 삶의 조건과 환경에 영향을 미치는 집단적 의사결정과정에 자신들의 생각과 주장을 반영시키는 노력'이라고 정의하였다. 특히 그는 청소년의 사회참여적 행동을 강조하였는데, 그것에 대해서는 청소년들의 삶의 조건과 환경에 영향을 미치는 국가정책의 결정과정, 지역사회의 각종 결정, 학교 혹은 가정의 여러 결정과정에 청소년들이 스스로의 생각과 주장을 가지고 참여하여 정책결정에 영향을 미치려는 노력이라고 정의하였다.[8] 휴즈스와 동료들은 성숙한 시민이 되기 위한 시민성의 함양은 교육과 사회적 경험을 통하여 획득되어진다고 주장하면서, 시민성의 핵심인 리더십을 발달시키기 위한 효과적인 방법으로 모든 상황에 있어서 활동(activity)-관찰(observation)-반성(reflection) 모델의 적용을 제시하였다.[9] 특히, 메를로 퐁티는 인간의 의식은 몸의 지각행위(perception)를 통해 세계를 체험하는 과정

(1994).

7 Marjorie Randon Hershey, *Party Politics in America*. fifteen edition(New York : Pearson Longman, 2011).

8 박세일, 「청소년 참여의 의의와 방향」, 『제39회 청소년정책 연구 세미나 자료집』(서울 : 한국청소년단체협의회. 2003).

9 Richard L. Hughes, Robert C. Ginnett, and Gordon J. Curphy, *Leadership : Enhancing the Lessons of Experience*(Homewood, IL : Richard, D. Irwin INC., 1993).

에서 획득되는 산물로 이해하였다. 따라서 지각행위와 관련한 그 논의의 시사점으로 우리는 인간의 의식발전을 더욱 확장하기 위해서는 인간의 모든 감각기관을 총체적으로 활용하여 공통감각(common sense)을 전면화하는 '현장체험 교육' 혹은 '사회체험 학습'을 활성화할 필요가 있다.[10]

아울러 듀이는 생활경험과 학교의 교육과정이 유리된 것을 비판하고 교육은 장래의 삶을 위한 준비가 아니라 생활 그 자체의 과정이 되어야 한다고 강조하면서, 민주시민에 대한 교육의 방향으로 인간 유기체와 환경사이의 상호작용을 통한 경험의 연속성에 맞춰야 한다고 강조하였다. 특히, 그는 사회문제의 해결은 집단지성이라는 협력적 행위에 의해 다뤄져야 한다고 강조하면서, 사회문제의 해결을 사회탐구(social inquiry)로 명명하고, 사회문제로 영향을 받는 모든 사람들은 사회탐구과정에 참여해야 한다고 하였다. 이러한 기능을 수행하기 위해 학교는 학생들로 하여금 사회탐구과정에 참여하는 데 필요한 지식과 기술, 가치와 태도 등을 가르쳐야 한다고 보았다.[11]

이상으로 지적된 성숙한 시민으로 탄생하기 위한 경로로써 인간의 행동과 교육적 효과의 연관성에 대한 여러 학자들의 논의는 시민성의 발현과 함양이 교육기관과 단체중심의 이론적 학습을 넘어서 시민들이 살아가는 삶의 무대인 생활현장에서 삶의 문제에 참여하는 것

---

10 M. Merlau-Ponty, *Phénoménologie de la perception*(Paris : Gallimard, 1945).

11 존 듀이, 김성숙·이귀학 공역, 『민주주의와 교육 철학의 개조』(서울 : 동서문화사, 2008).

에서부터 시작되어야 한다는 것을 제기한다. 이하에서는 이와 관련한 문제의식과 규범적 필요성을 더욱 강조하기 위해 성숙한 시민의 상징인 행위와 시민성 발현과의 상관성에 대한 한나 아렌트(H. Arendt)의 논의를 소개하고자 한다. 아렌트는 전체적으로 보면 행위와 시민성 함양에 대한 관계에 대해 많은 이야기를 했음에도 불구하고, '시민성 함양의 방법론'에 대해서는 명시적으로 그리고 개념적으로 설명한 적은 없다. 그는 이데아의 실현과 계급의식의 형성을 위해 교육의 중요성을 강조하는 플라톤과 마르크스와 같은 이론가들 그리고 이들의 사조를 계승하는 어떤 이론가들과 다르게 성숙한 시민이 되기 위한 시민성의 발현을 시민들이 살아가는 삶의 공간과 생활세계 그리고 타인과의 언어활동과 연결시켜 이해함으로써, 시민성의 발현을 통한 시민성 함양에 대한 교육학적 방법론에 대해 풍부한 통찰력과 시사점을 주고 있다.

그는 오늘날 성숙한 시민들이 지니고 드러내야 할 시민성의 핵심으로 시민 자신의 개성을 자유롭게 말하고 행위를 하면서도 타인의 삶과 소통하는 공감능력인 행위(action)를 강조하고 있다. 그는 고대 그리스에서 노예적 삶(labor)과 장인적 삶(work)에서 벗어난 자유 시민들이 드러냈던 시민성의 핵심을 시민의 독특한 삶의 방식인 말과 행위라는 정치행위를 통해 스스로의 정체성을 드러내고 자유롭게 의사소통하며, 공통감각(common sense)을 모아서 자신의 정체성을 확인할 수 있는 공적 영역(public realm)을 창출할 수 있는 능력인 행위로 인식하였다. 따라서 그는 고대 폴리스 시민들이 성숙하게 발현시켰던 정치적인 삶의 모습을 추적하여 재발견하고, 그것을 오늘날 생생하게 되살려

내서 그동안 우리가 현대의 경제적 이해관계와 물질주의적 가치 그리고 대립과 갈등 속에서 잃어버렸던 진정으로 시민적인 삶의 방식인 행위(action)하는 삶, 즉 행위를 통해 자신의 개성을 발현시키는 시민적인 행위능력을 복원해야 함을 일깨우고 있다.

아렌트는 우선 인간이 살아가는 활동적 삶'의 모습을 '노동'(labor)과 '작업'(work), 그리고 '행위'(praxis : action)로 나누고 거기서 성숙한 시민이 살아가는 최고의 삶의 모습을 '행위'로 위계를 지웠다. '행위'는 고대 자유시민의 성숙한 삶의 양식이자 현대적 시민이 복원하고 발현해야 할 시민성의 원형으로, 자신의 '말'과 '행위'를 통해 개성을 드러내면서 '자유'(freedom)를 느끼는 즉, '인간됨'(human)을 표현하는 '정치적 행위'(정치적인 것)를 뜻한다. 그리고 '행위' 밑에 있는 '노동'과 '작업'은 고대의 노예와 장인이 살아갔던 삶의 방식으로 성숙하지 못한 삶의 단계와 양태를 반영한다.[12]

'노동'은 살아가기 위해 먹는 것이 아니라 먹기 위해(adapt to) 살아갈 수밖에 없었던 노예의 비극적 삶의 단계인 '노동적 동물'(animal laborans)을 반영한다. '작업'은 스스로 자유롭게 자기결정을 하지 못하고 누군가로부터 주문과 명령을 받으면서 그것으로부터 오는 결과인 돈과 이윤을 위해(in order to) 자신의 삶을 구속하고 소비하는 삶의 단계인 '제작인'(homo faber)의 삶의 행태(behavior)를 상징한다. 즉, 이 노예와 장인의 삶에 기인하는 노동과 작업은 성숙한 시민의 삶의 방식과

12 Hannah Arendt, *The Human Condition*(Chicago : The University of Chicago Press, 1968).

다르게 결핍함으로써 타인의 주문과 거기에서 오는 목적달성을 위해 자신의 삶을 노예화(수단화)하거나 이를 효율화·정당화하는 '삶의 태도'와 그 '도구적 행위'를 말한다. 다시 말해서, 아렌트는 인간이 생물학적인 존재로서 죽음과 삶을 반복하다가 죽을 수밖에 없는 자연적 필연성을 가진 존재이며, 이 존재를 유지하기 위한 신진대사와 생명유지를 위해 먹이를 구하기 위한 일(예, 사냥, 식물채집)을 '노동'으로 생각하였고, 일(활동) 가운데서 직접적인 신진대사와는 다른, 보다 항구적인 인공적 제작물을 만드는 일(예, 기계생산, 도시건설, 사회제도화)을 '작업'으로 구분하였다.

따라서 아렌트는 자연적 필연성과 인공적 제작물을 만드는 활동과 다른 오직 '행위'만을 '인간적인 것'으로, '시민성'으로, '성숙한 시민'으로 인식하였다. 그는 아울러 사적인 공간을 뛰어넘어서 '행위'를 통해 발현되는 '공적 영역'을 존대하였는데, 그 이유는 그것의 속성을 '시민적 다양성'(plurality)에 근거한 자유로움(freedom) 그 자체를 추구하는(for the sake of) 시민의 활동으로 파악하였기 때문이다. 즉, '행위' 곧 '정치적 행위'는 1인의 독백적인 행위이거나 1인이 다수를 동원하는 활동이 아니라 복수의 여러 사람들(man이 아닌 men)이 다양함에도 불구하고 함께 공존하여 살아간다는 존재적 사실(즉, 인간의 조건)속에서 '말'과 '행위'가 서로에게 연결되고 소통되면서 열리는, '공감된 세계'(공적영역)속에서의 '공감된 말하기'와 '공동행위'를 의미하기 때문이다. 그리고 그러한 공동행위가 발현되는 현장공간이 바로 그리스의 '폴리스'였으며 로마의 '공화국'이라는 것이다. 따라서 폴리스와 로마 시민들은 삶의 필요성(necessity)과 효용성(utility)이 아니라 위대함(greatness)을 추구하는 성숙한 삶을 살 수 있었다.

폴리스 시민이 공적영역에서 '정치행위'를 할 수 있었던 것은 '사적인 것'(the private)이 안정되어 있어서 그것을 초월할 수 있었기 때문이다. 즉, 사적인 것이란 시민 개인의 '가정경제'(oikos)의 일로, 주로 노예와 여성 등에 의한 '생식'과 '노동'의 활동공간을 말한다. 다시 말해서 자유 시민들은 안정적으로 먹고 살 수 있었기 때문에 이것을 초월하여 자연적 필연성에 구속되거나 인공적인 제약으로부터 벗어나 인간됨과 시민됨을 발현하는 '정치적인 자유'를 누릴 수 있었던 것이다.

그러나 정치적인 것이 곧 공적인 것 그리고 (가정)경제적인 것이 곧 사적인 것으로 비교적 단순하게 등식화되었던 고대세계의 공사(公私)의 개념 쌍 구도가 자본주의적 생산양식에 기초한 국민경제국가로 전환되면서 큰 변화를 맞이할 수밖에 없었다. 그러한 변화의 핵심에는 '사회적인 것'의 등장(the rise of the social)이 있다. 여기서 '사회적인 것'이란 '자본과 임노동 관계'의 전면화로 인하여, 과거엔 사적인 영역에 속해 있던 경제영역이 사회적인 것의 등장에 따른 근대세계의 출현과 더불어 국가적 차원에서 공적관심의 대상이 되어버린 역사적 과정을 지칭한다. 즉, 사적공간에서 진행되었던 경제적 행위가 '사회적인 것'(the social)의 출현으로 공적인 관심을 획득한 것을 말한다. 이러한 '사회적인 것'의 등장에 따라 사적 영역에 찾아온 중요한 변화의 하나는, 가정과 사적인 공간에 묶여있었던 노예들과 여성들이 신분적인 구속에서 벗어나 '근대적인 임금노동자'의 삶으로 재편되어 '작업'(work)을 하게 되었다는 점이다. 이러한 것으로의 변화는 노동(labor)하는 삶에 비해서 한 단계 진전된 삶임에는 틀림이 없다.

하지만, '사회적인 것'의 등장에 따라 행위의 공간인 공적영역에도 중대한 변동이 찾아왔다. 즉, 공적영역에 '사회적인 것'이 침투함에 따라 나타난 큰 변화는, 과거에 분명했던 공(公)과 사(私)의 경계가 무너지고 약화됨으로써, 결국 과거에 진정으로 '공적'이고, 진정으로 '정치적인 것'이며, 진정으로 '시민적인 것'이었던 것이 사회적인 것과 뒤섞이거나 그것에 의해 흡수되면서 공적인 것에 대한 관심이 멀어지고 망각된 점이다. 그 결과 인간 최고의 시민적 가치였던 '행위'(action)가 자본-임노동이라는 경제 및 계급논리에 밀려 현대화된 '노동'(labor)과 '작업'(work)에 비해 후순위로 전복되었다는 점이다. 그러한 사회구조적인 변동에 따라 과거 노예적 삶과 장인적 삶을 초월하여 시민적 삶에 근거하여 말과 행위의 다양성을 기초로 드러났던 공적영역의 가치가 축소되고, 그 대신에 '존재의 다원성'과 '정치적 다양성'을 부정하는 하나의 획일화된 관점과 표준화된 척도가 그것을 대신하게 되었다.

따라서 현대 시민들의 삶은 성숙한 시민의 삶이 아니라 현대화된 노예적 삶 혹은 현대화된 장인의 삶과 유사한 노동자의 삶으로 전복되었다. 그리고 '현대 대의적 정치'는 다양한 사람들이 자신의 삶의 공간에서 벌어지는 생활상의 문제를 말과 행위를 통해 자신의 개성을 자유롭게 드러내면서 발현되었던 공론장을 형성하는 '행위'(action)가 아니라 '노동'(labor)과 '작업'(work)의 도구적 속성에서 제도화되고 정당화된 행위 즉, 돈과 권력을 중심으로 하는 '체제'(system)의 효율화와 그것의 목적달성을 위한 '합목적적인 도구적 행위'(계몽, 동원)로 변질되어, 목적을 위해서는 수단과 방법을 가리지 않는 '정치공학'(즉, labor와 work의 정치적 버전)으로 전락하게 되었다. 이러한 삶과 정치행위의 전복현상을 하버마스(J. Habermas)는 '체계에 의한 생활세계의 식민화'(The colonization of a living world)현상으로 명명한 바 있다.[13]

특히, 아렌트는 정치공학의 대표적인 예로, '맑스주의'가 자본의 폐해를 극복하려고 노력하였으나 유감스럽게도 그것을 '행위'가 아닌 '노동'으로 대체함으로써, 성숙한 시민의 상징인 '행위'를 최고의 가치로 하는 '정치공동체'를 복원하는 데 실패했다고 진단하였다. 즉, 다양한 사람들의 개성이 발현되는 '정치행위'가 '노동'과 '작업'의 속성(목적 달성을 위한 수단행위)으로 환원됨으로써, 결국 정치적 다양성과 개성을 계급과 이념의 정체성으로 환원하고 획일화하는 '전체주의'와 '계몽주의'를 주조함으로써, 공적영역과 성숙한 시민의 탄생을 복원하는 데 실패했다는 것이다.

그러한 정치공학의 핵심적인 문제점은 노동과 작업의 속성이 시민적 다양성(plurality)이라는 시민성을 배제하였기 때문에 인간됨의 공간인 정치적 공적영역이 살아날 수 없다는 것이다. 따라서 아렌트는 이 같은 '정치공학'으로는, 사회적인 것의 전면화에 따라 축소되고 망각된 '시민성'과 '공적 영역'을 복원할 수 없다고 판단한다. 그는 대안으로 '말'과 '행위'를 통해 성숙한 시민성을 드러냈던 고대 자유시민의 삶과 행위처럼, 현대화된 노동과 현대화된 작업이 아니라 노동과 작업이 지배하는 삶의 공간과 생활의 현장에서 제기되는 생활상의 문제를 말과 행위를 통해 시민성을 적극 발현함으로써 망각된 '행위'와 '공적 영

13 위르겐 하버마스, 서규환 역, 『소통행위이론 1』(서울 : 의암출판문화사, 1995).

역'을 현대에 되살릴 것을 촉구한다.

이상의 논의를 요약해 보면 다음과 같다. 성숙한 시민의 조건으로 아렌트가 강조하는 시민성은 인간이 동물과 인공물과 다르게 '조건 지워진 존재'(conditioned being)라는 차원에서 이해되어야 한다는 것이다. 즉, 인간은 단순히 무리를 지어 생활하는 동물과 같이 단순한 집합성·집단성을 강조하는 '유적 존재'(species-being)이거나 각종의 인공물과 로봇과 같이 동일한 제품을 대량생산하여 이윤을 목적으로 판매되거나 소비되는 대상으로 환원되지 않고, 이것을 넘어서 각 개인(individual)이 다양하고 다르면서도 다른 타인들과 함께 살아갈 수밖에 없는 다원성(plurality)으로 조건 지워진 존재라는 점이다. 각 개인이 가지고 있는 이러한 다양하고 다른 다양성을 자유롭게 표현하면서 더불어서 함께 존재하고 살아가기 위해서는 그것에 부합하는 존재적 특성이 있어야 한다는 점이다.

아렌트는 그것을 시민성이라고 보았으며, 그것의 핵심을 시민적 다양성에 기초하여 말하고 행동하는 '행위'로 보았다. 시민이 가지는 '다양성'은 인간의 활동적 삶 중에서 최고의 것인 '행위'(action)의 속성에서 나오는 것으로, 자신의 '말'과 '행위'를 통해 개성을 드러내면서 '자유'(freedom)를 느끼는 '인간됨'(human)을 표현하는 '정치적 행위'(정치적인 것)를 뜻한다. 특히, '정치적 행위'는 1인이 다수를 동원하는 것이 아니라 다양한 사람들(man이 아닌 men)의 '말'과 '행위'가 소통되면서 열리는, '공감된 세계'(공적영역)속에서의 '공동행위'를 말한다. '행위'가 다양성을 드러낼 수 있는 이유는 '행위'(action)가 목적-수단에 얽매이는 도구적인 속성을 가진 '작업'(work)과는 달리 '목적 그 자체'를 추구하는 '자유로운 행위'이기 때문이다. 그러한 '자유로운 행위'는 결국 타인과의 '공동행위'를 형성하는데 있어서 '노동'과 '작업'에서 기인하는 속성인 일방적인 욕구실현과 목적달성을 위한 도구적 행위를 배제하기 때문에, 즉, 타인의 삶에 대한 공감 그리고 말과 행위를 통한 공감으로 드러나기 때문에 문제를 폭력과 억압이 아닌 평화적인 방법인 대화와 설득을 통해 해결하는 프로세스를 동반하게 된다.

2. 역사와 주변에서의 시민참여와 행위

자본주의라는 체계에서 현대적 삶을 살아가고 있는 노동자들은 고대 자유 시민들이 살아갔던 것처럼, 성숙한 시민성을 발현하는 '행위'를 하며 살아갈 수 있을까? 그것을 통해 그들은 성숙한 시민성을 회복할 수 있을까? 이에 대한 대답 역시도 아렌트의 논의를 통해 시사점을 얻을 수 있다. 아렌트는 시민들이 살아가면서 겪었던 역사적인 경험 속에서 드러난 노동운동의 성격과 그것의 성공과 실패를 시민성의 발현 여부와 연관시켜 평가하였는데, 그것의 시사점으로부터 노동자들이 성숙한 시민성을 발현하고 함양하기 위해 어떻게 행위를 해야 하는지를 찾을 수 있다.

아렌트는 노동자들이 실천해온 노동운동에 대해 이중적인 구분 시각에서 독특한 평가를 내리고 있다. 그는 인간의 '삶'을 노동(labor), 작업(work), 행위(action)로 구분하면서 행위만이 성숙한 시민의 삶이라고 강조하는 가운데, 이것의 각각에 조응하는 방식으로 '작업'에 해당하는 경제적 노동운동인 노동조합운동(trade union movement)과 '행위'에 해당하는 정치적 노동운동(the political labor movement)으로 나누어 그 차이와 속성을 비교하고 있다. 즉, 아렌트는 노동(labor)을 정치적인 행위(action)의 속성과 매우 구별되는 '반(反)정치적인 것'(antipolitical)으로 규정하는 동시에 근대사회로 통합되는 노동자계급의 이해와 사회적 권리를 변호하기 위해 싸우는 '노동조합 운동'을 작업(work)의 속성으로, 즉 정치적이지도 않고 혁명적이지 않으면서도 '반(反)정치적인 것'도 아닌 '비(非)정치적인 것'(unpolitical)인 속성으로 규정하고 있다.[14]

그러면서도 아렌트는 1848년의 프랑스혁명에서 1956년의 헝가리 혁명에 이르기까지 유럽의 노동자계급이 보여준 혁명정신은 노동자의 사회·경제적인 요구를 극단적인 방식을 통하여 문제를 해결한 '경제적인 노동운동'이 아니라 사회경제적인 것을 초월하여 '새로운 정부형태'(a new form of government)의 형성을 추구하는 공적인 자유를 실천하였다는 점에서, 오로지 후자만이 진정으로 '정치적인 노동운동'의 발현으로 평가하면서 전자와 구별하여 '행위'(action)라고 규정하고 이것을 시민적 삶의 전형이라고 평가하였다.[15]

아렌트는 1871년 파리꼬뮌에서 발현된 성숙한 시민들의 행위와 시민성을 자코뱅당이 정당차원에서 시도했던 1789년 프랑스 혁명과 비교하였고, 그 차이의 핵심으로 전자는 혁명으로 후자를 반란으

14 Hannah Arendt, *The Human Condition*, 212.

15 *Ibid.*, 216.

로 각각 규정하였다. 이 둘의 성격차이를 다음과 같이, "혁명의 목적이 자유(freedom)이고, 반란의 목적이 해방(liberation)"이라고 구분하여 '자유'와 '해방'의 차이를 부각하였다.[16] 그가 이 같은 차이를 구분하는 이유는 해방(liberation)은 노동(labor)에서 빚어지는 빈곤과 폭력적 전제정 등 생명연장의 구속에서 오는 삶의 필연성에서 벗어나는 것을 의미한다고 보았기 때문이다. 그리고 자유(freedom)는 노동(labor)과 작업(work)을 넘어서 행위(praxis : action)가 발현되는 공적인 공간에서의 자유와 공적행위를 의미하는 것으로 보고 있기 때문이다. 즉, 자유는 한사람 차원의 '개인적 자유'(liberty)가 아닌 동등한 여러 사람들 사이에서 공동행위와 공동권력을 창출하는 과정에서 느끼는 공적인 자유(public freedom)를 말하고 있기 때문이다.

아렌트가 1789년 프랑스 혁명의 성격이 '자유'가 아니라 '해방'이라고 보았던 이유는 혁명과정에서 자코뱅당과 로베스피에르가 사회적 빈곤문제를 해결하기 위한 목적 달성을 위해 인간의 다원성(plurality)을 가정하지 않고, 이것을 무시하는 폭력(violence)과 공포(horror)라는 비정치적인 행위를 동원했기 때문이다. 즉 아렌트가 보기에, 1789년 프랑스 혁명이 초기에는 공적 자유의 실현을 위한 정치혁명을 목표로 출발하였지만, 로베스피에르가 권력을 장악한 이후에는 사회적 빈곤문제 해결 등 시민들의 사적 자유를 위한 사회적 해방에 주력하여 결국에는 진정한 공적 자유를 목표로 하는 성숙한 정치혁명에는 실패하였

16 한나 아렌트, 홍원표 역, 『혁명론』(파주 : 한길사, 2004).

다는 것이다. 아렌트는 1789년 프랑스 혁명이 '성숙한 정치혁명'에 실패했음에도 불구하고, 이 프랑스혁명 이후 헝가리혁명 이외의 대다수 현대 혁명은 이 실패한 정치혁명 모델인 프랑스혁명을 모델로 삼아 전승되었다고 비판하였다.[17] 그러면서도, 그는 자유를 위한 첫 사례로 정치적 노동운동의 발현체로 등장한 1871년 파리꼬뮌을 시민들의 공적 자유와 성숙한 시민성이 드러났던 '정치혁명 모델'로 적극적으로 평가하였다.

그리고 아렌트는 1871년 파리꼬뮌의 경험처럼 '새로운 정부형태'의 창조행위로 발현되었던 '정치적인 노동운동'과 대칭되는 '경제적인 노동운동'에 대해, "노동조합은 사회를 대표하는 정치제도를 개혁함으로써 사회개혁을 바랬다는 점에서 결코 혁명적이지 않았다"고 평가하면서, 그것의 한계를 지적하고 있다. 또한 그는 이 과정에서 "'노동계급의 정당'(the political parties of working class)은 거의 대부분 이해관계 정당(interest parties)이었으며 다른 사회계급을 대표하는 이익정당과 결코 다르지 않았다"고 부정적으로 비판하고 있다.[18]

이와 같이 그것의 한계를 비판하는 이유는 아렌트가 노동운동의 경제·사회적 동기와 정당의 역할을 부정하려는 것이 아니라 오히려 노동조합과 당이 "결국 노동계급의 근대사회로의 통합, 특히 경제적 보장, 사회적 위신 그리고 정치적 힘의 엄청난 성장"에 일정 부분

17 한나 아렌트, 『혁명론』, 45.

18 안느 아미엘, 「아렌트, 마르크스 그리고 노동운동」, 『시민과 세계』 창간호(서울 : 당대, 2002), 410-425.

기여했음에도 불구하고, 인간의 공적 자유와 시민성이 발현되는 새로운 정부형태와 같은 '정치적 공간'(the political space)을 창설하는 것을 추구하지 않았다는 점에서 망각된 혁명정신과 성숙하지 못한 시민성을 부각하기 위한 것이다.[19]

아렌트가 보기에, 노동운동의 초기 단계에서 노동자의 열정은 아주 열악한 상황에서 획득한 경제적 이익을 보호해줄 뿐만 아니라 성숙한 시민성을 토대로 정치투쟁을 할 수 있는 유일한 집단이라는 점에서 "인간으로서 말하고 행위(praxis : action)하는 유일한 조직"으로 노동운동의 시민적 성격을 매우 긍정적으로 평가하였다. 하지만 오늘날에는 노동운동이 다른 이익집단과 마찬가지로 경제적 기득권과 사회적 특권을 요구하고 있어 노동운동이 성숙한 시민성을 드러내는 행위를 상실하고 있다는 것이다.[20] 한마디로, 노동운동이 1871년 파리꼬뮌, 1917년 러시아 소비에트, 1956년 헝가리 평의회 등의 경험처럼, 시민적 자유를 위한 정치공동체의 창설이 아니라 더 많은 임금과 여가시간만을 위해 존재하는 경제적인 이익운동으로 전락하고 있다는 것이다.

이상으로 아렌트의 논의를 검토해 볼 때, 노조원들도 시민들의 속성인 성숙한 시민성을 드러낼 수 있다고 말할 수 있다. 다만, 항상적으로 그렇다는 것이 아니라 조건적으로 그렇다는 점이다. 여기서 조건적이라는 것은 1871년 파리꼬뮌에서 발현되었던 시민들의 정치적 행

---

19 안느 아미엘, 「아렌트, 마르크스 그리고 노동운동」, 414.

20 Hannah Arendt, *The Human Condition*, 218-219.

위와 시민성과 같이, 사회경제적인 요구의 문제를 극단적으로 해결하는 도구적 합리성차원과 폭력이 아닌 이것을 넘어서 오로지 말과 행위 그리고 성숙한 시민성이 드러나는 '새로운 정부형태'(a new form of government)와 같은 공적 영역을 추구할 경우에만 그렇다는 점이다.

그렇다면 우리 주변에서 시민참여와 행위를 통해 성숙한 시민이 탄생할 수 있다는 것을 보여주는 사례는 어떤 것이 있을까? 앞에서 논한 아렌트의 논의에서 볼 때 우리주변의 대표적인 시민사례로 1970년대 동대문 시장을 살아갔던 전태일과 2008년 촛불시위에 참여하면서 번민했던 공공노동조합 부위원장 신세종의 행위를 들 수가 있다. 우선적으로 전태일의 삶과 행위를 시민적 삶의 사례로 드는 이유는 그가 초등학교 4학년을 중퇴하여 정규교육이 부족한 조건하에서도, 1970년대 당시 공장 노동자들의 열악한 삶의 환경을 개선하기 위한 용기 있는 실천행위와 타인에 대한 사랑을 통해 시민성의 전형을 보여주었고, 경제적 안정과 높은 지적 단계에 있었음에도 불구하고 시대적 정의를 실천할 수 없었던 당시 지식인 사회에 많은 반성과 각성의 계기를 주었기 때문이다. 또한 전태일이 그러한 시민적 행위를 할 수 있었던 핵심적인 배경에는 상대적으로 교육기관에 의한 교육과 학습이 부족한 상태에서도 자신이 살고 있는 생존과 생활의 터전이었던 노동현장에서 벌어졌던 일들과 사람들에 대한 체험과 자각이 그것을 개선하기 위한 실천행위와 연결되어 성숙한 시민성으로 드러났기 때문이다.

뿐만 아니라 전태일의 행위는 아렌트의 관점에서 볼 때, 행위(action)와 작업(work)이 어떤 부분에서는 착종되거나 혼합되어 있는 부분도 있고, 또한 '행위'의 단계에 이르지 못한 '작업'의 단계에서 멈춰버려 시민적인 행위라고 평가하기엔 부족한 부분도 보여주고 있어 성숙한 시민적 행위의 실체가 구체적으로 어떤 것인 지에 대해 풍부한 비교논의를 제공하고 있다는 점에서 의미가 있다. 예를 들자면, 전태일의 행위에 대한 종전의 지배적인 평가처럼, 삶의 고통에서 시작하기 보다는 이념적인 노동운동을 이끌기 위한 목적의식적인 활동을 하거나 조직적인 노동운동의 목적을 위해 자신의 목숨까지 내놓게 되는 것을 '행위'(action)로 볼 수는 없을 것이다. 오히려 이런 것들은 '노동운동가', '노동열사', '노동영웅'과 같은 도구적 삶을 강조하는 '작업'(work)에 더 가까운 것으로 평가될 수 있다. 따라서 전태일의 삶과 행위를 시민성의 발현을 강조하는 성숙한 행위의 시각에서 보기 위해서는 작업(work)을 넘어서 타인과 자기에 대한 사랑을 고민하고 물리적인 힘과 폭력적 행위보다는 말과 행위로 통해 실천하는 '행위'(action)의 관점에서 이것을 구분하여 볼 필요가 있다. 이럴 경우, 적어도 전태일의 분신저항(焚身抵抗)은 '행위'(action)보다는 '작업'(work)에 가까운 도구적 활동으로 시민적 행위에서는 제외될 필요가 있다.

왜냐하면, 전태일의 분신저항 부분은 동시대 미국에서 몽고메리 버스 승차거부 운동 등 흑인의 시민권운동을 전개했던 마틴 루터 킹(Martin Luther King Jr.)의 행위방식인 '말과 비폭력을 통한 시민불복종주의'와 크게 대비가 되기 때문이다.[21] 마틴 루터 킹은 1955년부터 1968

21 마틴 루터 킹, 이성준·김교준 공역, 『왜 우리는 기다릴 수 없는가』(서울 : 경일문화사, 1964) ; 마틴 루터 킹, 홍동근 역, 『자유의 투쟁』(서울 : 대한기독교서회, 1967) ; Martin L. King, ed. Clayborne Carson, 이순희 역, 『나에게는 꿈이 있습니

년 암살되기 전까지 몽고메리, 버밍햄, 워싱턴 등의 도시에서 비폭력 저항운동을 실천하였던 사람이다. 그는 그 누구보다도 사람과 재산에 물리적인 침해나 손상을 끼치고 질서를 파괴하는 강제적이고도 물리적인 힘인 폭력을 반대하였다. 그 대신에 그는 적을 파멸하는 것이 아닌 기독교적 사랑, 즉 아가페적인 사랑을 적극 표현하여 적과의 우정과 이해를 얻고자 하는 비폭력 저항운동방식을 선택하였다. 마틴 루터 킹이 비폭력 저항의 방법을 사용했던 궁극적인 목표는 속죄와 화해를 통하여 인종을 초월한 시민적 통합(civic integration), 즉 공동사회를 지향하였기 때문이다. 따라서 그는 '말'을 통한 행위 즉 설교와 연설을 통해 미국 헌법과 독립선언서에 드러난 평등권, 자유권, 행복추구권을 근거로 미국사회의 부정의와 부도덕을 비판하며 흑인사회와 백인사회의 깨어있는 양심을 설득하고자 하였다. 특히, 그는 수많은 거리행진과 대중연설을 통해 민권운동의 궁극적 목표는 백인에 대항한 흑인의 권리획득이 아니라, 조국인 미국의 화합과 민주주의의 발전을 위한 것이라고 주장하였다. 이러한 그의 정신은 1963년 8월 28일 링컨 기념관에 25만명이 운집한 워싱턴 최대의 집회에서 행한 17분 분량의 연설 "나에게는 꿈이 있습니다(I have a dream)"라는 것을 통해 드러났으며, 이것은 참가자들 모두에게 아브라함 링컨의 연설에 버금가는 엄청난 충격과 감동을 안겨주었으며, 이 집회는 미국 민주주의 역사에 획기적인 장을 연 것으로 평가되고 있다.[22]

다 : 마틴 루터 킹 자서전』(서울 : 바다출판사, 2000).

22 김영준, 『마틴 루터 킹의 비폭력 저항에 대한 윤리학적 분석』, 연세대학교 연합신

3. 시민 전태일과 신세종 사례

1) 전태일 사례

전태일은 1948년 9월 28일 대구(당시 대구부 남산정)에서 출생해서 1970년 11월 13일에 분신저항으로 사망하기까지 짧고 굵은 생을 보냈다. 그는 1960년대 평화시장 봉재공장의 재봉사로 일하며 노동자의 열악한 노동환경을 개선하기 위해 노력하였다. 그는 가난한 노동자의 맏아들로 태어났으며, 재봉사였던 아버지 전상수가 사기를 당하는 바람에 1954년 서울로 올라와서 생활 전선에 뛰어들 수밖에 없었다. 그는 초등학교와 고등공민학교를 자퇴할 수밖에 없는 조건으로 정규 교육을 거의 받지 못했으며, 거리에서 삼발이를 만들어서 파는 행상을 하며 생계를 이어가는 불우한 유년기를 보냈다. 그는 1965년 아버지에게 배운 재봉기술로 서울 청계천 평화시장의 피복점의 보조공으로 취업해 14시간 노동을 하며 당시 커피 한 잔 값이었던 50원을 일당으로 받으면서 일하였다. 그는 그 이듬해 직장을 옮겨 재봉사로 일하는 와중에 어린 여공들이 적은 월급과 열악한 환경, 과중한 노동에 시달리는 것을 보며 노동환경 개선에 관심을 가지기 시작했고, 특히 함께

학대학원 이론신학과 석사학위논문(2001) ; 서지숙, 『마틴 루터 킹 Jr.와 미국의 민권운동 : 그의 정치적 영향력의 배경과 원인분석』, 서울대학교 대학원 정치학과 석사학위논문(2008).

일하던 한 여공이 가혹한 노동 환경으로 인한 직업병인 폐렴으로 강제 해고되는 비극적인 상황을 보고 충격을 받고 많은 고뇌를 하였다. 결국 자신도 여공을 도왔다는 이유로 사업주들에게 밉보여서 해고되었다.

그는 1968년에 우연히 당시 노동자의 기초적인 인권을 보호하는 법인 근로기준법(勤勞基準法)의 존재를 알게 되었다. 그는 근로기준법 해설서를 구입해 그 내용을 독학으로 공부하면서 법에 규정되어 있는 최소한의 근로조건조차 지켜지지 않는 노동현실에 분노를 느끼고, 1969년 6월 평화시장 최초의 노동운동 단체인 '바보회'를 창립하여 평화시장 노동자들에게 근로기준법의 내용과 현재 근로조건의 부당성을 알리기 시작하고 설문을 통해 현재의 근로실태를 조사하였다. 그러나 이 일은 사업주들의 탄압으로 실패로 끝나고 더 이상 평화시장에서 일할 수 없게 되었다. 이후 그는 평화시장을 떠나 한동안 공사장에서 막노동을 하며 지낼 수밖에 없었다. 1970년 9월 평화시장으로 다시 돌아온 전태일은 재봉사보다 지위가 높은 재단사로 일하며 이전의 바보회를 발전시킨 '삼동친목회'를 결성하였다. 그 뒤 다시 노동실태 조사 설문지를 돌려 126장의 설문지와 90명의 서명을 받아 노동청에 진정서를 제출하였다. 이 내용이 경향신문에 실려 주목을 받자, 전태일 등 삼동회 회원들은 본격적으로 임금, 노동시간, 노동환경의 개선과 노동조합 결성 등을 위해 사업주 대표들과 협의를 벌였으나, 일을 무마하려는 정부의 약속 위반으로 인해 번번이 무위로 돌아갔으며, 사업주들도 삼동회는 사회주의 조직이라고 헐뜯음으로써 노동자들이 노동운동에 참여하지 못하도록 방해하였다.

이러한 사업주들의 방해에 따라 전태일과 삼동회 회원들은 1970년 11월 13일 근로기준법은 노동자들의 인권을 보호하지 못하는 무능한 법이라고 고발하는 뜻에서 근로기준법 화형식을 하기로 결의하고 플래카드 등을 준비해 평화시장 앞에서 노동환경 개선을 요구하는 시위를 벌였다. 그러나 사업주들과 경찰의 방해로 플래카드를 빼앗기는 등 시위가 무위로 돌아갈 위기에 처했을 때, 전태일은 갑자기 온 몸에 휘발유를 끼얹고 불을 붙이고 "근로기준법을 준수하라! 우리는 기계가 아니다!" 등의 구호를 외치며 평화시장 앞을 달려 나갔다. 끝내 그는 "배가 고프다"라는 마지막 말을 남기고 쓰러져, 병원으로 옮겨졌으며 이 소식을 듣고 병원에 온 어머니 이소선 여사에게 그는 "어머니, 내가 못다 이룬 일 어머니가 이뤄 주세요"라는 유언을 남기고 세상을 떠났다.[23]

전태일의 삶 속에서 드러난 행위의 대표적인 예는 '어린 여공들에게 풀빵 사주기', '재단사가 되어 여공 돌보기', '평화시장으로 돌아가서 문제풀기'이다. 이러한 전태일의 행위는 자신의 몸과 생활이 열악한 와중에도 불구하고, 자신보다 더 열악한 환경 속에서 살아가는 여공들의 처지와 고통을 진정으로 이해하고, 그들의 삶을 돕기 위한 개인차원의 선행, 용기 있는 나눔 행위로 이해된다. 이러한 그의 선행은 단순한 개인차원의 선행에서 그치지 않고, 점차 열악한 노동환경을 개선하고자 하는 제도개선 차원의 공적인 활동과 이를 위한 바보회와 삼

23 조영래, 『전태일 평전』(서울 : 전태일기념사업회, 2009).

동회를 만드는 조직 활동과 근로감독관과 대통령 등 고위직 정책결정자들에 대한 진정서와 탄원서 쓰기활동으로 이어지게 된다. 특히, 모범업체에 대한 설립구상과 구체화노력은 요즘 한창 논의되고 있는, 취약계층에게 사회서비스 또는 일자리를 제공하여 시민들의 삶의 질을 높이기 위한 비영리영역인 사회적 기업(social enterprise)과 같은 맥락이라는 점에서 그의 생각은 창의적이며 선구적이었으며, 그의 행동은 사회적 혁신가(social entrepreneur)에 가깝다고 할 수 있다.

전태일은 당시 노동자의 인권을 보호해주는 '근로기준법'이 있다는 것을 발견하고, 그 내용을 공부하였으나 한자가 많아 내용을 알 수 없어 '내게도 대학생 친구가 하나 있었으면 알 수 있었을 텐데.....'라고 하며 도움을 받지 못하는 열악한 주변 환경을 안타까워하였다. 그리고 그가 근무하는 회사가 근로기준법을 준수하지 않는 실태를 여러 차례 관계기관에 탄원하였다. 자신과 동료들이 처한 열악한 근로환경에 대한 조사 결과를 토대로 노동청과 서울특별시에 노동조건 개선을 요구하는 진정서를 제출하였지만 번번이 묵살을 당하였으며, 시청 근로감독관에게 감독을 요청하였으나 그것은 허사로 끝났다. 전태일은 안타깝게도 1970년 11월 13일 노동자의 열악한 노동환경을 구제하지 못하고, 개선하지 못하는 근로기준법을 규탄하는 집회가 경찰 측과 회사 측에 의해 강제해산을 당하자, 분신저항을 감행하였다. 그는 화염에 휩싸인 채 "근로기준법을 준수하라", "우리는 기계가 아니다"라고 절규하다 끝내 숨을 거두었다. 전태일이 그러한 죽음을 선택하기까지 그가 자신의 행위를 통해 보여준 인간답게 살아가지 못하는 동료 여공들과 노동자들에 대한 동정과 연민 그리고 인간에 대한 사랑, 인간됨이 드러나지 못하게 하는 각종 부정의 한 법과 제도를 개선하고자 하는 희생과 봉사 그리고 용기는 결과적으로 당시 어느 정도 경제적으로 안정되고 지적으로 높은 단계에 있었던 지식인과 시민들에게 비참한 사회현실에 대한 고발과 지식인의 사회적 책임에 대한 각성과 성찰 그리고 문제해결을 위한 공론의 기회로 작용하였다. 이로써 전태일의 행위는 당시 지식인들과 시민사회진영에게 노동자의 인권운동과 민주화운동에 대한 관심을 촉발하는 등 인권과 민주화에 대한 사회적 필요성을 심화시키는 교육적 효과도 있었다.

전태일은 분신저항을 선택하기 직전까지 자신과 여공들이 인간답지 못하고 기계처럼 살고 있다는 그 비참한 노동현실을 몸소 체험하면서 그곳에서 체득된 의식과 삶의 태도를 통해서 그 열악한 환경을 개선하고자 하였다. 전태일이 근로환경을 개선하기 위해 그의 동료들과 함께 결성한 '바보회'라는 단체는 그의 반성과 자각이 담겨있는 이름이다. 그는 노동자도 인권을 가진 사람임을 자각하고 그에 따른 시민성을 발현하기 보다는 착취적이고 억압적인 노동환경에 순응한 자신의 모습이 바보였다는 것을 반성하였다. 그는 가능하다면 모든 노동형제들과 시민들과 함께 그 비참한 현실을 벗어나고자 노력하였다.

그는 개인적인 수준에서, 조직적인 수준에서, 공적인 수준에서 그의 동료들과 이야기를 하였고, 근로감독관과 기자들에게 열악한 노동환경과 인권의 소중함을 말과 토론을 통해 이야기 하였다. 또한 그는 말로써 자신과 동료들이 겪고 있는 고통과 열악한 삶의 질에 대해 대통령에 까지 탄원하고자 하였다. 이러한 전태일의 용기있는 수많은 행위는 국가적 수준에서 수용되지 못하고 결국 분신저항이라는 극한적인 행동으로 끝을 맺을 수밖에 없었다. 분신은 음독, 투신, 목을 매어 죽는 방법과 달리 은폐된 자살이 아닌 공개된 자살로써 심한 화상을 입고 서서히 죽어가기 때문에 엄청난 고통을 수반한다는 점에서 자신의 의사를 군중들에게 가장 강력하게 공개적으로 전달하고 자신의 죽음의 의미가 헛되지 않게 하려는 절박한 심정과 용기의 표현이라 할 수 있다.[24]

특정한 목적을 위해 생명을 가볍게 버리는 극단적 행동들은 결코 찬사를 보내거나 영웅화될 수 없다. 절차적인 민주화가 어느 정도 보장된 사회일수록 이러한 극단적 행동들은 피해야 할 것이다. 하지만 전태일이 살던 폭압적 시대는 극단적 행동을 피할 수 있는 완충지대가 부족하였다. 만약 이러한 극단적 행동을 피할 수 있는 완충지대가 있었더라면 전태일의 용기있는 시민적 행위는 죽음으로 끝나지 않고, 대화와 토론을 통해 유지되는 성숙한 시민사회의 형성으로 계속되었을 것이다. 전태일은 끝내 분신저항이라는 극한 방식을 통해 당시 노동자들이 살아갔던 어두운 시대상과 열악한 삶의 모습을 세상 사람들에게 드러내어 밝게 비춰낼 수밖에 없었다. 상술한 바와 같이, 전태일의 삶과 여러 시민적 행위는 그가 자신이 마주하고 있는 노예와 기계와 같은 삶을 개선하고 인간답게 살아보고자 노력했다는 점에서, 그리고 그러한 삶이 지식인과 노동자들에게 시민적인 덕성과 관련한 교육적인 효과와 영향을 미쳤다는 점에서, 한나 아렌트가 언급한 대로

---

24 오성환, 「한국 분신의 상징적 의미」, 『비교민속학』 제12집 (1995).

행위(action)하는 삶을 상징하는 시민적 삶의 전형을 많은 부분에서 보여줬다고 평가할 수 있다.

따라서 전태일의 정신(精神)은 작업(work)이 아닌 행위(action)의 관점에서 제대로 계승될 필요가 있다. 그 행위의 핵심은 주변의 고통스런 상황에 대한 연민과 사랑이며, 시민들과 함께 대화와 토론을 통해 문제를 해결하겠다는 개방된 마음가짐과 실천적 태도라 할 수 있다. 그렇다면 전태일이 당시 경제적으로 안정되고 지적으로도 많이 배운 지식인들도 감히 할 수 없었던 여러 용기있는 시민적 행동을 통해, 지식인사회를 각성케 하는 시민성을 발현하는 행위를 할 수 있었던 배경은 무엇일까? 그것의 핵심적인 이유는 그가 정기 학력과 교육이 부족한 상태에서도 자신이 삶의 터전에서 열악한 근로환경으로부터 박해받고 고통받는 노동자들의 비참한 삶을 직접 체험하고 그것을 그의 동료들과 함께 대화하고 토론하면서, 그리고 문제를 해결하고자 하는 과정에서 노동자도 노예와 기계가 아닌 인간으로서의 존엄성을 가져야 하고, 인간의 존엄성이 보장되는 기업과 사회공동체가 되어야 한다는 자각과 성숙한 시민의식이 자라날 수 있었기 때문이다.

2) 신세종 사례

2008년 6월, 이명박 정부가 추진하고 있는 광우병이 의심되는 쇠고기수입조치에 대해 시민들의 불안감과 의문 및 다양한 의견개진과 참여로 개화되었던 촛불시위가, 마침내 '대한민국은 민주공화국'라는 새로운 '시민권력'개념으로까지 상승되어 이른바, 하버마스가 말하는 '시민적 공론장'(public sphere)이 '의사소통적 권력'(communicative power)으로 진화하고 있을 때의 일이다. 촛불시위에 참여하게 되면서, 시민들이 내뿜는 다양성의 향연과 카니발적 열린 공간의 놀라움에 매료되었던 어느 노동조합의 간부는 이것이 자신과 동료 노조원들의 삶과 다른 모습이라는 것에 고뇌하였다. 마침내 그 노조간부는 '시민이 가진 다양성이 노조원은 왜 없을까?'라는 노조운동의 방향성에 대한 근본적인 질문을 던지며, 노조원들의 '다양성 부족'을 노동자와 노동운동이 직면한 문제로 인식하고, 그 놀라운 통찰과 반성을 체험적 고백으로 밝히는 용기를 보여주어 주변 노조간부와 동료 노동자들에게 뜨거운 반향을 일으켰다. 그 노동조합의 간부는 민주노총 산하 조직인 공공노동조합의 신세종부위원장이며, 그의 놀라운 통찰력과 용기 있는 문제의식은 "시민이 가진 다양성, 노조원은 왜 없을까?"라는 글로 인터넷 매체인 레디앙(7.29)에 소개되었다. 당시 그의 놀라운 통찰력은 많은 현장 노동자와 생활세계를 살아가는 시민들에게 많은 공감을 얻었으며, 반성과 성찰 및 새로운 대안 모색을 촉구하는 기회로 다가왔다. 관련 글의 일부를 소개하면 다음과 같다:

> …(중략) … 세부적으로 들어가 보자. 5월 2일이나 지금이나 촛불집회에는 한 가지의 목적을 가진 사람들만 모이지 않는다. 심지어는 쇠고기보다는 다른 의제에 더 관심이 많은 사람들도 있다. 쇠고기에 관심이 있는 사람들이라 하더라도, 목적이 그것뿐인 사람들부터 이명박 정권의 모든 정책에 반대하는 사람들까지…… 이 다양성을 이해하고 인정해야 한다. 대책회의가 지금까지 촛불

집회를 끌고 올 수 있었던 것은 이 다양성을 무리하게 하나로 모으려 하지 않았기 때문이다(물론 이는 반대의 측면에서는 한계로 작용할 수도 있다). 조금만 더 디테일하게 들어가 보자. 억눌린 교실에서 탈출하고 싶은 학생들, 광우병의 공포에 분노하여 살고 싶다고 외치는 어린 학생들. 자식에게 안전한 먹거리를 먹이고 싶어하는 부모들, 물가폭등에 분노한 서민들, 대운하를 용인할 수 없는 시민들. 또 민영화에 반대하는 시민들, 세상의 변화를 인정하지 않으려는 대통령에게 화가 난 사람들, 사회에 불만이 누적된 소외계층들(실업자, 도시빈민, 노숙자들까지)이 촛불집회를 이끌어 왔다. 심지어 동방신기에게 광우병 쇠고기를 먹일 수 없다는 철없는 학생들도 나왔고, 박근혜를 떨어뜨린 이명박이 싫다는 보수성향의 사람들까지 거리로 나왔다.

다양성은 참가자들의 정치적 목적으로만 바라보아서는 안 된다. 이것만으로 60차 촛불문화제는 열리지 못했을 것이다. 촛불집회의 의제보다 다른 데 관심이 더 많은 이들도 많다. 사진을 찍으러 나온 수백 명의 아마추어 사진가들(이들은 결국 촛불의 외침에 동화되었고, 개인적 관심의 사진에서 보도사진의 형태, 더 나아가 경찰의 불법성을 폭로하는 증거사진으로 발전하고 있다), 개인 인터넷 생중계를 하러 다니는 수십 명의 카메라맨과 그 무리들도 있다. 향수에 의해 나온 사람도 있다. 80년대 '임을 위한 행진곡'을 부르기 위해 연행을 각오해야 했던 학창시절의 기억을 가지고 향수를 느끼러 나온 386세대들은 촛불집회의 분위기에 감동받고 있다. 저녁이면 시청과 세종로 사거리 주변 곳곳에서는 동문회가 열린다. 특정 몇몇의 민주동문회를 제외하고 이들의 목적은 참으로 단순하다. 그냥 나오라 그러면 안 나오는 동문들이 촛불집회도 참여하고 술도 한잔 먹자고 하면 나온다는 것이다. 공연을 하러 나오는 사람들도 있다. 심지어는 데이트를 하러 나오는 연인들도 있다. 하긴 2008년 6월 서울에서 시청과 세종로 사거리만큼 데이트하기 좋은 장소가 있겠는가?

이러한 다양성들은 자발성을 확산시키고 있고, 그 자발성이 50차 촛불집회를 이끌고 왔다. 동원되지 않은 촛불, 조직되지 않은 촛불, 다양성을 가지고 자발적으로 모인 촛불. 이것이 정답이고 이것이 배후이다. 이러한 다양성과 자발성은 창조성을 끌어냈다. 5월 24일 이전까지 촛불집회를 재미있다고 하는 사람들이 많았다. 우리의 관념으로는 상상할 수 없는 손피켓의 문구들, 그 재치 발랄함과 창의성들. 내로라하는 명연설가들을 뛰어넘는 재치로 대중을 압도하는 학생과 시민들의 발언들. 번호표를 나누어 주어야만 집회가 진행될 만큼 몰려드는 자유발언자들. 끊임없이 쏟아지는 새로운 구호, 새로운 선전물들. 사진기를 들고 피켓만 찍으러 다녀도 지칠 정도로 집회 자체가 생기 넘쳤다. 그런데 우리 노동조합은? 잠시 우리(노동조합)의 집회와 비교해 보자. 집회의 목적에 대한 (때로는 치열하기까지 한) 토론, 조직지침 하달, 조직 동원, 틀에 박힌 집회(민중의례, 십 수년째 비슷한 사람들의 항상 똑같은 발언, 너무 익숙해져서 아무런 감흥도 일으키지 않는 민중가요 부르기, 공연 한 토막, 결의문 낭독).

이제는 선전전조차 동반하지 않고 시민들에 대한 홍보방송조

> 차 하지 않는 따분하고 무의미한 행진, 그 과정에서 조합원 대부분이 빠져나간 후 진행하는 마무리 집회…… 너무 심하게 표현했지만, 그래도 이것이 우리의 현실이다. 노동자도 국민이고, 시민이다. 아니 노동자가 국민과 시민의 대부분이다. 그렇다면 국민과 시민에게 있는 다양성이 왜 우리 조합원들에게는 없는 것일까? 없는 게 아니라 우리가 외면하고 있었던 것은 아닐까? 민주와 자유, 노동해방과 진보를 부르짖는 우리들이 한편으로는 또 다른 획일주의를 양산해 오고 그것에 익숙해져 있던 것은 아닐까? 국민과 시민에게는 있는 자발성이 왜 우리 조합원들에게는 보이지 않을까? 그 자발성을 끌어내지 못한 책임이 우리들에게 있는 것은 아닐까? 어느덧 조합원들조차 길들여져서 자발성을 잊은 지 오래된 것은 아닐까? 그렇기 때문에 창조성도 없고, 이 모든 것이 연결되어 서로 악영향을 주고 있는 것은 아닐까? 다시 본론으로 돌아와서…… 다양한 사람들이 다양한 목적을 가지고 자발적으로 참여하기 때문에 창조적이고 생기 넘치는 촛불집회, 그로 인해 더 다양하고 더 많은 사람들을 자발적으로 끌어들이는 연쇄작용. 이것이 2008년 5, 6, 7월 촛불의 배후이다.

이상의 고백 글에서 드러난 것처럼, 노조원들의 시민성 부족에 대한 신세종부위원장의 현실인식과 그가 제기한 질문은 당시 촛불시위에 참여했던 노조간부와 현장노동자들 그리고 우리에게 시민성의 발현 그리고 그것의 함양과 관련하여 몇 가지 이론적으로 그리고 경험적으로 검토해 볼 것을 진지하게 요구하였다. 그런 점에서 신세종을 현장에 참여하는 시민 그리고 그런 행위를 통해 스스로 성숙해 가는 현대적 시민이라고 말할 수 있다. 즉 아렌트의 관점에서 볼 때, 노동자가 시민이 되기 위해서는 어떠한 고민을 하고 자신의 잠재력을 어떻게 발휘해야 하는지를 자각했다는 점에서 그를 현대적 시민이라고 부를 수 있을 것이다. 특히, 그가 노조와 노조원들도 시민이 가진 시민성을 가질 수 있을 것인가? 그 여부에 대한 판단 그리고 노조와 노조원들이 시민이 되기 위해 시민성을 발현하고 함양하기 위해서는 어떻게 해야 할 것인가 하는 것은 시민교육이 반드시 풀어야 할 중요한 질문이다.

4. 시민교육에 주는 시사점

이 글은 투표율의 하락 등 최근 민주화 이후 대의민주주의에 대한 각종 위기지표들을 볼 때, 이것을 개선하기 위한 방안으로 우리사회에서 성숙한 시민의 탄생이 절대적으로 필요하고 이것과 관련하여 시민교육에 대한 당위적·규범적 필요성이 확대되어 가는 시점에서 제기된 시민교육의 내용과 방법론에 대한 사회적 논쟁점을 해소하기 위한 차원에서 출발하였다. 이 글은 성숙한 시민탄생을 위한 시민교육의 당위적 필요성을 생각할 때 마주치게 되는 근본적인 문제인 시민들이 지닌 시민성은 교육과 학습을 통해서만 발현, 함양될 수 있는 것인가에 대해 문제제기를 하면서 교육기관을 통해서 뿐만 아니라 시민들이 살아가면서 겪게 되는 삶의 문제를 해결하기 위한 행위를 통해서도 시민성을 드러낼 수 있어야 하기 때문에, 시민성의 확장을 위해서는 시민들이 살아가는 삶의 현장에서 시민 스스로 문제가 되는 그 현장에 참여하는 것에서부터 시작해야 한다는 논의의 필요성을 제안하고 있다. 그런 점에서 이글은 매우 실험적인 성격을 가지고 있다. 그런 만큼 많은 한계를 가지고 있다. 특히, 행위하는 것과 교육하는 것과의 연관성에 대해 폭넓게 선행연구를 밝히지 못한 점 그리고 행위를 통해 시민성의 형성이 가능하다는 이론적 논의에 대해서는 많은 연구자들이 있음에도 불구하고, 한나 아렌트의 논의 그리고 전태일과 신세종의 사례를 통해 매우 제한적으로만 접근하여 보여주고 있다. 이러한 점은 추후 논의를 통해 보완될 필요가 있다.

이러한 많은 한계에도 불구하고, 이 글은 다음과 같은 실험적인 의의가 있다. 첫째, 성숙한 시민이 탄생하기 위해 시민교육의 당위적 필요성에도 불구하고, 시민교육을 가르치는 주체의 범위와 방법론과 관련하여 근본적으로 검토해야 할 것으로, 시민들의 시민성(civility) 혹은 시민의식은 어떻게 발현되고, 계발되며 형성되는 것인가? 또한 함양되어야 하는 것인가와 관련된 근본적인 물음에 대해 문제를 제기하였다. 둘째, 첫째에 대한 답변과 관련하여 한나 아렌트의 논의 그리고 전태일과 신세종의 시민적 삶의 사례를 볼 때, 시민성의 형성과 함양은 활동적 삶과 행위가 이뤄지는 삶의 공간과 현장에서 가능하다는 것을 제시하고 있다. 셋째, 이러한 시사점을 볼 때, 시민교육의 범위와 방법론을 교육기관과 단체를 통한 이론중심의 학습방법과 같은 너무 좁은 의미로 제한하지 말고, 시민들이 살아가고 있는 삶의 현장과 참여공간에서 자신들의 생활문제를 해결하는 과정에서 자연스럽게 드러나는 말과 행위를 통해 형성되는 규범과 실천행동까지 그 범위를 더 넓게 사고할 필요가 있으며 그 교육방법론에 있어서도 오감(五感)을 통한 몸의 체득에서 인식이 출발한다고 가정하는 '현장실천학습'과 '지각적 체험학습법'을 활용할 필요가 있다.

요약하자면, 성숙한 시민의 탄생은 시민들이 말과 행위가 드러나는 삶과 삶의 구체적인 실천현장에서 함양될 수 있다는 메시지이다. 이러한 시사점이 시민교육에 주는 교훈으로는 첫째, 향후에 민주시민교육지원법(가칭) 등으로 제도화 될 시민교육의 개념은 시민들의 삶의 현장과 체험적 실천교육과 연결되도록 하는 것까지 넓은 의미로 사용되어야 한다. 둘째, 시민교육은 시민들이 자신의 삶의 문제를 스스로 풀 수 있도록 지원하는 교육지원센터를 활용하는 것까지 넓은 의미로 사용할 필요도 있다. 셋째, 시민교육의 내용으로 시민들이 살아가는 삶의 현장과 생활세계에 대한 이해와 더불어 그것을 말과 행위로 표출할 수 있는 시민적 대화능력과 토론능력을 함양하는 것까지 넓은 의미로 사용되어야 한다.

참고문헌

김영준. 2001. 『마틴 루터 킹의 비폭력 저항에 대한 윤리학적 분석』. 연세대학교 연합신학대학원 이론신학과 석사학위논문.

듀이, 존. 김성숙·이귀학 공역. 2008. 『민주주의와 교육 철학의 개조』. 서울 : 동서문화사.

루소, 장 자크. 정봉구 역. 2006. 『에밀』. 서울 : 범우출판사.

박세일. 2003. 「청소년 참여의 의의와 방향」. 『제39회 청소년정책 연구 세미나 자료집』. 서울 : 한국청소년단체협의회.

서지숙. 2008. 『마틴 루터 킹 Jr.와 미국의 민권운동 : 그의 정치적 영향력의 배경과 원인분석』. 서울대학교 대학원 정치학과 석사학위논문.

아렌트, 한나. 홍원표 역. 2004. 『혁명론』. 파주 : 한길사.

아미엘, 안느. 2002. 「아렌트, 마르크스 그리고 노동운동」. 『시민과 세계』 창간호. 서울 : 당대.

오성환. 1995. 「한국 분신의 상징적 의미」. 『비교민속학』 제12집.

조영래. 2009. 『전태일 평전』. 서울 : 전태일기념사업회.

하버마스, 위르겐. 서규환 역. 1995. 『소통행위이론 1』. 서울 : 의암출판문화사.

Arendt, Hannah. 1968. *The Human Condition.* Chicago : The University of Chicago Press.

Bopp, M. 1994. "The illusive essential : Evaluating participation in non-formal education and community, Convergence." *International Council for Adult Education* 27(1).

Chekoway, B. 1988. "Involving young people in neighborhood development." *Children and youth Service Review* 20 : 765-795.

Dalton, R. J. 2005. *Citizen Politics : Public Opinion and Political Parties in Advanced Industrial Democracies,* 4th edition. Washington, D. C. : CQ Press.

Hart, R. 1997. *Children's participation : The theory and practice of involving young citizens in community development and environmental care.* London : Earth scan.

Hershey, Marjorie Randon. 2011. *Party Politics in America. fifteen edition.* New York : Pearson Longman.

Hughes R. L. Ginnett, R. C. and Curphy, G. J. 1993. *Leadership : Enhancing the Lessons of Experience.* Homewood : Richard D. Irwin.

King, Martin L. 이성준·김교준 공역. 1964. 『왜 우리는 기다릴 수 없는가』. 서울 : 경일문화사.

____________. 홍동근 역. 1967. 『자유의 투쟁』. 서울 : 대한기독교서회.

King, Martin L. Ed. Carson, Clayborne. 이순희 역. 2000. 『나에게는 꿈이 있습니다 : 마틴 루터 킹 자서전』. 서울 : 바다출판사.

Merlau-Ponty, M. 1945. *Phénoménologie de la perception.* Paris : Gallimard.

Shils, Edward. 1997. *The Virtue of Civility : Selected Essays on Liberalism, Tradition, and Civil Society.* Ed. Steven Grosby. Indianapolis : Liberty Fund.

저자 소개

이동수

서울대학교 정치학과에서 학사와 석사학위를 받았고, 미국 밴더빌트대학교(Vanderbilt University)에서 정치학 박사학위를 취득하였다. 대통령직속 녹색성장위원회 위원, 대통령실 정책자문위원을 역임했으며, 현재 경희대학교 공공대학원 원장으로 있다. 『행복과 21세기 공동체』(편저), 『미래와의 소통』(편저), 『민주주의 강의 4: 현대적 흐름』(공저), 「지구시민의 정체성과 횡단성」, 「민주주의의 이중성」, 「그리스 비극에 나타난 민주주의 정신」, 「소통정치와 미디어」 등의 저서와 논문이 있다.

이현휘

고려대학교 산업공학과를 졸업하고 동교 정치외교학과 대학원에서 석사 및 박사 학위를 받았다. 현재 경희대학교 NGO국제연구소 연구교수로 재직 중이다. 주요 역서 및 논문으로 『이데올로기와 미국외교』(공역), 『파멸의 묵시록: 과학적 패러다임과 일상의 사유양식』, 「소명으로서의 전쟁: 미국 대외정책 정신과 신의 눈물」, 「미국 대외정책의 관습과 21세기 미중관계의 전망」, 「화이트헤드와 근대 세계관의 철학적 성찰」 등이 있다.

장명학

서울대학교 철학과와 동 대학원 정치학과를 졸업했다. 독일 베를린자유대학교(Freie Universitaet Berlin)에서 정치학 박사학위를 취득하고 현재 경희대학교 NGO국제연구소 연구교수로 재직하고 있다. 학문적 관심분야는 서양 근대정치사상, 공화주의와 민주주의 그리고 시민사회와 NGO등이며 한국정치평론학회 편집이사로 활동하고 있다. 주요 논문으로는 「헤겔의 권력개념」, 「하버마스의 공론장이론과 토의 민주주의」, 「지구화시대 한국의 공화민주주의」, 「해방정국과 민주공화주의의 분열」, 「제국과 영방의 긴장 속의 신상로마제국 정부」 등이 있다.

김윤철

서강대학교에서 정치학 박사학위를 받았다. 한국정치연구회 연구위원, 경향신문과 경남도민일보의 칼럼리스트, 한국사회여론연구소 소장으로 활동 중이다. 경희대학교 후마니타스칼리지에서 〈시민교육〉과 〈인간의 가치탐색〉, 〈우리가 사는 세계〉, 〈자본론〉, 〈정치의 인문학적 탐색〉 등의 과목을 가르치고 있다. 『정당』, 『인문정치와 주체』(공저), 『한국의 정치사회적 지배담론과 민주주의의 동학』(공저), 「민주노동당의 분당」, 「'개별 정당의 위기'

분석을 위한 이론적 모색」, 「대항이념적 가치관에 바탕한 능동적 사회주체 모형의 탐색」, 「사회의 '전환'과 새로운 주체의 '발견'에 관한 단상」 등의 저서와 논문이 있다.

유병래

동국대학교에서 「老子의 爲道者에 관한 硏究」로 철학박사학위를 취득한 후 주로 노장철학을 강의해왔으며, 현재는 경희대학교 후마니타스 칼리지 객원교수로 있다. 주요 논문으로 「漢詩를 통한 서울의 도교문화 玩賞–조선 전기 사대부의 한시에 나타난 昭格殿의 情景을 중심으로」와 「장자철학에서의 노년의 삶」 등이 있고, 번역서로 『태평경 역주』(공역)가 있다.

정재원

경희대학교 식품영양학과를 졸업하고, 이화여자대학교 대학원 여성학과에서 석사와 박사학위를 취득하였다. 여성부 산하 한국양성평등교육진흥원에서 교수를 역임했으며, 현재 경희대학교 후마니타스칼리지 객원교수로 일하고 있다. 『숨겨진 빈곤』(2011년 문화체육관광부 우수학술도서로 선정), 『KOICA사업의 성주류화 방안』(공저), 「영국의 시민교육 제도화에 관한 연구」, 「영국의 시민교육 거버넌스 분석과 시사점」, 「빈곤과 젠더의 상호연계성에 대한 시론 : 사회적 배제 관점을 중심으로」 등의 저서와 논문이 있다.

채진원

2009년 경희대학교 일반대학원에서 「민주노동당의 변화와 정당모델의 적실성」이란 논문으로 정치학 박사학위를 받았다. 현재 경희대학교 후마니타스 칼리지의 교수로 〈시민교육〉, 〈NGO와 정부관계론〉 등을 강의하고 있다. 전공분야는 비교정치과정(의회, 선거, 정당, NGO)이다. 주요 논문으로 「원내정당모델의 명료화 : 대안적 정당모델과의 비교논의」, 「대화형 정치모델의 이론적 탐색 : 아렌트의 '공공화법'과 바흐친의 '다성악적 대화법'」, 「민주주의의 사회적 기반 : 자원봉사활동의 의미와 정치적 상관성을 중심으로」, 「세계화시대의 시민성과 대학교육」, 대표저서로는 『지구화시대의 정당정치』와 『한국 민주주의 어디까지 왔나』 등이 있다.

시민은 누구인가

발행일 1쇄 2013년 10월 31일
지은이 이동수 편
펴낸이 여국동

펴낸곳 도서출판 인간사랑
출판등록 1983. 1. 26. 제일-3호
주소 경기도 고양시 일산동구 백석동 1178-1번지 2층
전화 031)901-8144(대표) | 977-3073(영업부) | 031)907-2003(편집부)
팩스 031)905-5815
전자우편 igsr@naver.com
페이스북 http://www.facebook.com/igsrpub
블로그 http://blog.naver.com/igsr
인쇄 인성인쇄 **출력** 현대미디어 **종이** 세원지업사

ISBN 978-89-7418-320-2 93340

* 책값은 뒤표지에 있습니다. * 잘못된 책은 바꿔드립니다.

이 도서의 국립중앙도서관 출판시도서목록(CIP)은 서지정보유통지원시스템 홈페이지(http://seoji.nl.go.kr)와 국가자료공동목록시스템(http://www.nl.go.kr/kolisnet)에서 이용하실 수 있습니다.(CIP제어번호: CIP2013022196)